生物工程专业综合素质培养型系列教材

细 胞 工 程

刘士旺　主编

科 学 出 版 社

北 京

内 容 简 介

本书共11章，主要包括植物细胞工程、动物细胞工程和微生物细胞工程等相关内容。全书以细胞工程技术为主线，突出其基本概念，兼顾基础知识和前沿领域，注重现代生命科学领域的新技术应用。

本书可作为生物技术、生物科学和生物工程专业的专业课教材，也可供从事生命科学研究的科研技术人员参考使用。

图书在版编目(CIP)数据

细胞工程/刘士旺主编. —北京：科学出版社，2013. 1
生物工程专业综合素质培养型系列教材
ISBN 978-7-03-036012-0

Ⅰ. ①细…　Ⅱ. ①刘…　Ⅲ. ①细胞工程-高等学校-教材　Ⅳ. ①Q813

中国版本图书馆CIP数据核字(2012)第268554号

责任编辑：刘　畅 / 责任校对：刘小梅
责任印制：徐晓晨 / 封面设计：科地亚盟

科学出版社出版
北京东黄城根北街16号
邮政编码：100717
http://www.sciencep.com
北京凌奇印刷有限责任公司印刷
科学出版社发行　各地新华书店经销
*
2013年2月第　一　版　开本：787×1092　1/16
2020年5月第五次印刷　印张：18
字数：451 000

定价：59.80元

《细胞工程》编委会名单

主　编　刘士旺

副主编　陈付学　黄　俊

编　委　（以姓氏笔画为序）

尤玉如　浙江科技学院
毛建卫　浙江科技学院
刘士旺　浙江科技学院
陈付学　上海大学
胡伟莲　浙江科技学院
徐　晖　浙江科技学院
徐　涛　浙江理工大学
徐晓辉　中国计量学院
黄　俊　浙江科技学院
梁五生　浙江大学
戴德慧　浙江科技学院
魏培莲　浙江科技学院

前　言

细胞工程是生物工程研究的重要组成部分，一切以细胞为材料的工程技术研究均可归入细胞工程研究的范围。细胞工程是一门应用性非常强的前沿学科，涉及的学科知识较多，新的研究技术和研究手段不断出现，植物细胞、动物细胞及微生物细胞等领域的研究成果丰富和发展了细胞工程的知识和应用范围。细胞工程是生命科学研究中非常活跃的前沿领域，该领域目前取得的成就有目共睹。植物细胞与组织培养、细胞转基因工程、动物胚胎工程、干细胞培养、微生物细胞工程等研究给人们带来了可喜的细胞工程应用前景，细胞培养与转基因的安全性及试管动物等工程技术同样引起人们的广泛关注。

目前已有部分教材对细胞工程领域的研究成果进行了整理和出版，但有些偏向于某一个研究方向，有些偏向于技术层面，还有些偏向于应用层次；再者，目前高校人才培养的大类招生与通识教育模式，导致学校为增加实践教学环节而压缩专业课课时。针对以上情况，编写一部既适合本科教育教学需要，又兼顾理论研究与实践应用，并能统筹课时需要的教材非常必要。

本书的特点是理论与实际相结合，既有较全面的细胞工程基础知识和基本理论分析，又有很典型的细胞工程案例的实用示范，理论性和实用性都较强。本书较适合用作生物工程、生物技术及生物科学等生命科学领域的教材，也可供从事生命科学领域研究工作的相关人员阅读参考。

本书参编人员均在各专业学科一线工作，是有着丰富理论与实践经验的生物工程领域专家。全书共 11 章，其中第一章由尤玉如、刘士旺编写；第二章由黄俊、刘士旺编写；第三章由徐晓辉、梁五生编写；第四章由徐涛、梁五生编写；第五章由戴德慧、胡伟莲编写；第六章由梁五生、徐晓辉编写；第七章由陈付学编写；第八章由刘士旺、毛建卫编写；第九章由刘士旺、毛建卫、徐晖编写；第十章由刘士旺、毛建卫、魏培莲编写；第十一章由魏培莲、徐晖、毛建卫编写。刘士旺负责全书的统稿、审稿和定稿。

细胞工程研究涉及面广，内容和要求变化快，加之编者水平有限，书中难免会有疏漏和不妥之处，恳请广大读者批评指正，谢谢！

编　者

2012 年 8 月

目　　录

第一章　绪　　论

细胞工程(cell engineering)是以生物的细胞、组织或器官为研究对象,运用工程学原理,通过类似于工程学的研究方法设计研究目标,按照人们的意愿在细胞器水平上改变细胞内的遗传物质,以获得新的生物物种、生物品种或特种生物细胞产品的一门综合性工程学科。细胞工程与基因工程、酶工程、发酵工程和蛋白质工程一起构成了生物学学科中新兴的生物工程研究领域。

细胞工程不但丰富和拓展了生物工程研究的内容,促进了生物工程应用研究的发展,而且使传统生物学认为不可能发生的生物事件成为可能,在后基因组时代,细胞工程可以大显身手。众所周知,生物界总是亲子相像、世代相传,这是由于子代和亲代之间具有相同或相似的遗传信息。要想创造出新品种,传统方法是进行不同生物间的有性杂交,此法必须考虑不同物种间的亲缘关系。但是,由于物种间的生殖隔离,不同物种间的远缘杂交是无法实现的。例如,猪和牛、霉菌和大肠杆菌、马铃薯和番茄等,应用传统方法很难实现杂交育种。而采用细胞工程,可以使不同物种间的杂交成为可能。例如,在植物细胞工程方面,马铃薯和番茄细胞融合培育出了马铃薯番茄(pomato)植株;在动物细胞工程方面,通过人和小鼠细胞杂交实验搞清了人的许多基因在染色体上的位置,人的某些基因在猪的胚胎发育中得到表达,为胚胎工程提供了广阔的前景。另外,利用细胞工程技术进行胚胎干细胞的研究,使基因治疗、细胞治疗和器官移植成为可能;试管动物和胚胎移植的研究,使优良畜种快繁和品种改良得以迅速发展。

第一节　细胞工程的研究内容和任务

一、研究内容

(一) 按照细胞工程研究种类,细胞工程可以分为三类

1. 植物细胞工程

以植物细胞为实验材料,进行实验目标设计和操作,创造新的植物品种或者培育新的植物性状的工程创造技术。

2. 动物细胞工程

以动物细胞为实验材料,进行实验目标设计和操作,创造新的动物品种或者培育新的动物性状的工程创造技术。

3. 微生物细胞工程

以微生物细胞为实验材料,进行实验目标设计和操作,创造新的微生物品种或者培育新的微生物性状的工程创造技术。

(二) 按照细胞工程操作对象,细胞工程可以分为四类

1. 细胞培养工程

组织、器官或细胞培养(tissue,organ or cell culture)指利用生物体各部分组织、器官或细

胞进行离体培养(*in vitro* culture)或者扩大培养,使之形成愈伤组织(callus)或细胞群体的技术和方法,从而创造新的物种、获得扩大细胞或者获得新的性状(图 1.1)。

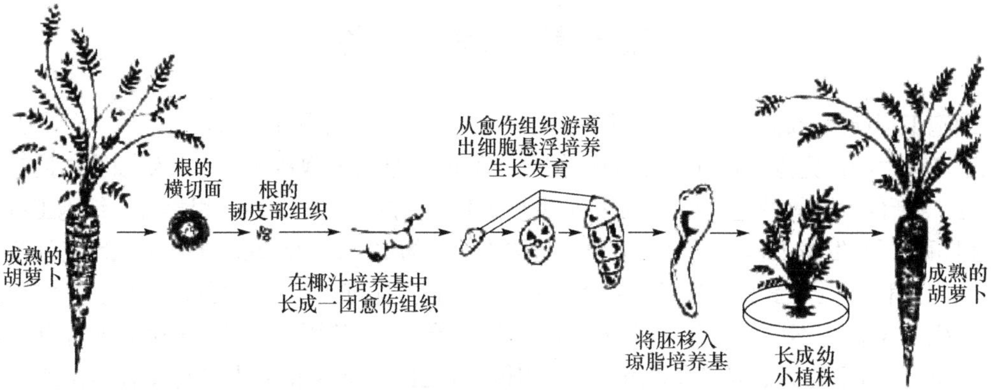

图 1.1　胡萝卜单细胞发育成植株(王蒂　2007)

2. 细胞染色体工程

染色体工程(chromosome engineering)指借助于物理、化学等方法,对染色体进行操作,使生物染色体数目、结构和功能发生改变,从而创造新的物种和获得新的性状的技术方法与手段(图 1.2)。

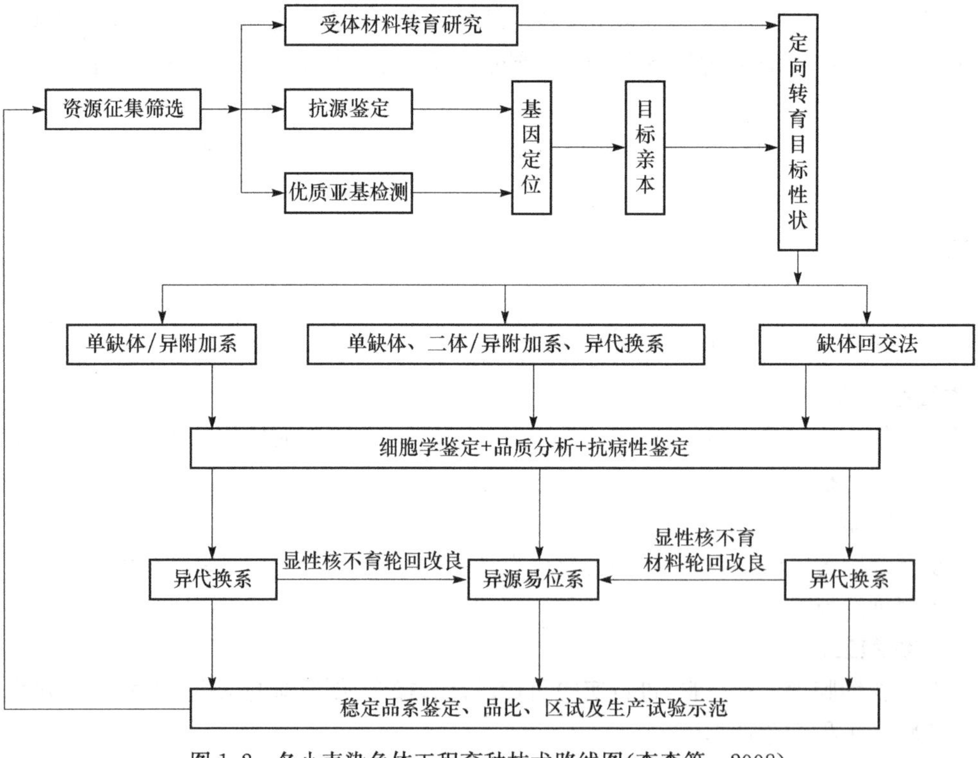

图 1.2　冬小麦染色体工程育种技术路线图(李森等　2008)

3. 细胞原生质体培养工程

原生质体培养(protoplast culture)指将微生物细胞或植物细胞破壁后形成原生质体,对原生质体进行生物与化学技术操作,改变原生质体的遗传性状,然后在适宜的培养条件下,依据细胞全能性使其再生细胞壁，并进行细胞分裂与分化，形成完整个体，从而创造新的物种和获得新的性状。原生质体培养主要技术控制过程为：

植物细胞（微生物细胞）→原生质体制备→原生质体再生→植株（微生物细胞）

4. 胚胎培养工程

动物或植物胚胎培养（embryo culture）指使胚或具胚器官的生物体细胞在离体无菌条件下发育成正常生物体的技术方法，从而实现快速繁殖与复壮细胞或胚胎细胞恢复等。

（三）按照细胞工程研究目的，细胞工程可以分为六类

1. 细胞转基因

指用细胞工程结合基因工程的方法将人们需要的目的基因导入受体基因组中，使外源基因与其基因整合在一起，随细胞分裂而增殖，并稳定地遗传给后代，创造基因工程细胞，实现创造新物种的工程技术方法和手段（图 1.3）。

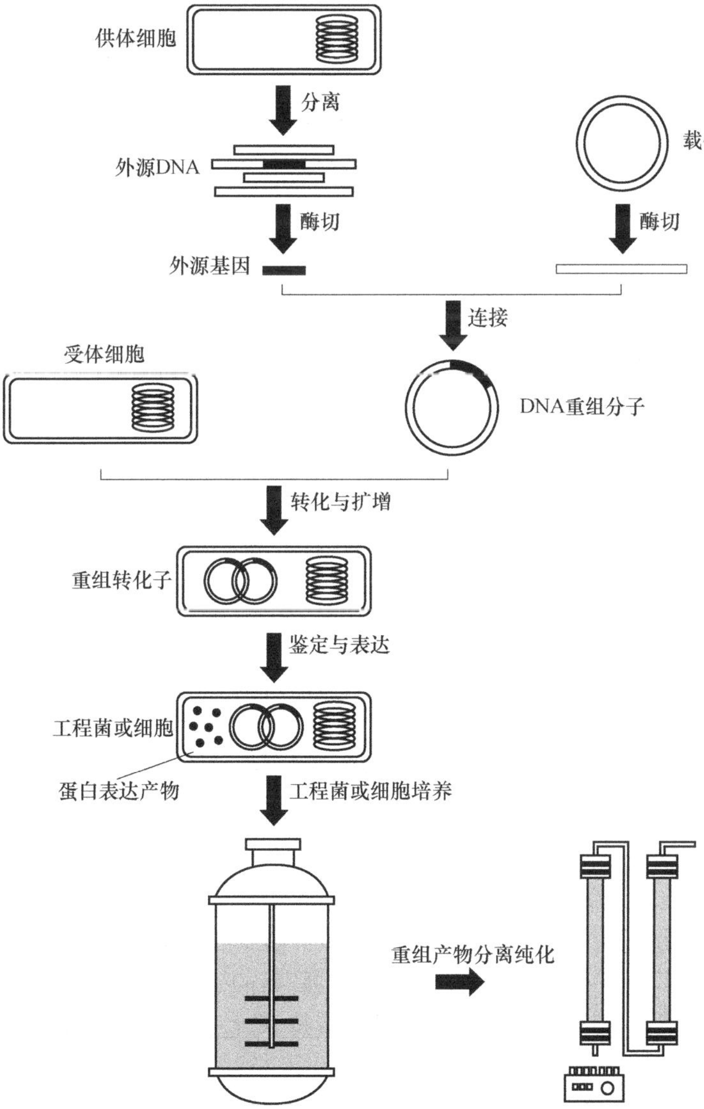

图 1.3　基因工程流程图（张惠展　2005）

2. 胚胎移植

动物胚胎移植(embryo transfer)指将动物体内发育的早期胚胎分离出来,将其移植到同期发情的其他未受孕母体生殖道内,代孕产生个体的技术。试管动物(tube animal)指利用精子和卵子的体外受精(*in vitro* fertilization,IVF)、显微受精(microfertilization)、胚胎体外培养和移植技术所获得的各种动物(图 1.4)。

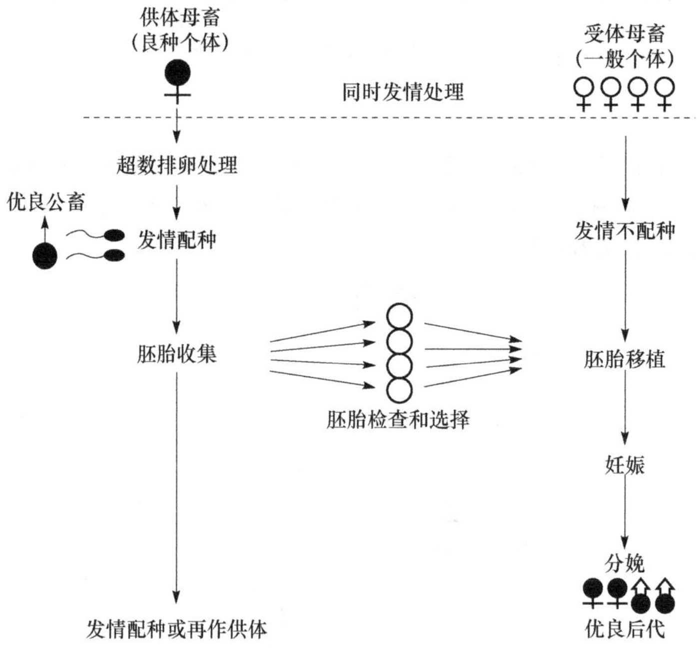

图 1.4 胚胎移植(李青旺 2005)

3. 细胞克隆

克隆细胞(cloned cell)是细胞的无性繁殖,指不经两性细胞的结合,个体不断增殖,复制出性状、特征和基因型相一致的个体。

4. 细胞产物改性

通过生物或者化学的方法,将生产代谢产物活性低的细胞转化为活性高的细胞,从而实现细胞改性,达到产生高活性的次生代谢产物细胞的方法与技术。

5. 细胞发酵培养

利用液体发酵或者固体发酵培养的方法,实现功能细胞量的积累,达到生物工程获得高产生物、高产制品或高含量生物细胞次生代谢产物的方法与技术。

6. 细胞融合与细胞杂交

利用不同细胞优良性状的互补特性,开展细胞之间的融合技术与杂交实验,是提供新的生物性状或获得新的生物制品的一种重要的方法与技术(图 1.5)。

随着研究工作的不断深入和生命科学的持续发展,新的研究内容、研究技术、研究手段层出不穷,例如,植物组织脱毒培养技术、人工种子制造技术、性别鉴定与控制技术、动植物种质资源离体保存技术等。

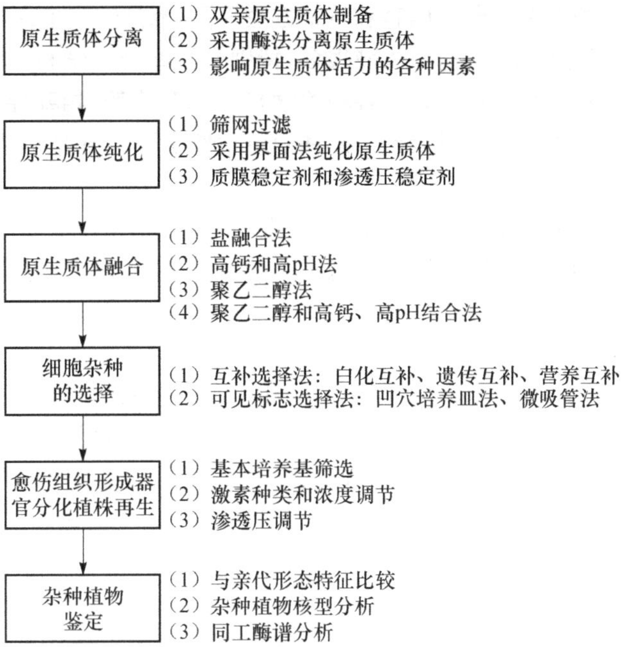

图 1.5　植物细胞融合过程(吴殿星　2004)

二、研究任务

当前生命科学发展十分迅速,研究领域、前沿热点不断更新,生命、医学、人口、环境、资源和农业等领域面临许多需要依靠细胞工程才能解决的问题。细胞工程学的研究任务十分艰巨,承担着研究解决生命科学关键问题的重要任务。这些研究任务包括基础研究和应用研究,既涉及基本理论和方法技术,如细胞全能性的分子机制、细胞信号传导控制等;又涉及技术应用与技术开发,如细胞快速繁殖脱毒技术、细胞生产单克隆抗体技术等。细胞工程研究任务主要表现在以下几个方面:

(1) 离体培养条件下,细胞、组织或器官所需营养条件。

(2) 离体培养条件下,细胞、组织或器官所需环境条件。

(3) 细胞、组织或器官的形态发生规律。

(4) 细胞的快速脱毒及大量繁殖方法与技术。

(5) 亲缘关系不同的细胞融合方法和细胞杂交机制。

(6) 细胞原生质体形成、再生和原生质体诱变新物种的机制与应用规律。

(7) 细胞的遗传和变异规律,新物种的生产与应用研究。

(8) 细胞种质资源的离体保存机制和方法。

(9) 胚胎移植、胚胎体外生产及细胞克隆技术等。

(10) 改良生物细胞品种,创造新的生物种类的方法与技术。

三、细胞工程相关分支学科

细胞工程研究内容十分丰富,涉及许多其他相关学科的理论和基本知识,细胞工程研究对象就是细胞，凡是与细胞有关的研究内容和技术方法手段，都是细胞工程的研究需要和必备技术。当前生命科学研究范围很广，研究领域很多，特别是一些交叉学科，为细胞工程研究提供了新的方法和技术手段，细胞工程学在与各相关学科的相互依赖、相互促进、相互渗透中发展和壮大，是一门综合了多学科知识发展起来的理论应用性学科。细胞工程相关分支学科如下：

1. 细胞生物学

以细胞为研究内容，从细胞的整体水平、亚显微水平、分子水平等层次对细胞形态、生长发育以动态的观点进行研究，是研究细胞和细胞器的结构和功能、细胞的生活史和各种生命活动规律的学科，为细胞工程学的基础学科之一。

2. 植物细胞学

植物细胞学是研究植物和植物体的细胞结构和生长规律的学科，研究目的在于了解和掌握植物细胞的生长和发育规律，从而更好地控制、利用和改造植物细胞，为人类服务。植物细胞学的研究内容主要包括植物细胞的形态构造、生理机能、生长发育规律等。

3. 动物细胞学

动物细胞学是研究动物和动物细胞的结构和生长规律的学科，研究目的在于了解和掌握动物细胞的生长和发育规律，从而更好地控制、利用和改造动物细胞，为人类服务。动物细胞学的研究内容主要包括动物细胞的形态构造、生理机能、生长发育规律等。

4. 细胞生理学

细胞生理学研究内容主要包括细胞从周围环境中摄取营养的能力，代谢功能，能量的获取，生长、发育与繁殖机制，以及细胞受环境的影响而产生适应性和运动性的活动，细胞的离体培养技术对细胞生理学的研究有巨大贡献。

5. 微生物学

微生物学(microbiology)是研究微生物细胞及其生命活动规律的学科，主要研究微生物细胞在一定条件下的形态结构、生理生化、遗传变异，以及微生物细胞的进化、分类、生态等生命活动规律及其与其他微生物细胞、动植物细胞、外界环境理化因素之间的相互关系。同时也研究微生物细胞在自然界各种元素的生物地球化学循环中的作用，微生物细胞在工业、农业、医疗卫生、环境保护、食品生产等各个领域中的应用等。

6. 细胞生物化学

细胞生物化学的研究内容十分广泛，主要包括细胞生物大分子(蛋白质、糖类、脂类、核酸)的结构与功能、细胞物质代谢及其调节(糖类、脂类、氨基酸、核苷酸代谢、物质代谢的联系与调节)、细胞基因信息的传递及表达(DNA 复制、RNA 转录、蛋白质生物合成、基因表达调控、重组 DNA 与基因工程)等内容。

7. 细胞分子生物学

细胞分子生物学属于生命科学领域内的重要学科，主要研究细胞的遗传信息和基因表达，包括细胞核酸、蛋白质的组成及结构、基因的转录翻译和蛋白质的修饰加工、基因表达调控及基因工程的相关知识。重点研究细胞生物膜，细胞信号转导，细胞增殖调控，细胞分化、衰老与凋亡，肿瘤生物学等热点问题。

8. 胚胎细胞学

胚胎细胞学是研究动植物个体发生过程及其机制的重要学科，主要包括动植物生殖细胞的发生和受精、胚胎的发生和早期发育，动植物器官发生及其所受环境影响等。

随着学科的发展和技术的进步，与细胞工程相关的学科越来越多，领域越来越广，交叉学科研究的成果进一步丰富了细胞工程研究内容和技术手段，如基因工程、酶工程、蛋白质工程和发酵工程等生物工程相关研究领域的最新进展，为细胞工程研究提供了直接的实验条件和技术支持，细胞工程学科的发展，也为其他相关学科的进步提供了一定的技术保障。

第二节 细胞工程发展历史

细胞(cell)，是英国科学家 Hooke 于 1665 年发现的，他当时见到的仅仅是植物细胞壁。同时期，荷兰科学家 Leeuwenhoek 于 1677 年观察了人和哺乳动物的精子、细胞，以及纤毛虫等。19 世纪中叶，德国科学家 Schleiden 与 Schwann 两人共同提出"一切植物、动物都是由细胞组成的"，这就是著名的细胞学说(cell theory)，这个学说的建立对现代生物学的发展具有重要意义。恩格斯把细胞学说、能量守恒定律与达尔文的进化论并称为 19 世纪自然科学的"三大发现"。由于一切生物(除病毒外)都由细胞所组成，人们从无限多样的生物世界中看到了它的统一性。

细胞工程学是一门历史较为悠久、发展比较迅速的新兴学科，发展源头可以追溯到 19 世纪末和 20 世纪初。该学科的兴起和发展的理论基础是生物细胞的全能性(totipotency)，即个体或组织、器官已经分化的细胞在适宜的培养条件下具有再生成完整个体的遗传潜能(genetic potential)的特性。细胞工程学的发展历史，总体可分为探索期(1839～1929)、成熟期(1930～1959)和迅速发展期(1960 至今)。

一、探索期

1839 年，Schwann 和 Schleiden 提出细胞学说时指出"假如具有的条件正如它存在于有机体内一样，每一个细胞应该可以独立成活和发展"。

1859 年，法国解剖学家 Vulpian 最早尝试将蛙胚尾部组织切下，放到普通水中"培养"，结果观察到了组织的生长和分化现象。

1880 年，德国学者 Arnold 首次发现白细胞在淋巴液和血清中能够分裂。

1885 年，Roux 发现鸡(*Gallus domesticus*)神经板细胞在生理盐水中培养能存活数月，并创造了"外植体培养"(explantation)和"组织培养"(tissue culture)两个词。

1889 年，Ljunggren 将人(*Homo sapiens*)的皮肤保存在腹水中几天至几周后再做移植手术获得成功。

1892 年，Driesch 最早用实验方法获得了克隆动物。他把海胆(*Strongylocentrotus perpuratus*)Ⅱ细胞期胚胎通过剧烈振荡分离成 2 个细胞(或叫分裂球)进行单独培养。

1902 年，德国植物生理学家 Haberlandt 根据细胞理论提出，高等植物的体细胞可以不断分割，直至单个细胞。

1903 年，Jolly 用盖片悬滴法将蝾螈(*Ambystoma maculatum*)白细胞培养了将近一个月。

1906 年，Beebe 和 Ewing 用动物血清做培养基，将狗(*Canis familiaris*)淋巴肉瘤细胞培养 2h，并观察到细胞生长现象。

1907 年，Harrison 在无菌条件下采用盖玻片覆盖凹玻片悬滴法，利用淋巴液培养蛙胚髓管部的小片组织，将其在淋巴液中培养了数周之后，观察到有神经细胞凸起并从种植的神经组织块长出。Harrison 建立了动物细胞培养的基本模式系统，并逐渐发展成今天的动物细胞培养系统。

1922年，Kotte和Robbins进行的根尖和茎尖培养同时获得成功。他们在含有无机盐、葡萄糖或果糖、各种氨基酸、琼脂的培养基上使1.45～3.75cm的豌豆(*Pisum sativum*)、玉米(*Zea mays*)、棉花(*Gossypium hirsutum*)的茎尖、根尖离体培养，结果形成了一些缺绿的叶和根，并发现培养中的分生组织(meristem)只能进行有限的生长。

1923年，Carrel设计了卡氏培养瓶，使人们有可能进一步研究细胞的营养问题。

1925年，Maximow将Harrison的悬滴培养法改良为双盖片法。

1926年，Strengeway设计了表玻璃培养法(watch glass culture method)，为研究动物器官在体外的发育与功能做出了贡献。

1925年和1929年，Laibach将亚麻(*Linum usitatissimum*)种间杂交形成的不能成活的种子中的胚解剖出来，在人工培养基上培养至成熟，证明了胚培养在植物远缘杂交中利用的可能性。

二、成熟期

组织或细胞所需营养十分复杂，既有无机成分和有机成分，又有各种生长调节物质。而离体培养组织或细胞所需的营养只能从培养液中获取。这一时期，离体培养研究的进展与适宜生长发育培养基的建立密切相关。

(一) 植物培养技术

植物培养技术的快速发展主要是因为美国植物生理学家White和法国学者Gautheret在实验中发现了植物组织培养领域里的两类重要物质。一类是B族维生素，对植物生长有重要意义；另一类是生长激素(growth hormone，GH)，一种天然的生长调节剂(growth regulator)。

1934年，White用番茄(*Lycopersicon esculentum*)根建立了第一个活跃生长的无性繁殖系也称克隆(clone)，并能不断地进行继代增殖，这标志着离体条件下组织培养真正获得了成功。同年，Gautheret在Knop溶液、葡萄糖、酵母提取液(yeast extract，YE)和水解酪蛋白(casein hydrolysate，CH)的固体培养基(soild medium)上，使黑杨(*Populus nigra*)形成层(cambium)组织培养物连续增殖了几个月。

1937年，White发现了B族维生素和生长素(吲哚乙酸，indole-3-acetic acid，IAA)对植物根离体生长的促进作用，并用三种B族维生素，即吡哆醇(V_{B6})、硫胺素(V_{B1})及烟酸(V_{B5})取代YE获得成功，建立了第一个由已知化合物组成的综合培养基。

1937年和1938年，Gautheret在山毛柳(*Salix permollis*)形成层的培养中发现，虽然在含有葡萄糖和盐酸半胱氨酸的Knop溶液中，这些组织可以不断增殖几个月，但只有在培养基中加入B族维生素和IAA后，形成层组织的生长才能显著增加。

1937年和1938年，Nobecourt利用类似的方法培养了胡萝卜(*Daucus carota*)根和马铃薯(*Solanum tuberosum*)块茎的薄壁组织，建立了类似的连续生长培养物。

1939年，White和Gautheret分别由烟草(*Nicotiana tabacum*)种间杂种和胡萝卜形成层组织建立了连续生长的培养物。因此，White、Gautheret和Nobecourt一起被誉为植物组织培养的奠基人。现在所用的培养方法和培养基配方都是这三位学者之前所创立方法和技术的演变。但这三位学者所用的组织都包含着分生细胞，而诱导成熟和已高度分化细胞发生分裂的研究直到后来发现了细胞分裂素(cytokinin)后才成为可能。

1941 年,Overbeek 等将椰乳(coconut milk,CM)加入到培养基中,使曼陀罗(*Datura stramonium*)的心形期胚离体培养成熟。

1946 年,罗士伟将菟丝子(*Cuscuta reflexa*)茎尖培养成功,并使其在试管内开花,给人们以离体培养技术可以控制花芽形成的启迪。

1948 年,Skoog 和崔澂在烟草茎切段和髓培养及器官发生(organogenesis)的研究中发现腺嘌呤可以解除培养基中 IAA 对芽形成的抑制作用而诱导芽形成,认为腺嘌呤和生长素的比例是控制芽形成的重要因素。

1951 年,Nitsch 将果实、子房、未受精胚珠以及花器官的各个部分培养成功。

1953 年,Muir 将万寿菊(*Tagetes erecta*)和烟草的愈伤组织转移到液体培养基中,在往复式摇床上振荡,获得单细胞或密集细胞的体细胞悬浮液,并且可以继代增殖。这一研究成果既带来了培养方法的突破,也使 Haberlandt 培养单细胞这一设想成为可能。

1956 年,Miller 首次由鱼精子中分离出细胞分裂素类的激动素(kinetin,KT),其活性比腺嘌呤高 3 万倍。

1957 年,Skoog 和 Miller 提出了植物激素(phytohormone)控制器官形成的概念,指出通过改变培养基中生长素(auxin)和细胞分裂素的比例,可以控制器官的分化,生长素和细胞分裂素比例高时促进根的分化、低时促进茎和芽的分化、相等时倾向于无结构方式生长。但是,不同组织中激素的内生水平不同,某一种组织或细胞形态发生(morphogenesis)所要求的外源激素的水平也不会相同。

1958 年,Wickson 和 Thimann 发现,应用外源细胞分裂素可打破顶端优势(apical dominance),解除侧芽的休眠状态。后来,Murashige 发展了这一方法,制订了一系列标准程序,广泛应用于从蕨类(pteridophyte)植物到花卉和果树的快速繁殖上。

1958 年,Steward 和 Reinert 几乎同时在胡萝卜根组织的韧皮部单细胞悬浮培养(single cell suspension culture)中发现体细胞在形态上可转变为与合子胚(zygotic embryo)相似的结构,其发育过程也与合子胚类似。由于它是从体细胞分化而来,因而称为体细胞胚(somatic embryo)或胚状体(embryoid)。这一实验给细胞全能性提供了又一强有力的支持,也使第一次人工体细胞胚培养得以实现,是植物组织培养的重大突破,对植物组织和细胞培养产生了深远的影响,为细胞离体培养中研究其形态发生机制开拓了新的领域。

(二) 动物培养技术

1923 年,Carrel 设计的卡氏瓶培养方法是后来使用培养瓶进行体外培养的技术基础。20 世纪 40 年代前后,大多数的体外培养工作都过渡到用培养瓶进行培养。这种方法使培养对象处于一种与"菌"隔离的环境,扩大了培养细胞的生存空间,增加了体外培养的细胞数量。早期的培养瓶主要是玻璃培养瓶,现在主要是一次性使用的塑料培养瓶。

1933 年,Gey 创立了旋转管培养法。

1933 年,Conklin 以振荡方法研究Ⅱ细胞期和Ⅳ细胞期文昌鱼胚胎分裂球的发育能力。他发现沿第一次分裂面分开的左右两部分能形成 2 个完整幼虫。

1934 年,Lewis 改良了旋转管培养法,避免了传统静置培养(static culture)导致的培养细胞周围物质环境不均匀现象。

1938 年,Spemann 率先进行脊椎动物胚胎克隆的实验。他用发丝结扎蝾螈Ⅱ细胞期胚胎，把它分成相连的两部分，结果得到发育正常的孪生幼体。

20 世纪四五十年代，童第周等在鱼类上进行了相似研究，也获得了孪生小鱼。

1938 年，Spemann 提出核移植方法生产克隆动物这一设想，他认为通过核移植可以验证不同发育阶段和不同分化程度的细胞核是否具有全能性，限于当时的实验条件，未能对其设想进行实验验证。

1939 年，法国学者 Commandon 和 de Fonbrune 通过核移植方法获得了核质杂交变形虫（*Amoeba proteus*）。该变形虫可以分裂产生子代。

1939 年，Fankhauser 和 Griffiths 在两栖类上进行最早的动物多倍体诱导研究，他们成功地诱导出三倍体。

1945 年，Swardson 采用低温处理白鲑（*Coregonus*）受精卵，获得三倍体囊胚。

1948 年，Sanford 创立了分离细胞培养法，第一次成功地从单层细胞中分离出单个细胞，使得建立遗传性状相同的细胞株成为可能。

1952 年，King 和 Briggs 将核移植技术应用于两栖类，成功地把豹蛙（*Rana pipiens*）的囊胚细胞核移入同种蛙的成熟去核卵子中，获得了正常发育的胚胎。

1953 年，Gey 等在以人的肿瘤组织为材料的基础上成功地建立了 HeLa 细胞系。

1954 年，Enders 和 Peebles 研究了细胞培养中麻疹病毒（measles virus）的效应，发现麻疹病毒能诱导离体培养的宿主细胞产生多核合胞体（multinucleated syncytia）。

1954 年，Henle 等用流行性腮腺炎病毒（epidemic parotitis virus）诱导离体培养的宿主细胞产生多核合胞体。

1958 年，Okada 发现经紫外线灭活的仙台病毒（sendai virus）可引起艾氏腹水瘤细胞融合。

1958 年，Tung 改进了分离分裂球的方法，用玻璃针把Ⅱ细胞期和Ⅳ细胞期文昌鱼胚胎分别沿第一次和第二次分裂面分开，证明了沿第一次分裂面分开的两部分能发育为正常幼虫。

1958～1959 年，Danielli 在不同种变形虫之间进行核移植，证明细胞核和细胞质对遗传起着同等重要的作用。

1956～1959 年，Swarup 用低温处理三棘刺鱼（*Gasterosteus aculeatus*），获得了三倍体，并饲养至性成熟。

1972 年，Purdon 诱导两种海水鲽杂种三倍体获得成功。现在，人工诱导多倍体已成为经济水生动物育种的主要技术之一，并在实践中取得了显著效益。

三、迅速发展期

20 世纪 60 年代以后，随着离体培养技术的建立和培养基的完善，生物离体培养技术与生命科学的其他技术相互渗透、相互结合而得到了迅速的发展，不同生物的研究成果层出不穷，并广泛地应用于生物学和农业科学，在生产中发挥了巨大的作用。

（一）植物培养技术的迅速发展

1960 年，英国学者 Cocking 用真菌（fungi）纤维素酶（cellulase）酶解分离番茄根和烟草叶片原生质体获得成功，开创了植物原生质体培养和体细胞杂交工作，这是植物组织培养的重大突破。

1971年，Nagata和Takebe首次将烟草叶肉原生质体培养出再生植株。

1972年，Carlson利用硝酸钠进行了烟草种间原生质体的融合实验，获得了第一株体细胞种间杂种植株。

1974年，Kao利用聚乙二醇(polyethylene glycol，PEG)进行了大豆(*Glycine max*)和烟草科间原生质体的融合，成功地获得了3%的异核体(heterokaryon)。

1974年，Bonne和Eriksson成功地进行了细胞器(叶绿体)的摄取，利用PEG诱导具有叶绿体的海藻和不具有叶绿体的胡萝卜根原生质体融合获得成功。

1975年，Cocking成功地诱导鸡红细胞与酵母(saccharomyces)细胞的融合。

1976年，Smith诱导了人的HeLa细胞与烟草细胞的融合。

1978年，Melchers进行了马铃薯和番茄的融合实验，获得了第一个属间杂种植株。

1981年，Zimmerman利用改变电场的方法诱导原生质体进行融合，这是原生质体融合技术的新方法。

1985年，Fujimura获得了第一例禾谷类作物——水稻(*Oryza sativa*)原生质体培养再生植株。

1986年，Spangenberg获得了甘蓝型油菜(*Brassica napus*)单个原生质体培养再生植株。到目前为止，已在多个物种中获得了原生质体，并诱导了不同种间、属间，甚至科间及界间的细胞融合，获得了一些具有优良特性或抗性的种间或属间杂种。

1960年，Morel提出了利用茎尖离体快速无性繁殖兰花(*Cymbidium virescens*)的方法，不仅繁殖系数极高，而且能脱除植物病毒。

1953年，Tulecke首先培养银杏(*Ginkgo biloba*)的成熟花粉获得了愈伤组织。

1957～1963年，紫杉(*Taxaceae*)、榧(*Torreya grandis*)、松(*Pinus*)等裸子植物的花粉被成功培养出愈伤组织。

1969年，Kaul发现三角叶薯蓣(*Dioscorea deltoidea*)的悬浮培养物可以生产薯蓣皂苷配基，其量为干重的1.5%。

1973年，Nitsch采用花药预培养的方法，首次获得了烟草花粉植株。

1973年，Fueuya和Ishii发现人参(*Panax ginseng*)的培养细胞中可以产生大量的人参皂苷(粗皂苷占干重的21%)，而且在小鼠身上进行的药学实验表明，愈伤组织提取物的作用与人参根提取物的作用基本相同。

1974～1979年，Sunderland利用花药漂浮在液体培养基上能自行开裂、散落出花粉的特性，建立了散落花粉系列培养法，此法对禾谷类作物的花粉培养最有效。

1982年，Ghandimathi和Imamura同时报道从烟草花蕾直接分离花粉培养获得成功，此法完全排除了花药壁等体细胞和低温预处理在雄核发育(androgenesis)中的作用，建立了一个适于深入研究雄核发育的实验体系。

上述实验开创了植物体内有效成分生产的新途径。利用组织培养途径生产的次生产物有皂苷类、甾醇类、生物碱、醌类、氨基酸和蛋白质等。

(二) 动物培养技术的迅速发展

1959年，张民觉首次获得了世界上第一个胚胎体外受精的哺乳动物——试管小兔。

20世纪60年代以后，试管动物的研究迅速发展，特别是对精子获能、配子及胚胎培养方法的许多重要改进，以及借助显微操作的显微受精技术的成功运用，使试管动物技术由实验动物的研究跨入人类及家畜的应用研究领域。试管动物技术的发展成熟，可广泛应用于揭示受精的本质和机制、研究胚胎的分化和发育，并有助于发育生物学、遗传学、分子生物学及基础医学等学科的研究，对人类不孕症的治疗、良种胚胎工厂化生产、加速家畜品种改良和濒危野生动物的保种也具有巨大的实践意义。

1962 年，Capstick 等首先成功地进行了仓鼠(*Cricetus auratus*)肾细胞(baby hamster kidney cell，BHK)的大规模悬浮培养。

20 世纪六七十年代，英国学者 Gurdon 等在两栖类(爪蟾)上进行了大量的核移植实验，为证明细胞核的全能性做出了重要贡献。

1964 年，Littlefield 根据亲本细胞的酶缺陷型，利用次黄嘌呤、氨基蝶呤和胸苷选择性培养基(hypoxanthine，aminopterin and thymidine，HAT)能使两种抗药性不同的亲本细胞死亡而只留下异型融合细胞的特性，筛选获得可以不断增殖的缺乏次黄嘌呤鸟嘌呤磷酸核糖转移酶(hypoxanthine guanine phosphoribosyl transferase，HGPRT)突变细胞与缺乏胸腺嘧啶核苷激酶(thymidine kinase，TK)突变细胞的融合细胞。

1965 年，Harris 和 Watkins 成功地用灭活的仙台病毒诱导小鼠和人的体细胞融合，并发现由此产生的杂交细胞能存活下去。

1971 年，首家商业性胚胎移植公司(Alberta)成立。

1974 年国际胚胎移植协会(International Embryo Transfer Society，IETS)成立。经过走向生产实践后的 30 多年发展，一些家畜的胚胎移植技术日趋成熟并应用于商业化生产和良种胚胎的国际间交易。胚胎移植已在一些优良品种家畜的引种、快速扩繁、品种改良和育种中发挥巨大的作用。

1974 年，Jaenish 和 Mintz 应用显微注射法，在世界上首次成功地获得 AV_{40}DNA 转基因小鼠。

20 世纪 50 年代初期，张民觉和 Austin 分别发现了哺乳动物精子获能(capacitation)现象后，开创了哺乳类 IVF 研究的新纪元。

1973 年，Tung 等在金鱼(*Carassius auratus*)和鳑鲏鱼(*Acanthorhodeus macropterus*)之间进行种间核移植，获得了种间杂种鱼。由此，在我国兴起了克隆鱼研究工作。

1975 年，免疫学家 Köhler 和 Milstein 为了获得单一的抗体，利用仙台病毒诱导绵羊(*Ovis aries*)红细胞免疫的小鼠脾细胞和小鼠骨髓瘤细胞融合，筛选出能分泌单一抗体的杂种细胞。

1981 年，Evans 和 Kanfman 经过多年研究，利用延迟着床的小鼠早期胚胎在 STO(已建系的小鼠胎儿成纤维细胞)饲养层上培养，分离得到了小鼠胚胎干细胞(embryo-derived stem cell 或 embryonic stem cell，ES 细胞)。

1982 年，吴尚勤等把鲤鱼(*Cyprinus carpio*)血红细胞的核移植到金鱼去核卵内，经继代培养(subculture)获得了具有中间性状的杂种鱼，首次证明了体细胞核具有全能性。

1984 年，Willadsen 培育出世界上第一头克隆羊。随后，又先后培育出克隆鼠、牛、猪(*Sus scrofa*)、兔(*Oryctolagus cuniculus*)和猴。

1978 年 7 月 25 日 23 时 47 分，在英国的奥尔德姆市医院诞生了世界上第一个试管婴儿布朗路易丝。

1997 年，英国学者 Wilmut 等用体细胞核克隆出绵羊“多莉”(Dolly)。之后，技术上使克隆人完全成为可能，这引起人们对克隆技术及其所产生的克隆动物的极大关注，使之成为科学界和社会舆论讨论的一大热点问题。

第三节 细胞工程研究热点领域

人类很早就掌握了利用微生物细胞来生产食品的技术，如苏美尔人和巴比伦人在公元前6000年就已开始利用酵母菌进行啤酒发酵；埃及人在公元前4000年已开始利用微生物细胞制作面包；我国利用微生物进行酿酒的历史，也可以追溯到4000多年前的龙山文化时期。殷商时代的甲骨文中就刻有“酒”字。北魏贾思勰的《齐民要术》中，列有谷物制曲、酿酒、制酱、造醋和腌菜等方法。公元前2500年人类学会了利用微生物细胞制酱、造醋技术。20世纪中叶起，抗生素等医药业迅速发展，成为具有现代化水平的生物工业，在保障人类身体健康方面起到了巨大的作用。但是，由于缺少大规模改造和利用生物的有效手段，生物工业在整个国民经济中所占比重相对较小，影响也相对较弱。

高度发达的现代工业给人类带来了巨大的物质文明的同时，也带来了严重的社会问题，如人口、环境、资源、能源和食品安全等已构成全球性的社会问题。人们已充分认识到，利用传统的石油化工、化石能源、化学工业和传统农业等技术，已不能给人类带来持久的发展和繁荣，也解决不了目前人们十分关注的社会问题，人们希望利用细胞工程等生物技术来解决人类所面临的难题。

1. 医学干细胞工程

干细胞工程技术，又称为再生医疗技术，是指通过对干细胞进行分离、体外培养、定向诱导甚至基因修饰等过程，在体外繁育出全新的、正常的甚至更年轻的细胞、组织或器官，并最终通过细胞组织或器官的移植实现对临床疾病的治疗。

干细胞技术是生物技术领域最具有发展前景和后劲的前沿技术，已成为世界高新技术的新亮点，势将引领一场医学和生物学革命。干细胞技术最显著的作用在于能再造一种全新的、正常的甚至更年轻的细胞、组织或器官，由此人们可以用自身或他人的干细胞和干细胞衍生组织、器官替代病变或衰老的细胞、组织、器官，并可以广泛用于治疗传统医学方法难以医治的多种顽症，如白血病、阿尔茨海默病、帕金森病、糖尿病、中风和脊髓损伤等。从理论上说，应用干细胞技术能治疗各种疾病，且其较很多传统治疗方法具有无可比拟的优点。

2. 免疫细胞工程

抗体药物是应用细胞工程技术等为主体的抗体工程技术制备的药物。由于其特异性高、性质均一，可针对特定靶点定向制备。抗体药物应用于各种疾病治疗，特别是肿瘤治疗。当前，抗体药物的研究与开发已成为细胞生物技术药物领域研究的热点。

抗体药物是发现与研制新型药物的极为丰富的资源：①细胞功能基因组和蛋白质组的研究进展，将为发现和研制新药提供各种新的分子靶点，针对新靶点可以研制新的抗体药物；②天然药物特别是微生物细胞药物的研究进展，将为抗体药物提供可以和抗体进行“组装”的生物活性分子，构建新的抗体药物；③与组合化学、微生物细胞组合生物合成研究的结合，将可获得为数众多、化学结构各异的生物活性分子，用于制备新的抗体药物。抗肿瘤抗体药物的研制与应用有巨大潜力与广阔前景。

3. 环境细胞工程

环境细胞工程是环境保护中应用最广、最为重要的单项技术，其在水污染控制、大气污染治理、有毒有害物质的降解、清洁可再生能源的开发、废物资源化、环境监测、污染环境的修复和污染严重的工业企业的清洁生产等环境保护的各个方面，发挥着极为重要的作用。应用环境细胞生物技术处理污染物时，最终产物大都是无毒无害、性质稳定的物质，如二氧化碳、水和氮气。利用生物方法处理污染物通常能一步到位，避免了污染物的多次转移，因此，它是一种消除污染的安全而彻底的方法。现代生物技术的发展，尤其是细胞工程和酶工程等生物技术的飞速发展和应用，大大强化了上述环境生物处理过程，使生物处理具有更高的效率、更低的成本和更好的专一性，为生物技术在环境保护中的应用展示了更为广阔的前景，主要包括：①污水的生物净化；②污染土壤的生物修复；③白色污染的消除；④生物监测技术；⑤生物农药代替化学农药。生物农药是指由生物体产生的具有防止病虫害和除杂草等功能的一大类物质总称，它们多是生物体的代谢产物，主要包括微生物杀虫剂、农用抗生素制剂和微生物除草剂等。微生物杀虫剂主要包括病毒杀虫剂、细菌杀虫剂、真菌杀虫剂、放线菌杀虫剂等，长期以来并没有得到广泛的使用。现在人们正在利用重组 DNA 技术克服其缺点来提高杀虫效果，例如，目前病毒杀虫剂的一个研究热点是杆状病毒基因工程的改造，人们正在研究将外源毒蛋白基因(如编码神经毒素的基因)克隆到杆状病毒中以增强杆状病毒的毒性，将能干扰害虫正常生活周期的基因(如编码保幼激素酯酶的基因)插入到杆状病毒基因组中，形成重组杆状病毒并使其表达出相关激素，以破坏害虫的激素平衡，干扰其正常的代谢和发育，从而达到杀死害虫的目的。

4. 单克隆细胞与抗体

抗原通常是由多个抗原决定簇组成的，由一种抗原决定簇刺激机体，一个或一种 B 淋巴细胞接受该抗原所产生的抗体称之为单克隆抗体(monoclone antibody)。由多种抗原决定簇刺激机体，相应地就产生各种各样的单克隆抗体，这些单克隆抗体混杂在一起就是多克隆抗体，机体内所产生的抗体就是多克隆抗体。除了抗原决定簇的多样性以外，同样一类抗原决定簇，也可刺激机体产生 IgG、IgM、IgA、IgE 和 IgD 五类抗体。

一个抗原上可以有多个不同的抗原决定簇，因而使机体产生多种不同的抗体，最终产生出抗体的是浆细胞。抗体是由 B 淋巴细胞分化形成的浆细胞合成和分泌的。每一个 B 淋巴细胞在成熟的过程中通过随机重排只产生识别一个抗原的抗原受体基因，当机体受抗原刺激时，抗原分子上的许多决定簇分别激活各个具有不同基因的 B 淋巴细胞。被激活的 B 淋巴细胞分裂增殖形成效应 B 细胞(浆细胞)和记忆 B 细胞，大量的浆细胞克隆合成和分泌大量的抗体分子分布到血液、体液中。

如果能选出一个制造一种专一抗体的浆细胞进行培养，就可得到由单细胞经分裂增殖而形成的细胞群，即单克隆细胞。单克隆细胞将合成针对一种抗原决定簇的抗体，即单克隆抗体。单克隆抗体能目标明确地与单一的特异抗原决定簇结合，就像导弹精确地命中目标一样，单克隆抗体可直接作用于癌细胞，其制备流程如图 1.6 所示。

但是，单克隆抗体与表面抗原稀少的癌细胞结合后，有时并不能直接杀死癌细胞，杀伤作用不强。因此，可将单克隆抗体作为运载治癌药物的导弹载体，把治癌药(如放射性同位素、毒素或免疫调节剂等)作为弹头，直接导向到癌细胞表面并与之结合，以便达到准确高效杀死癌细胞的目的。据报道，放射性同位素加上单克隆抗体的“生物导弹”已用于 100 多例晚期肝癌患者的治疗，效果明显。

5. 细胞工程与诊断试剂

诊断试剂的生产是细胞工程研究开发中进展比较快的一个产业，现已投放市场的商品有

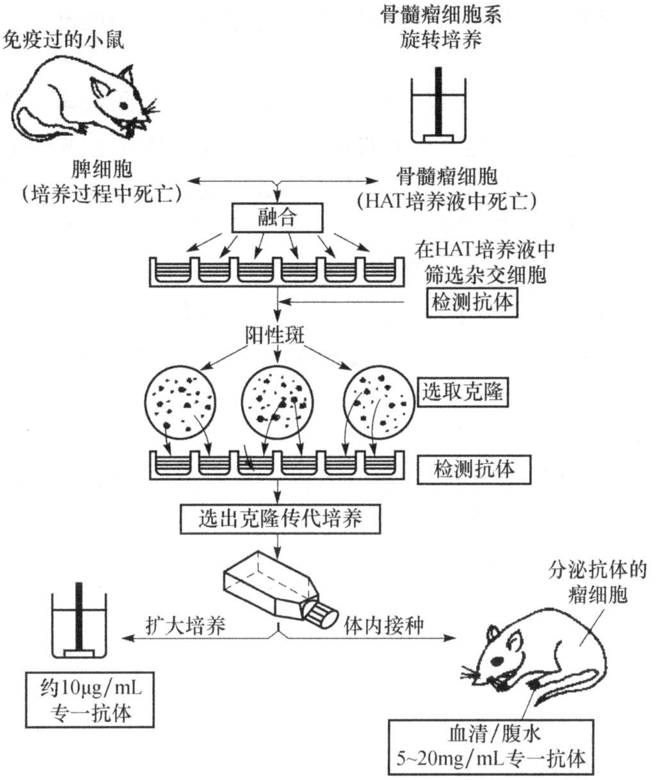

图 1.6 单克隆抗体制备流程(罗立新等 2003)

人胰岛素、幼畜腹泻疫苗、牛和鸡的生长激素、口蹄疫疫苗和 150 多种单抗试剂诊断盒等。免疫诊断试剂和分子诊断试剂是细胞工程研究中的热点领域。

免疫诊断试剂在诊断试剂盒中品种很多,根据诊断类别,可分为传染性疾病、内分泌疾病、肿瘤性疾病、药物检测、血型鉴定等。从结果判断的方法学上又可分为 EIA、胶体金、化学发光、同位素等不同类型试剂,其中同位素放射免疫的试剂由于对环境污染比较大,目前在国际市场上已被淘汰,国内还有少量使用。

分子诊断试剂主要有临床已经使用的核酸扩增技术(PCR)产品和当前国内外正在大力研究开发的基因芯片产品。PCR 产品灵敏度高、特异性强、诊断窗口期短,可进行定性、定量检测,曾广泛用于肝炎、性病、肺感染性疾病、优生优育、遗传病基因、肿瘤等的检测,但由于市场混乱和交叉污染等原因,卫生部严令禁止了荧光电泳定性类 PCR 试剂在临床上的应用,目前国家食品药品监督管理局已经批准了少量已解决了交叉污染的杂交半定量和定量试剂盒的应用。基因芯片是分子生物学、微电子、计算机等多学科结合的结晶,综合了多种现代高精尖技术,被专家誉为诊断行业的终极产品,但其成本高、开发难度大,目前产品种类很少,只用于科研和药物筛选等。

6. 细胞工程与食品质量安全

食品是人类赖以生存和发展的物质基础。随着经济的发展、文化的进步、生活水平的提高,百姓已越来越注重自身的饮食和健康,食品安全问题也日渐凸显。目前,不论是发达国家还是发展中国家,不论食品安全监管制度完善与否,都会面临食品安全问题。在 WTO(世界贸易组织)规则下,各国之间关税壁垒已逐渐淡化,以食品安全问题为主线的非关税技术壁垒已成为各国贸易保护和市场垄断的"合法武器",因此,食品安全问题已成为当今世界各国关注的焦点。

食品安全检测主要包括农药残留检测、兽药残留检测、重金属检测、真菌毒素检测、食品添加剂检测、加工中食品安全检测、包装过程食品安全检测、食品微生物检测等研究内容。检测内容涉及各种快速检测方法的基本原理、技术方法和实验过程中的质量保障。例如,PCR是一种快速、特异、灵敏、简便、高效的检测新技术,在食品致病性微生物方面的检测效果显著。又如,酶联免疫吸附测定(ELISA)检测微量的特异性抗原和抗体,有着简便、快速、灵敏、稳定、重复性和线性关系好等特点,可用于检测被有机农药等污染了的食品。食品安全检测技术采用的方法中生物芯片检测关键技术、生物传感器检测技术、PCR检测技术等都与细胞工程的发展有密不可分的关系。

食品中致病菌检测,经典的方法通常需要24~48h,很难满足出入境检验检疫部门快速通关的需要。近年来,随着PCR技术的广泛应用,国内外研究者已经将这一技术引入食品致病菌检测领域。使用PCR方法,可在前增菌和选择性增菌后,用特异性引物对增菌液中的致病菌进行扩增,从而检测样品中是否含有此种致病菌。PCR方法可在几小时内出具检测结果,省略了固体培养基的选择性增菌和生化鉴定步骤,大大缩短了检测周期。此外,随着先进仪器设备在检测机构的普及和使用,基于PCR方法发展起来的实时荧光PCR技术和基因芯片检测技术也将在食品致病菌检测领域得到广泛应用。以上所用方法建立的前提是找到特异、灵敏的扩增引物和探针,这就需要研究者运用生物信息学方法,对各种致病菌的毒力基因和耐药基因进行研究,获得各种致病菌的核酸序列,建立数据库,并对这些序列进行比对,筛选出可用于检测的引物和探针。

7. 细胞工程与品种改良

动植物品种改良的主要目的是获得高产、优质和具有高抗性的优良品种。通过细胞工程技术,改造传统生产品种,创造新的品种,一直是品种改良研究的方向。目前,利用细胞工程技术,在动植物细胞和微生物细胞改造利用领域,获得了大量的实验成果和应用案例。

(1) *植物细胞工程育种*

通过单倍体育种技术,已培育出260多种植物的单倍体植株;通过体细胞培养,筛选了多个具高抗性和高营养的体细胞突变体;通过体细胞杂交已获得多个种间、属间或科间的体细胞杂种植物。根据根瘤与豆科植物根系有共生关系的原理,使用根瘤菌接种花生、玉米等旱生作物,试验根瘤菌能否与旱生作物有共生关系和共生条件;除豆科植物外,寻找在自然界中能与农作物有共生关系的固氮菌,并研究有利于共生的条件;通过适应性变异、原生质体融合等途径创造出能直接利用分子氮的谷类、蔬菜、烟草等作物,降低农业成本,提高粮食与蔬菜中的蛋白质含量。

光合作用是绿色植物通过叶绿体把太阳能转换成化学能的生物合成过程。如果能通过改造叶绿体的生物功能,培育出在沙漠、山坡、水涝和高盐等不同自然条件下高效率转换太阳能的速生植物,将对畜牧业与生物能源的发展产生巨大作用。再者,利用细胞工程进行抗旱和抗盐作物的研究也具有十分诱人的前景。

植物细胞工程是细胞工程中比较活跃、进展比较快的一个领域,它和其他植物育种技术密切结合,已形成了一条植物—细胞—植物的生产途径,加速了植物品种改良。

(2) *动物细胞工程育种*

多倍体育种和雌核发育(gynogenesis)已在鱼、虾、贝等水产养殖动物上获得成功,有些成果已在生产上得到应用。细胞核移植技术克隆动物胚胎，对于畜牧业和水产养殖业生产均具有重要意义。核移植技术已在鱼类、两栖类和哺乳类中获得成功。如果将基因转移技术、ES细胞培养技术、核移植技术结合起来，就可能培育出大量的基因型相同的动物克隆群，这势必对畜牧业和水产养殖业产生深远影响。

在影响畜禽生产的众多因素中，遗传育种起了重要作用。提高畜禽生产水平的关键因素是品种，而品种改良的效果要以丰富多彩的畜禽品种资源为基础，畜禽遗传资源的任何一点利用都能在类型、质量、数量上给肉、奶、蛋和毛皮等生产带来创新。因此，目前在激烈的市场竞争中，拥有丰富的畜禽遗传资源可以占领市场竞争先机和主动，左右甚至垄断行业及市场的发展方向。

(3) *微生物细胞工程育种*

菌种是微生物细胞工程的基础。一般而言，自然界直接分离的菌种难以达到工业生产的要求，往往都需要根据菌种的形态和生理特点进行菌种的改良。传统的菌种改良诱变处理方法主要包括以紫外线、射线、激光等作为诱变介质的物理诱变方法和以碱基类似物、烷化剂甲基磺酸乙酯和吖啶类移码突变剂等为诱变介质的化学诱变方法及以噬菌体、转座子为诱变介质的生物诱变方法。

转化和转导首先应用于细菌，现已广泛用于链霉菌和酵母菌等工业生产菌株。随着重组DNA技术的发展，重组质粒的构建和转化系统的确立，已可将目的基因转移到受体细胞内，得到能产生具有重要经济价值的生物活性物质(如疫苗、酶等)的株系。

8. 细胞工程与生物能源

人们最初是从动物和植物取得有用的物质，如棉、麻、丝、皮革、染料等，都是天然的可再生物质。19世纪后期，许多极有价值的物质从煤焦油中获得。随着化学和化工技术的发展，石油成为化工原料的主要来源。石油是不可再生资源，20世纪70年代初期石油危机发生后，各国对化工原料主要来源于石油的现状感到不安，认为化工原料来源又将返回到煤与生物量(biomass)上来。从石油基到生物基，人类面临新的挑战。

生物质能的载体是有机物，所以这种能源是以实物的形式存在的，是唯一一种可储存和可运输的可再生能源。它分布最广，不受天气和自然条件的限制，只要有生命的地方即有生物质能存在。从利用方式上看，生物质能与煤、石油内部结构和特性相似，可以采用相同或相近的技术进行处理和利用，利用技术的开发与推广难度比较低。另外，生物质能可以通过一定的先进技术进行转换，除了转化为电力外，还可生成油料、燃气和固体燃料，直接应用于汽车等运输机械或用于柴油机、燃气轮机、锅炉等常规热力设备，几乎可以应用于目前人类工业生产或社会生活的各个方面，所以在所有新能源中，生物质能与现代的工业化技术和现代化生活有最大的兼容性，它在不必对已有的工业技术做任何改进的前提下即可以替代常规能源，这些都是今后生物质能发挥重要作用的依据。

人类日常生活和工农业生产上采用的能源主要有：①化石能源；②水力、风力和潮汐能源；③原子能；④再生能源。再生能源是指植物(包括农作物、树木、牧草和藻类等)利用太阳能进行光合作用所积累的有机物，主要组分为纤维素、半纤维素和木质素。这是传统家庭生活的主要能源，也是今后值得重视并进行合理研究开发利用的能源。再生能源的开发利用是细胞工程的研究热点之一。细胞工程在再生能源开发利用上的作用表现在两个方面：①培育能高效转换太阳能的植物，即具有高效率光合作用的植物；②和基因工程相结合，培育出能高效发酵纤维素产生乙醇等替代能源的高效菌种。

第四节　细胞工程学习方法

细胞工程是一门应用性非常强的前沿学科，涉及的学科知识较多。新的研究技术和研究手段不断出现，使得细胞工程新知识不断变化，给掌握和应用细胞工程提供了非常好的基础，要学好细胞工程，需要注意以下几个方面：

一、掌握细胞工程相关基本理论

细胞工程是在相关学科基础上发展起来的，有较强的实践应用性和社会需求，掌握相关学科基本知识，能够打好基础，扩大视野和思路。例如，只有掌握细胞生物学和微生物学知识，熟悉细胞基本的生命活动特征和规律，才能更好地利用细胞的生长规律，生产细胞的次生代谢产物；只有掌握不同的细胞特征，才能更好地利用不同类型细胞开展各种各样的细胞工程实验。

二、掌握细胞工程相关研究方法和实验技术

要学好细胞工程，必须掌握细胞工程研究方法和实验技术。细胞工程研究方法和手段有很多，主要包括传统的研究方法和现代的研究方法，形态学的研究方法和生理学的研究方法。形态学研究方法主要包括显微镜技术的应用及免疫荧光技术在细胞工程中的应用等；生理生化研究方法主要包括细胞内部各种次生代谢产物的定性和定量实验技术等；细胞培养技术主要包括动物细胞的培养、植物细胞的培养及微生物细胞的培养技术等。细胞工程技术还包括转基因技术、细胞融合技术及分子生物技术等。

三、掌握必要的文献信息检索途径

要掌握一门科学技术，必须掌握获取相关学科知识的途径。细胞工程知识内容丰富，交叉学科多样，新知识不断出现，获取和掌握细胞工程研究进展的相关信息，是学好细胞工程重要的条件之一。首先选择参考书，在学校图书馆或者书店可以看到国内外重要的参考图书资料，但目前纸质资料很少有同学去翻阅。其次是网络信息学习，网上免费数据库中有大量的细胞工程研究资料，包括研究进展和相关学习资料，充分利用互联网快速、便捷和信息量大等优势，快速掌握细胞工程相关知识和基本技术。

四、细胞工程应用研究进展

通过对细胞工程研究进展的学习，特别是细胞工程研究在重大理论上的突破和实践中的应用，能够激发学习兴趣。通过对细胞工程研究应用于环境、粮食、资源、能源、人口等各个方面的学习，提高细胞工程学习的积极性、知识性和趣味性。

思考题

1. 简述细胞工程的发展历史。
2. 举例说明细胞工程在生命科学研究中的地位。
3. 通过资料查阅,说明细胞工程目前取得的研究成果。
4. 针对细胞工程研究中感兴趣的问题,谈谈你的看法。

第二章　细胞工程实验室及实验基本操作

细胞工程是基于无菌(asepsis)条件下的研究和操作,需要建立一套满足无菌操作(aseptic manipulation)和无菌培养(aseptic culture)的环境。有机体的组织、器官或细胞可以通过无菌操作过程获得无菌培养物,并在适宜环境条件下生长、发育、繁殖。

细胞工程操作对象是离体(*in vitro*)条件下生物有机体的各部分组织、器官或细胞,称为外植体(explant)。要满足操作对象在离体条件下的生长、发育,就必须提供适宜其生长、发育的良好营养条件,即培养基(medium)。各种外植体离体培养所用的营养物质,主要根据其正常生长发育所需营养而定。植物与动物的外植体在营养代谢、生长发育等多方面存在着诸多差异,所需营养也不尽相同。因此,研究培养基的组成与配制是一项基本任务,而相应实验室的建立则是开展本研究的基本条件。

第一节　实验室及仪器设备

为满足无菌操作及无菌培养要求,需要建立相应的实验室。细胞培养实验室包括基本操作室、无菌操作室、培养室、鉴定分析室和温室等。各实验室应配备相应的实验仪器设备。

一、实验室

实验室是细胞工程研究的主要场所,应能满足其需要,即满足清洗、无菌操作、培养基制备及储藏和培养鉴定等多方面工作的要求。

(一) 基本操作室

基本操作室主要用于细胞工程研究的基本操作、所需仪器设备的放置、培养基配制以及相关耗材的储藏等。此操作室可分为洗涤区、灭菌区、储藏区和培养基配制区等。

1. 洗涤区

洗涤区用于各种实验用具和实验材料的洗涤,应配备干燥箱、控水架、工作台及各类洗涤容器和用具,地面应耐湿并排水良好。

2. 灭菌区

灭菌区用于培养基、器械和容器等的灭菌,需配备灭菌锅、电磁炉(或电炉)、蒸馏水器、过滤除菌装置。

3. 储藏区

储藏区用于各种实验器皿、培养基、化学药品的放置,需要不同规格和类型的储藏柜、不同制冷温度冰箱等仪器设备。

4. 培养基配制区

培养基配制区用于培养基的配制,需实验台、各种玻璃器皿(包括容量瓶、烧杯、量筒、移液管、三角瓶、广口瓶)、微量进样器、普通天平、台秤、酸度计、电磁炉(或电炉)、搪瓷盆、培养容器、漏斗及漏斗架等仪器设备和各种药品试剂等。

基本操作室功能多样,面积应相对较大。储藏区和培养基配制区因功能关联,需彼此相邻,方便操作。

(二) 无菌操作室

无菌操作室主要用于细胞工程的无菌操作,需长时间保持良好无菌状态。该操作室分为缓冲准备区和接种区两个区。

1. 缓冲准备区

缓冲准备区用于更换衣帽、拖鞋,洗手等,为保证接种区的无菌环境,需紫外灭菌灯、鞋帽架、水池等设备。

2. 接种区

接种区用于培养材料的无菌操作,需超净工作台、滤气空调、紫外灭菌灯、工作台、医用推车、酒精灯、无菌操作的各种器械、器械支架等仪器设备和各种消毒灭菌剂。

无菌操作室功能简单,面积应小,门窗应密闭性好,以保证其长期处于较好的无菌状态。

(三) 培养室

培养室主要用于外植体的人工培养、储存及所需仪器设备的放置。为了保证培养对象生长、繁殖所需的温度、光照、湿度、通风条件,应配备培养架、摇床、空调、自动计时器、暗培养箱和恒温恒湿光照培养箱等仪器设备。培养室的面积依研究任务而定,良种繁育场面积较大,如湛江市林业良种繁育场(图 2.1),温度要求为 25～27℃(动物性培养物为 35～37℃),光照强度为 2000～3000lx。

A

B

图 2.1　常见的培养室(湛江市林业良种繁育场)
A. 蝴蝶兰扦插室;B. 铁皮石斛培养室

(四) 鉴定分析室

鉴定分析室主要用于实验材料的研究和观察分析,应宽敞明亮。所需的仪器设备有各种显微镜及照相系统、解剖镜、离心机、恒温箱、液氮容器、精密天平等,用于细胞学和组织学观察(图 2.2～图 2.5)。

图 2.2　解剖镜
（图片来自灵峰集团光学产品）

图 2.3　液氮容器
（图片来自北京华威兴业科技有限公司产品）

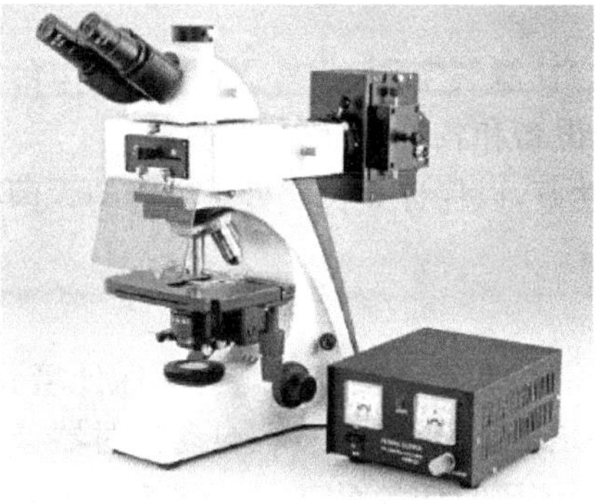

图 2.4　荧光显微镜
（图片来自重庆奥特光学仪器有限责任公司产品）

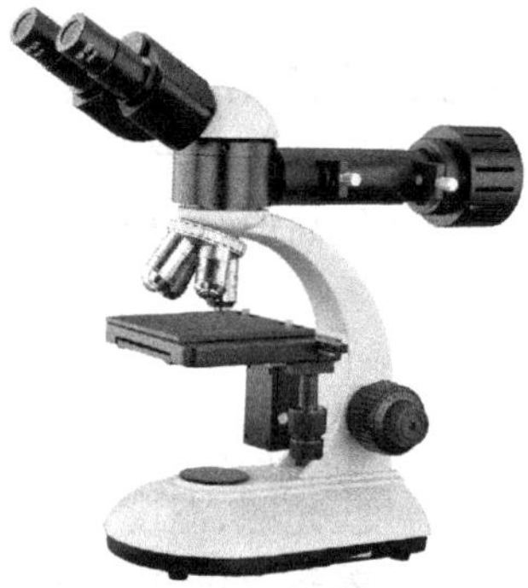

图 2.5　金相显微镜
（图片来自重庆奥特光学仪器有限责任公司产品）

（五）温室

植物细胞工程的最终产物为试管苗，需对其进行炼苗和移栽，将其培养成正常生长的植株。温室可为试管苗提供满足其生长需要的适宜环境条件。

二、仪器设备

细胞工程实验室常用仪器设备分为必要器皿和常用仪器设备两类。

（一）必要器皿

1. 培养器皿

培养器皿是供接种物生长的器皿（图 2.6）。根据培养目的和要求不同，培养器皿分为下述几种。

1）培养瓶。培养瓶用于培养、繁殖接种材料，由玻璃或塑料制成，常用的类型有试管、三角瓶、扁瓶、广口瓶等。植物组织培养中，多用 100～150ml 的玻璃或塑料三角瓶；动物细胞培养常用的是 50～100ml 的玻璃或塑料专用培养瓶。

2）培养皿。培养皿用于无菌材料分离、滤纸灭菌、病毒鉴定、抗性鉴定、单细胞分离和繁殖，由玻璃或塑料制成，常用的规格为 6cm、9cm、12cm（培养皿的规格指其直径）。

3）多孔培养板。多孔培养板用于单细胞培养、克隆和细胞毒性检测等，由塑料制成。常用的规格有96孔、24孔、12孔、4孔。

2. 盛装器皿

盛装器皿用于药品溶解和各种培养基母液的储备，常用的有各种规格的烧杯和试剂瓶。

3. 计量器皿

计量器皿用于药液的配制、分装和吸取，常用的有各种规格的量筒、移液管、微量进样器。

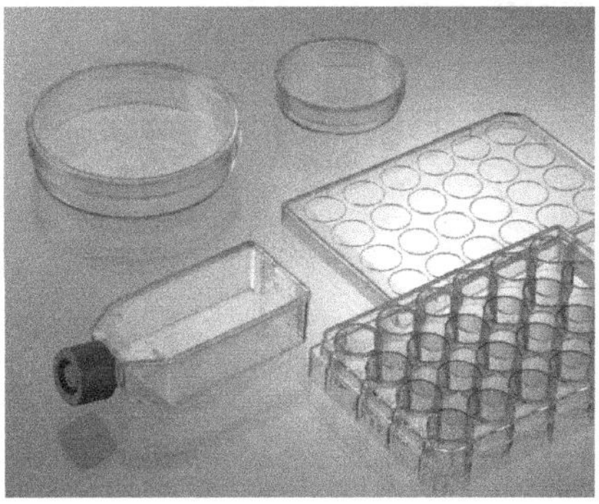

图2.6　常见的培养器皿

4. 金属器械

金属器械用于解剖、取材、剪切组织，常用的有镊子类（直镊子、弯头镊子、血管镊子等）、剪切类（眼科剪、手术剪等）、解剖刀、接种针等。

（二）常用仪器设备

1）无菌操作仪器设备。无菌操作仪器设备用于培养材料的无菌操作，以及培养基和各种器皿的灭菌。常用的有医用超净工作台（气流水平型超净工作台、气流垂直型超净工作台）、高压蒸汽灭菌锅（图2.7）、干热灭菌烘箱、过滤除菌装置。

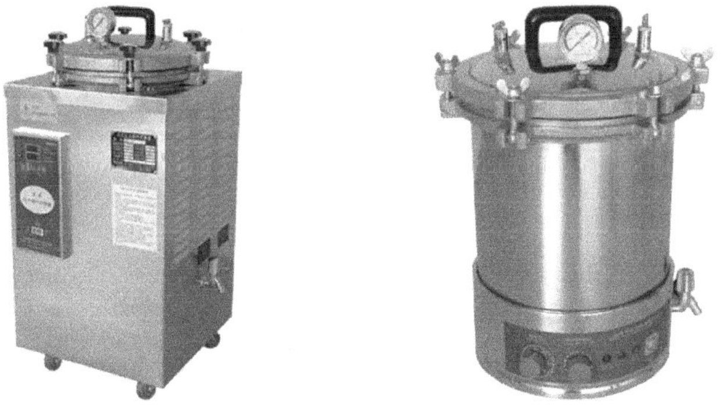

A　　　　B

图2.7　灭菌锅

A. 立式高压蒸汽灭菌锅；B. 手提式高压蒸汽灭菌锅

2）培养仪器设备。培养仪器设备用于接种材料的培养。常用的有培养架、摇床、振荡式培养机、普通恒温培养箱、恒温恒湿光照培养箱、暗培养箱、CO_2恒温培养箱（图2.8）等。固体培养主要利用培养架或培养箱，液体培养用振荡机或摇床（图2.9，图2.10）。一般组织或细胞培养采用的振荡速度为100次/min，旋转速度为1r/min。

3）药品储存和配制仪器设备。此类仪器设备用于配制、储存培养基和细胞工程操作中所需的各种药液，常用的有精密程度不同的各种天平、蒸馏水器、酸度计、不同制冷温度冰箱（普通冰箱和−120～−30℃冰箱）、微波炉、热水器等。

4）观察分析仪器设备。观察分析仪器设备用于实验材料的生长观察和处理，常用的有显微镜（包括高倍显微镜、倒置显微镜、荧光显微镜）及配套照相系统、解剖镜、离心机、液氮容器、恒温箱、精密天平等。

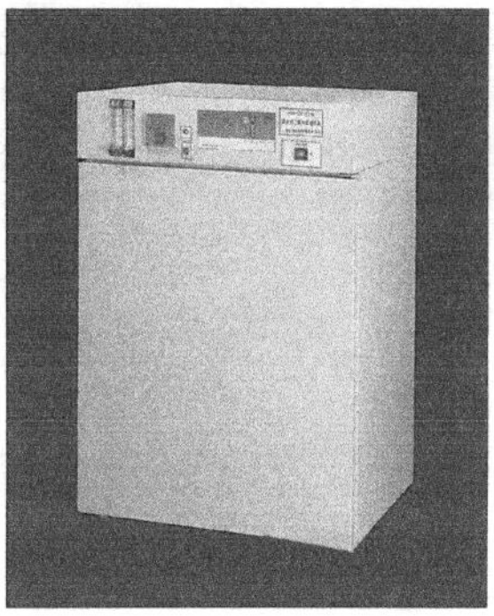

图 2.8　二氧化碳培养箱

图 2.9　恒温振荡器

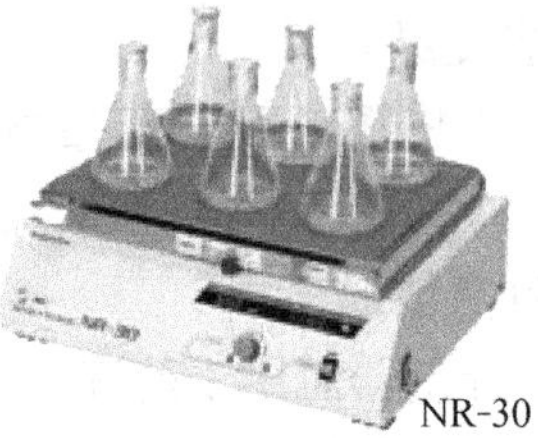

图 2.10　液体培养振荡机

5) 其他仪器设备。其他仪器设备包括用于细胞学和组织学研究的各种仪器设备及满足一些特殊要求的仪器设备，如快速、精确检测细胞用的流式细胞仪，免疫性、细胞药物敏感性测定的酶联免疫检测仪(图 2.11)等。

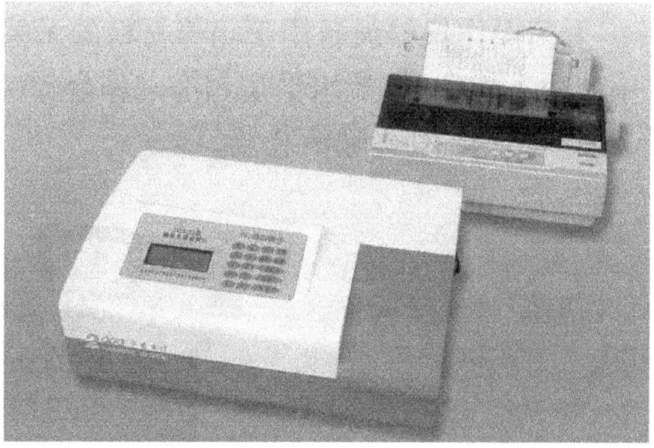

图 2.11　酶联免疫检测仪

第二节　细胞工程基本操作

细胞工程的基本操作是围绕无菌要求进行的，主要包括清洗、消毒灭菌(sterilization)、无菌操作等环节。该项操作虽然技术简单，但要求细心和耐心，这对保证实验的成功十分重要。应力求通过各项操作步骤，使实验品保持无菌状态，满足实验最基本的要求。

一、清洗

新的或用过的各种器皿，包括玻璃器皿、塑料器皿、金属器械、除菌滤器等，都应严格清洗。新购置的玻璃器皿，常用游离碱性物质清洗，使用前，先用 1%稀盐酸浸泡过夜，然后用洗衣粉刷洗，清水冲洗，晾干备用。已用过的玻璃器皿用洗衣粉刷洗，清水冲洗，晾干备用。新的塑料器皿打开即用。已用过的塑料器皿冲洗干净，先用 2%NaOH 浸泡过夜，然后用清水冲洗一遍，晾干备用。新的金属器皿用热洗衣粉水洗净，冲洗后擦干即可。培养器皿已污染时，用蒸汽高压灭菌后清洗。除菌过滤器用清水冲洗后，用清洗液(表 2.1)冲洗，再用清水冲洗，最后用蒸馏水冲洗，晾干备用。

表 2.1　清洗液配方

配方成分	弱液	次强液	强液	常用配方
重铬酸钾/g	50	100	60	100
浓硫酸/ml	100	200	800	200
蒸馏水/ml	1000	1000	200	800

二、消毒灭菌

严格的消毒灭菌对细胞工程研究极为重要，直接影响着整个实验能否顺利进行。

（一）消毒灭菌方法

常用的消毒灭菌方法有物理方法和化学方法两类。物理消毒灭菌有干热、湿热、过滤、射线等方法；化学消毒灭菌有消毒剂、抗生素等方法。

1. 干热消毒灭菌法

干热消毒灭菌法是利用烘箱进行烘烤灭菌的方法，适用于玻璃器皿和金属器械的灭菌。操作方法：将清洗干净的器皿放入恒温箱中，150℃、40min 或 120℃、120min 即可达到灭菌效果。如果发现芽孢杆菌（*Bacillus megaterium*）时，则需 160℃、90～120min 才可将其杀死。

2. 湿热消毒灭菌法

湿热消毒灭菌法是利用高压蒸汽锅进行灭菌的方法，适用于各种器皿、培养基、蒸馏水、棉塞、纸等的消毒灭菌。高压蒸汽锅压力一般调整为 $9.8\times10^4\sim10.8\times10^4$Pa，维持 20～30min 即可达到消毒灭菌效果。

3. 过滤除菌法

培养基（液）中如含有遇高温分解的化学物质，如生长调节类物质等，则需利用过滤器皿进行过滤除菌。过滤除菌法适用于一些培养基（液）、酶液、血清等的除菌。过滤除菌选用的滤膜孔径应为 0.22～0.45μm。

4. 射线消毒灭菌法

射线消毒灭菌法是利用紫外灯进行照射灭菌的方法，适用于实验室空气、操作台面、试管授精时所用花粉等的消毒灭菌，灭菌时间为 15～20min。

5. 酒精灯消毒灭菌法

此法是利用酒精灯火焰烧灼达到灭菌的目的，适用于接种时对接种器皿的灭菌。

6. 消毒剂消毒法

此法是利用 70%～75%乙醇、过氧乙酸、来苏水、0.1%新洁尔灭等消毒剂对实验器皿、操作表面、皮肤等进行消毒的方法。对实验材料的消毒，常用 70%～75%乙醇、0.1%～0.2%氯化汞、10%次氯酸钠、饱和漂白粉等；对无菌室和培养室的消毒，常用含甲醛（$2ml/m^3$）和高锰酸钾（$1g/m^3$）的消毒液或乙二醇（$6ml/m^3$）等加热熏蒸。消毒剂使用时应注意安全，特别是用在皮肤或实验材料上的消毒剂，须选用合适的药剂种类、浓度和处理时间，才能达到安全和消毒灭菌的目的。

7. 抗生素抑菌法

此法是利用抗生素对实验材料进行抑菌的方法，常用的有青霉素（penicillin）、链霉素

(streptomycin)、新霉素(neomycin)等。

(二) 培养材料的消毒灭菌

采自自然界的实验材料携带微生物及杂质,接种前须进行表面消毒灭菌,对内部已受微生物侵染的材料应予以淘汰。采来的实验材料先用流水冲洗 10～20min 或更长时间,然后在一定浓度药剂中浸泡处理(须在超净工作台上操作),进行表面消毒灭菌。所用的药剂种类、浓度、处理时间随植物种类和取用的器官部位的不同而异,常用消毒剂的灭菌效果见表 2.2。消毒剂对植物组织是有毒的,应正确选择其浓度和处理时间,减少它对组织的伤害。经过灭菌的培养材料,须用灭菌水清洗 4～5 次,沥去水分待用。

表 2.2 常用消毒剂消毒灭菌效果比较表

消毒剂	使用浓度	去除的难易	消毒时间/min	效 果
次氯酸钙	9%～10%	易	5～30	很好
次氯酸钠	2%	易	5～30	很好
漂白粉	饱和溶液	易	5～30	很好
溴水	1%～2%	易	2～10	很好
过氧化氢	10%～12%	最易	5～15	好
升汞	0.1%～1%	较难	2～10	最好
乙醇	70%～75%	易	0.2～2	好
抗生素	4～5mg/L	中	30～60	较好
硝酸银	1%	较难	5～30	好

(引自曹孜义等 1999)

(三) 培养基的消毒灭菌

培养基在制备过程中带有各种杂菌,分装后应在 24h 内完成消毒灭菌工序。常规消毒灭菌方法是将分装好的培养基放入底部有一定量凉水(淹没加热管)的高压蒸汽灭菌锅内,增压前先排净锅内冷空气,以便使蒸汽能到达各个消毒部位,保证彻底消毒灭菌。然后加压加热,当压力表读数为 9.8×10^4～10.8×10^4Pa、温度为 121℃时,保持 15～20min 即可。

由于消毒灭菌效果取决于温度而不是压力,在一定压力下保持较长的消毒灭菌时间是必需的。在 121℃的蒸汽温度条件下可以很快杀死各种细菌及高度耐热的芽孢杆菌,因此许多培养基的消毒灭菌压力、温度一般保持为 9.8×10^4～10.8×10^4Pa、121℃。蒸汽压力与其对应的温度关系见表 2.3。消毒灭菌时间与需要消毒灭菌的培养基的量密切相关(表 2.4),时间不足达不到灭菌效果,时间过长培养基内的一些化学物质遭到破坏,则影响培养基成分。如培养荠属(*Capsella*)植物幼胚的培养基,加热到 120℃时,会降低培养基的营养价值,所以最好是将培养基在 100℃消毒灭菌 20min(但大多数情况下,这种消毒灭菌条件不能保证培养基的彻底灭菌)。消毒灭菌结束后,关闭热源,当锅内压力降为零时打开放气阀,排除剩余蒸汽,取出培养基。不可在压力较高时打开放气阀,否则会引起减压沸腾,使容器中液体溢出。

表 2.3　饱和蒸汽压力与其对应的温度*

饱和蒸汽压力		温度/℃	饱和蒸汽压力		温度/℃
kgf/cm^2	lbf/in^2		kgf/cm^2	lbf/in^2	
0.000	0	100.0	0.984	14	119.9
0.141	2	103.6	1.055	15	121.0
0.281	4	106.9	1.125	16	122.0
0.442	6	109.8	1.266	18	124.1
0.563	8	112.6	1.406	20	126.0
0.703	10	115.2	1.543	22	127.8
0.844	12	117.6	1.681	24	129.6

（引自周维燕　2001）

* $1kgf/cm^2=98\,039Pa$，$1lbf/in^2=6894.76Pa$

表 2.4　培养基高压蒸汽灭菌所必需的最少时间

容器容积/ml	在 121℃所需的最少消毒灭菌时间/min
20～50	15
75	20
250～500	25
1000	30
1500	35
2000	40

（引自李浚明　1992）

培养基组成中若含有遇热易分解物质，如生长调节物质、维生素、尿素、酶等，则必须用过滤方法除菌。先对培养基中耐热组分进行高压蒸汽灭菌后放置于无菌场所，固体培养基在40℃左右琼脂凝结前，加入经过滤除菌的不耐热溶液，混匀后冷却备用；液体培养基在冷却到室温后再加入过滤除菌溶液。过滤除菌时，使用孔径为 0.22～0.45μm 或更小的细菌滤膜，溶液通过滤膜后，细菌和孢子等因大于滤膜孔径而被阻，并利用滤膜的吸附作用，阻止小于滤膜孔径的细菌透过。过滤除菌可利用抽滤装置或注射过滤器进行，所用器皿均应经过高压消毒灭菌，消毒灭菌温度不应超过 121℃。

（四）玻璃器皿、塑料器皿和器械的消毒灭菌

玻璃器皿可进行高压蒸汽消毒灭菌或干热消毒灭菌；耐高温的塑料器皿则多采用高压蒸汽消毒灭菌。器皿消毒灭菌用的包扎材料为牛皮纸、棉布、铝盒等。

无菌操作所用的各种金属器械，一般采用灼烧灭菌，即将其浸入 95%乙醇中，然后置酒精灯火焰上灼烧，冷却后使用。应注意，在操作期间需多次对各种器械进行灼烧灭菌。

（五）无菌操作室的消毒灭菌

无菌材料进行接种或继代时，必须从各方面防止任何污染物进入容器，所以接种区的消毒灭菌至关重要。由于接种区的污染源主要是空气中的细菌和真菌孢子，长期停用后的无菌操作室应进行熏蒸消毒灭菌。每次接种前都应进行地面卫生清洁，并用紫外灯照射 20min，进行空气的消毒灭菌。对接种用的超净工作台，每次接种前用紫外灯照射 20min，同时用 70%～75%乙醇擦洗，然后进行培养材料的接种。

三、无菌操作

培养材料接种时的无菌操作过程除上述各项消毒灭菌操作外，还需完成以下无菌操作步骤，从而获得接种的无菌培养材料。

（一）无菌操作前的准备工作

1）工作人员无菌操作前需穿好工作服，戴上工作帽和口罩。

2）坐在超净工作台前，将各种操作所用金属器械浸泡在盛有95%（或70%）乙醇溶液的广口瓶中。

3）点燃酒精灯，在耐热器皿（如不锈钢小盘或搪瓷盘）中加入少量乙醇，将蘸有乙醇的金属器械及器械支架放入耐热器皿中灼烧。

4）待晾凉后将器械置器械架上备用。

5）所有操作器械每次使用后都要灭菌。

6）用70%～75%乙醇擦拭新的培养容器和继代培养容器表面，放置于超净工作台上待用。

7）再用同样浓度的乙醇擦拭双手和前臂，完成无菌操作准备工作。

（二）无菌操作步骤

准备工作完成后，对来自于自然生长条件下的外植体进行无菌操作。

1）按前述培养材料的消毒灭菌方法灭菌后取出，放入已消毒灭菌的培养皿中。

2）上述材料置于超净工作台酒精灯火焰下方，用灭菌剪刀等器械进行适当分离、切割或其他处理后备用。

3）在酒精灯火焰处将培养容器的瓶塞（盖）轻轻打开，瓶口在灯焰处旋转灼烧。

4）用镊子将培养材料置于培养基上，将镊子放在酒精瓶中浸蘸，置于酒精灯火焰上灼烧后放回支架，然后迅速灼燎瓶塞（盖）数秒后塞回瓶口。

5）对继代培养材料的无菌操作，需在灯焰处打开瓶塞（盖）。

6）继代材料为液体培养细胞时，直接用灭菌吸管吸取培养细胞液放入新培养基中。

7）继代材料为固体培养细胞时，用灭菌镊子挑取适量材料置于新培养基上。

8）继代材料为其他组织时，用灭菌剪刀或其他器械进行培养材料的适当切割后，用灭菌镊子将其置于新培养基上（中），然后迅速灼燎瓶塞（盖）数秒后塞回瓶口。

（三）污染源及其表现特征

当培养材料、转接器皿、无菌操作环境等消毒灭菌不彻底时，培养材料携带有微生物，当其被转接到营养丰富的培养基上时，微生物繁殖迅速，出现各种污染菌斑。微生物生长时分泌出对植物组织有毒的代谢废物，致使培养材料死亡或失去使用价值。

1）在培养过程中，若培养材料附近出现黏液或混浊的水迹，并有发酵状泡沫，则是细菌性污染。在细菌性污染中，特别要注意一种呈乳白色的芽孢杆菌，它可出现在培养基表面，或呈滴形云雾状存在于培养基内，若出现应严格灭菌。

2）培养基表面出现的黄色、白色、黑色等不同颜色的霉菌，属真菌性污染。

3）与微生物污染无关的酚类物质污染，也是培养材料常遇到的问题，它是由于组织中的多酚氧化酶被激活，使细胞中的代谢发生变化，酚类物质被氧化后产生醌类，这类物质呈棕褐色，使培养材料褐变，甚至接种后使培养基变为褐色，严重影响培养物的生长发育。可以利用一些抗氧化剂，如抗坏血酸、半胱氨酸等，进行材料的预处理或预培养，或者在培养基中加入抗氧化剂或吸收酚类的化合物，如聚乙烯吡咯烷酮（polyvinylpyrrolidone，PVP）等，来减轻醌类物质的毒害。

第三节　培养基及其配制

培养基是离体培养组织或细胞赖以生存的营养基质，是为离体培养材料提供的近似生物体内生存环境的营养环境。必需元素在生物体内的生理作用主要有四方面：①组成各种化合物，参与有机体的构造，成为结构物质；②构成一些特殊的生理活性物质，参与活跃的生理代谢；③元素间互相协调，维持离子浓度平衡、胶体稳定、电荷平衡等电化学方面的作用；④调节形态发生和组织器官的建成。

由于动植物间存在着组织和细胞结构等多方面的差异，所需营养不尽相同，即使是同一种植物或动物，其不同部位的组织对营养的要求也不相同，只有满足它们各自的特殊要求，其生长发育才能正常进行。因此，没有任何一种培养基能够适合一切类型的细胞、组织和器官的培养。在过去 100 多年中，为了满足培养各种细胞、组织和器官的需要，已经有了多种培养基配方供选择，但由于动植物间存在多种差异，培养基配方组成间差异较大，配制方法也不相同，需分别进行了解后使用。

一、植物细胞培养基及其配制

由于植物种类、组织的不同，离体培养材料良好生长所需的营养也不相同，已经研制了多种适宜各种培养材料生长的培养基配方。一个完善的植物培养基配方中，除了植物生长所需水分外，还应包括无机元素（inorganic element）、有机元素（organic element）、生长调节物质、碳源、氮源等，才能提供植物离体材料正常生长发育所需的营养物质。

（一）培养基成分

1. 无机元素

无机营养成分对植物的生长发育十分重要。例如，氮是各种氨基酸、维生素、蛋白质和核酸的重要组成部分；钙是细胞壁的成分之一；铁、锌、钼是某些酶的组成部分等。这些对植物生长发育有重要作用的无机元素，在植物组织培养时也是必不可少的。培养基中无机元素用量差异较大，可以分成大量元素类和微量元素类，大量元素类有碳、氢、氧、氮、钾、磷、镁、硫、钙等，使用的浓度大于 0.5mmol/L；微量元素类则至少包括铁、硼、锰、锌、钼、铜、钴、氯等，使用的浓度小于 0.5mmol/L。

无机元素在水中溶解时发生解离，形成离子，所以植物组织从培养基中吸收的元素是离子形式。一种类型的离子可以由一种以上的盐来提供，如 NO_3^- 既可由 NH_4NO_3 提供，也可由 KNO_3 提供；K^+ 可由 KNO_3 提供，也可由 KH_2PO_4 提供。

植物从培养基中吸收的氢、氧元素主要从水中获得；氮素则由硝酸盐和铵盐两种形式供应；铁盐为螯合剂，即 Fe · 乙二胺四乙酸（ethylene diamine tetraacetic acid，EDTA），可由螯合

剂 Na_2 · EDTA 和 $FeSO_4 \cdot 7H_2O$ 配制而成;其他元素均由各种无机盐水解后的离子形式供应。

无机元素供应不足时,组织培养材料就会出现一定的症状,如植株失绿、细胞分裂停止、细胞分化受阻等;但营养元素过多,也会造成植物细胞代谢障碍、生长抑制等毒害现象,应避免一种元素过多使用造成的单盐毒害发生。

2. 有机元素

组织培养中使用的有机营养成分主要有四类,即氨基酸类、维生素类、糖类和天然有机添加物类,它们是促进培养细胞生长和分化所必需的有机碳、氮等营养物质。

(1) 氨基酸类

氨基酸是重要的有机氮源。常用的氨基酸是甘氨酸,有时用丝氨酸、酪氨酸、谷氨酰胺、天冬酰胺、水解酪蛋白(casein hydrolysate,CH)和水解乳蛋白(lactoprotein hydrolysate,LH)等。氨基酸类多为小分子化合物,可直接被细胞吸收利用,其用量通常为 2～3mg/L。CH 和 LH 是约 20 种氨基酸的混合物,对培养材料的细胞分化有良好的促进作用,用量为 100～2000mg/L。

(2) 维生素类

维生素是以辅酶形式参与植物细胞代谢活动的重要物质,对生长、分化有很好的促进作用。常用的维生素有盐酸硫胺(维生素 B_1)、盐酸吡哆醇(维生素 B_6)、烟酸(维生素 B_5)、叶酸(维生素 B_{11})等,有时用生物素(维生素 H)、泛酸钙(维生素 B_3)、抗坏血酸(维生素 C)等,用量为 0.1～10mg/L。

(3) 糖类

糖类是培养基的主要碳源,为细胞提供合成新化合物所需的碳骨架,并为细胞呼吸代谢提供底物与能源,维持一定的渗透压。常用的碳源是蔗糖,还有葡萄糖、果糖、麦芽糖、木糖、甘露糖、山梨糖等,适宜的浓度为 2%～5%。在诱导花药愈伤组织和原生质体时,蔗糖浓度可提高,有时达 16%。一般来说,离体双子叶植物的根在以蔗糖为碳源的培养基上生长最好,单子叶植物的根则以右旋糖(如葡萄糖)为碳源时生长最好。

肌醇在糖类的相互转化中起作用,是培养基中不可缺少的有机营养物质。它可以形成果胶物质,是细胞壁的构建物质;还可以与 6 分子磷酸残基结合形成植酸。植酸与钙、镁等阳离子结合成植酸钙镁;植酸也可形成磷脂,参与到细胞膜的组分中。可见,肌醇参与了糖类、磷脂代谢和离子平衡等生理活动。肌醇用量为 50～100mg/L。

(4) 天然有机添加物类

天然有机添加物类是化学成分不明的复杂营养混合物。尽管它们对细胞和组织的生长和分化有明显的促进作用,但因成分不定,质和量受多种因素影响,实验的可重复性差,应尽量避免使用。这类物质主要有椰子汁(coconut milk)、马铃薯汁、酵母提取物(yeast extract,YE)、番茄汁等。

3. 生长调节物质

培养基的各种成分中,影响最大的是植物生长调节物质。由上述无机元素和有机营养构成的培养基仅保证了培养物的生存与最低的生理活动,只有配以适当的植物生长调节物质时,才能诱导细胞分裂的启动,愈伤组织的生长及根、芽的分化和胚状体的发育。植物生长调节物质包括生长素类、细胞分裂素类和赤霉素(gibberellin,GA)类,有时还使用脱落酸(abscisic acid,ABA)、乙烯(ethylene)等物质。

(1) 生长素类

生长素能促进细胞伸长、生长和分裂，诱导愈伤组织形成，促进生根，与一定量的细胞分裂素配合可诱导不定芽的分化、侧芽的萌发与生长、胚状体的产生等。常用的生长素有 2,4-二氯苯氧乙酸(2,4-dichlorophenoxyacetic acid,2,4-D)、萘乙酸(naphthylacetic acid,NAA)、吲哚丁酸(indole-3-butyric acid,IBA)、吲哚乙酸(indole-3-acetic acid,IAA)等。IAA 为天然植物生长素，见光易分解，高温高压易受破坏，所以组织培养中常用人工合成的生长素，即 2,4-D、NAA 和 IBA，它们在 120℃仍然很稳定。在药剂的活性上，2,4-D 作用最强，NAA 和 IBA 次之，IAA 最弱。但 2,4-D 可抑制芽形成，一般用于细胞启动脱分化阶段。诱导分化则用 NAA、IBA 或 IAA。IBA 诱导生根效果最好。

(2) 细胞分裂素类

细胞分裂素可促进细胞分裂、诱导愈伤组织或器官分化不定芽、解除顶端优势而促进侧芽增殖、抑制离体组织或器官衰老等。常用的细胞分裂素有激动素(kinetin,KT)或糠基腺嘌呤、6-苄基腺嘌呤(6-benzylaminopurine,6-BA)、2-异戊烯腺嘌呤(2-isopentenyl adenine,2-IP)、玉米素(zeatin,ZT)等。它们在高温高压下性能稳定，但 KT 见光易分解，需在黑暗中保存。在药剂的活性上，ZT 和 2-IP 作用最强，6-BA 次之，KT 最弱。研究者还发现一种与上述分子结构不同的细胞分裂素，即苯基噻二唑基脲(thidiazuron,N-phenyl-N′-1,2,3-thiadiazol-5-ylurea)。其活性超过 ZT，对一些难以增殖的木本植物具有一定效果。

(3) 赤霉素类

赤霉素有 20 多种，组织培养中仅使用 GA_3 一种，它能促进诱导形成的不定胚正常发育成小植株。但 GA_3 不耐热，水溶后不稳定，故应采用过滤除菌，并用乙醇溶解。

(4) 脱落酸

脱落酸(ABA)抑制蛋白质合成，抵消和抑制生长素、细胞分裂素和 GA 发挥作用。ABA 诱导休眠，促进衰老和脱落。短日照条件诱导 ABA 合成，长日照条件诱导 GA 合成，两种激素又控制和诱发许多其他生理效应，如延缓生长、促进落叶、形成休眠芽(秋季短日照)，或促进生长、诱导开花(春夏季长日照)等。离体培养环境不良时，如培养基陈旧、干涸、遭受污染、营养缺乏等，都会导致培养物生长停止、衰退、落叶或死亡。另外，ABA 可抑制气孔开放，减少蒸腾作用，还对一些培养物芽的形成有促进作用。

(5) 乙烯

乙烯具有促熟果实，促进脱落和衰老，促进橡胶、漆、松脂等次生物质的分泌，促进菠萝(*Ananas comosus*)开花，增加黄瓜(*Cucumis sativus*)等植物雌花数量的作用。在培养时植物组织自身会散发出乙烯，尤其是生长素用量过高时会诱导植物产生乙烯。研究乙烯的生理效应时，应采用密闭系统，通过橡胶塞注入乙烯气体。较高含量的乙烯引起植物在形态上发生一些显著的变化，如豌豆上胚轴加粗、失去负向地性等。减少乙烯含量可用高锰酸钾进行吸附。但气态的乙烯应用不便，常用乙烯利(2-氯乙基磷酸，2-chloroethyl phosphonic acid)代替。因乙烯利在 pH 高于 4.1 时，即分解释放出乙烯。

4. 琼脂

培养基有固体和液体两种。固体培养基最好的固化剂是琼脂，它是从海藻中提取的一种高分子多糖类物质，不提供任何营养成分，用量为 3～10g/L，溶于热水，在 40℃以下凝固为凝胶状，成为培养材料良好的支持物。另外，琼脂还具有吸附能力，能吸附细胞代谢中的一些废物。但在组织或细胞营养代谢的研究中，应避免使用具有琼脂的固体培养基，因为琼脂中含有的杂质将影响研究结果(表 2.5)。研究者在液体培养基中用无灰滤纸制成的纸桥作为支持物来培养愈伤组织,避免了琼脂杂质的影响。

表 2.5　植物组织培养中常用的琼脂的化学成分

成　分	Bacto 琼脂	Noble 琼脂	纯化琼脂
灰分	4.50%	2.60%	1.75%
钙	0.13%	0.23%	0.27%
钡	0.01%	0.01%	0.01%
硅质	0.19%	0.26%	0.09%
氯化物	0.43%	0.18%	0.13%
硫酸盐	2.54%	1.90%	1.32%
氮	0.17%	0.10%	0.14%
铁/(mg/L)	11.00	1.00	1.00
镁/(mg/L)	285.00	260.00	695.00
铜/(mg/L)	5.00	7.50	20.00

(引自李浚明　1992)

培养基的构成除了上述四种成分外,有时还加入一些其他物质,如具吸附作用的活性炭、防止酚类污染的物质、抗生素等。另外,培养的植物材料大多要求弱酸性的环境,所以培养基在灭菌前需将 pH 调至 5.6～5.8。当 pH 高于 6 时,培养基变硬,不利于培养物的生长;而 pH 低于 5 时,琼脂不能很好地凝固。

(二) 培养基种类

在 100 多年的植物组织、器官和细胞离体培养研究中,研制开发了数十种适宜不同植物、不同组织、不同细胞生长发育的培养基配方,但多数培养基是在几种普遍应用的培养基(表 2.6)上演变而来的,其中应用最为广泛的仍为 MS 培养基。早期植物组织培养基的建立,如 White 提出的根培养基和 Gautheret 提出的愈伤组织培养基,都是由先前用于整体植物栽培的营养液发展而来的。以后的各种培养基又都是在 White 培养基和 Gautheret 培养基的基础上形成的。各种培养基在无机营养组成上的差异主要是盐和离子数量上的不同。常用培养基根据其中无机盐的含量可以分为四类,分述于下。

表 2.6　一些培养基种类及成分　　(单位:mg/L)

培养基成分	培养基种类							
	MS (1962)	ER (1965)	B_5 (1968)	N_6 (1975)	Nitsch (1963)	NT (1971)	White (1963)	Heller (1953)
NH_4NO_3	1 650	1 200			720	825		
KNO_3	1 900	1 900	2 527.50	2 830	950	950	80	
$CaCl_2 \cdot 2H_2O$	440	440	150	166		220		75
$CaCl_2$					166			
$MgSO_4 \cdot 7H_2O$	370	370	250	185	185	1 233	750	250
KH_2PO_4	170	340		400	68	680		
$(NH_4)_2SO_4$			134	463				
$Ca(NO_3)_2 \cdot 4H_2O$							300	
$NaNO_3$								600

续表

培养基成分	培养基种类							
	MS (1962)	ER (1965)	B_5 (1968)	N_6 (1975)	Nitsch (1963)	NT (1971)	White (1963)	Heller (1953)
Na_2SO_4							200	
$NaH_2PO_4 \cdot H_2O$			150				19.00	125
KCl							65.00	750
KI	0.83			0.80		0.83	0.75	0.01
H_3BO_3	6.20	0.63	0.75	1.60	10.00	6.20	1.50	1.00
$MnSO_4 \cdot 4H_2O$	22.3	2.23	3.00	4.40	25.00	22.30	5.00	0.10
$MnSO_4 \cdot H_2O$			10.00					
$ZnSO_4 \cdot 7H_2O$	8.60		2.00	3.80	10.00		3.00	1.00
$ZnSO_4 \cdot 4H_2O$						8.60		
$Zn \cdot Na_2 \cdot EDTA$		15.00						
$Na_2MoO_4 \cdot 2H_2O$	0.25	0.025	0.25		0.25	0.25		
MoO_3							0.001	
$CuSO_4 \cdot 5H_2O$	0.025	0.002 5	0.025		0.025	0.025	0.01	0.03
$CoCl_2 \cdot 6H_2O$	0.025	0.002 5	0.025					
$CoSO_4 \cdot 7H_2O$						0.03		
$AlCl_3$								0.03
$NiCl_2 \cdot 6H_2O$								0.03
$FeCl_3 \cdot 6H_2O$								1.00
$Fe_2(SO_4)_3$							2.50	
$FeSO_4 \cdot 7H_2O$	27.80	27.80	27.80	27.80	27.80	27.80		
$Na_2 \cdot EDTA \cdot 2H_2O$	37.30	37.30	37.30	37.30	37.30	37.30		
肌醇	100		100		100	100		
烟酸	0.50	0.50	1.00	0.50	5.00		0.05	
盐酸吡哆醇	0.50	0.50	1.00	0.50	0.50		0.01	
盐酸硫胺素	0.10	0.50	10.00	1.00	0.50	1.00	0.01	
甘氨酸	2.00	2.00		2.00	2.00		3.00	
叶酸					0.50			
生物素					0.05			
蔗糖	30 000	40 000	20 000	50 000	20 000	10 000	20 000	
D-甘露醇						127 000		

1. 高无机盐含量培养基

高无机盐含量培养基中，钾盐、铵盐及硝酸盐含量较高，微量元素种类齐全，养分数量及比例比较合适，广泛用于植物的器官、组织、细胞及原生质体的培养。主要有 MS 培养基和 ER 培养基。

2. 较高硝酸钾含量培养基

较高硝酸钾含量培养基适合于木本植物、十字花科植物和单子叶植物的组织和花药培养。主要有 B_5 培养基和 N_6 培养基。

3. 中等无机盐含量培养基

中等无机盐含量培养基中，大量元素约为 MS 培养基的一半，微量元素种类减少，但含量较 MS 的高，适合于花药培养。主要有 Nitsch 培养基和 NT 培养基。

4. 低无机盐含量培养基

低无机盐含量培养基中，大量元素含量大幅降低而且种类减少，多数用于生根培养基。主要有 White 培养基和 Heller 培养基。

（三）培养基配制

在培养基配制时，为了使用方便和用量准确，并减少工作量，常将培养基成分首先配制成比需要浓度大若干倍的母液，在配制培养基时，再根据所需浓度按比例稀释。所以，培养基的配制包括母液的配制和培养基的配制两个过程。

1. 培养基母液的配制

母液的配制是按药品的种类和性质分别配制，单独保存或几种混合保存。配制好的母液种类一般有大量元素、微量元素、钙盐、铁盐、有机营养和单独保存的各种生长调节类物质。现以 MS 培养基为例，说明母液的配制方法(表 2.7)。

表 2.7　MS 培养基母液的配制

母液		成　分	规定量/(mg/L)	扩大倍数	称取量/mg	母液体积/ml	配 1L 培养基吸取量/ml
编号	种类						
1	大量元素	KNO_3	1 900	10	19 000	1 000	100
		NH_4NO_3	1 650		16 500		
		$MgSO_4 \cdot 7H_2O$	370		3 700		
		KH_2PO_4	170		1 700		
2	钙盐	$CaCl_2 \cdot 2H_2O$	440	10	4 400	1 000	100
3	微量元素	$MnSO_4 \cdot 4H_2O$	22.3	100	2 230	1 000	10
		$ZnSO_4 \cdot 7H_2O$	8.60		860		
		H_3BO_3	6.20		620		
		KI	0.83		83		
		$Na_2MoO_4 \cdot 2H_2O$	0.25		25		
		$CuSO_4 \cdot 5H_2O$	0.025		2.5		
		$CoCl_2 \cdot 6H_2O$	0.025		2.5		
4	铁盐	$Na_2 \cdot EDTA$	37.30	100	3 730	1 000	10
		$FeSO_4 \cdot 4H_2O$	27.80		2 780		
5	有机物质	甘氨酸	2.00	50	100	500	10
		盐酸硫胺素	0.10		5		
		盐酸吡哆醇	0.50		25		
		烟酸	0.50		25		
		肌醇	100		5 000		

1) 大量元素一般配制成 10～100 倍浓度的母液，微量元素和有机营养常配制成 100 倍浓度的母液。

2) 将各种化合物按指定扩大倍数准确称量、分别溶解后，再按表 2.7 中次序先后加入到蒸馏水中，最后用蒸馏水定容。

3) 在混合定容时，注意药剂的添加次序及稀释度，以免发生沉淀。

4) 钙盐和铁盐由于与其他母液混合容易发生沉淀反应，需分别单独配制。

5) 铁盐为螯合铁，有利于植物组织或细胞在适宜的 pH 条件下吸收和利用。

6) 生长调节类物质一般分别配制成 0.2～1.0mg/ml 的原液，用时按量吸取。

7) 某些生长调节类物质不溶于水，需用不同溶剂进行溶解，如 NAA、2，4-D、IAA、IBA、

GA_3 是醇溶性的，配制时先用少量 95%乙醇溶解，然后再用蒸馏水定容；KT、6-BA、2-IP、ZT 先溶于少量 1mol/L 盐酸中，然后再用蒸馏水定容；叶酸先用少量稀氨水溶解后再定容。

8）配制好的各种母液倒入棕色瓶中，贴好标签，保存于 4～5℃冰箱中备用。

9）母液在冰箱中保存的时间不宜过长，当母液出现沉淀或霉菌团时，则不能使用。

2. 培养基的配制

培养基的配制全过程为：①在洁净的不锈钢或搪瓷容器中加入约 3/4 终体积的蒸馏水及所需要的琼脂和糖。在电磁炉上煮沸溶解琼脂。此时需加以搅拌，防止琼脂在锅底烧焦或沸腾溢出。②加入所需量的各种母液及生长调节物质(不包括过滤除菌药剂)。③加蒸馏水至近终体积，再次煮沸并加蒸馏水至终体积。④充分混合后用 1mol/L HCl 或 1mol/L NaOH 调节培养基的 pH。⑤及时将培养基用漏斗分装到培养容器中，150ml 三角瓶约装 50ml 培养基，并加瓶塞(盖)封口。⑥高压灭菌后取出，放置于室温下，琼脂凝固即可使用。上述操作过程可用图 2.12 加以概括。如需加入过滤灭菌的药品，在高压灭菌后、培养基凝固前加入，并轻摇使其混匀。这时每个培养容器的装入量和过滤灭菌后的物质都需事先计算好，定量加入其中。另外，培养基终体积定容时，可以利用台秤通过重量进行培养基终体积的确定。

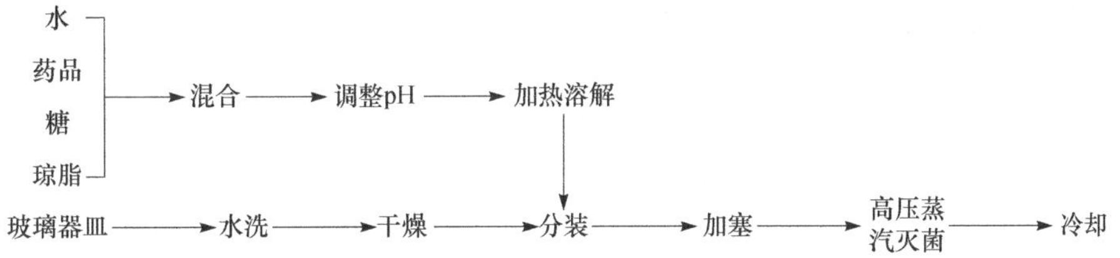

图 2.12　植物培养基配制程序

培养基的 pH 直接影响培养物对离子的吸收，过酸或过碱不仅影响培养材料的生长，而且影响琼脂的凝固。可以用酸度计或 pH 试纸进行测试，并用 1mol/L HCl 或 NaOH(1mol/L HCl 的配制方法为取 12mol/L HCl 84ml，加入蒸馏水定容至 1000ml；1mol/L NaOH 的配制方法为称 40g NaOH，溶解后加入蒸馏水，定容到 1000ml)进行调整，达到适宜的 pH。经高压高温灭菌后，由于某些成分的降解或氧化，酸度会增加(pH 一般可降低 0.2)，在调整 pH 时应加以考虑。

二、动物细胞培养基及其配制

动物细胞的营养要求比植物细胞要复杂得多。绝大多数动物细胞培养时，还必须在培养基中添加血清(serum)等成分不明确的天然成分，在成分完全明确的培养基中，细胞不能生长繁殖。

动物细胞培养基通常是液态。根据其是否能促进细胞生长，可分为生长培养基(growth medium)和维持培养基(maintenance medium)两种。生长培养基是使培养细胞快速生长增殖的培养基。维持培养基是只维持培养细胞存活，不能促使细胞生长和增殖的培养基。培养细胞处于不分裂状态下，更容易分泌活性产物，此时，若加入特定化学药品，可诱导细胞产生活性产物；若细胞感染了病毒，则在此状态下病毒会大量扩增，从而生产病毒疫苗。对动物细胞来说，一般只要将生长培养基中的血清浓度降低或全部除去，就可获得维持培养基。另外，在培养过程中，有些细胞可能会分泌活性物质到培养液中，这种培养过某种细胞以后、含有细胞分泌物的培养液又称为条件培养基(conditioned medium)。按来源,动物培养基又可分为合成培养基(synthetic medium)和天然培养基(natural medium)。合成培养基是指按照动物体内细胞所需营养的种类和数量配成的成分明确的培养基。天然培养基主要包括各种动物的体液(血清或血浆)、组织提取液(胎汁和 YE)和 LH 等。一般来说,合成培养基只能维持动物细胞的生存,要想使细胞生长和增殖,还需补充部分天然培养基。另外,体外培养动物细胞时还常常要用到平衡盐溶液(balanced salt solution,BSS),又称为生理盐水或盐溶液,BSS 具有维持渗透压、调控酸碱平衡的作用,同时能供给细胞生存所需的能量和无机离子成分,用作洗涤细胞、组织或配制各种培养用液的基础溶液,如 Hank's BSS。

(一) 培养基成分

1. 生长培养基

生长培养基包括 9 种组分:水、无机盐、微量元素、维生素、缓冲系统、能源和碳源、氮源、激素和生长因子、添加剂。

(1) 水

水是细胞的主要组成成分之一,在细胞内主要起溶剂作用。细胞吸收的营养物质、分泌的产物、代谢的废物都要溶解在水中;细胞内的化学反应、细胞的运动及维持细胞内外的渗透压也离不开水。水是离体培养细胞的重要生存环境。体外培养细胞对水的要求很严格。一般要用三蒸水,而且要尽量使用新鲜的三蒸水,室温保存备用。因为未灭菌的水中有细菌,在储存过程中,水中的细菌会大量繁殖并产生毒素。含有毒素的水配制培养基,用过滤方法不能除掉其中的毒素,将对培养细胞产生不良影响。也可将新鲜的三蒸水保存于−80℃,因为保存于−80℃的蒸馏水无热原质(pyrogen),适合用于生产医药产品。

(2) 无机盐

解决培养细胞短期生存问题,唯一重要的因素是渗透压。用于培养细胞的培养基,其渗透压必须接近或等于细胞本身的渗透压,即等渗溶液,否则细胞就会失水皱缩或吸水膨胀而死亡。对于哺乳动物细胞来说,渗透压与正常状态相差±10%,细胞的生存就会大受影响。

等渗溶液的获得主要是通过培养基内无机盐中的各种离子来实现的。用于配制动物细胞培养基的无机盐与配制植物细胞的很不相同。NH_4^+ 对动物细胞是有毒的,但它却是植物细胞必需的氮源。KCl 和 NaCl 在动物细胞培养基中含量都较高,但它们对植物细胞的生长却似乎并不重要(表 2.8)。此外,动物细胞以高氧化态的 Fe^{3+}(硝酸铁)为铁源。培养基中 H^+ 浓度对动植物细胞培养都至关重要,可通过改变培养基中磷酸盐或碳酸盐的含量来达到一定的 pH。动物细胞培养的最适 pH 一般为 6.8~7.5。

表 2.8 动物细胞培养基中使用的无机盐 (单位:g/L)

无机盐	浓 度	无机盐	浓 度
$CaCl_2 \cdot 2H_2O$	185~264	$MgSO_4 \cdot 7H_2O$	161~242
$Fe(NO_3)_3 \cdot 9H_2O$	0.08~0.1	NaCl	5100~8000
KCl	320~400	$NaHCO_3$	350
KH_2PO_4	60	$NaH_2PO_4 \cdot 2H_2O$	100~1500
$MgCl_2 \cdot 6H_2O$	170		

(3) 微量元素

缺乏稀有微量元素的培养基对任何真核细胞的培养都是不合适的。培养基中微量元素的含量通常都很低,小于 1μg/L。一般情况下,水和无机盐中已含有足够量的微量元素,因此多数动物细胞培养基中不需要另加微量元素。

(4) 维生素

动物细胞培养也需要维生素,而且动物细胞需要的维生素种类通常比植物细胞多一些(表 2.9)。

表 2.9　动物细胞培养基中常用的维生素　(单位:mg/L)

维生素	浓　度	维生素	浓　度
尼克酰胺	1～4	维生素 B_{12}	1.36
吡哆醛	1～4	叶酸	1.6
硫胺素	1～4	泛酸	1.6
核黄素	0.1～0.4	氯化胆碱	1.6

(5) 缓冲系统

缓冲系统对维持培养基的 pH 是至关重要的。动物细胞培养基的 pH 是通过模拟血浆内天然存在的 $CO_2/NaHCO_3$ 系统来控制的。在动物的肺中,空气中的 O_2 扩散到血液中,并与红细胞结合,而血浆中的 CO_2 扩散到空气中,并被排出体外;在动物的组织中,红细胞释放出所携带的 O_2 扩散到组织细胞中,组织细胞呼吸产生的 CO_2 被排放到血浆中。血浆中 CO_2 的溶解和释放与形成 H_2CO_3 有关。

在配制动物细胞培养基时,$NaHCO_3$ 作为等渗溶液的一部分加到培养基内。在密闭式培养瓶内,一方面,由于 $NaHCO_3$ 不稳定,易分解产生 CO_2,CO_2 从培养液中游离出来,使培养液 pH 升高;另一方面,细胞呼吸产生的 CO_2 以及细胞代谢产生的酸性代谢产物,又使培养液 pH 降低。在培养开始的时候,前者的作用大于后者,培养基的 pH 可能会明显上升,但随着细胞的生长和细胞数目的增多,后者的作用大于前者,培养基的 pH 就会逐渐降低。培养基内一般加入酚红作为 pH 指示剂,所以在此过程中培养基的颜色变化是:樱桃红色→粉红色→黄色。如果在使用培养基之前,先通入 CO_2,或在 CO_2 培养箱内进行开放式培养,培养基的颜色变化则是:樱桃红色→黄色。由于 $NaHCO_3$ 易分解,商品化培养基(粉末状)不含有 $NaHCO_3$,需在临配制前加入适量的 $NaHCO_3$ 粉末(大约 2g/L)。

动物细胞对 pH 的稳定性要求较高。对哺乳动物细胞来说,pH 低于 6.8 或高于 7.6,大多数细胞的生长就会受到影响。相比之下,植物细胞对 pH 的稳定性要求并不那么严格,pH 轻微的变化对细胞生长并无损害。

(6) 能源和碳源

葡萄糖是动物细胞的主要碳源,大多数动物细胞靠 1～4g/L 葡萄糖获取能量。丙酮酸、琥珀酸和肌酸等碳源也常常成为动物细胞的补充能源。当不要求所培养的动物细胞以最大速度生长时,可以用半乳糖代替葡萄糖。

(7) 氮源

动物细胞合成蛋白质和核酸的氮源有两种:成分明确的氮源和成分不明确的氮源。

1) 成分明确的氮源。这是动物细胞合成蛋白质和生长所必不可少的一些必需氨基酸和非必需氨基酸。自1911年Lewis等提出要研制一个成分明确的培养基以来，人们一直致力于研制化学成分明确的、能够支持动物细胞生长的培养基(或称无血清培养基)。关于成分明确的培养基及有关的细胞培养，我们必须清楚地认识到：第一，确定细胞能否在成分明确的培养基中生长，至少要在该培养基上经过连续三代测试。经过三代以上连续培养之后，细胞内原先储存的生长因子已经用完，此后，若细胞还能生长，说明培养基是适合细胞生长的。第二，细胞在成分明确的培养基中培养，有一个适应的过程。其间，起初是异源群体(heterogeneous population)的细胞系，经过适应选择后，细胞类型可能会变得较为单一。第三，一般来说，转化程度较高的细胞更容易在成分明确的培养基中生长。

2) 成分不明确的氮源。这是动物细胞培养基中加入的各种动物血清、组织提取液以及蛋白水解产物(如LH)等。血清是大多数生长培养基的一种成分，细胞培养使用多种来源的血清。最常用的是牛血清，马(*Equus caballus*)、人、兔及其他来源的血清有时也用。一般来讲，动物越年轻，其血清越有利于细胞生长，所以成年牛(*Bos taurus*)血清不如小牛血清(calf serum)，小牛血清不如胎牛血清(fetal bovine serum)。血清和蛋白水解产物的成分极其复杂，其在动物细胞培养中的作用尚未充分了解。血清和蛋白水解产物不仅为培养细胞提供氮源，而且具有促进细胞生长、促进细胞在培养基质上附着和铺开以及抑制蛋白水解酶活性的能力。血清对蛋白水解酶活性的抑制作用，可以保护体外培养细胞不受死细胞所释放的蛋白酶的伤害，抑制传代时所用胰蛋白酶的消化作用，简化传代过程。血清中含有多种细胞生长和增殖所必不可少的激素、生长因子以及贴壁和铺展因子。血清中已知的贴壁和铺展因子有：纤连蛋白(fibronectin)、冷不溶球蛋白(cold-insoluble globulin，CIG)、血清铺展因子(serum spreading factor)和胎球蛋白(fetuin)等。

虽然血清对体外培养动物细胞的生长和增殖有着重要的作用，但并非培养基中的血清越多越好，血清对培养细胞还存在一些不良的影响：①血清中存在一些不利于细胞生长和繁殖的物质，如补体、免疫球蛋白、病毒、支原体(mycoplasma)和一些生长抑制因子等；②血清的成分不明确，影响对结果的分析；③不同动物、不同批次血清的成分和活性差异较大，使培养结果不稳定，实验重复性差。将血清进行灭活处理，可灭活补体成分。具体做法是：血清解冻后，于56℃水浴30min。灭活后的血清，其促生长能力有所减弱，但可以在4℃保存很长时间。

(8) 激素和生长因子

激素和生长因子(表2.10)都是培养动物细胞生长和增殖必不可少的物质。两者的功能有时很难严格区分。

(9) 添加剂

由于动物培养基中往往需要加入较多的血清成分(5%～20%)，使培养基的黏滞性增加，在吸取培养基的过程中易产生大量泡沫，给操作带来不便。为了改变培养基的黏滞性和起沫属性，常常向培养基中加入各种非营养成分，即添加剂(表2.11)。微生物污染是细胞培养失败的一个重要原因，因此培养基中常常加入一定量的抗生素，以减少污染的机会。抗生素只能抑制而不能消灭微生物，因而对于已建立的细胞系，应尽量少用或不用抗生素，使可能存在的低度微生物污染及时得到暴露。

表 2.10 无血清培养基的补充成分

补充因子	浓 度	补充因子	浓 度
激素和生长因子		结合蛋白	
胰岛素	5～10μg/ml	无脂肪酸牛血清白蛋白	0.5～2mg/ml
胰高血糖素	0.05～5μg/ml	转铁蛋白	0.5～100μg/ml
促卵泡激素	0.05～5μg/ml	微量元素和低分子质量营养成分	
生长激素	0.05～0.5μg/ml	Na_2SeO_3	10～100nmol/L
生长调节素 C	1～100ng/ml	$CdSO_4$	0.5μmol/L
表皮生长因子	1～100ng/ml	丁二胺	100μmol/L
神经生长因子	1～10ng/ml	抗坏血酸	10μg/L
甲状旁腺激素	1～10ng/ml	α-生育酚	10μg/L
孕酮	1～100nmol/L	维生素 A	50μg/L
睾酮	1～10nmol/L	亚麻油酸	3～5μg/L
促甲状腺激素释放激素	1～10ng/ml	贴壁和铺展因子	
促黄体生长激素释放激素	1～10ng/ml	纤连蛋白	0.1mg/ml
前列腺素 F_{12}	1～100ng/ml	层粘连蛋白	0.1mg/ml
前列腺素 E_1	1～100ng/ml	冷析球蛋白	0.5～5mg/ml
三碘甲腺原氨酸	1～100pmol/L	血清扩散因子	0.5～5mg/ml
氢化可的松	10～100nmol/L	胎球蛋白	0.1～5mg/ml
成纤维细胞生长因子	1～10ng/ml	胶原和聚赖氨酸	包盖基质
雌二醇	1～10nmol/L		

(引自程宝鸾 2000)

表 2.11 细胞培养常用添加剂

添加剂	功 能
聚山梨醇酯 80(Tween80)	去污剂、脂肪增溶剂
抗生素(antibiotics)	
青霉素(penicillin)	制菌剂、杀菌剂
链霉素(streptomycin)	制菌剂、杀菌剂
缩宫素(oxytocin)	制菌剂、杀菌剂
新霉素(neomycin)	制菌剂、杀菌剂
庆大霉素(gentamicin)	制菌剂、杀菌剂
甲基纤维素(methyl cellulose)	保护剂、黏滞性调节剂
明胶(gelatin)	保护剂、黏滞性调节剂
抗真菌药	
制霉菌素(fungicidin)	杀真菌剂、制真菌剂
两性霉素 B(fungizone B)	杀真菌剂、制真菌剂
纤连蛋白	促进细胞贴壁能力
转铁蛋白(transferrin)	结合 Fe^{2+}
聚乙烯吡咯烷酮	黏滞性调节剂
葡聚糖	黏滞性调节剂
酚红	pH 指示剂
核苷/核苷酸	核酸前体
核酸衍生物	核酸前体

2. 维持培养基

维持培养基的主要特点是能在数周内使培养细胞保持良好状态，而不会使细胞的特性受到损害。用维持培养基培养细胞的目的是提高培养细胞的生产力，因为细胞不生长而处于静止状态时，能更多更快地生产终产物。维持培养基成分可能很复杂，也可能很简单，如平衡盐溶液。对动物细胞来说，一般只要将生长培养基中的血清浓度降低或全部除去，就可获得维持培养基。

（二）培养基制备

1. 天然培养基

常用的天然培养基主要有血清、水解乳蛋白、胚胎提取液（胎汁）和胶原等。

（1）血清

血清质量的好坏对细胞培养能否成功起着重要的作用。不同动物血清的制备方法各不相同。其基本制备过程是：无菌条件下取血，然后将盛血的小瓶或试管倾斜，室温放置 2～4 h，待血液充分凝结后，移入 4℃冰箱过夜，让血清析出。次日，吸取析出的血清（淡黄色），以 4000r/min 离心 10min，收集上清液，过滤除菌后分装，保存于－20℃。自制血清应进行质量检测，保证无细菌、真菌、支原体和病毒污染，且球蛋白含量不超过 0.2g/L。若球蛋白含量过高，表明胎牛或孕牛患有感染性疾病。因此，血清的球蛋白含量越低，质量越好。

（2）水解乳蛋白

水解乳蛋白（LH）是乳白蛋白经蛋白酶和肽酶水解后的产物，含有丰富的氨基酸，可用于许多细胞系和原代细胞的培养，是常用的天然培养基。使用时，用 Hank's 液配制成 0.5％的酸性溶液，然后与合成培养基以一定比例混合使用（一般为 1∶1 的体积比）。商品化的 LH 为淡黄色粉末，易潮解结块，但不影响使用。不同商家和不同批次的 LH 质量有差异。

（3）胚胎提取液

胚胎提取液（embryonic extract）是早期细胞培养中应用的天然培养基。主要成分是一些大分子蛋白质和小分子氨基酸，能促进细胞生长和繁殖。常用鸡胚提取液和牛胚提取液。鸡胚提取液的制备方法是：将 9～10 天胎龄的鸡胚磨碎，加等量缓冲液，离心收集上清液，保存于－20℃。

（4）胶原

为了促进组织块或细胞的贴壁生长能力，常常在培养瓶的细胞生长面上涂一层胶原（collagen）。胶原的来源有大鼠（*Rattus norvegicus*）尾腱、豚鼠（*Cavia porcellus*）和牛的真皮以及牛眼的水晶体等。实验室常用大鼠尾腱制备胶原。具体制备方法是：无菌条件下，取大鼠的尾腱，剪碎，用 0.1％乙酸溶液 4℃浸泡 48h 后，以 4000r/min 离心 30min，取上清液分装保存于－20℃。使用时，将胶原均匀涂布于培养瓶的细胞生长面上，然后用浸有氨水的消毒棉球塞住瓶口，置密闭容器中室温下 2h，氨气与胶原作用，使胶原凝固。然后用平衡盐溶液洗涤胶原面，再经细胞培养液浸泡过夜，37℃干燥备用。

2. 合成培养基

第一个合成培养基是 Lewis 在 1911 年设计的，仅含有几种盐类和糖类。合成培养基一般只能短期维持细胞生存，必须补加血清后才能作为生长培养基。合成培养基的种类已达数十种之多，如 MEM、DMEM、DMEM/F12、Ham's F12、R/MINI-1640、M199、TC199 等。表 2.12 列出了 Eagle's MEM 培养基的配方。

表 2.12　Eagle's MEM 培养基配方　（单位：mg/L）

成　分	含　量	成　分	含　量
无机盐		氨基酸	
$CaCl_2$（无水）	200	精氨酸	126.4
KCl	400	胱氨酸	24
$MgSO_4 \cdot 7H_2O$	200	谷氨酰胺	292
NaCl	6800	组氨酸	42
$NaHCO_3$	2200	异亮氨酸	52.5
$NaH_2PO_4 \cdot 2H_2O$	158	亮氨酸	52.5
维生素		赖氨酸	73.1
遍多酸钙	1	蛋氨酸	14.9
氯化胆碱	1	苯丙氨酸	33
叶酸	1	苏氨酸	47.6
肌醇	2	色氨酸	10.2
烟酰胺	1	酪氨酸	36.2
吡哆醛	1	缬氨酸	46.9
核黄素	0.1	酚红	17
硫胺素	1	葡萄糖	1000

大多数常用动物合成培养基都已商品化，不必自己配制。但是某些具有特殊要求的培养基只能参照一定配方制备。商品化培养基一般都是粉末状的，分装成每袋 1L，即每袋培养基粉末溶入 1L 三蒸水中。然后加入 2g 左右的 $NaHCO_3$ 粉末及一定量的抗生素或抗真菌药。充分溶解后，用孔径 0.22μm 的微孔滤膜将培养基抽滤灭菌。分装保存于 4℃或－20℃。临用前加入 10%～20%的血清，即可用于动物细胞的体外培养。

3. 无血清培养基

研制无血清培养基，实质上就是研制可以替代血清的成分明确的补充成分。补充成分是可以代替血清的各种因子的总称。已有 100 多种此类因子，其中有些是必需补充因子，如胰岛素、硒酸钠（Na_2SeO_3）和转铁蛋白，其他多数为辅助作用因子。按功能可将这些补充成分分为四类：①激素和生长因子；②结合蛋白；③贴壁和铺展因子；④微量元素和低分子质量营养成分（表 2.10）。

4. 平衡盐溶液

Hank's 液和 Earl 液是两种常用的平衡盐缓冲液。两者的主要区别是缓冲能力不同。Hank's 液的 $NaHCO_3$ 含量低，为 0.35g/L，缓冲能力弱；Earl 液的 $NaHCO_3$ 含量高，为 2.2g/L，缓冲能力强（表 2.13）。

表 2.13　几种常用平衡盐溶液的配方　（单位：g/L）

成　分	Ringer	PBS	Earl	Hank's	Dulbecco	D-Hank's
NaCl	9.00	8.00	6.80	8.00	8.00	8.00
KCl	0.42	0.20	0.40	0.40	0.20	0.40
$CaCl_2$	0.25		0.20	0.14	0.10	
$MgCl_2 \cdot 6H_2O$	0.20	0.20			0.10	
$Na_2HPO_4 \cdot 2H_2O$		1.56		0.06		0.06
$NaH_2PO_4 \cdot 2H_2O$			0.14		1.42	

续表

成　分	Ringer	PBS	Earl	Hank's	Dulbecco	D-Hank's
KH_2PO_4		0.20		0.06	0.20	0.06
$NaHCO_3$			2.20	0.35		0.35
葡萄糖			1.00	1.00		
酚红			0.02	0.02	0.02	0.02

（三）培养基的选择

许多培养基都是为一个特定的细胞系或细胞类型而设计的，但它们也可以用于其他类型细胞的培养。实验时，如何选择培养基，基本上全凭经验。已建成的细胞系常适应特定的培养基，在实验时，除非该培养基的成分与实验目的相抵触，否则这种培养基就是应该选择的。新的细胞培养或建立新的细胞系时，需对多种培养基进行比较后，才能确定哪一种是最适培养基。

一般来说，原代细胞培养所用的培养基中要含有高分子质量的蛋白质、激素和生长因子，而已建成的细胞系培养对此则要求不甚严格。哺乳动物原代培养细胞，LH 加 10%血清是过去常用的简单廉价而又高效的培养基。Ham's F10 培养基加 10%血清是原代培养的另一个优良培养基。Eagle's MEM 培养基和 Dulbecco's DMEM 培养基等最常用于细胞系的培养。

（四）动物细胞体外培养的其他常用液

在动物细胞体外培养中，除以上介绍的几大类培养用液外，还有其他一些常用液。主要包括分离细胞的消化液、终止酶消化作用的消化酶抑制剂、调整培养液酸碱度的 pH 调整液和防止微生物污染的抗生素液等。

1. 消化液

(1) *胰蛋白酶溶液*

胰蛋白酶(trypsin)是从牛或猪的胰脏中提取出来的一种淡黄色粉末，易潮解，应存放于冷暗干燥处。其主要作用是水解细胞间蛋白质，使细胞离散。胰蛋白酶适于消化细胞间质较少的软组织，如胚胎组织、肝脏等，而对于纤维性组织及较硬的癌组织则效果较差。传代时，多用此酶。胰蛋白酶有粗制品和精制品两种，细胞培养中多用粗制品，价格便宜，消化效果也很好。胰蛋白酶的活力是用水解酪蛋白的能力来表示的。常用 1∶125 和 1∶250 两种，表示 1 份胰蛋白酶能分别解离 125 份和 250 份酪蛋白。Ca^{2+} 和 Mg^{2+} 的存在可抑制胰蛋白酶的活性，故一定要用无 Ca^{2+} 和 Mg^{2+} 的 Hank's 液或 PBS 来配制胰蛋白酶溶液。另外，血清也可抑制胰蛋白酶的活性，故培养液中残留微量胰蛋白酶对细胞无影响。胰蛋白酶的消化作用与 pH、温度、组织块的大小和硬度、酶浓度和消化时间都有关系。哺乳动物细胞，一般 37℃消化 20～30min 即可。胰蛋白酶常用浓度为 0.25%～0.5%，pH8～9，消化液的量为被消化物的 5～10 倍。胰蛋白酶的消化浓度不能过高，消化时间不能过长，否则细胞会受损伤。但消化不足，又达不到分散细胞的目的。因此，胰蛋白酶用于不同原代培养组织块的最适消化条件需摸索后才能确定。

(2) *胶原酶溶液*

胶原酶溶液(collagenase solution)是一种从芽孢杆菌中提取的对胶原成分有强烈消化作用的酶，适于消化纤维性组织和癌组织等。胶原酶的类型有多种，使用时应根据消化的组织块不同，选择合适的胶原酶。如胶原酶Ⅰ、胶原酶Ⅱ、胶原酶Ⅲ、胶原酶Ⅳ和肝细胞专用胶原酶等。胶原酶的活性不受 Ca^{2+} 和 Mg^{2+} 的抑制，也不受血清抑制，故可用含 Ca^{2+} 和 Mg^{2+} 的缓冲液来配制，也可以溶于含血清的培养基中。因此，培养液中残留微量胶原酶对细胞会有影响。胶原酶对细胞的作用较胰蛋白酶要温和，可处理较长时间，如哺乳动物细胞，36.5℃可温育4～48h而不会对细胞活性有较大影响。

（3）EDTA 溶液

EDTA 溶液是一种非酶性消化液。EDTA（乙二胺四乙酸）是一种二价阳离子螯合剂，可把细胞间游离的 Ca^{2+} 和 Mg^{2+} 螯合掉，从而促进细胞脱壁或相互分开。这是由于 Ca^{2+} 和 Mg^{2+} 在促进细胞贴壁、促进细胞凝聚和维持组织完整性上起着重要作用。EDTA 的作用比胰蛋白酶温和，常与胰蛋白酶合用，效果更好，使用浓度为 0.02%。EDTA 的解离作用也不受血清的抑制，故培养液中残留 EDTA，会影响细胞生长。

2. 消化酶的抑制剂

用含血清的培养基培养细胞时，血清中的某些成分可终止消化酶对细胞的消化作用。但无血清培养时，则必须使用消化酶抑制剂，以保护细胞免受残留的消化酶的损害。大豆胰酶抑制剂是目前常用的一种消化酶抑制剂，使用浓度为 0.1%～0.5%。

3. pH 调整液

$NaHCO_3$ 在水溶液中易分解而释放 CO_2。当培养液储存较长时间或盛培养液的容器密封不严时，会导致培养液 pH 偏高；加入血清后，培养液有时会偏酸。因而需准备一定的无菌 pH 调整液，以便随时调整培养液的 pH。可用 3%～8%的 $NaHCO_3$ 溶液和 10%的乙酸溶液，也可用 1mol/L HCl 溶液和 1mol/L NaOH 溶液，有时也用 N-羟乙基哌嗪-N′-乙磺酸（N-hydroxyethylpiperazine-N′-ethanesulfonic acid，Hopes）溶液。

4. 抗生素溶液

用于体外培养的抗生素见表 2.14。培养液中常加入双抗，即青霉素和链霉素联用，来防止低度细菌污染。两性霉素和制霉菌素可抑制真菌污染。其他抗生素多在双抗不能控制污染时才使用。

表 2.14　组织培养中常用抗生素

抗生素	作用对象	使用浓度
氨苄西林	革兰氏阳性菌	100IU/ml
链霉素	革兰氏阴性菌、阳性菌	100μg/ml
制霉菌素	真菌	50μg/ml
两性霉素	真菌	1μg/ml
卡那霉素	革兰氏阴性菌、阳性菌	100μg/ml
庆大霉素	革兰氏阴性菌、阳性菌，支原体	50μg/ml
氯霉素	革兰氏阴性菌	5μg/ml
红霉素	革兰氏阳性菌，支原体	100μg/ml
利福平	革兰氏阴性菌、阳性菌	50μg/ml
四环素	革兰氏阴性菌、阳性菌，支原体	10μg/ml

5. 谷氨酰胺溶液

谷氨酰胺在溶液中很不稳定，4℃放置 7 天即分解 50%。故培养液在 4℃放置 2 周以上，要重新加入等量的谷氨酰胺。常配制成 200mmol/L 的谷氨酰胺母液，使用终浓度为 1～

4mmol/L。

思 考 题

1. 植物体外培养所需要的生长调节类物质有哪些？它们的作用各是什么？

2. 细胞工程研究的消毒灭菌方式有哪几种？如何进行培养材料的消毒灭菌？

3. 谈谈你对生长培养基和维持培养基中各种组成成分及其在动物细胞培养中所起作用的认识。

4. 血清在动物细胞培养中所起的作用是什么？如何判断无血清培养基是否适合动物细胞的生长和繁殖？

5. 动物细胞培养基和植物细胞培养基的组成和配制方法有何异同点？

第三章 植物组织培养

植物组织培养(plant tissue culture)是指在无菌条件下,将离体的植物器官(根、茎、叶、花、果实、种子等)或组织(如形成层、花药组织、胚乳、皮层等)培养在人工配制的培养基上,给予适当的培养条件,使其长成完整的植株的过程。由于植物的组织和器官是在人工条件下脱离植物母体而在试管内进行培养的,又称离体培养(culture *in vitro*)或试管培养(in test tube culture)。培养植物体或一部分组织和器官,在人工控制条件下,使其按照人们意愿去分化或产生人们所需的再生组织、器官、植株或产物,来满足人们的生产和生活需要。

植物组织培养已在理论研究、农业和轻工业应用研究领域显示其优越性,主要表现在:取材少,培养材料经济;人为控制培养条件,不受自然条件影响;生长周期短,繁殖率高;管理方便,利于自动化控制。因植物组织培养是在不受其他部分干扰的情况下研究被培养部分的生长和分化规律,在理论上是研究细胞学、遗传学、育种学、植物生理学、生物化学和药物学等学科的重要手段,在农学、园艺、林业和次生代谢产物生产等领域也得到了广泛应用。因此,植物组织培养无论在理论研究还是在生产实践上都具有十分重要的作用。

第一节 外植体及其培养

外植体(explant)是指用于离体培养的活的植物组织、器官等材料,它是植物离体培养的基础材料。外植体来源的环境以及外植体的类型,均会影响将来培养的效果,而消毒、接种和培养条件的选择与控制,也与外植体的来源和类型有关。

一、外植体的选择

用于外植体分离的母体植物材料一般有3种来源:一是生长在自然环境下的植物材料;二是有目的地培育在温室控制环境条件下的植物材料;三是无菌环境下已经过离体培养的植物材料。

自然环境中生长的植物,一般带有微生物,有的甚至与某些微生物具有某种寄生关系,从而使其具有所谓的内生菌。取自这些植物的外植体,尽管经过了严格的灭菌处理,但在培养过程中仍然会有微生物滋生,从而影响培养效果。因此,在大多数情况下,应尽量使用温室或人工气候室控制培养的植物材料作为外植体来源,以减少培养过程中的微生物感染概率。同时,生长在控制条件下的植物可以保持培养材料间的一致性,从而提高实验的可重复性,而且,便于培养技术的规范。然而,某些多年生植物或特殊材料,必须取自自然生长的植物,这就需要尽可能避免使用那些生长在过于潮湿和不洁环境中的植物。对于在培养过程中可能出现内生菌污染的材料,应尽量取生长旺盛期的生长点部位作为起始培养的外植体。

二、外植体消毒处理

如果不是取自现成的无菌培养物而是来自温室或田间开放培养的种子、幼苗、器官和组织等，外植体一般均带有微生物，在培养前必须进行严格的消毒处理。常用的植物消毒灭菌剂列于表 3.1。次氯酸盐一般用于一些较软和较幼嫩的组织消毒，消毒时间一般为 5～30min。氯化汞灭菌效果最好，一般用于种子、块根、块茎及较硬的组织的灭菌，但其残留液最难去除，而且对植物组织的伤害亦较大，因此，必须严格控制好消毒时间，一般不超过 10min，使用浓度为 0.1%～0.2%。同时，氯化汞消毒处理的方法也因植物种类和器官不同而异。所用消毒剂的种类和处理时间及其方法是否得当，不仅影响灭菌效果，同时也影响外植体的生活力，进而影响培养效果。因此，外植体的消毒处理，必须根据植物材料的性质，确定和优化消毒条件。

表 3.1 几种常用消毒剂的效果比较

消毒剂	使用浓度	消毒时间/min	效 果	残液去除难易
次氯酸钙	9%～10%	5～30	好	易
次氯酸钠	2%～5%	5～30	好	易
漂白粉	饱和上清液	5～30	好	易
氯化汞	0.1%～0.2%	2～10	最好	最难
过氧化氢	10%～12%	5～15	较好	最易
抗生素	4～50mg/L	30～60	较好	较难

有些植物材料，特别是块茎、块根类植物组织，尽管经过严格消毒灭菌，但经过一定时间的培养后，仍然从其组织内部滋生微生物，这通常是由内生菌引起的。克服植物组织内生菌对培养的干扰非常困难，尚无十分令人满意的方法。通常的做法是在培养基中加入一定剂量的抗生素以抑制微生物生长，但添加剂量一定要通过试验确定，因为抗生素本身对植物生长是不利的，高浓度下还会造成培养物死亡。

常用的植物外植体消毒方法简介如下。

1. 种子消毒

1）将待消毒种子置于一烧杯或一玻璃杯中，其体积不要超过容器的 1/3。用一尼龙网或脱脂纱布覆盖杯口，然后将其置于自来水管下冲洗 20min。如果种子特别不洁，可先用加有几滴洗涤剂的水清洗，然后再进行上述操作。

2）种子清洗后，用 70%～75%的乙醇处理 0.5～1min，立即除去乙醇。然后在烧杯中加入消毒剂(可选用表 3.1 介绍的任何一种)，同时滴 1～2 滴吐温 20，将烧杯置于摇床上振荡或搅拌灭菌处理 10～20min，更换一次消毒剂，再处理 10～20min。

3）将烧杯置于超净工作台上，弃去消毒液，用无菌水清洗 5 次，每次 1～2min。

4）灭菌后的种子用无菌纸吸干水分备用。

2. 芽、叶片、茎等组织材料消毒

1）选取生长正常、无病虫危害的组织材料，除去多余部分，然后将材料处理成适当的大小放入烧杯中。特别不洁的材料则应先行用自来水冲洗。

2）用 70%～75%的乙醇处理材料 0.5～1min，立即除去乙醇。

3）然后在烧杯中加入消毒剂(建议使用次氯酸钠或饱和的漂白粉溶液)，同时滴1～2滴吐温20，将烧杯置于摇床上振荡10～15min。如果材料污染较严重或组织较老，可适当延长灭菌时间。

4）将烧杯置于超净工作台上，弃去消毒液，用无菌水清洗3～4次，每次1min。

5）消毒后的材料可置于垫有无菌纸的培养皿中备用。

3. 未成熟胚、子房及花药消毒

未成熟胚、子房及花药均被包在花器官内，一般可取整个花器官消毒，然后从消毒后的花器官中解剖出需要培养的部分。

1）选取适宜时期的花器官，对外植体进行适当处理。如未成熟胚、子房培养的花器官，一般花冠已展开，取材后应除去花冠。花药培养的花器官一般为蕾，应除去苞片，保留花冠。

2）将待消毒材料置于一烧杯中，用70%～75%的乙醇处理0.5～1min，立即除去乙醇。

3）然后在烧杯中加入消毒剂，同时滴1～2滴吐温20，将烧杯置于摇床上振荡处理10～20min，更换一次消毒剂，再处理5min。

4）将烧杯置于超净工作台上，弃去消毒液，用无菌水清洗5次，每次1～2min。

5）将消毒后的花器官置于垫有无菌纸的培养皿中备用。

需要注意的是，处理后的材料应立即接种培养，否则会造成二次感染。对于茎芽、花等组织材料，消毒后若不立即接种培养，会影响其生活力，甚至不能培养成功。消毒处理完成后，从进入超净工作台操作开始，操作人员必须严格按无菌操作规则完成以后的步骤，否则会造成外植体污染。

三、外植体的接种

外植体消毒后，立即置于无菌操作台上进入无菌操作程序。从事无菌操作的人员，必须先进行必要的清洁和消毒，包括更换工作服、洗手以及手和操作工具的消毒。外植体接种前，应根据外植体的类型和培养需要，将外植体分割成适当的大小，以便于培养。

外植体的分割一般是置于灭过菌的培养皿或专门的器皿中进行，分割前需用无菌纸吸干多余水分。分割外植体可使用医用解剖刀，要保持刀片锋利，切割时刀片和外植体互成直角，水平拉动刀片以保证切口整齐。分割后的外植体应立即接种，以防失水。接种时可根据外植体类型确定方向，如茎尖生长点应使生长点顶端朝上，其他组织切片可水平放置，但必须注意切口与培养基充分接触，以便于从培养基中吸收养分。

四、外植体的培养条件

接种完成后应尽快将接种材料置于适当的培养条件下进行培养。不同的植物种类对自然生态条件的要求差异很大，因此，其适宜的离体培养条件也不尽相同，需根据不同的植物类型和离体培养类型确定培养条件。通常所说的培养条件主要包括光照、温度、培养基pH和培养环境的空气流通程度等。

1. 光照

离体培养的光照调节包括光照强度、时间和光质的控制等。光照调节通常是分阶段进行的。培养初期，对于大多数培养类型来讲只需要散射光或弱光照，因为光照过强常常抑制培养初期外植体的增殖。这一方面是因为强光照抑制外植体周缘细胞的分裂，使外植体的启动时间推迟；另一方面是在光照下外植体伤口迅速褐化，从而影响增殖，有时甚至导致培养物死亡。当外植体细胞启动分裂后或进入分化培养阶段，则需要根据植物类型增强光照。因此，外植体的培养初期和在愈伤组织增殖阶段，一般在黑暗条件下或在弱光照下培养比较好。在器官分化阶段，高强度的光照是必要的。许多试验证明，愈伤组织只有在光照条件下才能变绿进而分化器官。

光照的控制还与培养目的有关，有些培养类型，如特殊器官诱导等，常常需要合适的光周期和适宜的光源。光照培养室使用的光源基本上是荧光灯管，光照强度的调节大多通过增减单位培养面积的灯管数进行。光照时间的调节则可通过自动定时装置实现自动控制。

光质对细胞分裂的影响似乎受一些培养基成分的控制，如维生素等。光质对器官分化的影响大于对细胞分裂的影响。如光谱中主要是蓝色光对诱导烟草愈伤组织成苗起作用。在蓝光下形成的苗发育正常，而在黑暗条件下只能形成细芽，不能进一步发育成苗，在红光和远红光下则不能形成苗。光质对于器官发生的影响还可能与植物种类、器官类型等有关。因为，在有些植物中，红光及远红光有促进器官形成的功能，光质对于器官形成的影响可能受光敏色素调节。

2. 温度

在组织培养中，温度不仅影响细胞的增殖和分化，同时在一些特殊培养中常常还需要采用不同的温度处理。植物组织培养常用的温度范围一般为 20～30℃，低于 15℃或高于 35℃均会影响培养物的生长。在具体培养中，温度的设置必须根据植物类型来确定，如马铃薯一般采用 20℃，柑橘采用 27℃，棉花则采用 30℃。在大多数情况下，适宜的温度有利于细胞分裂，即可以提高细胞分裂速率；而适当提高温度，则有利于细胞伸长。在一定范围内降低培养温度，可能使细胞分裂和生长速度均减缓，而使细胞的质量增加。这可能是在低温下细胞代谢降低，消耗减少，从而使内含物积累增加的缘故。但温度过低会导致生长停止，有时也会导致愈伤组织褐化。

温度的调节还与培养类型有关。一般来讲，组织、器官的培养温度控制可粗放一些，而细胞、原生质体培养温度的控制则要精细。值得注意的是，在可以忍耐的温度范围内，高温对培养物的影响比低温要严重得多。

3. 培养基 pH

植物离体培养时培养基的 pH 使用范围一般为 5.5～6.0，pH 在 4.0 以下或 7.0 以上培养物就不能正常生长。在培养过程中，由于培养物对各种成分的吸收并不是同步和相同的，另外，培养物本身的代谢产物亦会不断释放到培养基中，这些均会使培养基的 pH 发生改变。如番茄离体根的培养，当使用以硝态氮为单一氮源的 White 培养基时，随着根的生长，NO_3^- 被大量吸收，在 7 天内 pH 从最初的 5.2 升高到 6.2。当以铵盐为单一氮源时，由于根对 NH_4^+ 的吸收会使 pH 向酸性方向递减。因此，现在一般使用多种含氮无机盐作为氮源，以免引起培养基在培养过程中 pH 变化过大而对培养物产生危害。

另一个引起 pH 变化的原因就是高温灭菌。经过高温灭菌后，培养基的 pH 一般要下降 0.2 个单位左右。单成分溶液因高压灭菌所引起的 pH 变化幅度要比复合培养基大得多。同时，器皿材质对培养基 pH 的影响也不容忽视。

由于复合培养基成分具有一定的缓冲调节能力，一般培养基高压灭菌后经过 1～2 天的储存 pH 会有一定程度的回复。

综合考虑各种因素，在培养基配制时，一般将培养基的 pH 调整为 5.6～6.0，具体则应根据培养物对 pH 的要求而定，但大多数植物调整为 5.8 比较适宜。对于某些培养类型来讲，要求 pH 有较好的稳定性，如细胞培养、原生质体培养等，这时要使用一些缓冲剂。

4. 气体调节

培养室的透气程度和培养容器的封闭程度均会影响培养过程中的气体交换，进而影响培养物的生长状态。培养物的生长需要氧气，在进行固体培养时，如果组织完全浸入培养基中，与空气隔绝，生长就会停止。因此，一定要有部分组织和空气接触。如果瓶塞封闭到完全不通气时，培养物也不能生长。所以增加可利用的氧，迅速除去组织呼吸释放出来的有害气体，有利于外植体外层细胞的分裂启动和培养物的继续生长。

培养器皿的封闭性主要与封口方式和材料有关。比较早的培养器皿多为三角瓶或试管，封口多用脱脂棉塞和牛皮纸，其透气性好。但由于脱脂棉吸潮后易引起微生物污染，现一般采用聚乙烯薄膜封口，其透气性与捆扎松紧度有关。还有些专门生产封口膜的厂家，在双层薄膜之间夹入特殊材料的透气膜，以改善通气条件。此外，已进入市场的许多高分子材料器皿，在设计时均考虑了透气性，使用起来比较方便。

在进行液体培养时，振荡培养是常用的改善通气条件的培养方式。研究表明，培养物的生长量与振荡的频率有关。在一定的振荡次数范围内，由于通气状况的改善，细胞生长量随着振荡次数的增加而增加。振荡频率超过一定的范围后，细胞的生长量则会逐步降低。通气改善后，培养液中溶解氧的浓度会显著增加，而溶解氧的浓度还会影响培养物的分化方式。

对于大多数的实验室，培养室一般是全封闭性的。如果培养室面积小，培养量相对较小，其通气状况一般不会影响培养物的生长。但对批量化大规模培养而言，在培养室建设时应该考虑空气的适当交换，否则会影响培养物的生长状态。在实验中通常可以观察到，当培养室定期通风，保持有新鲜清洁的空气进入培养室时，其培养物生长势强，生长速度快。而封闭性好、没有空气流通的培养室，其培养物生长往往较弱，试管苗叶片变小变薄。但需要注意的是，培养室的空气流通一定要注意清洁和干燥，否则不洁空气的进入反而会造成培养物的污染。某些特殊实验室和有条件的实验室，可考虑使用层流设备进行培养室的气体交换调节。

第二节 愈伤组织

愈伤组织(callus)原意是指自然界植物受到机械损伤后，诱导细胞分裂，在伤口处产生一团未分化的薄壁细胞，以封住伤口，这就是愈伤组织。在组织培养过程中，沿用了这一名称，实际上是指将外植体，即从植物体上切割分离的用于离体培养的细胞、组织或器官，接种到培养基上，在离体培养条件下，形成的一团无极性、能旺盛分裂的薄壁细胞团。在继续培养过程中，这些薄壁细胞团继续分化，发生一系列形态和生理的变化，最终能发育形成胚状体、芽、根、叶甚至完整的再生植株。因此，愈伤组织的形成是植物组织培养过程中的一个重要阶段，图 3.1 表示烟草种植培养的愈伤组织。

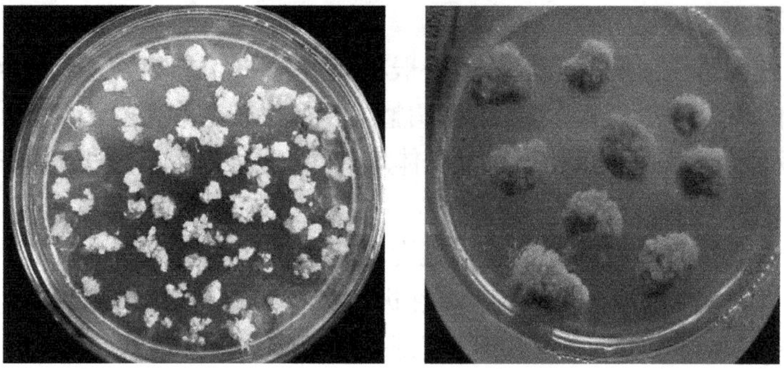

A　　　　B

图 3.1　烟草种植培养的愈伤组织

一、愈伤组织的形成和增殖

1. 愈伤组织的诱导形成

植物的外植体离体培养中，在各种因素的综合作用下，细胞会发生分裂而脱分化，经持续分裂增殖成细胞团，并进一步分化发展成为不受亲体外植体影响的典型愈伤组织。所形成的愈伤组织除可用于植株再生外，也可以转移到新鲜的相同培养基上培养而长期保存，或在液体培养基中进行悬浮培养而迅速增殖，用于次生代谢物的大规模生产，或用于细胞培养筛选无性系，或用于原生质体培养等。

其过程大致可分为诱导期、分裂期、分化期和形态发生期 4 个时期。

(1) 诱导期

该时期是细胞准备恢复分裂的时期。外植体刚从植株上分离下来时，细胞一般都处于静止状态，在诱导期进行细胞分裂的准备，这时期外植体细胞大小没有明显变化。但这些处于诱导期的成熟细胞经过一些刺激因素和激素的诱导作用，细胞内的代谢很活跃，处于蛋白质及核酸合成代谢迅速增加的过程。在诱导过程中，这些相对静止的细胞是具有分裂潜力的，只是被存在着的一类抑制剂所抑制，如果除去抑制物质，就可恢复分裂能力。这些抑制物质的作用是阻碍 DNA 复制，若加入抵消抑制剂影响的物质，那么细胞就立即进行 DNA 复制，全部细胞进入合成期，并发生同步分裂。诱导期的长短因植物种类和外植体的生理状况以及外部因素而异。如有的植物(菊芋)的诱导期只需一天，而有的植物(胡萝卜)需要几天。

在愈伤组织诱导过程中也有一些因素影响其诱导效果，例如：

1) CO_2对诱导分化有抑制作用。

2) 机械损伤能诱导细胞开始分裂，如伤口往往出现愈伤组织。

3) 外源生长物质(如 NAA、IAA 和细胞分裂素)等诱导细胞开始分裂。

在诱导期内，细胞代谢主要发生的变化为：

1) 在切离和培养后的几秒钟内，细胞的气体交换迅速增加。

2) 多聚核糖体不断增加，到有丝分裂前，每个细胞中的 RNA 含量增加了 30%。

3) 蛋白质也发生周期性积累，每个分裂细胞的蛋白质总增加量约为 200%。

4) 酶活力增加，如 DNA 聚合酶活力增加；与代谢有关的酶类，如己糖激酶和一些脱氢酶的活力增加。

(2) 分裂期

分裂期是指细胞通过一分为二的分裂，不断增生子细胞，即发生脱分化的过程。经过诱导期之后，外植体细胞从开始分裂到迅速分裂，使细胞数目大量增加。如胡萝卜培养 7 天后，细胞数可增加 10 倍。每个细胞平均鲜重下降。这是由于细胞鲜重的增加不如细胞数目的增加快的缘故。子细胞体积小、内无液泡的特点与根茎尖的分生组织细胞一样。细胞的核和核仁增大到最大。细胞中 RNA 含量减少，而 DNA 含量保持不变。组织的总干重、蛋白质和核酸含量逐渐增加，新细胞壁的合成极快。此时愈伤组织的形态特征为：细胞分裂快，结构疏松，缺少有组织的结构，维持其不分化的状态。

如果在原培养基上继续培养，细胞将不可避免地发生分化，产生新的结构，但是把它及时转移到新鲜的培养基上，则愈伤组织可无限制地进行细胞分裂，而维持其不分化的状态。

脱分化因植物种类和器官及其生理状况的不同而有很大差别，如烟草、胡萝卜等脱分化较易，而禾谷类的脱分化较难；花器官脱分化较易，而茎叶较难；幼嫩组织脱分化较易，而成熟的老组织较难。

(3) 分化期

细胞停止分裂，内部发生生理代谢变化，导致细胞在形态和生理功能上的分化，出现形态和功能各异的细胞。经诱导期和分裂期后，外植体形成无序结构的愈伤组织，进入分化期，进一步发生一系列生理和形态变化。

1) 细胞分裂部位和方向发生改变。分裂期的细胞分裂局限在组织的外缘，主要是单周分裂；在分化期开始后，愈伤组织表层细胞的分裂逐渐减慢，直至停止。愈伤组织内部深处局部区域的细胞开始分裂，使分裂面的方向发生改变，出现了瘤状结构和内部分化。

2) 分生组织瘤状结构和维管组织的形成。当愈伤组织生长速度减慢时，就形成由分生组织组成的瘤状结构，它变成不再进一步分化的生长中心，而在其周缘产生扩展的薄壁细胞。瘤状结构成团地散布在愈伤组织块中。这时形成了维管组织，但不形成维管系统，而呈分散的节状和短束状结构，它可单由木质部组成，也可由木质部、韧皮部乃至形成层组成。细胞分裂素促进维管组织形成。

3) 细胞的体积突然不再减小。保持相对不变。

4) 出现了各种类型的细胞，如薄壁细胞、分生细胞、管胞、石细胞、纤维细胞、色素细胞、毛状细胞、丝状体细胞等。

5) 生长旺盛的愈伤组织一般呈奶黄色或白色，有光泽，也有淡绿色或绿色的；老化的愈伤组织多转变为黄色甚至褐色。

(4) 形态发生期

经过诱导期、分裂期和分化期产生的愈伤组织，其中虽然发生了细胞分化，但是并没有器官发生。只有满足某些条件，愈伤组织的细胞才会发生再分化，产生芽和根，进而发育成完整植株。愈伤组织的形态发生方式主要有不定芽方式和胚状体方式两种。不定芽方式是在某些条件下，愈伤组织中的分生细胞发生分化，形成不同的器官原基，再逐渐形成芽和根。胚状体方式是由愈伤组织细胞诱导分化出具有胚芽、胚根、胚轴的胚状结构，进而长成完整植株。这种由愈伤组织中的薄壁细胞不经过有性生殖过程直接产生类似于胚的结构，叫做胚状体。

在植物组织培养中，不定芽方式和胚状体方式是愈伤组织形态发生的两种最常见和最重要的方式。胚状体方式比不定芽方式有更多的优点，如胚状体产生的数量比不定芽多、胚状体可以制成人工种子等。

2. 愈伤组织的增殖

愈伤组织是一团无极性的可以持续旺盛分裂的细胞团，在新鲜培养基上，能够维持长期生长，形成无序结构的愈伤组织块，如将烟草的愈伤组织切成小块，放到培养基上培养9天后，愈伤组织块的鲜重由培养初期的5.8mg增至105.0mg，增加到了18.1倍。

不同来源的愈伤组织，在颜色、结构上都可能存在差异。它们的颜色可能是黄色或白色，它们的外观可能是光滑的或是粗糙的，它们的结构可能是致密的或是松脆的。一般而言以色彩鲜艳、生长旺盛、结构松脆型的愈伤组织为好。

3. 愈伤组织的类型

在愈伤组织诱导过程中，外植体诱导产生愈伤组织的类型主要有紧密型和疏松型两种形态，且它们可以互相转变。

紧密型愈伤组织细胞排列紧密，形状较规则，为圆形或椭圆形，内部由管状细胞组成维管组织，细胞间由果胶质紧密地粘连。紧密型愈伤组织细胞多为高度液泡化的细胞，很少进行分裂分化，不易分散，不宜用于悬浮培养。

疏松型愈伤组织则由排列松散的不规则长椭圆形棒状细胞组成，且结构疏松。细胞间由大而未分化的细胞分开，胞间间隙大，排列无次序，有大量的分生组织中心，可进行活跃的细胞分裂，易分散，在其上滴加水滴可自行散开成单细胞或小的细胞团，可进行悬浮培养。

在愈伤组织诱导器官发生的过程中，紧密型的愈伤组织可以诱导产生胚性愈伤组织、胚状体和各种器官；而疏松型的愈伤组织往往在再分化培养过程中逐渐丧失分裂能力而褐化死亡。

二、影响愈伤组织培养的因素

一个完整的生物体是一个有机整体，其形态和机能都是协调统一的，每一个器官、组织、细胞都是在与周围成员（器官、组织、细胞）的互相协调和制约之中发挥本身应有的作用，它不可能特立独行，自行生长和分化。这种协调和制约体现在生理和遗传两方面：生理上，如植物的顶端优势是很重要的，正由于这一点，内源激素、光合产物等的分配都不是平均的，这就是一种很明显的生理制约；遗传上的制约主要是基因表达受时空调节，一个植物的每一个体细胞含有相同染色体和植物体的所有遗传信息（基因），但基因的表达是受严格的时空调控的，即基因只在特定的细胞（空间）内、特定的时间内表达。如与花粉育性有关的*TA-29*基因只在花药绒毡层细胞中、在花粉母细胞减数分裂时才表达。虽然*TA-29*基因在所有的体细胞中都存在，但其表达却受严格的控制。只有这样，植物的生长发育才会处于一种协调和有序的状态。可见，植物的细胞、组织和器官虽然具有全套的基因，但不可能都表达而发育成一完整植株，只有摆脱上述生理和遗传的制约，才有可能表达出全能性。

高等植物的几乎所有器官和组织，离体后在适当条件下都能诱导出愈伤组织，即其细胞从分化状态回复到未分化状态，这表明愈伤组织的形成与外植体来源关系不是很大，只要从整体植株上分离开来，离开整体水平的生理、遗传制约，都有可能形成愈伤组织。关键是培养条件，其中主要是激素的影响，没有外源激素的作用，外植体可能不形成愈伤组织。诱导愈伤组织常用的激素有生长素类的2,4-D、NAA、IAA和细胞分裂素类的KT和6-BA。外植体脱分化产生愈伤组织因基因型、器官及培养材料生理状态以及培养基和激素配比的不同而有很大差异。

1. 外植体材料

理论上讲所有的植物都有被诱导产生愈伤组织的潜力，但不同植物种类被诱导的难易程度大不相同。一般而言，进化上比较低的苔藓、蕨类、裸子植物与被子植物相比，诱导比较困难；在同一类植物中，草本比木本容易；在一种植物中，幼嫩材料比老龄材料要容易些。但同一物种不同品种，甚至不同器官之间也有较大的差异。

在玉米中，王昌涛等(2005)发现玉米的幼胚、茎尖、成熟胚和下胚轴均可诱导出愈伤组织，但仅从幼胚和茎尖诱导出胚性愈伤组织，转入分化培养基后获得了再生植株，而成熟胚和下胚轴不能获得再生植株。王友生等(2006)以中牧1号紫花苜蓿的胚轴、叶片、子叶和根为外植体诱导胚性愈伤组织发现，不同外植体间的愈伤组织诱导率差异较大，以胚轴的愈伤组织诱导效果最好，愈伤组织诱导率高达92.2%。陈季琴(2004)对多年生黑麦草的3个品种的成熟种子、成熟胚、胚轴、胚根4种外植体进行愈伤组织诱导发现，胚轴、胚根诱导效果较差，成熟胚在愈伤组织的诱导率、鲜重及愈伤组织质量方面均优于成熟种子。

2. 培养基

很多培养基都能诱导出愈伤组织，但不同类型的材料对培养基的反应是不同的。一般无机盐浓度较高的MS、Ht等培养基均可用于愈伤组织的诱导，高盐浓度对愈伤组织的生长有利。例如，在北美短叶松下胚轴和子叶的愈伤组织诱导中，随着培养基中盐浓度的下降，愈伤组织的生长量也随之下降。就培养基的状态而言，液体培养基较固体培养基好，在液体培养基中愈伤组织易于增殖和分化。

李占旗等(2006)以子叶和下胚轴为外植体，在不同浓度激素组合的MS和SH固体培养基对胚性愈伤组织的诱导中发现，MS培养基较SH培养基更有利于胚性愈伤组织诱导。张颖等(2006)发现玉米相同自交系的幼胚在MS和N_6基本培养基上胚性愈伤组织的诱导率存在显著或极显著的差异，N_6基本培养基的不同诱导培养基的诱导率均高于MS基本培养基的不同诱导培养基。

3. 激素

激素是最重要的影响因子，一般高浓度的生长素和低浓度的细胞分裂素有利于愈伤组织的诱导和增殖。

(1) 2,4-D诱导作用

大量的研究表明，在生长素中，诱导效果最好的是2,4-D。在禾谷类植物中，多数情况下只用2,4-D就能诱导出愈伤组织。

(2) NAA诱导作用

何泼等(2006)以杜仲试管苗幼茎为外植体进行愈伤组织的诱导时发现，NAA浓度小于3.0mol/L时，诱导效果较好，出愈率均大于90%。各处理间无明显差异，但出愈时间、愈伤颜色、生长量以及继代后的生长情况等均有明显差别。NAA浓度为0～1.0mg/L时，出愈时间较长，愈伤组织呈黄绿色无光泽，质地紧密，且生长慢，生长量小；NAA浓度为1.0～2.5mg/L时，出愈时间较前者早3～5天，愈伤组织呈奶油色，质地疏松，生长量大，继代后生长旺盛。当NAA浓度达到2.5mg/L时，虽然愈伤组织长势、颜色等方面都较好，但20天时，愈伤组织已停止生长，并有发褐现象，继代后生长一般容易褐化死亡。

(3) 2,4-D和6-BA配比诱导作用

马生健等(2003)在研究高羊茅愈伤组织诱导时发现，在2,4-D存在的条件下，6-BA可显著提高诱导率，并加快愈伤组织的生长速度。在粳稻“日本晴”成熟种子诱导愈伤组织中，2,4-D

是诱导愈伤组织必不可少的因子，与6-BA配合使用对愈伤组织的培养效果更好。当2,4-D为2.0mg/L、6-BA为0.5mg/L时愈伤组织的诱导率最高(李玉静等 2005)。陈季琴等发现，2,4-D浓度为2～4mg/L、6-BA浓度为0.025mg/L时有利于多年生黑麦草成熟胚诱导产生愈伤组织；2,4-D浓度为5～8mg/L、6-BA浓度为0.025mg/L或0.2mg/L有利于成熟种子诱导产生愈伤组织。2,4-D浓度为2mg/L、6-BA浓度为0.5mg/L时成熟胚和成熟种子诱导的愈伤组织鲜重均达到最大。另外，实验结果表明6-BA有助于对褐化现象的抑制(张洋等 2006)，这种作用的机制可能是6-BA通过促进细胞内蛋白质和核酸合成、保护膜结构的完整性和抑制乙烯的合成等途径来实现的(杨世杰 2001)。

(4) 2,4-D、NAA和KT配比诱导作用

以MS为基本培养基对库拉索芦荟(*A. barbadensis* Mill)愈伤组织的诱导中发现，2,4-D和NAA均可诱导出愈伤组织，但较高浓度的2,4-D易导致褐化，而高浓度的NAA诱导出的愈伤组织含水量较高，以两种生长素配合使用再辅以低浓度的KT效果较好，其中15mg/L的NAA+4mg/L的2,4-D+0.1mg/L的KT的组合，愈伤组织诱导率达到90%，且愈伤组织生长较旺盛(杨婷婷等 2005)。

(5) 6-BA和NAA配比诱导作用

王旭英等(2006)发现激素6-BA、NAA对彩色辣椒愈伤组织芽分化有明显促进作用，但因激素的配比不同芽的分化率及生长情况也不同。在不添加任何激素的培养基上，没有愈伤组织分化成芽，不同浓度激素组合对芽的分化有明显的影响。NAA浓度为0.5mg/L时，芽的分化率明显高于NAA浓度为2.0mg/L时，说明NAA浓度的提高能够抑制愈伤组织分化成芽；但是6-BA浓度的提高有利于愈伤组织分化成芽。以上培养基中，以MS+6-BA(3.0mg/L)+NAA(0.5mg/L)对芽分化有利，芽分化率高达93.3%，并且，每块愈伤组织成芽的数目也较多，而其他组合的培养基中，芽的分化率均低。

(6) ABA和其他激素作用

有研究表明，ABA对植物愈伤组织的诱导也有一定促进作用。在小麦种子诱导愈伤组织中，添加0.1mg/L ABA的诱导培养基以及在添加0.1mg/L ABA的基础上再添加2.5mg/L或5.0mg/L $AgNO_3$的诱导培养基对幼胚愈伤组织形成和分化最为有利(陈军营等 2006)。

4. 其他因素

另外有研究表明，其他因素如培养基中的糖类、氮源、多胺类化合物、金属离子(Cu^{2+}、Na^+等)、凝固剂(琼脂)的浓度、水解酪蛋白浓度、培养的光照条件等都可能影响愈伤组织的诱导形成。

第三节 愈伤组织的再分化与器官建成

一、植物细胞的全能性

植物细胞全能性(plant cell totipotency)是指每个植物的体细胞或性细胞都具有该植物的全套遗传基因，因此在一定培养条件下每个细胞都可发育成一个与母体一样的植株。这个概念虽然在20世纪初已经提出，但在当时的技术条件下，在实践上并没做到，经过几十年来组织

培养技术的不断改进，目前细胞的全能性不但在理论上完全被证实，而且为组织培养在实践上的应用奠定了基础。

理论上讲，植物细胞全能性是指植物体的每个生活细胞都具有该植物体的全部遗传信息，在特定的离体培养条件下，具有发育成完整植株的潜在能力。显然，那些高度特化的组织和细胞，几乎不可能再分裂以进一步表达其遗传潜力，因而也不能表现细胞全能性，如细胞核已经开始崩解、细胞壁增厚超过 2μm(成熟管胞的细胞壁有 7μm)的筛管和木质部细胞。植物细胞全能性最有力的证据应该是通过胚状体分化形成完整的植株。

植物细胞要表现出全能性，有两种形式。

成熟细胞→分生细胞→胚状体→完整植株。

成熟细胞→愈伤组织→出根出芽→完整植株。

植物细胞为什么表现出全能性呢？就要从动物与植物细胞的区别说起。不论是植物、动物还是微生物，其代谢的分子基础基本是一样的，从微生物到人，遗传信息是一致的。但动物与植物细胞区别还是很大的，主要有以下几点。

第一，自养与异养的差别。高等绿色植物是自养的，对营养的要求较简单，因此培养基的成分大部分为无机物和少量简单有机物。而高等动物是需要多种复杂营养的异养生物，它们从复杂的来源中吸收、消化和同化其营养，并通过血液将养分输送到全身细胞和器官。

第二，外界环境的差别。动物细胞直接所处的内部环境，以相对浓缩的形式来满足其营养要求。植物所处的环境变化大，它吸收养分是以稀释的状态。植物细胞束缚在纤维素壁内，内部液泡保持相当稳定的成分。植物细胞又以很大的能力维持着大的液泡、原生质与外界培养基进行物质交换。

第三，胚胎得到养分的方式不同。动物的胚靠预先存在卵里的营养发育，靠胎座与母体联系。植物的胚获得营养的方式相对简单，胚存在于胚囊和胚珠中，通过胚乳供应胚养分，原胚与子叶通过其外表面吸收养分。所以植物细胞诱导成胚从外部取得营养容易，不像动物要通过血液。

第四，器官发育的差别。动物很早就开始器官发育，这些器官有高度特化的功能，然后靠血液循环系统、神经系统、内分泌系统把各器官连成整体。并且动物器官的发育过程基本上只有一次，而高等植物重复地产生器官而且是无限的。植物器官的发育是在生长区通过活细胞的活动进行的，如顶端分生组织不断产生叶、芽、花，在这些具有活细胞的部位，可取活细胞进行移植和培养。

二、细胞分化、脱分化与再分化

细胞分化(differentiation)是指在个体发育过程中，不同部位的细胞的形态结构和生理功能发生改变，形成不同的组织和器官。一般而言，分化是一个不可逆转的过程，但是植物细胞即使高度成熟和分化，只要它们有一个完整的膜系统和一个生活的核，它们就具有向分生状态逆转的能力。在一个完整植株上，某一部位上的体细胞只表现特定的形态和行使特定的功能，虽然其遗传潜力并未丧失，但它们的特化程度不同，这种向分生状态逆转的程度和能力有赖于其原先所达到的细胞学状态和生理状态。如上所述，高度特化的某些筛管和木质部细胞，几乎丧失这种能力。

将从已分化的组织上分离得到的处于不分裂、静止状态的细胞培养在促进其增殖的营养培养基上，这些细胞首先要经历一定的变化才能达到分生状态。这种变化包括在细胞静止过程中，被溶酶体活动破坏的那些无功能的细胞成分的更新。因此将成熟细胞恢复分裂活性、向分生状态逆转和形成愈伤组织的现象称之为脱分化(dedifferentiation)。一般而言，外植体通常包含不同类型的细胞，因而经脱分化形成愈伤组织，再生形成一个完整植株或植物器官的能力是异质的。对于一个已分化的细胞，表达其全能性的过程应该首先经历脱分化，而后再经历一个再分化的过程。再分化(redifferentiation)是指脱分化的细胞或组织在特定的条件下转变成各种不同细胞类型的现象(图 3.2)。

图 3.2　烟草愈伤组织芽的分化

诱导细胞的脱分化，需要许多外界条件。任何一个分化的细胞都具有保持分生组织状态的潜能，不过它平常处于受抑制的状态，消除抑制状态就可以使细胞恢复分裂。在各种外界条件中，外源激素对脱分化起重要作用。有些植物的外植体仅需加入生长素(IAA、NAA、2,4-D)即可诱导细胞的分裂与生长，如菊苣；有的仅需加入细胞激动素类，如大豆、萝卜；另一类需加生长素和细胞激动素类，如烟草髓、胡萝卜、马铃薯；还有一类不需加任何激素，如冠瘿组织、烟草肿瘤组织。

三、愈伤组织的分化与器官建成

在愈伤组织培养物中，细胞分裂常以无规则方式发生，并产生无明显形态或极性的无序组织块，这时虽然在愈伤组织中发生了细胞分化，形成维管化组织和瘤状结构，但并无器官发生。只要满足某些条件，愈伤组织就可通过再分化产生苗或根的分生组织，甚至胚状体，进而发育成为完整植株。在组织培养中，愈伤组织的诱导器官形态发生过程主要涉及维管组织、不定芽或根分化和胚状体发生。

1. 维管组织的分化

早期研究发现，丁香的芽可以诱导邻近的组织分化出维管束，后来证明这是芽中 IAA 的作用。将一块含有^{14}C-IAA 和蔗糖的琼胶楔形物插入到愈伤组织切口中，^{14}C-IAA 表明蔗糖和 IAA 通过琼胶扩散到愈伤组织，从而在愈伤组织中造成这两种物质的梯度(图 3.3)。增加 IAA 的浓度，导致木质部形成，增加蔗糖浓度则导致韧皮部形成。生长素水平恒定时，2%蔗糖导致全部分化出木质部，4%蔗糖导致几乎全部分化出韧皮部，3%蔗糖则可以分化出两者。所以，生长素和蔗糖浓度决定愈伤组织中维管束的类型与数量。

Rier 和 Beslow 进一步报道，蔗糖不仅影响细胞的数目，而且影响其结构。低浓度蔗糖(0.5%)诱导出环纹和梯纹管胞，1.5%～3.5%蔗糖诱导出梯纹和网纹管胞。

细胞分裂素类对促进木质部形成也有作用。它们使糖类代谢趋向于五碳糖途径，促进木素前体苯丙烷的合成。不同的细胞分裂素作用不同，ZT＞KT＞6-BA，NAA/KT 的比值为 0.5/20 时有木质部发生和根形成，而比值为 0.025/0.4 时，只有木质部发生而没有根形成。赤霉素、乙烯、脱落酸对木质部发生有抑制作用。

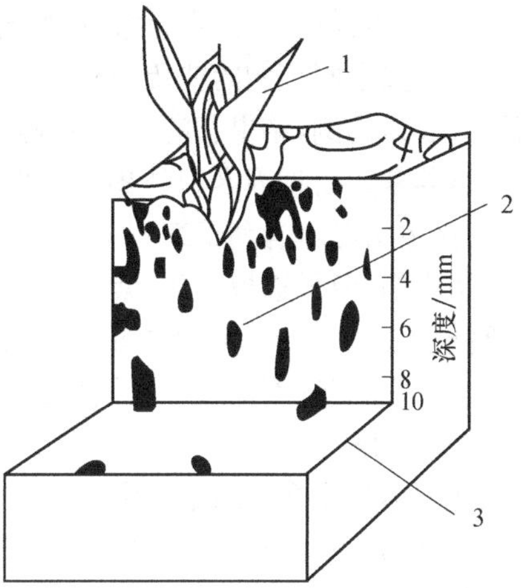

图 3.3 在丁香的愈伤组织上嫁接一个具 2 个叶基的茎端
图示嫁接后 54 天愈伤组织中维管组织的诱导情况
1. 苗端；2. 维管束；3. 愈伤组织块

2. 根和芽的分化

外植体诱导出愈伤组织后，经过继代培养，可以在愈伤组织内部形成拟分生组织(meristemoid)即分生能力较之前旺盛的小细胞团，然后，再分化成不同的器官原基。有些情况下，外植体不经愈伤组织而直接诱导出芽、根。所以器官发生有两种方式，即直接和间接的。

外植体→器官发生(根、芽或胚状体)→再生植株。

外植体→愈伤组织→拟分生组织→根、芽→再生植株。

根是组织培养中易形成的器官，早在 20 世纪 30 年代，就发现胡萝卜培养物中根的形成，以后又在多种植物中发现同一植物不同器官可以诱导出根来，如棉花幼苗子叶、下胚轴切段、油菜叶片、叶柄、下胚轴等。多种植物愈伤组织也易生根。

形成芽的培养基条件常有不同，有时芽与根可以同时在组织培养中形成，一般来说，培养物中可以形成芽的有胡萝卜悬浮培养、油菜愈伤组织等。在组织培养中通过根、芽诱导再生植株方式有三种：第一种在芽产生之后，于芽形成的基部长根而形成小植株；第二种是在根上生长出芽来；第三种在愈伤组织的不同部位分别形成芽和根，然后两者结合起来形成一株植物。

除营养芽之外，在组织培养中有时也有花芽的形成，如烟草、花生等。也有变态器官的形成，如百合鳞片切块分化出的芽形成小鳞茎，唐菖蒲茎端可诱导形成小球茎，马铃薯的茎切段可以形成块茎。

植物激素的成分影响着器官建成，Skoog 和 Miller 所提出的生长素和激动素比例决定根和芽分化的观点，曾被大量的试验结果所证明。

在很多禾谷类作物的组织培养中发现，用较高浓度的生长素(2,4-D)诱导形成的愈伤组织，当培养在除去生长素，或适当浓度的活性较低的生长素中时，就可以诱导芽的形成。Nitsch 等用 LM 培养基附加 10^{-5}mol 2,4-D 培养水稻愈伤组织可以生根，一旦转入无生长素的培养基时就能产生芽。Rangan 将小米愈伤组织从含生长素的培养基转移到无生长素的培养基，一个星期内就形成了芽。

但在另一些例子中激素比例控制器官分化的问题则出现完全相反的情况。苜蓿在有 2,4-D 和细胞分裂素的培养基中，可以形成愈伤组织，转入不加以上两种激素的培养基中能分化，但分化的情况与原来的激素比例有关。愈伤组织在高细胞分裂素/生长素比例的培养基中形成,易于生根;而在高生长素/细胞分裂素比例的培养基中形成的愈伤组织,则易生芽。分化与激素的关系同植物的遗传型有着密切的关系,用五个品种的烟草做实验,用相同的生长素/细胞分裂素比例,结果有的品种形成很多芽,有的形成很少芽,有的完全不生芽。

培养基的物理因素和外界条件对器官建成有一定影响。固体培养基有利于诱导愈伤组织,而液体培养基有利于细胞和胚状体增殖。蓝光有利于芽的分化,而红光、远红光对芽分化有抑制作用,但促进根分化,紫光对生芽有刺激作用。石刁柏、虎耳草属、凤梨科植物分化前期需要低光强(1000lx),后期要求高光强(3000～10 000lx),降低氧浓度促进胡萝卜愈伤组织芽的形成,增加氧浓度促进不定根形成。

3. 胚状体的发生

胚状体是指在组织培养中从一个非合子细胞,通过与合子胚相似的胚胎发生过程所形成的胚状结构。从胚状体可以形成完整的植株,这是植株细胞全能性的最强有力的一个证据。

20 世纪 50 年代末期,Steward 等从胡萝卜的韧皮部用液体培养基通过游离细胞的分化,获得了胚状体。据统计,在植物组织培养中具有胚状体分化能力的种子植物已达 117 种,分属 43 科,75 属。

在植物组织培养中,诱导胚状体与诱导芽相比较,具有显著的优点,一是数量多,二是速度快,三是成苗率高。由于胚状体具有这些优点,所以在育种工作及园艺工作中,可用胚状体作为特定的优良基因型个体的无性繁殖手段,同时在研究胚胎发育中也有很重要的理论意义。

培养基的激素成分和氮源影响胚状体的发生。有的植物可在无激素培养基上诱导出胚状体,如烟草、曼陀罗、水稻、小麦花药;有的植物需要一定比例的生长素与细胞分裂素诱导胚状体,如油茶、酸枣、桃等。石龙芮下胚轴,石刁柏愈伤组织,还有一些植物先在有激素的培养基上,然后转入无激素培养基诱导胚状体。有人证明培养基中还原态氮对胚状体发生有利,但我国使用的 N5 培养基硝酸盐含量高,也有很好的作用。水解酪蛋白或多种氨基酸对胚状体发生有促进效应。

胚状体的发生还与外植体来源和年龄、培养的时间、植物的遗传性等因素有关。

第四节　植物试管苗的生根

植物组织培养技术,特别是脱毒和微繁殖技术自产生以来虽然已得到广泛而迅速的发展和应用,但其中的有些技术还存在不少的问题,需进一步深入研究。在植物组织培养技术中,对其应用影响最大的就属试管苗的离体生根(图 3.4)。

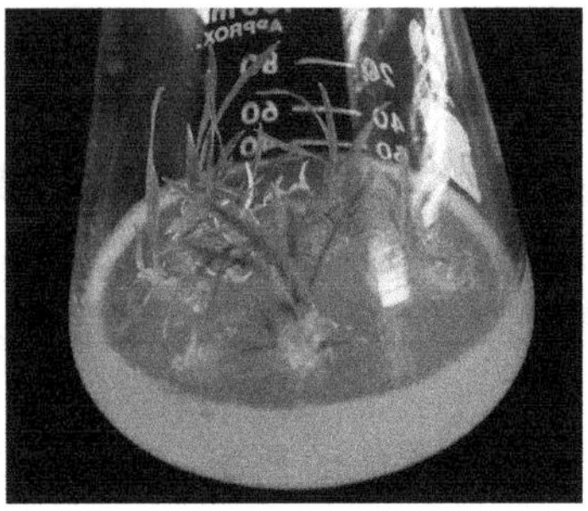

图 3.4　生根实验

离体繁殖产生大量的芽、嫩梢、原球茎,需进一步诱导生根,才能得到完整的植株。生根属试管繁殖的第三个阶段,其后栽入土中。这是最后一道繁殖技术工序,也是能否进行大量生产和实际应用的又一重要问题,同时也是商品化生产出售产品、取得效益的最终环节,应给予高度重视。试管繁殖往往诱导产生大量的丛生芽或丛生茎、原球茎,再转入生根培养基中生根或直接栽入基质中,进一步长大成苗。试管苗的生根可分为试管内生根和试管外生根两种方式。

一、试管内生根

植物离体培养根的发生都来自不定根。根原基的形成和生长素有关，根原基的伸长和生长则可以在没有外源生长素下实现。一般从诱导至开始出现不定根的时间，快的只需3～4天，慢的则要3～4周。植物组织培养中，关于根的发生规律研究的还不够，尤其是在木本植物培养中，往往芽易诱导并且生长良好，而根则难发生(如牡丹)，故应当加强这方面的研究。影响植物离体培养中生根的因素很多，有离体材料自身的生理生化状态，也有外部的多种因素。

1. 植物材料

不同植物、不同基因型、同一植株不同部位和不同年龄对分化根都有决定性的影响。生根难易还与母株所处的生理状态有关，因为取材季节和所处环境条件均有影响，所以试管内若不生根，不要完全从培养中找原因，也应考虑取材。不同植物生根的一般规律是：木本植物比草本植物难，成年树比幼年树难，乔木比灌木难。

2. 基本培养基

大多数使用低浓度的MS培养基，其中不少使用1/2MS和1/3MS培养基。如许智宏等在无籽西瓜生根中，用不同浓度的MS培养基(MS、1/2MS和1/2MS无机盐加铁盐)进行生根对比，结果降低无机盐浓度，有利于生根，而且根多而粗壮，发根也快，加铁盐则更好。水仙的小鳞茎在1/2MS培养基下才生根。矿质元素对生根的影响也有一些报道。大量元素中有人认为NH_4^+多可能不利于生根，生根需要磷和钾元素，但不宜太多；而Ca^{2+}多数报道有利于根的形成和生长。生根培养时通常使用的是蔗糖，其浓度多数采用低浓度，一般为1%～3%。如桉树的不定枝发根最适蔗糖浓度为0.25%，马铃薯发根为1%。但也有些植物在高浓度时生根较好，李明军等于2004年在薯蓣试管繁殖中发现3%～9%的蔗糖浓度均能诱导生根，但6%时根粗而发达。

3. 植物生长调节剂

生根培养中使用激素的情况，据报道单用一种生长素的占51.5%，生长素加激动素占20.1%。按外植体类型归类统计，愈伤组织分化根时，使用萘乙酸最多，浓度为0.02～6.0mg/L，以1.0～2.0mg/L为多。使用吲哚乙酸加激动素的浓度分别为0.1～4.0mg/L和0.01～1.0mg/L，而以1.0～4.0mg/L和0.01～0.02mg/L居多数。而胚轴、茎段、插枝、花梗等材料分化根时，使用吲哚丁酸居首位，浓度为0.2～10mg/L，以1.0mg/L为多。可见生根培养多数使用生长素，大都以吲哚丁酸、吲哚乙酸、萘乙酸单独用或配合使用，或与低浓度激动素配合使用。萘乙酸与细胞分裂素配合时摩尔比在(20～30)∶1为好。由此可见，在不定根形成中，植物激动素起着决定性作用，生长素也能促进生根。赤霉素、细胞分裂素、乙烯通常不利于发根，如与生长素配合，一般浓度宜低于生长素浓度。脱落酸可能有助于发根。植物生长延缓剂如多效唑(MET)对不定根的形成也有良好的作用，在诱导生根中所使用的浓度一般为0.1～4.0mg/L。

通常的使用方法是将植物生长调节剂预先加入到培养基中，然后再接种材料诱导其生根。近年来为促进试管苗的生根，改变了这种做法，而将需生根材料先在一定浓度植物生长调节剂中浸泡或培养一定时间，然后转入无植物生长调节剂培养基中培养，能显著提高生根率。例如，将苹果新梢预先在吲哚乙酸溶液中浸泡1h，这样比预先加到培养基中效果要好。又如将栗的新梢基部 1cm 处在 1.0mg/ml 的 IBA 溶液中浸泡 2min，然后转入 1/2 硝酸盐的 MS 培养基上，可使生根率高达 90%，每茎生根数平均为 12.3 条。再如将桃新梢浸入 10mg/L BA(苄氨基腺嘌呤)溶液中浸 2h 后，再转入除去激素、蔗糖和水解乳蛋白的 1/2MS 培养基上，可诱导生根。

4. 继代培养

许多作者报道，新梢生根能力随继代时间增长而生根能力增加。如杜鹃茎尖培养，随培养次数的增加，小插条生根数量逐渐增加，第四代最高，最后达百分之百的生根。

5. 光照

光照强度和光照时间对发根的影响十分复杂，结果不一。一般认为发根不需要光，如胡霓云等发现，毛樱桃新梢转入 1/2LS 附加 0.1mol/L 萘乙酸培养基中经 12 天暗培养，比不经暗处理的发根率增加 20%。据报道 4 个苹果品种，叶、节间、根诱导愈伤组织后，转入生根培养，加入 NAA，在黑暗中培养，茎的愈伤组织再生了不定根。另据报道苹果试管苗经 8 天暗处理，用 1.0mg/L IBA 能促进生根，并改善根系质量。

6. pH

试管苗的生根，也要求一定的 pH，一般为 5.0～6.0。据报道，pH 显著影响小萝卜幼苗侧根的形成，pH 为 3.8 时，侧根原基为 60 条/cm^2，pH 为 5.8 时则降为 18 条/cm^2。水稻离体种子根生长，随 pH 由 3.3 升高至 5.8 而加快。

7. 温度

试管苗在试管内生根，或在试管外生根，都要求一定的适宜温度，一般为 16～25℃，过高过低均不利于生根。不同植物最适生根温度不同。据报道，草莓继代培养芽的再生是 32℃，生根是 28℃最好，16℃时根长增加 5～8mm，根数为 5 条，而 28℃时根长可增加 11mm，产生 19 条根。温度对马铃薯块茎离体培养物发根也有影响，发根最适温度高于分枝的最适温度。

二、试管外生根

有些植物种类在试管中难以生根，或有根但与茎的维管束不相通，或根与茎联系差，或有根而无根毛，或吸收功能极弱，移栽后不易成活，这就需要采用试管外生根法。

试管外生根有以下三种方法。

1. 在试管内诱导根原基后再移栽

朱鹿鸣等(1989)报道月季试管苗移栽时易发生机械损伤，成活率低，又不稳定。用有根原基的试管苗移栽既耐贮运，又能异地移栽，成活率还高(97%)。其方法是剪取丛生芽，转入 MS+0.5mg/L BA+0.01mg/L NAA 中待小芽生长，当长至 3～4cm 时，转入加有 0.5mg/L NAA MS 培养基中，培养 7～10 天后，待嫩茎基部长出根原基后取出栽入营养钵中，5～6 天后自行生根，此根系有根毛，吸收功能好。此法不仅移栽成活率高，而且可缩短生产周期，还适于长距离运输。一个广口保温瓶可装 1000 株带有根原基的小苗，转运千里之外再进行移栽，实现苗木运输移栽的微型化。1984 年他们用此法移栽 50 个品种月季试管苗，成活 2 万余株。此法简便、易行，不伤根又便于贮运。在楸树、猕猴桃、山楂等试管苗中也获得了成功。

2. 在生根小室进行生根和炼苗

做一个生根小室，不用琼脂和蔗糖，而用透气又保湿的基质如泥炭、蛭石、珍珠岩、苔藓等，并要人工控制温度、光照，采用人工喷雾，雾滴要细，以提高空气湿度，又不致使叶面有水滴流出。把剪下长 1～3cm 的嫩茎转入生根小室，经 3～4 周培养，即可产生发育良好，具吸收功能的根，其后再栽入温室，则易成活。国外杜鹃即用此法移栽。杜鹃花的嫩枝在试管内外都能很好地生根，而一种银球花长约1cm的嫩枝，切下栽入瓶外基质，比试管内根长的更好。生根小室效果好、条件易控制，但成本高、面积小。国外有些商业性实验室用自动化湿度调节系统，旋转培养，进行生根驯化，取得了良好效果，但因费用很高已不再使用。

3. 盆插或瓶插生根法

巴岩磊等(1986)为解决我国西北干旱地区杨树试管苗难以移栽问题，提出用盆插或瓶插生根法来简化生根和移栽，节省设备，降低成本，提高移栽成活率。其法是用装有泥炭或腐殖土与细沙的罐头瓶或盆，每瓶插入20～30株无根苗，插入深度约为0.3～1.2cm，加入1/2MS+1.0～5.0mg/L IBA或IAA生根营养液，在一定温度、湿度及光照下培养，20天后长出新根，30天后二级根长至8～12cm时移栽，成活率高而稳定。甘肃农业大学葡萄脱毒研究组研制成功葡萄脱毒苗简易快繁技术，用废旧罐头瓶代替三角瓶，用蛭石代替琼脂，用去糖的GN营养液，瓶口用打了孔的膜包扎，接入10～12株二节无根小苗或一节带根小苗，半开放培养，经15～20天培养能长4～5cm的健壮幼苗，然后栽入沙床。变三步炼苗为一步炼苗，大幅度降低成本，简化移栽过程，在较粗放移栽下也有较高的成活率，适用于葡萄试管苗的繁殖与移栽。

有些植物可以把试管繁殖的嫩枝当做微型插条，直接入土生根，也能成活。将杨树、桦木和其他阔叶树试管繁殖的嫩梢，直接栽入泥炭和蛭石基质中，很快生根，并有很高的成活率。

英国格拉斯哥植物园全国秋海棠中心，用无菌简易快繁技术对秋海棠叶进行离体繁殖获得成功，也使体外生根和驯化一步完成，还是在带菌条件下完成，因此这一技术被认为在植物微繁殖及保存中有广泛的应用前景。

第五节　植物试管苗的移栽

离体繁殖的试管苗能否大量应用于生产，特别是木本植物、名贵花卉能否取得好的效益，取决于最后一关，即试管苗能否有高的移栽成活率。韩国统计1991年一些商业性实验室繁殖的部分观赏花卉移栽成活率，高的达100%，低的只有1/3或1/2，这表明部分商业性实验室效率较低。中国甘肃农业大学计算葡萄试管苗移栽成本占总成本的56%～78%。因此，大力提高移栽成活率，建立高而稳定的移栽工序和方法是十分重要的。

试管苗移栽过程复杂，在未掌握其有关理论和技术时，若盲目移栽，势必造成高的死亡率，而导致前功尽弃。因此，掌握移栽的有关理论和技术十分重要。

一、试管苗的驯化

试管苗在恒温、高湿、弱光、异养等特殊环境下增殖与生长，其形态、解剖和生理特性与温室和大田生长的植株不同，为了适应移栽后的较低湿度以及较高光照强度并进行自养，必须要有一个逐步锻炼和适应的过程，这个过程叫做驯化(acclimatization)或炼苗。试管苗移植前可将培养瓶移到自然光照下锻炼3～10天，让试管苗接受自然光的照射，感受自然温度的昼夜温差现象，使其壮实，然后再开瓶移植，经过较低温、低湿度的处理，以适应自然温度、湿度条件。

二、试管苗的移植

试管苗已经适应于高温多湿的环境，将它们移植到试管外环境，试管苗失水率很高，容易死亡。因此，为了改善试管苗的上述不良生理、形态特点，必须经过与外界环境条件相适应的驯化处理，通常采取的措施有：外界环境要增加湿度、减弱光照；试管内要通风透气、增施二氧化碳肥料、逐步降低空气湿度等。

1. 移栽用基质和容器

适于栽种试管苗的基质要具备透气性、保湿性和一定的肥力，容易灭菌处理，且不利于杂菌滋生，一般可选用珍珠岩、蛭石、沙子等。这些基质在未用前应高压灭菌，或至少烘烤 1h 消灭其中的微生物。基质应根据不同植物的栽培习性配制，这样才能获得满意的效果。

2. 移植幼苗的管理

从试管中取出发根的小苗，用自来水洗掉根部的培养基，要全部除去，以防残留培养基滋生杂菌，但要注意避免伤根。移植时用一个筷子粗的竹签或木棒在基质中插一小孔，然后将小苗插入，因幼苗较嫩，注意防止弄伤，栽后把苗周围基质压实。移植前基质要浇透水，栽后轻浇薄水。再将苗移入高湿度的环境中，保证空气相对湿度在 90%以上。

(1) 保持小苗的水分供需平衡

在移植后 5～7 天内，应给予较高的空气湿度，使叶面水分蒸发减少，尽量接近培养瓶内的条件，使小苗始终保持挺拔的状态。保持小苗水分供需平衡，首先营养钵的培养基质要浇透水，所放置的床面也要浇湿，然后搭设小拱棚，以减少水分的蒸发，初期要常喷雾处理，保持拱棚薄膜上有水珠出现。5～7 天后，小苗出现生长趋势，可逐渐降低湿度，减少喷水次数，将拱棚两端打开通风，使小苗适应湿度较低的条件。约 15 天以后揭去拱棚的薄膜，并给予水分控制，逐渐减少浇水，促使小苗生长健壮。

(2) 防止菌类滋生

由于试管苗原来的环境是无菌的，移出来以后难以保持完全无菌，因此，应尽量不使菌类大量滋生，以利于成活，所以要对基质进行高压灭菌或烘烤灭菌。可以适当使用一定浓度的杀菌剂，以便有效地保护幼苗，如喷多菌灵、托布津 800～1000 倍液，喷药宜 7～10 天一次。移苗时尽量少伤苗，伤口过多，根损伤过多，都是造成死苗的原因。喷水时可加入 0.1%的尿素，或用 1/2MS 大量元素的水溶液作追肥，可加快苗的生长与成活。

(3) 保证适宜的温度、光照条件

试管苗移植后要保持适宜的温度、光照条件，适宜的生根温度是 18～20℃，冬春季地温较低时，可用电热线加温。温度过低幼苗生长迟缓，或不易成活；温度过高水分蒸发太快，使水分平衡受到破坏，并会促使菌类滋生。

此外，在光照管理的初期可用较弱的光照，如在小拱棚上加盖遮阳网等，以防止阳光灼伤小苗和增加水分的蒸发。小植株开始新的生长后，逐渐加强光照，后期可直接利用自然光照，促进光合产物的积累，增强抗性，促进其成活。

(4) 嫁接

有些植物试管内难生根，或生根苗不能在生产上应用，必须进行嫁接。嫁接可分为试管内嫁接和试管外嫁接两种方法。

1) 试管内嫁接。试管内嫁接又叫显微嫁接或试管微体嫁接，是组织培养与嫁接方法相结合用以获得无病毒苗木的一项新技术，它是将0.1～0.2mm的接穗茎尖嫁接到由试管内培养出来的无菌砧木上，继续进行试管培养，愈合后成为完整植株再移入土壤中。总的来说，试管内嫁接技术难度较高，不易掌握，一般成活率在50%以下，还需改进提高。

2）试管外嫁接。由于试管内嫁接烦琐，技术要求高，成活率低，或不易移栽，或长势差。故一些植物也进行试管外嫁接，如无籽西瓜、苹果、金花茶、葡萄等。

三、影响试管苗移植成活率的因素

1. 试管苗的生理状况

试管苗的生理状况是影响移栽成活率的内在因素。同一种植物的试管苗，其壮苗比弱苗移栽后成活率高。

2. 植物生长调节物质

一般来说，生长素能促进生根，故也能提高试管苗移栽的成活率。不同的植物有其适宜的生长素种类。例如，月季以NAA诱导生根和提高移栽成活率效果最好，而IAA不理想，当IAA超过1mg/L时，反而急剧降低移栽成活率。细胞分裂素一般抑制根的生长，不利于移植，如在月季的实验中表明，6-BA或2-IP对生根和移栽都有抑制效应，即使在很低的浓度下也可发现。

3. 无机盐浓度

实验结果表明，降低无机盐的浓度对植物生根效果较好，有利于驯化成功。

4. 活性炭

在生根培养基中加入少量活性炭，对某些月季的嫩茎生根有良好的效果，尤其是用酸、碱和有机溶剂洗过的活性炭，效果更佳。

5. 环境因子

环境条件也影响试管苗驯化成活率，关键是控制好移植前的光、温度、湿度条件。适当遮阳，避免太阳光直射造成试管苗迅速缺水而死亡。温度一般保持在25～30℃为好。开始几天最好用塑料薄膜搭小拱棚罩住移栽苗，使其周围的相对空气湿度保持在80%～90%。

6. 驯化过程中让试管苗从无菌培养向有菌培养逐渐过渡

试管苗出管后，要将其上面的培养基洗净，以免杂菌滋生。对于驯化成活比较困难的植物，第一次移植时最好用经过灭菌的基质，以提高移植成活率。

第六节　植物细胞扩大培养

植物细胞培养（plant cell culture）是指在离体条件下对植物单个细胞或小的细胞团进行培养使其增殖的技术。由于研究的目的不同，细胞培养有多种不同的培养方法。根据培养规模不同，可以有小规模培养和大批量培养；根据培养方式不同可以有悬浮培养、平板培养、看护培养；根据要求的产物不同可以有用于诱变的细胞培养和用于生产次生产物的细胞培养。综合这些培养类型和方式，本节主要介绍细胞悬浮培养技术和单细胞培养技术，以及用于次生产物生产的细胞大量培养技术。细胞大量培养技术主要介绍通过生物学途径提高次生产物生产率的方法。

一、悬浮培养

细胞悬浮培养(cell suspension culture)是指将单个游离细胞或小细胞团在液体培养基中进行培养增殖的技术。悬浮培养是一种十分有用的实验体系,在液体状态下便于细胞和营养物质的充分接触和交换,细胞状态可以相对保持一致。因此有利于在细胞水平上进行各种遗传操作和生理生化活动的研究,同时为植物细胞的大规模培养提供前期技术基础。

简单地讲,悬浮培养首先必须获得大量的细胞。在早期的细胞培养中,多采用叶肉细胞和根尖细胞作为细胞来源,细胞分离方法可以采用机械分离和酶分离。直接分离来自植物个体的细胞,由于分化程度的差异,细胞的生理一致性较差,影响培养效果。因而现在建立细胞悬浮培养体系,一般采用愈伤组织作为起始细胞来源。以愈伤组织为起始细胞的悬浮培养技术,其关键过程主要包括愈伤组织诱导、悬浮系的建立与继代培养及细胞生长状态调控等几个环节。

(一) 愈伤组织诱导

以愈伤组织作为细胞悬浮培养的细胞来源,首先必须诱导出适宜的愈伤组织。用于建立悬浮系的愈伤组织必须有较好的松散性,从而使之在悬浮培养的起始阶段细胞容易打散。同时,愈伤组织还必须具备较强的增殖和再生能力。诱导符合这些要求的愈伤组织,首先,必须选择适宜的植物外植体材料。研究表明,胚、胚轴、子叶是最常使用的外植体,特别是幼胚。因为以胚为外植体建立的愈伤组织,其细胞生活力强,增殖速度快,且组织分化与器官再生能力强。其次,培养基的附加成分对建立疏松易散的愈伤组织具有较大的影响,特别是生长素的浓度至关重要。在大多数情况下,2,4-D 常作为起始培养基的生长素,且使用浓度较高。但由于植物种类和外植体类型存在一些差异,具体浓度应通过预备实验确定。除了生长素外,配合一定浓度的细胞分裂素也是十分必要的。常用的细胞分裂素一般为 BA。有时,为了使愈伤组织具有良好的生理状态,还需附加一定浓度的水解酪蛋白、脯氨酸、谷氨酰胺等有机物质。

除了培养基外,愈伤组织培养阶段必须进行必要的选择和继代,因为一般愈伤组织的细胞并不是均匀一致的,直接由外植体诱导的愈伤组织,若不经过继代则很难获得均匀一致的疏松性。只有在继代培养中不断选择那些疏松性好、细胞状态好的细胞不断继代培养,才能获得大量均匀一致、疏松易碎、适合于建立悬浮细胞系的愈伤组织。

(二) 悬浮系的建立与继代培养

开始进行悬浮培养时,先取一定量的愈伤组织放入盛有液体培养基的三角瓶中。一般采用 150ml 或 250ml 的三角瓶,每瓶装 30ml 或 70ml 培养基,按每克鲜重 10ml 培养基的比例接种。接种后的三角瓶置于 120r/min 的摇床上,在 25℃条件下黑暗培养。如果愈伤组织不易分散,可事先用镊子轻轻将其拨碎,但应尽量避免损伤。也可以在培养基中加入 0.1%的果胶酶,培养 1 天后再转入不含果胶酶的培养基中培养。在培养初期,悬浮细胞培养物可能呈现黏稠状,影响细胞生长,因此每隔 3 天左右要更换 1 次新鲜培养基。连续继代培养一段时间后,这种情况可自行消失。

悬浮细胞系建立以后,经过一段时间的培养,细胞开始进行生长和分裂,培养体系中的细胞数量、细胞体积和细胞状态均发生连续的变化。为了保持悬浮细胞一直处于一个相对稳定的良好状态下，一般每隔1～2周甚至更短的时间就要继代1次。由于植物细胞具有较强的团聚性，所以培养中小的细胞团不断长成较大的细胞团，且细胞间的状态也可能不尽一致。因此每次继代时均要进行选择，筛选细胞生活力好的细胞继代，淘汰过大和生理状态不好的细胞和细胞团。筛选方法一般采用蔗糖梯度离心法，有时为了简便也可采用过滤法。继代培养时，如果继代时间为1周，一般按原悬浮液与新鲜培养基1∶4的比例混合，继代时间为2周则可用1∶10的比例(张自立等 1990)，但具体接种量还需根据继代时的细胞密度确定。悬浮细胞系稳定以后，继代培养中的振荡频率可适当降低，一般为80r/min。

一个成功的悬浮细胞培养体系必须满足3个基本条件。其一，悬浮培养物分散性良好，细胞团较小，一般在30～50个细胞以下。在实际培养中很少有完全由单细胞组成的植物细胞悬浮系。其二，均一性好，细胞形状和细胞团大小大致相同，悬浮系外观为大小均一的小颗粒，培养基清澈透亮，细胞色泽呈鲜艳的乳白或淡黄色。其三，细胞生长迅速，悬浮细胞的生长量一般2～3天甚至更短时间便可增加1倍。

(三) 悬浮细胞的生长动态

除了大批量培养采用的一些特殊培养体系外，基本的悬浮培养体系均是将细胞分散在一定容积的培养液中进行培养，在一个培养周期中间不添加培养基。在这种培养体系中，除了气体和挥发性物质与外界有一定交换外，基本是处于封闭状态。当一种营养物质耗尽时，细胞即停止生长。在这种悬浮培养系统中，细胞数量随着培养时间的变化，其扩增生长呈S形曲线(图3.5)。在细胞接种最初的时间内细胞很少分裂，经过一个延迟期(lag phase)，然后进入指数生长期(exponential growth phase)和细胞迅速增殖的直线生长期(linear growth phase)，接着是细胞增殖下降，从而影响整个悬浮细胞系的状态。因此，在通常情况下，当细胞生长进入减缓期时就要及时继代。

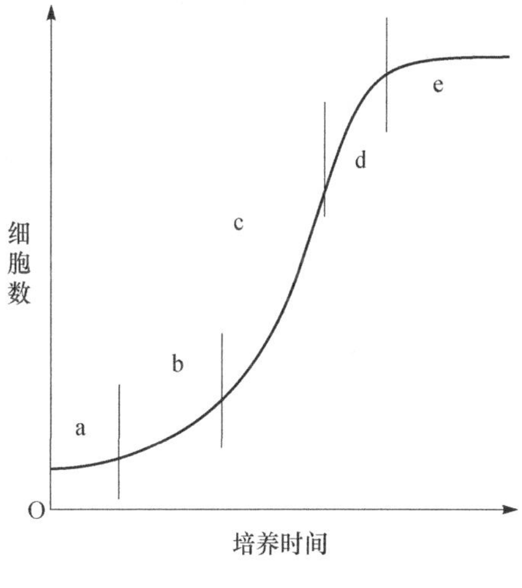

图3.5 悬浮细胞在一个培养周期中细胞增长动态

a. 延迟期；b. 指数生长期；c. 直线生长期；d. 减缓期；e. 停止期

尽管在同一个培养周期中细胞增长动态均表现出上述规律，但一个周期所经历的时间长短则因植物种类和起始培养细胞的密度不同而有较大差异。例如，在接种细胞密度均为1×10^5个/ml时，烟草一般是10天，而蔷薇细胞培养周期是12天。接种初期的细胞密度过低往往使延迟期加长。因此，根据培养目的的不同，悬浮细胞的起始密度一般可在$0.5\times10^5\sim2.5\times10^5$个/ml进行调整。如只是一般继代培养，则可适当选择低密度接种，以延长培养周期，减少继代培养的操作。但如果希望在较短时间内获得大量活跃生长的细胞，则可适当提高接种密度，这样可缩短继代培养时间。

在不同植物的细胞培养中，所使用的培养基通常有一定差异，需通过实验进行筛选。在实际应用中，还需要根据特定的植物细胞和培养基对一些基本的技术参数进行选择，如最低起始密度、最大生长速率、每个培养周期所经历的天数等，这些均需在悬浮细胞体系建立初期进行测定。

二、单细胞培养

悬浮培养是在液体流动的情况下进行的，不能对某一个细胞进行定点观察和分析，也就不能进行定点选择。因此，在进行细胞株(种子细胞)选择及一些需要对细胞活动跟踪观察的情况下，必须进行真正意义上的单细胞培养(single cell culture)。由于植物细胞的团聚性，要进行植物细胞的单细胞操作是十分困难的。因此，与植物细胞工程的其他领域比较，植物细胞的单细胞培养技术研究显得十分缓慢，目前应用最多的主要是平板培养，其次是看护培养，也有一些真正意义上的单细胞培养技术的探索，如微室培养。

1. 细胞平板培养

所谓平板培养(plating culture)是指将一定密度的悬浮细胞接种到一薄层固体培养基中进行培养的技术。因为接种过程实际上是一个琼脂或琼脂糖培养基与细胞悬浮液混合植板的过程，而植板后细胞被包埋在固体培养基中形成一个平板，所以称其为平板培养。细胞平板培养技术首先是 Bergmann 在 1960 年创建的，由于其具有筛选效率高、筛选量大、操作简单等优点，因而被广泛用于遗传变异、细胞分裂分化及细胞次生代谢物合成的种细胞筛选等各种需要获得单细胞克隆的研究中。

用于单细胞克隆的细胞来源，目前一般采用经过培养的旺盛生长的悬浮细胞系，通过过滤去除大的细胞团、游离单细胞和小细胞团。用于平板培养的细胞团一般每个不能超过 6 个细胞，以便尽可能获得真正的单细胞克隆。过滤后的细胞经低速离心，培养基洗涤 2 次后，调整密度至 5×10^5个/ml 左右。将 1 份已调整好密度的细胞悬浮液与 4 份 35℃的固体培养基充分混合均匀，然后均匀地平铺于培养皿中，植板厚度为 1～2mm。待植板后的培养基完全凝固后，用石蜡膜将培养皿封严以防止污染。为了获得真正的单细胞系，此时可将培养皿置于倒置显微镜下观察，对应于各个单细胞在培养皿外相应的位置用记号笔做好标记，再将培养皿置于 25℃黑暗条件下培养。一般 3 周后部分单细胞即可长出肉眼可见的愈伤组织。平板培养的操作过程如图 3.6 所示。

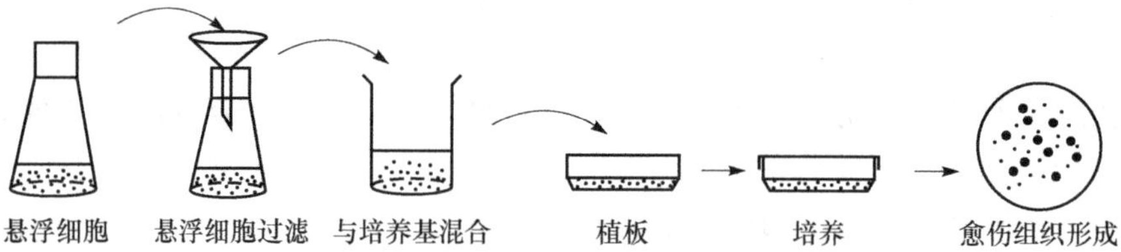

图 3.6　细胞平板培养操作示意图

2. 看护培养

看护培养(nurse culture)技术首先是由 Muir 等设计的(李浚明　1992)。其操作方法是在固体培养基上置入一块活跃生长的愈伤组织，再在愈伤组织上放一小片滤纸，待滤纸湿润后将细胞接种于滤纸上。当培养细胞长出微小细胞团以后，将其直接转至琼脂培养基上让其迅速生长。愈伤组织和培养细胞可以是来自于同一类植物，也可以来自不同的植物。接种的细胞最初是直接用细胞铲从易碎的愈伤组织中挑取，但这种方法不仅很难获得真正的单细胞，同时也易对细胞造成机械伤害。现在一般多采用上述细胞悬浮液的制备方法，将分散细胞制备成低密度悬浮液(以每滴悬浮液不超过 6 个细胞为宜)，再在每块滤纸上接种一滴细胞悬浮液。

3. 微室培养

微室培养(microchamber culture)是为了进行单细胞活体连续观察而建立的单细胞培养技术。运用这种技术可对单细胞的生长与分化,细胞分裂的全过程及胞质环流的规律等进行活体连续观察。这一方法同样也可用于原生质体培养,以观察细胞壁的再生和细胞分裂过程。因此,微室培养是细胞学研究的优良实验体系。微室培养首先是由 Jones 等在 1960 年设计的,他们在一张载玻片上用液体石蜡作微室的"围墙",构建成一个细胞生长微室。其做法是:先在载玻片左右两侧各加一滴液体石蜡,将两张盖玻片分别置于其上作为微室的支柱,再在两端各加一滴液体石蜡即构成完整微室。在微室中间接种一滴含单细胞的培养基,然后将第三张盖玻片架在微室两支柱间(图 3.7)。因为液体石蜡既可以使细胞与外界隔离防止污染,又具有一定的通气性,所以有利于细胞生长。将接种好的载玻片整体置于一培养皿中,然后在 25℃黑暗条件下进行培养,当细胞团长至适当大小时,将其转入新鲜半固体培养基上继续培养。

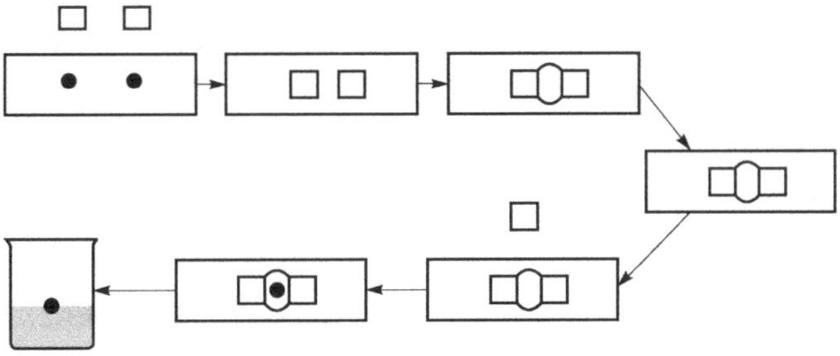

图 3.7　微室培养示意图

第七节　植物细胞的大规模培养

一、概述

在植物生物技术中,应用细胞培养系统进行天然产物的生物合成,很可能发展成为广义的化学工业的一个组成部分。长期以来,植物一直是许多化学品的主要资源,特别在制药和食品加工业中更是不可缺少。据不完全统计,至少有 20%的药物是由植物衍生而来的,而且每年都可发现许多植物来源的新化合物。这些不同的物质是分别由不同的植物合成的,其中有些化合物现在还难以用人工合成的方法得到。随着人口的增加和对天然产物需求的增长,自然资源正逐年减少,寻求新的生产天然产物的途径已成为社会发展的需要。因此,通过培养细胞生产特种化合物具有重要的社会、经济和环保意义。

自 20 世纪 40 年代后期 Bonner 报道了银胶菊植物组织培养物能产生橡胶以来,用组织培养生产有用产物方面的研究已取得了相当大的成就。至今,已研究过近 300 种植物培养物中的 400 多种有用的化合物,有 30 多种化合物在培养物中的积累等于或超过其原植物的含量,如紫草宁含量在培养细胞中可达 12%,小檗碱可达 13%,人参皂苷可达 7%。植物细胞培养技术已能在 20 000L 规模的生物反应器中培养烟草细胞。日本三井石油化学公司在 1977 年利用 750L 搅拌式反应器二步法培养紫草细胞,经过不断的技术完善,于 1984 年将细胞培养生产的紫草宁色素投入市场,成为药用植物细胞工程的第一个产品化和商业化的例证。近年来,我国在人参、红豆杉、毛地黄和长春花等植物细胞规模培养领域也取得长足进展,有的已进入中试阶段并有一定的产品投放市场。

然而,植物细胞的大规模培养与动物和微生物比较起来,其发展仍然是缓慢的,还有许多技术问题需要进一步研究和解决。从工程的角度讲,必须要进一步研究和开发适宜于植物细胞生长和次生代谢产物生产的生物反应器,建立最佳的控制和调节系统。从细胞生长与培养技术方面讲,必须满足以下 3 个条件:培养的细胞在遗传上应是稳定的,以得到产量恒定的产物;细胞生长及生物合成的速度快,在较短的时间内能得到较高产量的终产物;代谢产物要在细胞中积累而不被迅速分解,最好能将其释放到培养基中。

二、植物细胞规模化培养体系的建立

植物细胞规模化培养的目的是生产天然产物。因此,培养技术设计与优化的核心是提高天然产物产量。要达到此目的,必须从培养起始细胞开始即选择具有较高生产潜力的细胞系,然后通过一系列技术控制,最终达到尽可能高的天然产物产量。以下是植物细胞规模化培养体系建立的主要技术环节。

1. 种子细胞株系的选择

植物细胞的遗传基础是天然产物生产的基本影响因素,不同植物产生的天然产物种类之所以不同,从根本上来说是因为它们具有不同的遗传基础。因此,在确定生产某一种化合物后,首先必须准确选择那些能够产生目的化合物的植物种类及其品种和单株。由于天然产物一般为次生代谢产物,而植物次生代谢产物的积累具有组织器官特异性,因此,在起始细胞培养时应尽量选择自然状态下产生天然产物的器官、组织为外植体。在起始材料选择后,一般经过前述的细胞培养过程,首先建立培养细胞系,由起始材料建立的细胞系如果目的产物符合要求,即可进入下一环节的生产。

高产种子细胞克隆的方法是采用前述的单细胞培养方法,将每个单细胞扩增形成的愈伤组织取一半进行成分含量分析,另一半保留培养。当选择出高产细胞系后,即对相应的愈伤组织进行增殖培养,再进入悬浮培养过程,为进一步规模化培养提供种子细胞。在高产细胞筛选中,为了提高筛选效率,还可根据后续的培养条件适当增加选择压力,也可采用一些突变的方法进行高产突变细胞系筛选。近年来,在红豆杉细胞培养中采用胁迫筛选,已获得一批高产紫杉醇的细胞系。L-Phe(L-苯丙氨酸)是合成紫杉醇的前体,由 L-Phe 参与的侧链酯化反应是紫杉醇生物合成中的关键反应之一。因此,从理论上讲,抗 Phe 的红豆杉细胞可以大量合成 Phe 或者 Phe 易于转化为其他物质(包括紫杉醇合成的侧链前体物质),从而可能有利于紫杉醇含量的提高。梅兴国等(2001)通过在培养基中添加 1.6mmol/L 的 L-Phe,筛选出了抗 Phe 红豆杉细胞变异系,抗 Phe 细胞系的紫杉醇含量高于原型细胞系的 3～5 倍,并且抗性细胞系的生长速率、细胞活性、pH、胞内可溶性糖含量及褐变强度等均与原型细胞系存在显著差别。研究表明,单细胞克隆结合诱变和压力筛选,是获得高产目的化合物的有效途径,也是种子细胞筛选常用的方法。

2. 种子细胞系的增殖与放大培养

一个规模化培养体系的建立,首先,需要有足够数量的种子细胞,其次,需要有适宜的配套培养体系。而种子细胞的增殖与放大培养,则是建立细胞规模化培养体系的中间环节。在这一环节中，主要目的之一是要获得大量的活跃生长的细胞群体，为细胞大批量生产准备基础材料。种子细胞增殖初期一般采用液体振荡培养，也称摇瓶培养。摇瓶体积一般从几百毫升到几升逐级放大。在此过程中，应不断检测细胞放大培养中因培养体积的增加所引起的细胞生长特性和目的产物含量的变化情况。当细胞数量增加到一定数量后，应转移至体积较小的生物反应器培养，模拟大规模培养控制条件，为大体积反应器培养提供技术参数。

3. 大规模培养体系的建立

植物细胞大规模培养，根据一个培养周期中是否添加培养基，可分为分批培养、连续培养和半连续培养方式。

(1) 分批培养

分批培养(batch culture)是指在一个培养体积中接种细胞和添加培养基后，中途不再添加培养基也不更换培养基的方式。它事实上就是一种放大的悬浮培养方式，其细胞生长动态与实验室摇瓶培养一致，成典型的S形生长曲线。在一个培养周期中，当细胞生长进入缓慢生长达到静止期时，往往是细胞次生代谢产物积累的时期，此时应尽可能维持细胞活性，延长生产周期，以便获得较高的产物积累。为了达到这一目的，近年来又在传统的分批培养的基础上，发展了饲喂批量培养(feed-batch culture)。其主要改进是：当细胞生长快进入缓慢期时，在培养系统中添加一定量的有利于目的产物合成的培养基，以提高目的产物的积累量。分批培养的优点是培养装置和操作简单，但在培养过程中细胞生长、产物积累及培养基的物理状态常常随时间的变化而变化，培养检测十分困难。同时，分批培养的周期较短，一个培养周期后，细胞和培养液同时取出进行目的产物的提取，下一个培养周期必须重新接种种子细胞，因此也增加了培养成本。

(2) 连续培养

在培养过程中，不断向反应器中以一定的流量添加新鲜培养基，同时以相同的流量从系统中取出培养液，从而维持培养系统内细胞密度、产物浓度以及物理状态的相对平衡，这种方式即称为连续培养(continuous culture)。在连续培养时，添加培养基和取出培养液必须是在接种细胞生长达到一定密度后进行。其细胞恒定量的确定需根据试验，以细胞比生长速率和产物生产量等参数确定。连续培养进入稳定状态后，细胞比生长速率与稀释率相同。连续培养的最大优点是可以延长细胞培养周期，从而延长目的产物的积累时间，增加目的产物产量。同时，由于系统进入稳定状态后，细胞密度、基质及产物浓度等趋于恒定，因而便于对系统的检测。但连续培养装置相对较复杂，对反应器的设计要求较高。

(3) 半连续培养

半连续培养(semi-continuous culture)是一种介于分批培养和连续培养之间的培养方式。其基本方法是在完成上述分批培养的一个周期后，只从反应器中取出大部分细胞悬液，保留小部分细胞悬液作为下一个培养周期的种子细胞，然后加入新鲜培养基进行培养。这种培养方式可以节省种子细胞培养的成本，同时保留的培养液也有利于细胞分裂的启动。但在大多数情况下，由于保留细胞悬液中细胞状态有较大差异，特别是有些衰老细胞不能及时淘汰，从而会影响下一个培养周期细胞生长的一致性。

需要说明的是，由于不同植物细胞的生长和产物代谢存在较大差异，因此，植物细胞培养除了上述基本方式外，常根据不同的要求进行相应改进。如当细胞生长和产物合成需要不同的培养基时，就需要采用两步法建立培养体系，先在细胞生长培养基中培养大批量细胞，当细胞生长至合成产物的阶段后，再将其转入到产物合成培养基中培养，在产物合成阶段又可采用连续培养方式以延长细胞生产时间。

三、影响植物细胞规模化培养的因素

1. 培养中的植物细胞特性

植物细胞的大规模培养技术是在微生物生物反应器技术的基础上建立起来的，但植物细胞培养过程的操作条件与微生物培养具有较大差异。这些差异主要表现在：①植物细胞的体积与微生物相比要大得多，其平均直径是微生物细胞的 30～100 倍（梅乐和等 1999）。由于重力的影响，植物细胞通常很难均匀混合在培养液中。②植物细胞很少以单细胞形式悬浮生长，通常是以直径 2mm 大小的多细胞团方式存在于培养系统中，由于组成细胞团的细胞数差异，容易在培养系统中形成非均匀相的集合细胞团。③植物细胞的纤维素细胞壁虽然使细胞具有很强的抗张强度，但却使其抗剪切的能力相当弱。因此，微生物生物反应器中搅拌装置的剪切力很容易损坏植物细胞壁。尽管目前对搅拌式反应器的搅拌桨已有许多改进，同时也有许多专为植物细胞培养设计的其他反应器，但对于处理混合均匀性和低剪切力这对矛盾来说，仍没有十分满意的设计和装置。④植物细胞生长速度慢，因此操作周期长，一般均为 3～8 周。加之植物细胞培养的培养基营养成分复杂，有利于微生物生长，因此，植物细胞培养中维持无菌环境的难度也较大。

2. 植物细胞培养液的流变特性

目前对植物细胞培养液的流变特性的研究资料很少，人们常常用黏度来描述培养液的流变学特性。培养过程中培养液的黏度变化可由细胞本身和细胞分泌物引起。如烟草培养液在培养过程中的表观黏度，主要是由培养细胞密度的增加引起的。当细胞密度低于 7g/L 时，培养液的黏度基本保持不变，而当细胞密度高于此值时，培养液的黏度即增加。有些培养液黏度则受培养过程中细胞状态的影响。如长春花细胞培养，当细胞密度在 10g/L 时，培养液属于假塑性流体，此时，培养液的黏度依赖于细胞年龄、形态和细胞团的大小。在相同物质浓度下，大细胞团的营养液表观黏度明显大于小细胞团培养液的表观黏度。

3. 植物细胞培养过程中的 O_2 与 CO_2 调节

所有植物细胞都是好气性的，培养过程中需要连续不断地供氧。由于植物细胞对溶氧的变化非常敏感，太高或太低均会对培养过程产生不良的影响，因此，大规模植物细胞培养对供氧和尾气氧的监控十分必要。氧气从气相到细胞表面的传递是植物细胞培养中的一个基本问题。在大多数情况下，氧气的传递与许多因素有关，主要有通气速率、气液界面面积和培养液的流变学特性等。而氧的吸收又与反应器类型、细胞生长速率、培养液酸碱度及细胞密度等有关。通常用体积氧传递系数（K_La，单位时间、单位体积氧量）来表示氧的传递。许多研究证明，K_La 明显影响植物细胞的生长。例如，在 4L 的气升式反应器中进行长春花细胞培养，当 K_La 在 $20h^{-1}$左右时，细胞生长与次生产物合成均维持在良好状态；而当 K_La 高于 $25h^{-1}$时，细胞生物量和次生产物生产率均会明显下降。又如在 15L 的通风式反应器中培养的烟草细胞，当 K_La 低于 $5h^{-1}$时，代谢产物明显受到抑制；而在 K_La 为 5～$10h^{-1}$，随着 K_La 的增加，细胞生物量和代谢产物也呈线性增加。除了供氧量外，培养液的溶氧浓度也会影响植物细胞的生长。有人曾在不同氧浓度下对毛地黄的细胞进行培养，结果显示，当培养基氧浓度从 10%饱和度上升至 30%时，细胞的生长速率从 $0.15d^{-1}$ 上升至 $0.20d^{-1}$。如果溶氧浓度继续上升至40%饱和度时，细胞生长速率反而下降至$0.17d^{-1}$。由此说明，植物细胞培养过程中对氧气的要求是十分严格的。要获得最佳的生物量和次生产物生产率，就必须满足适宜的供氧水平。

与供氧一样，CO_2对于细胞生长同样重要。有研究表明，植物细胞能非光合地利用CO_2，如在通气调节过程中，混入2%～4%的CO_2即能消除高通气速率对长春花细胞生长和产生代谢产物的不利影响。总之，对于植物细胞规模化培养来讲，在要求培养基充分均匀的同时，O_2和CO_2的浓度必须达到某一平衡状态，才会获得理想的培养效果。

4. 泡沫和表面黏附性

植物细胞大规模培养中易产生大量的泡沫，且覆盖有蛋白质和黏多糖，因而黏性大，细胞极易被包埋其中，从循环的培养液中带出来，形成非均相培养，从而影响培养系统的稳定性和生产率。目前通常采用化学和机械两种方式控制泡沫。化学法通常是采用一些表面活性剂以消除泡沫。用于植物细胞培养控制泡沫的化学消泡剂必须满足以下条件：具有较低的表面张力和一定的亲水性，以使消泡剂对气/液界面的分散系数足够大，消泡作用迅速有效；化学性质稳定，在水中的溶解度小，不与次生产物起任何化学反应，对植物细胞无毒害；不影响气体在营养液中的传递和溶解；来源方便，价格便宜。

常用的化学消泡剂包括天然油脂类、高级醇类、聚醚类和硅酮类，实际应用中必须根据所培养的植物种类、次生产物特性等具体选择。

机械消泡不同于化学消泡，它是靠机械装置实现的。机械消泡的优点是无需在培养液中加入其他物质，从而减少了由于消泡剂所引起的污染和对后续分离工艺的影响。但机械消泡效果常不如化学消泡迅速彻底，同时机械消泡也会增加培养装置的复杂性。

植物细胞规模化培养中的另一个问题是细胞往往会黏附于培养液表面以上的器壁上或电极的挡板上，使这些细胞脱离于培养液而造成细胞死亡。电极上黏附的细胞还会造成电极损坏，通常需要即时去除。培养液表面以上的细胞可采用机械去除，电极上的细胞则去除困难，因此，多采用在电极上涂布硅油以防止细胞黏附。

5. 剪切力对植物细胞的影响

在大规模培养中，植物细胞对剪切力的敏感性一直是力求解决的主要技术问题之一。流体剪切力对植物细胞的影响包括正负两个方面。适当的剪切力可以增加培养系统的通气性，保持良好的混合状态和分散性，从而提高细胞的生物量和增加次生产物的积累。但在细胞能够忍受的剪切力范围内，生物反应器增加剪切力的设计往往比降低剪切力要容易。因此，目前的研究大多集中在剪切力对植物细胞的伤害这一问题上。剪切力对植物细胞的伤害，主要表现在机械损伤，表现为细胞团变小、细胞破损等。由于这些损伤，造成了细胞内含物释放到培养基中，从而改变培养系统的物理特性如pH、流变特性等，进而影响整个培养系统的细胞生长和产物积累。影响植物细胞的剪切力主要来自搅拌力。在机械搅拌式反应器中，搅拌力取决于搅拌桨的形式和搅拌速度，气动式反应器的剪切力则主要取决于通气速率。

植物细胞对剪切力的敏感性在不同植物细胞中得到了验证。同是植物细胞，甚至同一植物的不同细胞系，它们对剪切力的敏感性均具有一定差异，从而给工程设计带来了复杂性。目前，植物细胞反应器的总体设计原则为提高混合程度和降低剪切力。如果在培养条件下对细胞抗剪切能力进行驯化，然后与工程技术相结合，可能会更好地解决这一问题。

第八节　植物细胞反应器

一、植物细胞反应器类型及其特点

植物细胞反应器在培养植物细胞方面相对摇瓶来讲有两大优势。首先可以更好地控制反应系统(如 pH 和溶氧浓度可在线监控等);其次许多生物反应器可以放大,可以更好地应用于大规模生产。如果培养容积超过几升,人们普遍都倾向于使用生物反应器。

植物细胞培养具有周期长、细胞抗剪切能力弱、易团聚等特点。同时,植物细胞规模培养的目的是生产天然产物,而这些天然产物均为细胞次生代谢物。所以,植物细胞培养反应器的设计,不仅要考虑有利于细胞生长,同时还要考虑产物的积累和分离。总体上讲,适合植物细胞培养的反应器应该具有适宜的氧传递、良好的流动性和较低的剪切力。根据不同植物细胞生长和代谢产物积累的特点,目前已研究设计出多种类型的反应器用于植物细胞培养,已应用的部分植物细胞培养生物反应器种类见表 3.2。

表 3.2　植物细胞培养生物反应器

反应器类型	体积/L	培养植物种类
搅拌式	7,15	胡萝卜(*Daucus carota*)
搅拌式	20,15 500	烟草(*Nicotiana tabacum*)
搅拌式	5 000	长春花(*Catharanthus roseus*)
螺旋搅拌式	20	五彩苏(*Coleus blumei*)
提升搅拌式	2,5	爱氏马先蒿(*Pedicularis elliotii*)
膜通气搅拌式	20	唐松草(*Thalictrum aguilegiifolium*)
鼓泡式	20,30,130	人参(*Panax ginseng*)
鼓泡式	65,1 500	烟草(*N. tabacum*)
倾斜鼓泡式	1,10	花菱草(*Eschscholzia californica*)
外循环气升式	10,30,85	长春花(*C. roseus*)
导筒气升式	20,210	狭叶毛地黄(*Digitalis lanata*)
转鼓式	1~4	长春花属(*Catharanthus*)

二、用于植物细胞培养的反应器

1. 机械搅拌式生物反应器

机械搅拌式生物反应器(stirred-tank bioreactor)是传统的反应器类型。用于植物细胞培养的搅拌式反应器,基本上是在微生物培养使用的机械搅拌式发酵罐的基础上改进而来的。搅拌式反应器具有混合程度高,适应性广,反应器内温度、pH、溶氧及营养液浓度较易控制等优点,因而在大规模培养中被广泛使用。自 1972 年 Kato 利用 30L 的反应器半连续培养烟草细胞获得尼古丁后，搅拌式生物反应器批量培养植物细胞的研究已有许多报道。然而，由于植物细胞对搅拌时所产生的剪切力的忍耐性差，因此传统的搅拌式反应器通常易对植物细胞产生伤害。为了适应植物细胞培养的要求，搅拌式反应器在搅拌桨的厚度、形状及搅拌速度等方面已有许多改进(图 3.8)。总体上看，在搅拌桨较薄而面积较大，或搅拌角较大而搅拌速度较低的情况下，可显著降低剪切力。Tanaka 等比较了几种不同类型的搅拌器，结果显示，桨形板搅拌器既能满足植物细胞的溶氧需求，其搅拌剪切力强度又不至于对植物细胞造成伤害。Kreis 等在金花小檗(*Berberis wilsonae*)的细胞培养中，比较了不同的搅拌式反应器和气升式反应器中细胞生长与小檗碱合成的效果。结果显示，平叶轮搅拌器加挡板的反应器，其培养效果与气升式反应器相当，但培养成本可显著降低。目前，利用搅拌式反应器已成功培养了烟草、葡萄、长春花、三角叶薯蓣、紫草和毛茛等植物细胞。有些试验还表明，植物细胞的抗剪切能力，可以在细胞水平上得以驯化增强。使用 3L 搅拌式生物反应器培养苦树(*Picrasma quassioides*)细胞生产苦木素时发现，经过几年的驯化后，苦树细胞对剪切力的耐性大大提高(Rudolf　1994)。

搅拌式反应器除了剪切力的问题外，由于植物细胞生长缓慢，培养周期长(通常为 15～20 天)，反应器转动的中轴和罐体之间往往容易泄漏而产生污染，这也是尚没有完全解决的问题。

2. 气动式生物反应器

气动式生物反应器利用空气为动力，带动培养容器的液体流动，达到与搅拌相似的混合效果。相对于传统的搅拌式反应器，它具有剪切力小、结构简单、避免污染等优点，因而被认为是适宜于植物细胞培养的一类反应器。气动式反应器主要有鼓泡式生物反应器(bubble column bioreactor)和气升式生物反应器(airlift bioreactor)两种类型(图 3.8)。

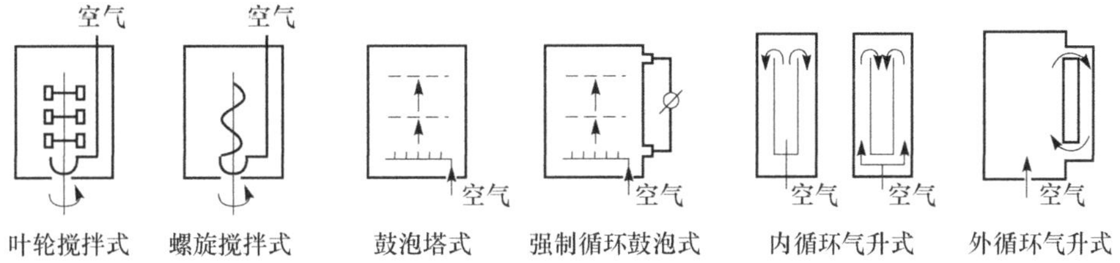

图 3.8　搅拌式和气动式生物反应器示意图(Endress　1994)

鼓泡式生物反应器通过反应器底部的喷嘴及多孔板实现气体分散，促进培养容器的液体流动。其主要优点是没有运动部件，操作不易污染，放大容易，适宜于对剪切力敏感的细胞培养。紫苏细胞培养的比较试验说明，鼓泡式反应器比搅拌式反应器有利于细胞生长。但鼓泡式反应器对氧的利用率较低，要增加氧则必须加大通气量。而增加通气量，会因为气流加大，所产生的湍流提高了反应器的剪切力，这样会造成对细胞生长的不利影响。此外，混合不均匀，液体流动与传质性能检测困难也是该反应器的不足。

气升式反应器是 20 世纪 70 年代开始研制并逐渐使用的生物反应器。它通过空气循环搅拌培养液，不仅可以保证良好的液体流动性，同时还具有较高的氧传递效果、反应器结构和操作也相对比较简单等特点，因而，近年来已在植物细胞规模化培养中广泛使用。气升式反应器根据空气循环方式的不同有内循环和外循环两种类型(图 3.8)。为了改善其混合均匀性，近年来有研究者将气升式反应器与低速搅拌相结合，弥补了两者的不足，使其更适合植物细胞大规模培养。我国学者刘大陆等发明了一种“气升内错流”式反应器，其优点是可抑制培养过程中的泡沫聚合，强化混合和氧传递，消除容器内局部缺氧现象，有利于植物细胞的长期稳定培养。

3. 固定化细胞生物反应器

通过愈伤组织培养或细胞悬浮培养均能得到所需的次生产物。但是，培养条件下植物细胞的正常代谢，只有与植物体内细胞所处的理化环境相似才能充分实现。虽然愈伤组织的培养具有初步分化或部分分化的结构，较接近整体植物的组织结构，可以积累较多的产物，但是它在形成连续生产能力方面却极为不利。而在生长迅速、高度分散的细胞悬浮培养系统中，细胞所处的环境既无极性，也无梯度，虽然可以获得迅速增长的生物量，但只有在细胞生长相对静止期才能积累较多的产物。这些事实说明，细胞只有在慢速生长阶段、或在已经分化或部分分化的组织块或细胞团块中，才能积累较多的次生产物。为了探索在大规模连续培养中解决上述问题的可能性，人们从酶和微生物固定化技术中获得启发，建立了植物细胞固定化培养技术，并设计产生了相应的生物反应器。

植物细胞固定化技术是从 1966 年 K. Mosbach 和 R. Mosbach 利用聚丙烯胶将地衣(*Umbilicaria pustulata*)包埋起来开始的。1979 年，Brodelius 等第一次把这一技术应用到高等植物细胞培养中。他们用藻酸盐将海巴戟、长春花和毛地黄的细胞固定起来，并证实经过包埋固定的 3 种植物细胞都得到了理想的结果：巴戟天属植物细胞合成了蒽醌类化合物，长春花属植物细胞能利用结构上相差很远的前体合成吲哚类生物碱，毛地黄植物细胞将毛地黄毒素(digitoxin)转化为了地高辛(digoxin)。此后，这一技术在植物细胞培养方面的应用发展很快，各种支持剂对植物细胞作固定化比较试验后，使这一技术得到普及并不断成熟。这一技术的优点在于：可以较容易地控制培养系统的理化环境，从而可以研究特定的代谢途径，并便于调节；细胞位置的固定使其所处的环境类似于在植物体中所处的状态，相互间接触密切，可以形成一定的理化梯度，有利于次生产物的合成；由于细胞固定在支持物上，培养基可以不断更换，可以从培养基中提取产物，免除了培养基中因含有过多的次生产物而对细胞代谢产生反馈抑制，也由于细胞留在反应器中，新的培养基可以再次利用这些细胞生产次生产物，从而节省了生产细胞所付出的时间和费用；正是由于细胞固定在一定的介质中，并可以从培养基中不断提取产物，因此，它可以进行连续生产。

目前，固定化细胞培养反应器有 3 种类型(图 3.9)。一是填充床反应器(fixed-bed bioreactor)。在此反应器中，细胞固定于支持物表面或内部，支持物颗粒堆叠成床，培养基在床层间流动。由于颗粒间的挤压，常容易造成颗粒破碎使填充床阻塞。同时，混合不均匀、床内氧传递速率低等也是该反应器的主要缺点。二是流化床反应器(flow-bed bioreactor)。反应器中利用流质的能量使支持物颗粒处于悬浮状态，混合效果较好。但流体的剪切力和颗粒的碰撞常造成颗粒破损使细胞外流，同时流体力学的复杂性也使其放大较困难。三是膜反应器(membrane bioreactor)。膜固定化方法采用的是具有一定孔径和选择透性的膜来固定植物细胞，营养物质可通过膜渗透到细胞中，细胞产生的目的产物通过膜释放到培养基中。相对于其他两种固定化反应器，膜反应器具有容易控制、易于放大、产物易分离、简化了下游工艺等优点。但由于膜材料的限制，构建膜反应器的成本较高。

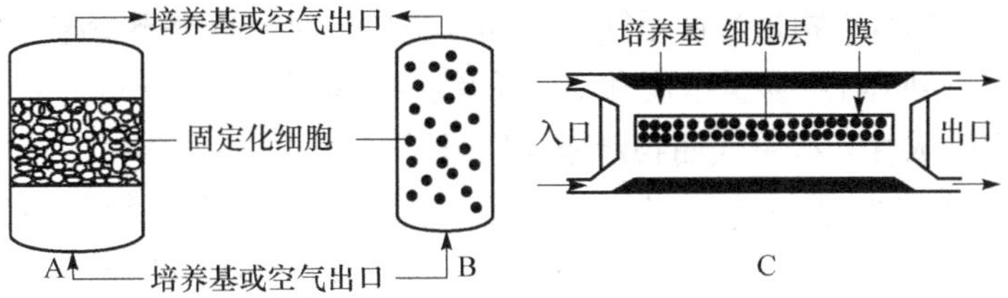

图 3.9　固定化细胞培养反应器示意图

A. 填充床反应器；B. 流化床反应器；C. 膜反应器

三、反应器的设计与放大

不论是哪种生物反应器，都希望细胞能迅速生长，且合成次生代谢产物达到最佳状态，这也是适合于植物细胞大量培养的生物反应器设计和放大的总原则。在植物细胞培养反应器的设计过程中必须要了解植物细胞培养过程的特点，从而有针对性地解决植物细胞培养在反应器中存在的问题。

（一）植物细胞培养过程的特点

1. 气液传质

对于有氧代谢来说，人们普遍关注于氧气的充足供给。氧气从气相到细胞表面的传递是植物细胞大量培养的一个基本问题。培养过程中，细胞的生长常受培养液（液相）中溶解氧的影响，只有对培养系统中氧传递和利用有一个清楚的了解，才有可能设计出最适合氧传递的生物反应器。

氧气从气泡到液相的传递包括气膜阻力和液膜阻力，由于气泡体积很小，气相已得到充分的混合，气泡表面的氧浓度几乎和内部的一致，故气泡界面之间的阻力（气膜阻力）相对来说是很微小的。而氧气从气膜到液膜之间的传递被认为是整个传递过程中的一个重要环节，这主要是因为氧气在液相中溶解度很低，所以氧气从气泡到液相之间的阻力主要是指环绕气泡周围的液膜阻力。对于一个混合较充分的生物反应器来说，整个液相中氧气浓度是恒定的，不存在浓度梯度，因而氧传递阻力是很小的。但培养液常是非牛顿流体，要做到充分的混合是比较困难的，因此在发酵罐的设计过程中，充分的液体混合是很重要的一个方面。

对于氧的吸收，环绕单一细胞的液膜，由于细胞体积小，当溶氧浓度高于临界级浓度时，氧气的传递阻力是很小的，但对于大的细胞团，由于体积远远大于单一细胞，故液膜阻力可能很大。

大多数情况下，氧气的消耗（吸收）等于氧气的传递。氧气的传递与通气速率、混合程度、气液界面面积、培养液的流变学特性等因素有关。而氧的吸收却与发酵罐的类型、细胞生长速率、pH、温度、营养组成及细胞的浓度等因素有关。

对生化反应器内氧气传递大多是以体积氧传递系数（K_La）来表征的。K_La 是指在单位浓度差下，单位时间、单位界面面积所吸收的氧。K_La 是由质量传递系数 K_L 和反应器单位有效体积的气泡面积 a 这两项产生的。它的值取决于流体的物理性质和靠近流体表面的流体动力学。实际上，许多生物过程的放大就是要保持恒定的 K_La。有人在 15L 和 65L 的气升式反应器中培养烟草细胞，发现当 K_La 低于 $5h^{-1}$ 时，终产物的浓度明显受氧供应的限制；K_La 为 5～

$10h^{-1}$，随着 K_La 的增加，生物量浓度呈线性增加。类似的研究也有不少报道，在 4L 的气升式反应器中培养长春花细胞，生物量浓度和 K_La 的线性关系表明，K_La 可上升至 $20h^{-1}$，但 K_La 大于 $25h^{-1}$ 后生物量浓度和次生代谢物产率均明显下降。

培养液中通气水平和溶氧浓度也能影响细胞的生长。长春花细胞培养液通气速率从 0.25L/(L·min)上升至 0.38L/(L·min)时，其相对生长速率从 $0.34d^{-1}$ 上升至 $0.41d^{-1}$。当通气速率再增加时，生长速率反而下降。在 7L 的气升式反应器中培养长春花细胞，通气速率大于 0.30L/(L·min)时，细胞生长有所减慢。有人在 20L 的气升式生物反应器中培养毛地黄细胞，通过空气流速控制产生 4 种不同的溶氧水平，培养基中溶氧浓度从 10%饱和度上升至 30%饱和度时，生长速率从 $0.15d^{-1}$ 上升至 $0.20d^{-1}$，溶氧浓度继续升高至 40%饱和度时，生长速率反而降至 $0.17d^{-1}$。上述结果表明，高的通气速率对植物细胞的生长是不利的，会导致生物量的减少，这一现象很可能是高通气速率导致反应器内流体动力学胁迫增加的结果，也可能是由于培养液中溶氧水平较高，导致细胞氧中毒。

对细胞生长来说氧是很重要的，但 CO_2 的含量水平也同样重要。研究发现，植物细胞能不通过光合作用固定一定浓度的 CO_2。通气中混合 2.4% CO_2 能够消除高通气速率[0.85L/(L·min)]对长春花细胞生长和次生代谢物产率的影响；在低通气速率[0.20～0.30L/(L·min)]下，空气中添加一定量的 CO_2 对细胞生长并没有什么影响。这是因为高通气速率下 CO_2 和其他易挥发气体很容易从培养液中散发出来，从而导致细胞生长的减慢，而在低通气速率下，就不会出现这种情形。因此，对培养细胞来说(尤其在较高通气速率下)，要求在培养液充分混合的同时，CO_2 和 O_2 的浓度只有达到某一平衡时，培养细胞才会很好地生长，故反应器中有时还需要通入一定量的 CO_2 等气体成分。

2. 混合

植物细胞悬浮培养过程中的混合存在 3 个问题。

(1) 细胞团的形成

植物细胞倾向于聚集成团，每个细胞团一般由 4～300 个细胞组成，单细胞仅是偶然出现的。受继代方法、环境条件和培养基组成的影响，细胞团直径可接近 2mm，但在各种不同的细胞间存在很大的差异。烟草细胞形成的细胞团相对较小，直径大多为 350～1000μm。长春花、杨树和麦毒草的细胞团直径为 40～2000μm，其中，蔓长春花的细胞培养物由相对较小的细胞团(小于 500μm)组成，大小整齐，而杨树和麦毒草则大小不均，细胞团直径也较大(大于 500μm)。大细胞团的形成引起了培养物的显著异质性，在细胞团边上的细胞与中心细胞由于营养吸收和代谢产物分泌方面的环境差异而处于不同的生长状态。在细胞团很大的培养系统中，想完全通过控制环境条件调控其生理反应能力很难。细胞团太大，不论搅拌强度或罐中养分浓度怎样，养分都难于进入中心部位的细胞。由于不能形成稳定的悬浮系，细胞成团，给快速细胞计数造成困难，向外部的传质也受到细胞团的影响。细胞团往往沉底，这样就不得不超过细胞的临界切变速率以产生足够的搅拌，势必会造成对细胞的损伤，产生碎片。细胞成团也是造成许多植物细胞培养物黏度较高的主要因素。不能充分搅拌再加上罐中黏度较大(可达 100mPa·s)，使传质不足，尤其是氧气的传递不足。

由于细胞团带来的一些问题，曾尝试用酶、化学以及物理的方法来控制或去除细胞的聚集。无论是从保持培养细胞的特性，还是从防止细胞进一步聚集来看，没有哪一种方法是理想的，而且处理的效果因植物种类而异。一些物理方法已被证明对细胞团的解离有效，并且对细胞的生理生化影响较小。例如，气流脉冲法可使一些植物细胞团解聚。

(2) 形成泡沫和贴壁生长

泡沫是植物细胞和微生物大量培养时所遇到的共同问题，其发生程度与通气速率、培养基组成、所用反应器的物理结构等都有关系。由于植物细胞在生长后期分泌大量的多糖和蛋白质，培养物变得黏稠。大气泡从培养液中升起，外面被包裹了一层鞘，上升到反应器顶部时便形成了泡沫，被包裹在泡沫中的细胞逐渐形成一些碎屑，随着越来越多的细胞被包裹在泡沫中，悬浮液慢慢异质化，泡沫中的养分逐渐枯竭，从而导致细胞生物量降低，代谢能力丧失。泡沫还会存留于培养液和气体接触的界面，特别是积累在反应器各种探头出入口的表面，在大量培养时出现"逃逸现象"。泡沫的生成与通气速率和胞外蛋白含量密切相关，但胞外多糖及其他培养基组分对泡沫生成和泡沫稳定性的影响尚不明确。

为了减少泡沫，许多人尝试用消泡剂。但绝大部分的消泡剂对细胞都是有一定毒害的，不是影响其生物量就是影响其目的产物产量，因为消泡剂都可降低氧扩散的能力，导致气体传递速率下降，最终降低了生物量。在加消泡剂后所测得的氧传递速率(oxygen transfer rate, OTR)、K_La 只有未加消泡剂时的 80%，尤其是在细胞生长后期，生物量正处于高水平，氧传递效率的降低对生物量的影响更为显著。

植物细胞还有一种黏附于固-液界面如反应器壁和电极及取样口周围的倾向，这不仅导致细胞量和代谢产物减少，甚至使刚接种的细胞几乎全部附着于反应器壁上，导致培养无法进行下去，而且还影响了电极的灵敏度和造成取样困难。

细胞贴壁生长可以通过机械方法去除，也可通过设计新型的反应器进行有效的控制，如尽可能少用内部构件等。在这方面，转鼓反应器有独特的优点。另外，膜反应器、固定化反应器以及脉冲床生物反应器对控制细胞成团和贴壁生长也行之有效。

(3) 细胞高密度培养

在适中的细胞浓度(细胞体积小于 50%培养液体积)内，细胞与培养基的接触并不存在问题。然而，当植物细胞在较高浓度培养时，不完全的混合将成为一个主要的问题。最近，高密度培养已成为一种趋势，而这种趋势将不可避免的遇到混合这个问题。

3. 剪切力

文献中有很多关于植物细胞剪切敏感性的报道，目前，人们对剪切力如何影响细胞及如何量化剪切力有一个初步的认识。

(二) 反应器的设计

从以上植物细胞培养的特点中可以发现，设计一种既适合细胞生长又适合细胞生产的反应器实际上是很困难的，这也是目前制约大规模植物细胞培养发展的一个重要因素。早期使用的反应器大多数是根据微生物的培养系统设计的，对微生物来说，反应器的设计总偏向于提高剪切力和氧的传递速率。由于植物细胞与微生物细胞差别较大，一般地说，植物细胞的耐剪切能力较弱，生物活性和代谢活动也较低，因而对氧的要求也低。对某一细胞系来说，选择适合其大量培养的反应器主要依赖该细胞的剪切力耐受性，多数植物细胞能够成功地在气升式反应器中生长，主要是由于该设备具有较低剪切力的流体动力学特性。

对于机械搅拌式反应器，其叶轮(搅拌器)的结构和类型直接影响其在植物细胞培养中的应用。如长春花细胞，涡轮状叶轮转速为 28r/min 就会导致细胞的解体，而采用平叶轮搅拌器，即使转速达到 200r/min，也不会导致细胞的解体。涡轮状叶轮反应器培养烟草细胞其转速必须控制在 50r/min 以下，否则细胞就会破裂，而用平叶轮结构的反应器只要转速控制在

150r/min 以下，细胞就不会破裂。对于许多植物细胞来说采用螺旋状叶轮搅拌器效果更好，在植物细胞培养应用中已经有成功的例子。以上表明，设计合理的搅拌装置，会使应用搅拌式反应器培养植物细胞更为广泛。

在设计生物反应器时，不仅要考虑反应器的构造与植物细胞生长的关系，还要特别注意反应器的构造如何有利于次生代谢产物的生产，因为绝大部分植物细胞培养的目的是为了生产次生代谢产物。在培养鸡眼藤细胞以生产蒽醌的过程中，有人比较了不同类型的生物反应器与次生代谢产物生产之间的关系，采用的反应器有 3 种：平叶轮搅拌式、圆盘状叶轮搅拌式、普通内循环气升式。蒽醌产量与产率在气升式反应器中最高，高产率和产量是因为气升式反应器能够在低剪切力条件下，保持静止期老化细胞的生活力。人们发现，毛地黄细胞在搅拌式反应器中不能进行毛地黄毒素向地高辛的生物转化，而在气升式反器中却可以顺利进行，但搅拌式反应器对生物量的积累会更有利，细胞培养物产量比气升式高 40%。彩叶紫苏生产迷迭香酸的研究也取得了类似的结果。

植物细胞培养的供氧方式，几十年来都沿袭着同一种方法，即把空气通过一个陶瓷或金属微孔布孔器，以气泡形式通过搅拌向液相扩散，这种方式称之为泡式供氧。在搅拌式生物反应器中这种供氧方式的主要缺点在于植物细胞的剪切敏感性，液面处气泡的聚集与破裂会在很大程度上造成细胞损伤，这也对植物细胞剪切耐受性产生一定的影响。目前正在兴起的无泡供氧技术将可以解决这个问题。其中令人瞩目的是氧载体和无泡式膜供氧技术。

氧载体是用对氧有较高的溶解度，但又不溶于水的有机液体将氧较快地传递到水相中，可作为氧载体的有血红蛋白、烷烃、过氧化碳和过氧化氢等。在甘油转化为二羧基丙酮的反应中，用过氧化氢作氧载体，产量可提高 20 倍。但由于氧载体价格昂贵，限制了它的推广应用。

无泡式膜供氧是让空气在一束中空纤维膜的管腔内流动，水或生物反应液在管外流动，在膜两侧氧分压差的推动下，管腔内的氧透过膜壁或膜壁上的微孔扩散进入管外的液体中。由于膜微孔的直径只有 0.02μm，液体中无肉眼可见的气泡，因此被称为无泡式膜供氧。

（三）反应器的放大

从混合、剪切以及气液传质等问题中，可以理解放大的困难程度。细胞培养的最终目的是为了单位产量的最大化，这也就要求细胞在接近静止期时细胞浓度有明显的增加(50%～90%细胞数量)，这种高的细胞密度很难维持均一的混合、良好的气液传质及减低剪切损伤，保持细胞成团。尽管目前可以在小规模上达到这些要求(低于 10L)，那么怎么才能放大生产呢？要大规模工业化生产次生代谢产物，生物反应器的比拟放大显得越来越重要了。放大目标是在大规模培养中能够获得小规模条件下的产物产率，但放大过程中，常由于物理和化学条件的改变而引起产物产率的降低。由于培养体积加大，培养液更难接近其理想的流体模型，整个体系实际上是非均相的，反应器内沿轴向、径向都会有浓度分布、反应时间分布及温度分布等，如果对这些分布规律不了解，就无法知道实际的生物转化速率，也就谈不上生物反应器的设计和放大。但可溶性成分的控制则相对容易一些。

有人研究了反应器放大对长春花细胞悬浮培养合成蛇根碱的影响，发现在 7L、30L 和 80L 三种不同体积的气升式反应器中，蛇根碱的合成比在摇瓶中低。由于反应器中培养基组成、起始 pH 和温度等条件与摇瓶中相同，因此认为蛇根碱合成能力的降低可能与反应器中剪切力增大、通气的改变或代谢胁迫有关。用带平叶轮的机械搅拌罐培养长春花细胞，从 25L、70L、300L、500L、750L，直至放大到 5000L，结果发现细胞生长并未降低，但产生的蛇根碱却明显减少。当降低搅拌速度或使用不同搅拌器以减小剪切力时，细胞的生产率仍明显低于气升式反应器，表明搅拌强度大不利蛇根碱合成。

总之，生物反应器的放大，要求植物细胞培养专家和机械工程师进行密切的合作，首先要充分了解大型生物反应器内部的流变学行为的精细结构，然后结合植物细胞生物学知识，从根本上解决在生物反应器中进行大规模植物细胞培养的问题，使生物反应器的放大不再仅是一门艺术，而可以成为一门科学。近年来发展起来的计算流体力学（computational fluid dynamics，CFD）主要研究反应器内部流变学行为，它在化工领域的应用及其蓬勃发展为植物细胞反应器放大及优化操作向定量化方向发展指明了道路。

运动方程（NS）从理论上概括了自然界的一切流动现象，然而工程流动中绝大多数流体力学问题是高度非线性的，对于大多数体系，通过求解此微分方程获得流体力学的解析解是不可能的。随着电子计算机的迅速发展，人们试图用数值方法直接求解各类主控方程和边界条件来解决具有强烈非线性的大量流动现象。工业界也要求用数值模拟手段来解决各类设计和计算问题，从而形成并发展了 CFD 这一学科分支。CFD 是多领域交叉的学科，涉及计算机科学、流体力学、偏微分方程的数学理论、计算几何、数值分析等学科。这些学科交叉融合，相互促进和支持，推动着这些学科的深入发展。CFD 由于其强大的数值运算能力，可以解算用解析方法不能求解的方程，解决了某些理论流体力学无法解决的问题。另外，CFD 的应用减少了实验测试次数，节省了大量资金和时间，并能解决某些由于实验技术所限难以解决的问题。特别是大量的 CFD 软件的出现，大大减少了 CFD 研究的工作量，降低了对计算机知识的要求，使更多的研究者可以使用 CFD 这一工具研究流体问题，从而扩大了 CFD 的应用范围，推动了流体力学更深入的发展。

自从 Hervey 等第一次将 CFD 应用于搅拌釜的模拟，人们开始从这一全新的亚微观角度对搅拌釜内流体力学性质的不均一性进行模拟，并试图由此实现反应器放大。与传统的工程方法相比，CFD 具有以下优点。

1）通过 CFD 模拟，可以了解生物搅拌釜内流场的细节，包括流速、湍流黏度、剪切力、溶氧浓度分布、混合时间等，而传统的工程方法只能通过经验公式得到整个搅拌釜的平均剪切力大小、平均混合时间以及氧传递速率等。

2）通过 CFD 模拟，可以在计算机的虚拟现实系统中对不同类型生物反应器（气升式、搅拌式等）、不同类型的搅拌反应釜及不同尺寸的生物反应器进行模拟，研究这些参量的变化对反应器内部流场的影响，而不需要设计、制造各式的反应器而进行大量的实验工作。

3）结果精确，节约人力和物力。

当然，CFD 本身还是一个不断发展、更新的体系，还存在一定的缺陷，如湍流理论还不够完善、对于多相流的模拟还处于初级阶段、CFD 的计算还有待于进一步提高等。尤其对于生物反应器这么复杂的体系，利用 CFD 模拟进行放大的研究几乎还是一片空白。但随着技术的进步和发展，CFD 必然会在这一领域得到广泛应用，指导生物反应器的放大。

四、植物细胞培养动力学

了解植物细胞培养过程中的动力学及各种培养策略对细胞生理与代谢的影响，对反应器的开发与利用将起到积极的推动作用。本部分将介绍有关植物细胞培养动力学及反应器的情况。

对于植物细胞培养而言,需要解决的首要问题是对于一定生产能力及模式的培养过程需要设计什么样的设备。其中不可避免的需要对细胞生长、底物消耗和产物生成这一生物过程进行量化分析,解决细胞生长、底物消耗和产物生成的速率问题。而这个问题也就是过程动力学的概念。

(一) 生长动力学

由于整个植物细胞培养过程是由细胞所驱动的,系统的分类自然集中于细胞的生长速率与所有其他速率的关系问题上。下面将主要讨论植物细胞的生长动力学。

与微生物相比,植物细胞生长很慢,最快的倍增时间一般在 20h 左右,生长较慢的则为 100h 或更长的时间。这样慢的生长速度使培养时间被迫延长,增大了细胞培养的成本,同时容易造成污染。当然在实际生产中注意培养技术的应用、发酵罐的结构和培养物的保存会有助于减少污染。已有中试规模的反应器运行多月而不受污染的例子。

一般而言,在分批培养的生长过程中,细胞经历了对新环境的适应、迅速生长、生长与代谢趋于稳定这几个生理过程,这几个过程分别称为延迟期、指数生长期(细胞数及生物量对特定的基质的比生长速率为最大值)、静止期和衰亡期。图 3.10 为南方红豆杉悬浮培养细胞的生长曲线,可以看出,培养开始的前 5 天为延迟期,5～18 天为指数生长期,18 天后进入静止期,24 天以后为衰亡期。

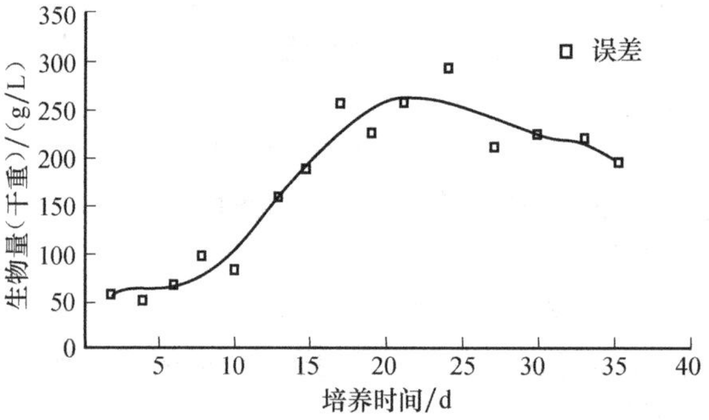

图 3.10 南方红豆杉悬浮培养细胞生长曲线

在指数生长期,对于特定的基质,细胞数以最大的比生长速率增长。生物量的增加用细胞量或细胞数的倍增时间来表示,它是一个常数。在指数生长期,式(3.1)是有效的,生物量生长速率为

$$dX/dt = \mu X \tag{3.1}$$

式中,μ 为比生长速率;X 为生物量浓度,g/L;t 为生长时间。

该式也可以改写成以细胞数 N 表示的方式,即细胞数增长速率

$$dN/dt = \mu N \tag{3.2}$$

这里假设 N 与 X 成正比。

对式(3.1)取积分,并将初始的生物量浓度称为 X_0,则

$$\ln(X/X_0) = \mu t \tag{3.3}$$

因此倍增时间 t_d(即 $X/X_0=2$ 时的时间 t)是

$$t_d = \ln 2/\mu \tag{3.4}$$

这一简单模型对大部分细菌及酵母是适用的，而对霉菌(线性生长代替指数生长)和植物细胞(细胞数增加而非以 g/L 计算的生物量)将有所不同。在指数生长后的减速生长通常是由于一种或多种必需营养物的耗尽或抑制性产物或副产物的积累所造成。

如果是由于基质耗尽而出现减速生长期，则有一方程已被成功应用于大量的场合，被称为 Monod 方程

$$\mu = \mu_{\max} S/(Ks + S) \tag{3.5}$$

式中，$\mu_{\max}$为在特定基质下最大比生长速率；S 为基质浓度；Ks 为饱和常数。当基质浓度 $S>Ks$ 时，$\mu=\mu_{\max}S/2$。这个方程是半经验的，而实际上的 Ks 值也是很小的。

当有毒性代谢物积累时，很多产物抑制模型可以被使用。但是，式(3.6)这个半经验的逻辑方程已被成功应用于很多场合

$$r_x = kX(1 - X/X_{\max}) \tag{3.6}$$

式中，r_x 为反应速率；k 为常数。应该注意到，方程中唯一变量(除时间外)就是生物量 X。

Monod 方程只是描述在细胞生长缓慢、浓度低情况下的基质限制性生长。在这种情况下，生长率简单的与 S 相关。在高细胞数水平下，有毒代谢产物变得更重要。除 Monod 方程外，有其他几种可用于描述基质限制生长，如 Blackman 方程、Tessier 方程、Contois 方程等。

但目前对生长动力学的数学描述还比较缺乏而且相对简单，普遍假设糖作为单一限制性底物及比生长速率符合 Monod 关系式 $dX/dt=\mu X$ 以进行动力学模拟。而基于细胞内多组分变化及其相互作用的结构模型能较精确地描述细胞的培养过程，如 Barley 和 Nicholson 提出的对数-线性模型、Frazie 提出的渗漏模型、Hooker 提出的结构化模型等，但由于其形式复杂，不可测或待测参数较多，实际应用很少。

(二) 产物生产动力学

在分批培养中，细胞生长和产物合成动力学一般归纳为 3 种类型(图 3.11)：①生长偶联型，即产物的合成与细胞的生长呈正相关，这种动力学通常与初生产物的合成有关；②中间型，即产物仅在细胞生长下降时才能合成，细胞处于指数生长期时，次级产物含量下降，但细胞生长停止时，产物合成也停止；③非生长偶联型，即产物只有在生长停止时才能合成。以上 3 种动力学类型只不过是产物合成的理想模式，事实上，由于细胞培养系统较复杂，细胞生长和次级代谢物的合成很少单独符合上述某一种模式，特别是在较大的细胞群体中，由于各细胞所处的生理阶段不同，细胞生长和产物合成是群体中部分细胞代谢的结果。此外，不同环境条件对产物合成的动力学也有很大的影响。

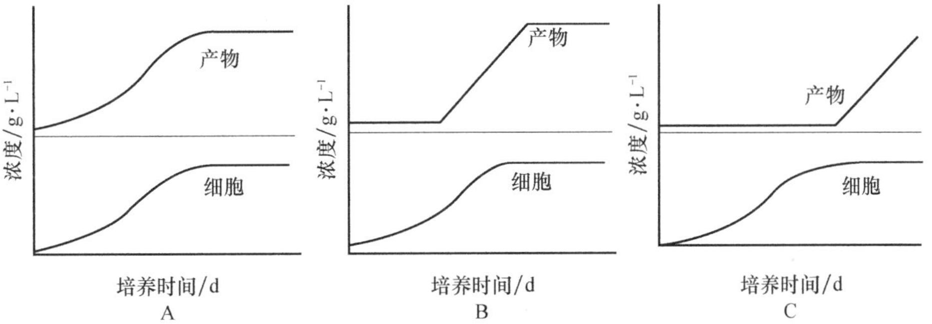

图 3.11　植物细胞不同的生产动力学模式

A. 生长偶联型；B. 中间型；C. 非生长偶联型

代谢产物释放到生长培养基中或在细胞内积累。产物的生成可分为以下几种形式。

1）主要产物是能量代谢的结果。

2）主要产物是能量代谢的间接结果。

3）产物是二次代谢物。

4）产物是胞内蛋白或胞外蛋白，这属于蛋白质合成领域，可以受到诱导和分解代谢抑制调节，如酶的合成。

这4种细胞产物合成动力学可简单分成3类。第一类是产物合成在生长过程中出现，称为生长偶联型，如图3.11A及式(3.7)或(3.8)

$$dP/dt = \alpha dX/dt \tag{3.7}$$

$$\pi = \alpha\mu \tag{3.8}$$

式中，P为产物浓度；X为菌体浓度；μ为生长速率；α为系数；π为产物形成比率，$\pi=\dfrac{dP/dt}{X}$。

第二类的产物合成通常出现在细胞生长完成以后(或在相对低的生长率的情况下)，称为非生长偶联型，如图3.11C及式(3.9)或(3.10)

$$dP/dt = \beta X \tag{3.9}$$

$$\pi = \beta \tag{3.10}$$

式中，β为非生长偶联系数。

但是，实际上这些方程并未能够反映产物合成既不是在生长过程中出现，也不是在生长后出现的情况，如图3.11B所示。

在某些场合下，将式(3.7)和(3.9)组合可以很好地模拟实际数据，这就是第三类混合生长偶联型(中间型)，如式(3.11)和式(3.12)所示

$$dP/dt = \alpha dX/dt + \beta X \tag{3.11}$$

$$\pi = \alpha\mu + \beta \tag{3.12}$$

对于某些合成的情况，生物量包括了非目的产物生物量和目的产物生物量，因此总的生长必须分成两项，如式(3.13)第一项(dR/dt)相当于细胞部分，它与蛋白含量成比例，受培养基中限制蛋白质合成的营养[如氮的浓度(N)]水平控制，R表示余数；第二项相当于胞内产物积累，dP/dt。

$$dX/dt = dR/dt + dP/dt \tag{3.13}$$

$$dR/dt = \mu_{max} R[N/(Ks + N)] \tag{3.14}$$

式中，Ks为饱和常数；dP/dt由式(3.9)给出。

大多数来自植物的目的产物是次生代谢产物。在离体培养条件下生长与合成之间一般不相关联。合成过程通常是在植物细胞增殖时开始降低，停止时进行，或者在细胞从指数生长期向静止生长期转移时进行，这样，促进生长和生物量生产的培养条件并不一定能提高次生代谢产物产量，有时甚至降低次生代谢产物的生产水平。次生代谢速度比初级代谢速度低得多，因此产量也很低。

五、植物细胞反应器控制技术

(一) 间歇培养

间歇操作又称分批操作，采用这种操作方式的反应器称为间歇式反应器。间歇式培养是

指将细胞和培养液一次性装入反应器内，维持一定的反应条件进行培养，细胞不断生长，产物也不断形成，经过一段时间反应后，将整个系统取出。对于间歇操作，反应器内物质组成随时间而变化，属于非稳态过程，细胞所处的环境时刻都在变化，不能使细胞自始至终都处于最优条件下，在这个意义上它并不是一种好的操作方式。间歇操作的主要缺点是生产量小，反应过程为一非稳态、不易控制的反应过程，有害代谢产物积累对细胞生长不利。但由于其操作简便，容易掌握，因而又是最常用的操作方式。分批培养过程中，细胞的生长大体可分为延迟期、指数生长期、平稳期及衰退期 4 个阶段。

间歇操作既可用于生长偶联型也可用于非生长偶联型。当用于生长偶联型时，所用培养基要求能使细胞快速生长，最终达到较高的细胞浓度。而对于非生长偶联型来说，在培养初期所用培养基必须能使细胞迅速增长，并随之出现次生代谢产物合成阶段，这种培养基中至少包含一种在培养过程中成为限制因素的成分，它的缺失将导致细胞快速生长阶段的停止。尽管目前机理还不是完全清楚，但在微生物发酵中发现，在生长限制条件下微生物次生代谢所需酶可被激活。因此，认为在植物细胞中生长因子也起到类似的作用。

（二）流加操作

大多植物细胞次生代谢产物的合成是与细胞生长联系在一起的。在研究植物细胞大规模培养的早期多用间歇操作策略，间歇操作是一个综合的折中，它要求细胞生长和次生代谢产率均获得最大的成功，事实上这两个指标是很难偶联在一起的，所以后来逐步发展了流加操作培养系统。

流加操作是先将一定量的培养液装入反应器，在适宜条件下接种细胞进行培养，细胞不断生长，产物也不断形成，随着细胞对营养物质的不断消耗，新的营养物质不断补充到反应器内，进一步促使细胞生长与代谢，到反应终止时取出整个反应系。有时也称为半间歇式培养，英文名称有 fed batch culture、semi batch culture 及 extended culture。流加操作的特点是能够调节培养环境中营养物质的浓度。一方面，它可以避免某种营养成分的初始浓度过高而出现底物抑制现象；另一方面，能防止某些限制性营养成分在培养过程中被耗尽而影响细胞的生长和产物的合成，这是流加操作和分批操作的明显不同。与传统的分批操作相比，流加操作可以解除底物抑制、葡萄糖效应和代谢阻遏等；与连续操作相比，流加操作具有染菌可能性小、细胞不易老化等优点。流加操作的应用范围已相当广泛，包括单细胞蛋白、氨基酸、生长激素、抗生素、维生素、有机酸、高聚物、核苷酸等的生产。

在整个流加操作中，营养成分周期性或连续性地添加，这种操作模式可以看做是间歇操作的延续，可适用于生长与生产偶联及非偶联型的生产过程。一般间歇操作在接种时加入所有培养过程所需的营养，但当全部加入对细胞有害时，就需要用到流加操作。对于植物细胞体系而言，流加操作不仅可用于生物合成前体物的添加，而且还可用于诱导子的添加。通过补加生长限制物质控制生长速率或需要添加直接或间接的前体时，可采用流加培养以提高产率。有人在采用流加培养方法培养烟草细胞生产肉桂酰胺的过程中补加磷，使肉桂酰胺的产量达 400mg/L，而对照产量仅为 160mg/L。当细胞生长和次生产物合成所需培养基不同时，常采用两步或多步流加培养。第一步是采用生长培养基，迅速进行生物量的生产，第二步采用生产培养基促进产物的合成。例如，紫草细胞培养以生产紫草宁，烟草细胞培养以生产烟碱，彩叶紫苏细胞培养以生产迷迭香酸等均基于两步培养工艺。重复流加有 3 方面的应用价值，首先大量的流加会导致反应器中培养液体积增大，最终充满，因此，必须移出部分液体以继续操作；

其次对于偶联型来说，当培养达到静止期时收集一定量的细胞，然后添加新鲜培养基是必不可少的，对于非偶联型来说，延长生长时间将可能导致培养体系中代谢活力的降低，若取出一些培养液而添加一些新鲜培养基可以使反应器重复使用，而不必考虑灭菌及接种；最后一个采用这个操作模式的优点在于移出一定量的细胞可以确保培养体系中的氧需求并不超出生物反应器的氧传递能力。

（三）连续培养

连续操作是指将细胞种子和培养液一起接入反应器内进行培养。一方面新鲜反应液不断加入反应器内；另一方面又将反应液连续不断的取出，使反应条件处于一种恒定状态。与分批操作和半连续操作不同，连续培养可以控制细胞所处的环境条件长时间的稳定，因此可以使细胞维持在优化状态下，促使细胞生长和目的产物形成。连续操作的缺点是易发生染菌现象，反应器内有些细胞得不到更新，容易发生退化变异。此外，对于细胞的生理或代谢规律的研究，连续培养是一种重要的培养手段。

连续培养中细胞能在较恒定的条件下生长，能连续地提供生物量，但连续培养不太适合于次生代谢物的合成。有报道三角叶薯蓣在低稀释速率下进行恒化培养时仅产生少量的薯蓣皂苷配基。有人综合了连续培养和分批培养系统，先将毛地黄细胞在气升式反应器中连续培养，然后将培养物移入另一气升式反应器中，成功地进行了毛地黄毒素向地高辛的生物转化。由于连续培养系统要求的工艺更为复杂，目前还难于放大。

（四）两段培养

一般认为，任何离体细胞的培养条件应尽量模拟细胞在体内生长的条件，而且在培养中通常保持不变。而实际上，每种细胞的最适生长条件和最适生产条件是不同的。两段法培养就是根据这一点，把培养过程分为细胞生长期和生产期，分别采取不同的培养条件，以达到在细胞生长期使接种细胞大量繁殖、提高比生长速率、尽快获得高密度细胞，在生产期保持细胞的高密度、维持存活率、降低细胞死亡速率、持续获得目的产物的目的。对于那些目的产物对细胞有反馈抑制的培养体系，两段培养更具有优势。在黄花蒿细胞培养过程中，采用两段培养法可得到较高的青蒿素产量。第一段在含有 0.2～0.4g/L BA 和 3～4mg/L IAA 的氮培养基中进行增殖培养，第二段将培养好的细胞转入含 0.2～0.4mg/L BA 和 0.2～0.4mg/L IAA 的改良培养基中进行青蒿素的合成，青蒿素的产量（干重）可达 190μg/g，是间歇培养法的数倍。在应用黄连细胞培养生产生物碱的过程中，先在生长培养基中生长 3 周，然后在合成培养基中培养 3 周，其生物碱产量可达 556mg/L，这是间歇培养法的两倍。此外，在五爪金龙细胞的悬浮培养过程中采用两段培养法后，其木质素的产量增加了 4 倍。

第九节　植物细胞培养与次生代谢产物生产

一、植物细胞次生代谢产物的主要类型

植物次生代谢的概念是 1891 年由 Kossel 明确提出的，现代植物生理学根据代谢活动与细胞生命活动的关系，将植物代谢分为初生代谢和次生代谢。植物初生代谢及其产物是维持

细胞生命活动所必需的，初生代谢受阻将直接影响植物的生长与发育。而次生代谢及其产物一般认为并非细胞生命活动所必需的。次生代谢产物是一类小分子有机化合物，其分布具有种、属、器官、组织及发育阶段的特异性。根据代谢途径和化学结构，植物次生代谢产物可包括酚类化合物、萜类化合物和含氮化合物等主要类型。

1. 酚类化合物

酚类化合物包括黄酮类、醌类和简单酚类。黄酮类化合物是一类以原酮为基础、具有 C_6-C_3-C_6结构的酚类化合物，其生物合成的前体是苯丙氨酸（Phe）和丙二酸单酰辅酶 A（malonyl CoA）。根据 B 环的连接位置不同，可分为 2-苯基衍生物（黄酮、黄酮醇）、3-苯基衍生物（异黄酮）和 4-苯基衍生物（新黄酮）。根据其三碳结构的氧化程度，则可分为花色苷类、黄酮类、黄酮醇类及黄烷酮类。许多黄酮类化合物是治疗心血管疾病和高血压的药物成分，异黄酮类往往是植物抗毒素。醌类化合物是由苯式多环芳烃衍生的芳香二氧化合物，按其环系统不同可分为苯醌、萘醌及蒽醌。醌是植物呈现颜色的主要物质基础，有些醌类化合物还具有抗菌、抗癌作用。简单酚类广泛分布于植物的叶片及其他组织中，对植物发育有一定的调节作用，有些酚类化合物是植物抗毒素的重要成分。

2. 萜类化合物

萜类化合物是由异戊二烯单元组成的化合物，在植物体内通过异戊二烯途径产生，广泛分布于各类植物中。根据异戊二烯单元及其结构的不同，萜类化合物可分为单萜、倍半萜、二萜、二倍半萜、三萜，以及甾类化合物。单萜和倍半萜是植物挥发油和香料的主要成分，许多倍半萜和二萜化合物也是植保素，有的具有重要的药用价值，如目前抗疟疾的最佳药物青蒿素是一种倍半萜，抗癌药物紫杉醇则是二萜生物碱。植物体内的三萜皂苷元和甾体皂苷元分别与糖类结合形成三萜皂苷和甾体皂苷，是许多药物有效成分，如人参皂苷和薯蓣皂苷等。

3. 含氮化合物

含氮化合物主要包括生物碱、胺类、非蛋白质氨基酸和生氰苷。生物碱是一类含氮的碱性天然产物，主要分布于双子叶植物中。按其植物来源和代谢途径，生物碱可分为真生物碱、伪生物碱和原生物碱。真生物碱和原生物碱均为氨基酸衍生物，但原生物碱没有含氮杂环。伪生物碱来自萜类、嘌呤和甾类物质。许多生物碱是药物有效成分，有些是植物抗毒素。

胺类是 NH_3 中氢的不同取代产物，根据取代数目可分为伯、仲、叔和季胺 4 种，通常由氨基酸或醛转氨过程中产生，目前已鉴定的胺类化合物有约 100 种。胺类化合物通常分布在植物的花器官中，有些胺类可调节植物的生长发育。在离体培养中，加入多胺有时可促进离体成花或其他器官的分化。非蛋白质氨基酸是不属于植物蛋白质组成成分的氨基酸，已鉴定结构的这类氨基酸达 400 多种，多分布于豆科植物中，常有毒。由于其与蛋白质氨基酸类似，因而易被错误地掺入蛋白质，是一类蛋白质拮抗物。生氰苷是由脱羧氨基酸形成的 O-糖苷，氰基来源于 α-碳原子和氨基。生氰苷是植物产生 HCN 的前体，现已鉴定出 30 种左右，如苦杏仁苷和亚麻苦苷等。

4. 其他代谢产物

除了上述三大类次生代谢产物外，植物还产生多炔类和有机酸类次生产物。多炔类是植物体内发现的天然炔类，主要分布在菊科和伞形科植物中，现已发现 1000 种左右。有机酸类是广泛分布于植物中的次生代谢产物。近年研究表明，某些有机酸参与了植物代谢活动中的信号传递，如茉莉酸和水杨酸。

二、植物细胞次生代谢产物积累的特性

从理论上讲，所有的植物细胞都可以看作是一个有机体，具有构成一个完整植物体的全部遗传信息。在生化特征上，单个细胞也具有生产其亲本植株所能产生的次生产物的遗传基础和生理功能。但是，次生产物在整体植株中的合成往往具有发育阶段、部位或组织特异性，培养条件下的细胞由于脱离了植物体，其次生代谢活动与整体植株相比有一定差异。众多研究显示，离体培养下的植物细胞积累次生代谢产物通常需要细胞处于一定的分化程度。此外，由于次生代谢产物的种类和植物种类的差异，在一个培养周期中，产物积累与细胞生长期的相互关系也不尽相同。充分了解这些特性是调整细胞生长与提高目的产物产量的关键。

根据植物细胞生长和产物合成的关系，可将培养细胞生产次生产物的类型分为 3 种：一是生长偶联型，即产物合成与细胞生长呈正比例关系，如长春花属植物中的长春花碱的合成、烟草细胞的烟碱合成、薯蓣属植物中的薯蓣皂苷的合成等；二是中间型，产物仅在细胞生长开始下降时才能合成，细胞处于指数生长时产物不合成，当细胞停止生长时，产物也停止合成，如合成蒽醌类物质的植物细胞，合成托品类生物碱的植物细胞等属于此类；三是非生长偶联型，即产物只在细胞生长停止后才能合成，如紫草宁的合成。事实上，由于细胞培养过程比较复杂，细胞生长和次生产物的合成很少完全符合上述模式。特别是在较大的细胞群体中，由于细胞生理状态的不同步，细胞生长和产物合成也许分别是细胞群体中部分细胞行为的结果。

三、提高植物细胞次生代谢产物产量的方法

1. 选择适宜的起始材料

尽管多数植物次生产物在植物中分布广泛，但其含量在不同植物间却有相当大的差别。因此，在建立次生产物生产的细胞系时，首先必须选择能够高效合成目的产物的植物种类。在此前提下，起始培养材料还应考虑器官和组织特异性，通常选取自然状态下能够积累次生产物的细胞，这样的细胞经过培养以后常常具有合成目的产物的能力，或比较容易诱导合成目的产物。东北红豆杉幼嫩茎、叶片及芽 3 种外植体的愈伤组织中紫杉醇含量比较显示：以叶片为外植体的愈伤组织，其紫杉醇含量是其他两种外植体形成的愈伤组织的 3 倍(蔡朝晖等 1995)。在茜草(*Rubia cordifolia*)愈伤组织培养中也发现，来源于叶柄和茎的愈伤组织中蒽醌的积累量比来源于茎尖和叶的愈伤组织高(Mischenko et al. 1999)。

2. 培养基成分的影响

培养基的营养成分一方面要满足植物细胞的生物量增长，另一方面要使细胞能合成和积累次生产物。通常使用的细胞生长培养基主要是为促进细胞生长而设计的，它对次生产物的生产不一定完全合适。一般来说，增加培养基的 N、P 和 K 的浓度能促进细胞生长，而适当增加糖浓度则有利于次生产物的合成。吴奇君等(2001)在红豆杉细胞培养中发现，在培养第 15 天向培养基中同时加入果糖和前体物质，获得了较高的紫杉醇产物积累。葡萄细胞培养中显示，低 N、高蔗糖浓度有利于酚类化合物积累。成浩等(1994)曾对培养基中主要离子浓度对茶愈伤组织生长和儿茶素含量积累的影响进行了较系统的研究。结果表明，培养基硝态氮和铵态氮的比例对愈伤组织生长和儿茶素积累有明显影响。还证明，儿茶素积累对 Ca^{2+} 浓度较敏

感，Ca^{2+}浓度在1mmol/L时最有利于儿茶素积累，低于或高于这一浓度，儿茶素积累量均下降。K^{+}对儿茶素的积累有抑制作用，在不含K^{+}的培养基中，儿茶素积累量最高，当培养基的K^{+}浓度增加到10mmol/L时，儿茶素的含量只有对照的64%，但在不含K^{+}的培养基中细胞生长量降低。由此可见，要获得较好的儿茶素生产效果，其K^{+}浓度必须维持在一个相对的平衡点，以保证较好的细胞生长和相对高的儿茶素积累。已有研究表明，因为化合物成分的不同，植物细胞的次生代谢可能需要不同的营养条件，因而需要调节的培养基成分也不尽相同。在许多情况下，维持细胞最大生物量的营养条件可能并不是目的产物积累的最佳营养条件，此时需要通过调整营养成分或培养技术，以获得尽可能高的培养效率。

生长调节物质是培养基的重要成分之一。在植物细胞培养过程中，生长调节剂的种类和浓度对细胞的生长、分化和次生产物的合成起着十分重要的作用。生长素和细胞分裂素有使细胞分裂保持一致的作用，不同类型的生长素对次生产物的合成有着不同的影响。生长调节剂对次生代谢的影响随次生产物的种类不同而有很大变化，因此，对生长调节剂的使用需要严格试验。一项东北红豆杉细胞培养研究表明，培养基添加一定浓度的2,4-D可以显著提高细胞生长速率，增加细胞生物量；添加适当浓度的BA和KT，则可提高紫杉醇的积累。一项滇紫草细胞培养研究表明，在滇紫草细胞培养中加入油菜素内酯(BR)，显著促进了紫草宁的合成。

3. 前体的应用

在利用培养细胞生产次生产物的过程中，有时细胞培养物往往不能按人们设计的要求获得理想产物，其中一个可能的原因就是缺少合成目的产物所必需的前体(precursor)物质，如果在培养基中加入外源前体物质，将会使目的产物产量大大提高。因此，在植物细胞培养过程中，选择适当的前体物质是相当重要的。Fett-Neto等(1994)研究了不同浓度的苯丙氨酸和苯甲酸对二年生东北红豆杉(*Taxus cuspidata*)细胞生长及紫杉醇产量的影响，证明向培养基中添加有效前体物质能促进紫杉醇及紫杉醇烷类物质的合成和分泌。

植物细胞次生代谢是一个复杂的生理生化过程，对于某一目的产物来讲可能有多种前体物质，而同一种前体物质又可能有多条代谢途径，从而形成不同的代谢产物。因此，添加前体物质必须在充分了解目的产物的代谢途径的前提下，针对其合成的关键生化过程，进行前体物质的添加。事实上要真正做到这一点是十分困难的。此外，多数前体物质对细胞生长本身并不十分有利，因此，前体物质的添加时间也常常影响培养效率。吕东平等(2001)在水母雪莲细胞培养中对前体物质不同添加时间的研究显示，在培养6天时，细胞进入快速生长期，此时加入前体物质有利于细胞的生长和黄酮合成。同时，前体物质的浓度对产物合成速率也会有一定影响。一些次生代谢途径中，过量的底物反而会产生反馈抑制。因此，为了提高次生产物的生产效率，在细胞规模化生产前，应对目的产物代谢途径、有效前体及其添加浓度和时间进行全面的试验研究。

4. 激发子的应用

植物细胞次生代谢除了自身的遗传与发育基础外，通常还与诱导因子相关。在一些不良环境或有微生物侵入的情况下，细胞次生代谢活动显著增强。研究显示，由环境刺激引起的细胞代谢及其积累的产物大多也是我们培养细胞的目的产物。因此，人为地合理应用这些诱导因子，就有可能提高目的产物的产量。这也是近年来植物细胞次生代谢产物生产研究的热点。

激发子(elicitor)也称诱导子，是指能够诱导植物细胞中的一个反应，并形成细胞特征性自身防御反应的分子。目前使用的激发子可分为两类：一类是非生物激发子(abiotic elicitor)，如辐射、金属离子等;另一类是生物激发子(biotic elicitor),是目前使用较普遍的激发子。生物激发子根据其来源不同又可分为外源性激发子(exogenous elicitor)和内源性激发子(endogenous elicitor)。外源性激发子多来源于微生物,包括经处理的有机体如菌丝,微生物机体浸提物及由微生物产生的多糖类、蛋白质类和脂肪酸类物质等。内源性激发子是来源于植物本身的物质,如降解细胞壁的酶类、细胞壁碎片、寡聚糖及其他有机分子等。

张荫麟等(1992)在延胡索植物细胞培养中,以蜜环菌发酵液作激发子,显著促进了原鸦片碱的合成。他们在人参毛状根细胞培养中发现,加入蜜环菌发酵液培养3～4天后,细胞丹参酮的含量可提高至接近活体植物细胞的水平。人参和西洋参的愈伤组织培养,在培养基中加入寡糖素有利于细胞生长和皂苷的积累(周立刚等 1992)。利用酵母提取物促进生物碱、黄酮类等次生产物合成在长春花、葛和茶等多种植物细胞培养中成功应用(宋经元等 1999)。

激发子促进次生产物的积累与其种类和浓度有关。研究显示,不同的激发子可能促进不同的次生产物积累。同时,激发子的适宜浓度对终产物的有效形成也有某些影响。浓度过低不能达到诱导效果,浓度过高则有利于细胞生长。施中东等(2000)在南方红豆杉细胞培养中证明,硝酸铈铵、硝酸盐、花生四烯酸、水杨酸及甲基茉莉酮酸均有促进紫杉醇合成的作用,但其促进的效果有一定差异。加入激发子后培养10天,发现加入甲基茉莉酮酸处理紫杉醇含量比对照可提高7倍以上,加入花生四烯酸可提高6.5倍,加入硝酸铈铵和水杨酸可分别提高5.5倍和4.5倍,而硝酸盐的处理则只能提高3倍。从使用浓度分析,5种激发子的最适浓度各不相同,硝酸铈铵以1.0mmol/L为适宜浓度,花生四烯酸、甲基茉莉酮酸和水杨酸的适宜浓度为0.1mmol/L,硝酸盐的浓度则只能使用到0.01mmol/L。水杨酸和硝酸盐2种激发子对浓度使用尤为严格,当高于适宜浓度时不仅不能促进紫杉醇积累,还会严重影响细胞生长。

5. 培养基和培养技术的选择

培养基是细胞生长和合成代谢产物的基础。为了同时满足细胞生长和产物合成的需要,通常需要在不同阶段使用不同的培养基,两段培养是合适的选择。在第一阶段使用适于细胞生长的培养基——生长培养基。当细胞生物量达到次生代谢要求后,进入第二阶段的培养,使用有利于次生代谢物合成的培养基——生产培养基。在大多数情况下,两种培养基在一些附加物质上有较大差别,以长春花细胞培养中激素的使用为例,细胞生长阶段使用生长素类物质2,4-D,以促进细胞生长,而在生物碱合成的产物生产阶段则使用BA,以有利于产物合成。

选择有利于次生产物合成的细胞培养技术是高效生产目的产物的基本前提。培养技术的选择,包括对植物反应器的选择和对培养方式的选择。培养技术的选择不仅要考虑细胞生长和产物积累的效率,同时还应考虑技术基础和生产成本。就目前的技术基础来讲,固定化培养是植物细胞规模化生产较为理想的系统,在条件允许的情况下,可优先考虑。但由于目前用于固定细胞的材料的限制,使其生产成本较高,因此,在考虑应用该系统大规模生产时,还应考虑目的产物的经济价值和市场状况。

很多研究显示,植物细胞次生产物在培养系统中的积累,有时对产物合成具有反馈抑制,有的产物分泌到培养基中还会出现降解。要解决这些问题,最适宜的方法是边合成边回收,由此而产生的两相培养技术是较为理想的技术。两相培养技术主要由培养相和提取相组成,其技术关键是选择合适的提取相。一般来说,提取相的选择目标是具有较大的分离能力,同时对细胞没有毒性作用,不影响产物的化学稳定性。根据分离相的性质,两相培养可分为液-液系统和液-固系统。液-液培养系统中,分离相和培养基的化学性质和密度不同,在系统中形成明显区分的两相,其分离相主要使用液体石蜡、烷类化合物和甘油等。液-固系统是指提取相以固态形式存在于系统中，主要通过吸附分离目的产物，目前使用的主要有活性炭、硅酸镁载体、沸石、蚕丝及树脂等。从理论上讲，两相培养不仅可以克服产物的反馈抑制和降解，同时由于能及时分离产物，还可以避免产物对细胞本身的毒害，从而延长细胞的使用时间，达到延长产物合成期的目的。然而，由于分离相材料的性质和加入以后对培养系统理化条件的影响，培养过程中的技术控制更加复杂化，因此，这一技术的应用目前还处于研究开发阶段。

植物细胞规模化培养生产次生产物是一项具有潜在应用价值的技术。由于工程技术和细胞生物学本身的原因，目前的应用还十分有限。开发新的适宜于植物细胞高效培养的生物反应器仍然是这一技术应用的主要环节之一。同时，从生物学角度看，筛选高产、容易培养的植物细胞系也是至关重要的研究内容。大量研究证明，游离植物细胞从生理特性和可能进入的分化程度来看，与处于组织器官内的细胞具有较大差异。然而，使细胞相对固定和具有良好的分化状态对次生代谢活动的高效性又是十分必要的。目前除了研究细胞固定化技术外，规模化培养组织器官用以生产次生产物，也成为这一技术改进的重要内容。利用培养细胞系统工业化生产人类需要的植物产物，将能有效地保护自然资源，减少人工化学合成，促进生态环境的良性循环和社会的可持续发展。

四、利用植物细胞大规模培养生产次生代谢产物实例

植物不仅为人类的生存和发展提供必要的食物、纤维和建筑材料，而且其次生代谢产生的萜类、生物碱和酚类等天然成分被人类广泛利用，制成药品、食品添加剂、风味物质、香料、色素、化妆品、生物杀虫剂和农业化肥等。在人类已知的 30 000 种天然产物中 80%来源于植物，已知化学结构的植物源次生代谢物数量是微生物源的 4 倍，在 1985 年有 3500 种新的化学结构被鉴定，其中 2600 种来源于高等植物。美国公众使用植物源药品调查显示，使用人数已由 1991 年的 3%上升到 1998 年的 37%，一些药品售价不菲，如抗心肌炎药物辅酶 Q 104 000 美元/kg，抗癌药物紫杉醇 600 000 美元/kg，白藜芦醇 20 000 美元/kg，抗肿瘤药物喜树碱 430 000 美元/kg，抗心脑血管药物长春新碱更是达到 2 000 000 美元/kg，每年此类药品的交易额达 30 亿美元，直到今天全世界有 121 种临床使用的处方药来源于植物。大约有 75%的世界人口要依赖传统的植物药剂。这些物质安全、高效、无污染且不易用化学方法合成，在人们的日常生活及各种行业中正扮演着越来越重要的角色。

紫杉醇是一种用于治疗卵巢癌、乳腺癌、肺癌的高效、低毒、广谱并且作用机制独特的抗癌药物。植物细胞培养生产紫杉醇被公认为是一种生产紫杉醇长期的、有希望的方法。这种方法的优点是不破坏资源，只取少量材料就能得到细胞系，并且可以一代代繁殖下去，既保护了生态平衡，也不受培养地区季节、病虫害等因素的影响且繁殖得快，可以大规模进行生产，在人工控制下得到理想产量。日本曾在短叶红豆杉（*Taxus brevifolia*）和东北红豆杉（*Taxus cetenhum*）中进行诱导愈伤组织，筛选得到的细胞培养 4 周增殖了 5 倍，紫杉醇含量达到 0.05%，比原来的红豆杉皮紫杉醇含量高出 10 倍。Ketchum 等(1995)从 6 种红豆杉属植物中进行愈伤组织的诱导，获得了产生紫杉醇的细胞株，其中 2 个细胞株在悬浮培养条件下培养超过 29 个月和 16 个月。悬浮培养的细胞紫杉醇的含量超过了 20mg/L。国内也有不少的研究单位，如中科院昆明植物研究所经过多年研究，对多种红豆杉的不同外植体进行愈伤组织的诱导、培养，筛选出了紫杉醇高产的细胞株。

Shuler 等于 1992 年在探讨东北红豆杉细胞培养中培养基营养成分的消耗规律时发现蔗

糖、葡萄糖、果糖、磷源、氮源及 Ca^{2+}、Mg^{2+} 和 Fe^{3+} 在产生紫杉醇中都起重要作用。培养基中起始糖的浓度在 20～100g/L 时对细胞生长速度有影响，当糖浓度达到 40g/L 时，细胞比生长速率最大，为 0.017 单位/天，当糖浓度达到 60g/L 时，悬浮细胞的浓度最高达 34g/L，当糖浓度达到 80g/L 时，紫杉醇的产量为 1.36mg/L。此外，适合的植物反应器和最佳环境条件也直接影响细胞培养紫杉醇的产量。

思考题

1. 名词解释：外植体，愈伤组织，细胞分化，脱分化，再分化，继代培养，悬浮培养，看护培养，植物细胞反应器，间歇培养，细胞的全能性，胚状体。
2. 外植体的选择应该注意哪些事项？
3. 外植体的培养条件包括哪些？
4. 简述愈伤组织的诱导形成过程及影响愈伤组织培养的因素。
5. 如何建立细胞的大规模培养技术？
6. 影响植物细胞规模化培养的因素有哪些？
7. 植物细胞反应器类型及其特点有哪些？
8. 什么是植物细胞反应器控制技术？
9. 建立悬浮细胞系的关键技术有哪些？
10. 细胞大规模培养有哪些培养系统？
11. 分析植物细胞大规模培养生产次生产物的难点和前景。

第四章　植物脱毒快速繁殖

第一节　植物组织脱毒

一、植物组织脱毒的概念与意义

植物脱毒是指通过剥取植物茎尖分生组织或利用其他物理、化学方法，去除部分或全部影响植物生长的病毒，从而增加作物产量、提高品质、防止品种退化的一种生物技术手段。一般情况下，植物脱毒及无毒苗的扩繁都是在无菌的情况下通过组织培养技术实现的，之后还要进行病毒检测以确定其是否脱毒成功。一旦获得了不带病毒的植株，就可以利用组织培养等方法进行大量扩繁，所以植物脱病毒常常和快速繁殖结合起来生产无毒苗，通常称为"脱毒快繁"。

目前世界上已发现的植物病毒超过 900 种，几乎每种作物上都有一种、几种甚至几十种病毒危害，它们防治困难，危害严重，给农业生产带来了巨大的损失，特别是通过无性繁殖培育的作物，大多会感染一种或多种植物病毒，例如，马铃薯可感染 30 种以上的病毒，草莓能感染 62 种病毒和支原体(表 4.1)。无性繁殖的作物，如利用茎(块茎、球茎、鳞茎、根茎、匍匐茎)、根(块根、宿根)、枝、叶、芽(顶芽、侧芽、球芽、不定芽)等通过嫁接、分株、扦插、压条等途径来进行繁殖的易感染植物病毒。像水果的苹果、葡萄、草莓等；花卉的百合、唐菖蒲、水仙、郁金香、香石竹、菊花等；蔬菜的马铃薯、姜等。以种子进行繁殖的种类(豆类除外)，可随着世代的交替而去除病毒，即病毒只能危害一个世代；而行无性繁殖的种类，由于病毒通过营养体进行传递，在母株内逐代积累，危害日趋严重。一些园艺植物小规模集约栽培，造成连作危害问题，并加重土壤传染性病毒的危害。所以植物病毒是一种普遍存在的影响植物生长的病害因素，植物病毒侵染会导致农作物严重减产及品质降低，全球每年由植物病毒造成的农作物直接损失为 200 多亿美元，这还不包括损失的地方特有的经济作物和野生、半野生资源型植物，也不包括为了控制病毒病所做出的努力和代价。

植物病毒在农业生产上造成严重危害并最早记录的是马铃薯病毒性退化症，其症状主要表现为产量逐年降低，植株变得矮小并伴有花叶、卷叶等现象，每年造成 10%～20%的大面积减产。其他的经济作物如园艺植物、药材的种植也受到植物病毒的严重影响，造成巨大、直接经济损失。一般情况下，许多植物病毒不通过种子传播。通过种子繁殖的植物产生的后代常表现出遗传变异性，不像无性繁殖的植物可保持母本优良品质，所以无性繁殖在经济作物生产中显得非常重要，但无性繁殖植物由于是通过植物营养器官或组织繁育后代，而营养器官或组织常常携带病毒，病毒可在组织中不断积累，造成严重的危害。由于植物病毒是寄生在植物细胞内，所以难以防治，至今没有找到有效杀灭病毒的特效药物，对于已经受病毒感染的无性繁殖体，通过脱毒处理并对无病毒材料进行快速繁殖和大规模工厂化生产是目前取得无病毒优质种苗最为有效的办法(图 4.1)。植物组织培养脱病毒的方法可以脱除植物病毒，提高产量及品质，防止品种退化。迄今为止，植物组织培养脱毒的技术在花卉、蔬菜和果树等植物上得到了广泛应用。

表 4.1 常见植物及其病毒的种类

植物种类	感染病毒种类	植物种类	感染病毒种类	植物种类	感染病毒种类
菊花	19	矮牵牛	5	苹果	36
康乃馨	11	百合	6	柑橘	23
水仙	4	马铃薯	17	葡萄	26
唐菖蒲	5	大蒜	24	草莓	24
风信子	3	豌豆	15	桃	23
月季	10	樱桃	44	梨	11

图 4.1 植物脱毒苗

二、植物组织脱毒方法及基本原理

植物脱毒的方法有许多种，原理各不相同，常用的如剥取茎尖脱毒法及热处理法，有时也可以两种或两种以上方法结合使用，具体的原理介绍如下。

1. 热处理脱毒法

热处理脱毒法最早用于甘蔗的脱毒。1889 年，印度尼西亚爪哇人发现，患枯萎病的甘蔗（现证明为病毒病），放在 50～52℃的热水中保持 30min，甘蔗就可去病生长良好。之后这个方法得到了广泛的应用，每年在栽种前把大量甘蔗茎段放到大水锅里进行处理。自 1954 年 Kassanis 用热处理防治马铃薯卷叶病以后，这一技术即被用以防治许多植物的病毒病。

热处理脱毒法是指在一定的高温下，使植物组织中的病毒部分钝化或失去活性，以致病毒含量不断降低，从而达到脱毒的目的。完整的植株或植株的组织器官，经过热处理可以去除病毒，其依据是病毒与寄主细胞对高温的忍耐程度不同。利用这一差异，选择合适的温度和处理时间，就能使寄主体内病毒浓度降低，生长速度减慢或失活，而寄主植物细胞仍能生长，从而达到脱毒的目的。热处理脱毒法有温汤浸渍法和热空气处理法 2 种方法。温汤浸渍处理休眠芽效果较好。由于热水对植物的伤害较大，现更常用的方法是将感染病毒的植物用 35～38℃的热空气处理 2～4 周来进行脱毒。

下面具体介绍 2 种处理方法。

1）热空气处理法：热处理大多采用这种方法。将植物种植在花盆中，放在 35～40℃的温度下 2～8 周后，切取植物茎尖作接穗，进行检测，达到脱毒目的。如桃黄萎病的植株，在 34～36℃的温度下处理 2 周，可使病毒失去活性；葡萄蔓放在人工气候箱内 30min，可将扇叶病毒除去。

热空气处理对活跃生长的茎尖效果较好，将生长的盆栽植株移入温热治疗室（箱）内（一般在 35～40℃），处理时间因植物而异，短则几十分钟，长则数月。香石竹于 38℃条件处理 2 个月，其茎尖所含病毒即可被清除。马铃薯在 35℃条件下处理几个月才能获得无病毒苗。草莓茎尖培养结合 36℃处理 6 周，比仅用茎尖培养可更有效地清除轻型黄斑病毒。也可采用变温方法处理植物病毒，如马铃薯每天 40℃处理 4h 可清除芽眼中马铃薯的叶片病毒，同时保持了芽眼的活力。

2）温汤浸渍法：将植物材料放在 50℃左右的温汤中浸渍数分钟至数小时，使病毒失去活性。该方法简便易行，但易导致材料受伤。

需要注意的是热处理对一些球状病毒和线状病毒有效，但不能去除烟草花叶病毒（TMV）等杆状病毒，对于热敏感的植物及不受高温影响的病毒无效。

2. 剥取茎尖分生组织培养法

(1) 原理

剥取茎尖分生组织培养法是目前生产上最常用的脱毒方法，其原理是利用了病毒在植物体内分布不均匀的特点，其中病毒在植物茎尖分生组织中分布最少或没有分布，所以剥取无病毒的茎尖分生组织进行组织培养，就可以得到无毒苗。茎尖分生组织之所以不容易被病毒侵染，可能的原因有以下几点。

1) 能量竞争。病毒复制和植物细胞分裂时均需要消耗大量的能量，分生组织细胞本身很活跃，其 DNA 合成是自我提供能量，自我复制，而病毒核酸要靠植物提供能量来自我复制，因而得不到足够的能量，抑制了病毒核酸的复制。

2) 传导抑制。病毒在植物体内的传播主要是通过维管束实现的，但在分生组织中没有维管束，从而抑制了病毒向分生组织的传导。

3) 激素抑制。在分生组织中，生长素和细胞分裂素水平均很高，因而阻滞了病毒的侵入或者抑制病毒的合成。

4) 酶缺乏。可能病毒的合成需要的酶系统在分生组织中缺乏或还没建立，因而病毒无法在分生组织中复制。

5) 抑制因子。抑制因子假说认为在分生组织中存在有某种抑制因子。

(2) 方法

1) 选择培养基。一般以 White、Morel 和 MS 培养基作为基本培养基，尤其是提高钾盐和铵盐含量有利于茎尖的生长。MS 培养基对某些植物的茎尖培养时，其中有些离子浓度过高应予以稀释。植物激素的种类与浓度对茎尖生长和发育具有重要的作用。在双子叶植物中激素大概是在第 2 对最年幼的叶原基中合成，所以茎尖的圆锥组织生长激素不能自给，必须提高适当浓度的生长素(0.1～0.5mg/L)与细胞分裂素含量，在生长素中应避免使用易促进愈伤组织化的 2,4-D，应换用稳定性较好的 NAA 或 IBA，细胞分裂素可用 KT 或 BA。GA_3 对某些植物茎尖培养是有用的。有时茎尖培养需添加活性炭。

茎尖培养中，由于操作方便，一般都使用琼脂培养基。不过，在琼脂培养基能诱导外植体产生愈伤组织的情况下，最好还是用液体培养基。在进行液体培养时，需制作一个滤纸桥，把桥的两臂浸入试管内的培养基中，桥面悬于培养基上，外植体放在桥面上。

2) 茎尖培养方法。进行脱毒培养时，由于微小的茎尖组织很难靠肉眼操作，因而需要一台带有适当光源的简单解剖镜(8～40×)。除了进行植物组织无菌培养需要的一般工具外，还需要一套解剖刀。剥离茎尖时，应尽快接种，茎尖暴露的时间越短越好，以防茎尖变干。该操作可在一个铺有无菌湿滤纸的培养皿内进行操作，有助于防止茎尖变干。

和其他器官的培养一样，在进行茎尖培养时，第一步是获得表面不带病原菌的外植体。一般来说，茎尖分生组织由于有彼此重叠的叶原基的严密保护，只要仔细解剖，无需表面消毒就应当能得到无菌的外植体。有时消毒处理仅会增加培养物的污染率。选取茎尖前，可把供试植株种在无菌的盆土中，放在温室中进行栽培。浇水时要直接浇在土壤中而不要浇在叶片上。另外，最好还要给植株定期喷施内吸杀菌剂，可用多菌灵(0.1%)和抗生素(如 0.1%链霉素)。对于某些田间种植的材料，可以切取插条插入 Knop 溶液中令其长大，由这些插条的腋芽长成的枝条，要比由田间植株上直接取来的枝条污染小得多。

为了保险起见，在切取外植体之前一般仍需对茎芽进行表面消毒。叶片包被严紧的芽，如菊花、兰花，只需在 75%乙醇溶液中浸蘸一下，而叶片包被松散的芽，如香石竹、蒜和马铃薯等，则要用0.1%次氯酸钠溶液表面消毒10min。对于这些消毒方法，在工作中应灵活运用，如在大蒜茎尖培养时，可将小鳞茎在75%乙醇溶液中浸蘸一下，再用火烧掉乙醇溶液，然后解剖出无菌茎芽。

在剖取茎尖时，把茎芽置于解剖镜下，一只手用细镊子将其按住，另一只手用解剖针将叶片和叶原基剥掉，解剖针要常常蘸入90%乙醇溶液，并用火焰灼烧以进行消毒，但要注意解剖针的冷却，可蘸入无菌水进行冷却。当一个闪亮半圆球的顶端分生组织充分暴露出来之后，用解剖刀片将分生组织切下来，为了提高成活率，可带1～2枚幼叶，然后将其接到培养基上。接种时确保微茎尖不与其他物体接触，只用解剖针接种即可。

将接种好的茎尖置于22℃左右的条件下，每天16h，2000～3000lx的光照条件下培养。在低温和短日照下，茎尖有可能进入休眠；所以必须保证较高的温度和充足的日照时间。微茎尖需数月培养才能成功。

茎尖培养的继代培养和生根培养与一般器官的培养相同，这里不再叙述。

3）影响微茎尖培养的因素：①外植体大小。在最适培养条件下，外植体的大小决定茎尖的存活率，外植体越大，产生再生植株的机会也就越多，而外植体越小脱毒效果越好。除了外植体的大小之外，叶原基的存在与否也影响分生组织形成植株的能力。一般认为，叶原基能向分生组织提供生长和分化所必需的生长素和细胞分裂素。在含有必要的生长调节物质的培养基中，离体顶端分生组织能在组织重建过程中迅速形成双极性两端。②培养条件。在茎尖培养中，光照培养的效果通常比暗培养好，如马铃薯茎尖培养时，当茎已长到1cm高时光照强度增加到4000lx。③外植体的生理状态。茎尖最好要在活跃生长的芽上切取，在香石竹和菊花中，培养顶芽茎尖比培养腋芽茎尖效果好。但在草莓中，两者没什么差别。取芽的时间也很重要，一般选取萌动期的较好。否则，采用某种适当的处理打破休眠才能进行。

3. 热处理结合茎尖培养脱毒

在热处理结合茎尖培养脱毒法中，热处理可以在剥取茎尖之前在母株上进行，也可在茎尖培养期间进行。热处理结合茎尖培养是在单独使用热处理或茎尖培养都不能奏效时使用。另外，低温处理与分生组织培养法相结合也可提高脱毒率，对脱除类病毒效果较好。

从感染有花叶病毒的大丽花上分离出茎尖分生组织（0.25mm），可培养得到植株，嫁接在大丽花实生砧木上检验为无病毒植株。从此，茎尖培养就成为脱去病毒的一个有效途径，并相继在马铃薯、菊花、兰花、百合、草莓、矮牵牛、鸢尾、葡萄、苹果、香蕉等茎尖培养脱毒的研究中获得成功。茎尖培养脱毒可脱除多种病毒、类病毒、类菌原体和类立克次体，很多不能通过热处理脱除的病毒可以通过茎尖培养而脱掉。茎尖培养脱毒直接从茎尖生长获得植株，很少有遗传变异，能很好地保持品种的特性。茎尖培养之所以能脱除病毒，是因为感染病毒的植株幼嫩及未成熟的组织和器官中病毒含量较低，生长点（0.1～1.5mm区域）几乎不含病毒或含病毒很少。植物茎尖等分生组织中不含或很少含有病毒有多种可能的原因。

1）植物茎尖分生组织中胞间连丝发育不完全或太细，使病毒在细胞之间的扩散作用受到抑制。

2）病毒复制、运输速度与茎尖细胞生长速度不同，病毒向上运输速度慢，而分生组织细胞繁殖快，结果使茎尖区域的部分细胞没有病毒。

3）植物生长点细胞中缺少病毒增殖的感受点，因而复制过程不能进行。

4）茎尖等分生组织中存在抑制、钝化病毒的物质。

4. 愈伤组织培养法

愈伤组织培养是通过植物各部位器官和组织的培养去分化、诱导愈伤组织，然后从愈伤组织再分化产生芽，长成小植株，通过病毒检测筛选，筛选出不带病毒的脱毒苗。但是通过愈伤组织培养无毒苗，在遗传上与母株会有不同。

感染烟草花叶病毒的愈伤组织经机械分离后，愈伤组织的某些细胞不带病毒，可能有以下原因。

1）病毒的复制速度赶不上细胞的增殖速度。

2）有些细胞通过突变获得了抗病毒的抗性。对病毒侵袭具有抗性的细胞可能与敏感的细胞共同存在于母体组织之中。但是，愈伤组织脱毒的缺陷是植株遗传性不稳定，可能会产生变异植株，并且一些植物的愈伤组织尚不能产生再生植株。

5. 珠心胚培养法

柑橘类植物中有很多为多胚品种，一颗种子中有一个胚是受精后产生的有性胚，其余是珠心细胞形成的无性胚，称为珠心胚。珠心胚经培养后可以得到无病毒的珠心胚苗。珠心胚培养法能脱除病毒，是由于病毒通常是经维管束的韧皮组织传播的，而珠心胚与维管束系统无直接联系，因此珠心组织诱导产生的植株可以免除病毒的危害。由于珠心胚培养获得的脱毒苗易产生变异、多刺和结果少等问题，近年来应用较少，一般用于柑橘类植物无毒砧木的培育。

大多数植物病毒不通过种子传播，因此可通过培育珠心胚来获得无病毒母株。例如，大多数柑橘品种产生两种完全不同的胚，即合子胚和珠心胚。合子胚由受精卵细胞发育而来，常称为有性胚；珠心胚由母本珠心体细胞发育而来，常称为无性胚，珠心胚在胚囊中发育，并与合子胚共存。

由于珠心胚是由母本体细胞发育而来，未经减数分裂，因此除个别体细胞突变外，珠心胚长出的实生苗遗传上与母株完全相同。因而，由珠心胚获得的珠心苗大多数病毒被脱除而遗传特征与母株完全相同。选择这种类型的珠心苗，可应用标记花粉控制授粉，然后选出典型的实生苗。例如，枳的花粉可用作标记花粉，因为所有枳的杂种实生苗都具有三叶特征，很容易辨认和排除。培育珠心系以获得无病毒苗有以下几个优点。

1）可以肯定植株不带毒。

2）花费时间少。

3）成本低。

4）珠心苗长势强。但珠心系童期长，且易出现一些返祖性状。

6. 花药培养法

花药培养本来是培养单倍体植物的主要方法，但也可获得无毒苗。试验表明：草莓花药培养与热处理、茎尖组织培养比较，具有脱毒率高、安全可靠等优点，草莓花药经愈伤组织培养产生的再生植株不仅脱毒率可达85％以上，而且其中的95％以上都是可以开花结果的二倍体。

花药培养法进行脱毒操作过程有以下3步。

1）把花粉发育到一定阶段的花药，通过无菌操作技术，接种在人工培养基上进行离体培养。

2）花粉在培养基所提供的特定条件下可以发生多次分裂，形成类似胚胎的构造（胚状体）或愈伤组织。

3）诱导愈伤组织分化出芽和根，最后长成植株。

7. 微型嫁接脱毒

部分植物，特别是多年生的木本植物，茎尖培养很难成苗，在这种情况下，微型嫁接脱毒往往可以获得完整的脱毒植株。茎尖微芽嫁接是利用植株的茎尖作为接穗与无毒实生苗砧木嫁接获得无病毒苗的一种脱毒方法，其原理与剥取茎尖脱毒原理基本相同。目前，这项脱毒技术已成功地应用于柑橘、苹果、葡萄、李等果树上。

茎尖微芽嫁接脱毒是组织培养与嫁接相结合，用以获得无病毒苗木的一种新技术。它是将 0.1～0.3mm 的茎尖作为接穗，嫁接到由试管培养出来的无毒实生砧木上，继而进行试管培养，愈合成为完整植株的脱毒方法。

该方法在苹果、葡萄等果树及其他作物的脱毒上也有应用，在柑橘的脱毒中这种方法成了最通用的方法。它可消除用热处理不能去除的一些病毒，如衰退病毒、木质陷孔病类病毒、黄脉病毒、裂皮病毒、胶囊病毒、杂色花叶病毒、鳞皮病毒、碎叶病毒等。

茎尖微芽嫁接脱毒可以解决一些果树茎尖培养成苗难，特别是生根困难的问题。有些果树种类或品种，如有些苹果通过茎尖组织培养，可以获得无病毒新梢，但不能生根，只有通过茎尖微芽嫁接才能获得完整植株。另外，如柑橘等作物在茎尖培养过程中可能发生芽变，茎尖培养植株童期过长，易出现返祖现象，而茎尖微芽嫁接则不出现这些现象，这也是柑橘脱毒普遍采用此方法的原因之一。

8. 化学疗法脱毒

许多化学药剂(包括嘌呤类似物、嘧啶类似物、氨基酸、抗生素等)能够在不同程度上脱除植物病毒，主要是利用化学药剂来抑制病毒核酸与蛋白质的合成，或是改变寄主的代谢方式，从而阻止病毒进入细胞后合成早期蛋白质来改变寄主自身的代谢途径合成病毒核酸与蛋白质。常用的药品有：8-氮鸟嘌呤、2-硫尿嘧啶、杀稻瘟菌素、放线菌素 D、庆大霉素等。例如，将 100μg 2-硫尿嘧啶加入培养基可去除烟草愈伤组织中的 PVY(马铃薯 Y 病毒)。

9. 低温疗法

近年来，在植物超低温保存研究过程中发现经超低温保存处理后再生的植物材料，其含病毒量降低，大部分材料完全没有病毒，因此，低温疗法应运而生，已成功地用于几种植物病毒的脱除，并以其简单的操作方法和高脱毒率为植物病毒的脱除带来新的希望。

低温疗法是基于超低温保存(cryopreservation)对细胞选择性破坏的原理，结合组织培养和病毒检测技术达到脱毒的目的。超低温保存是指在－80℃以下的超低温保存种质资源的一整套生物技术。常用的冷源有干冰(－79℃)、深冷冰箱、液氮(－196℃)及液氮蒸气相(－140℃)。现在常用液氮作冷源。超低温保存的原理是在超低温条件下，细胞的全部代谢活动几乎完全停止，大大减慢甚至终止代谢和衰老过程，保持生物材料的稳定性，减少遗传变异的发生，达到长期保存的目的。

不同的植物材料如愈伤组织、胚轴、茎尖、花粉、根尖、休眠芽、茎段、悬浮细胞、原生质体等都能在超低温下保存。茎尖分生组织的分化程度小，在超低温保存后的再生过程中，比其他细胞培养物的遗传性稳定，是超低温保存的一种理想材料，具有独特的优越性。尤其对那些易产生体细胞无性系变异或营养繁殖的植物来说，茎尖分生组织超低温保存更是较理想的保存方案。自麝香石竹苗端的超低温保存成功以来，已经对近 200 种植物材料进行了超低温保存。超低温保存与茎尖培养相结合是植物脱毒和保存茎尖的一种方法。含有病毒的顶端细胞液泡较大，细胞液中含有的水分也较多，在超低温保存过程中易被形成的冰晶破坏致死，而增殖速度较快的分生组织含的水分少，胞质浓，抗冻性强，不易被冻死。光学显微镜观察显示，液氮中的超低温能杀死含较大液泡的细胞，保存液泡小的顶端分生组织细胞。这样超低温处理过的植株再生后可能是无病毒的。

低温疗法的操作技术包含 6 个步骤。

(1) 植物材料的选择和预处理

要成功地进行超低温保存，植物材料的选择很重要，应选择最适生长阶段的材料。预处理方式和时间根据所用材料而定。对低温敏感的植物采用低温锻炼，通常将要保存的材料在0℃左右的条件下处理一段时间。有些材料需在高浓度蔗糖(0.4mol/L)的培养基上预培养一段时间。有些材料不需要预处理。预处理的目的是使材料脱水、增加含糖量和提高细胞膜在严重脱水条件下的稳定性。

(2) 装载

为了减少冰冻保护剂的渗透压和毒性对抗脱水性较差的材料所造成的伤害，多数材料需要有一个装载的过程，即在室温条件下，材料用较高浓度的冰冻保护混合液(装载溶液)处理一段时间，进一步降低组织的含水量。这样可以避免渗透压的剧烈变化对材料的伤害。装载溶液的组成一般是2mol/L甘油＋0.4mol/L蔗糖，有的是稀释的玻璃化溶液。

(3) 冰冻保护剂脱水

除一些对脱水极不敏感的材料外，几乎所有的植物材料都要经过冰冻保护剂的处理，以保证超低温保存后能成活。常用的冰冻保护剂是PVS2溶液：30%(*w*/*V*)甘油＋15%(*w*/*V*)乙二醇＋15%(*w*/*V*)二甲基亚砜＋0.4mol/L蔗糖的培养基。不同的材料用冰冻保护剂处理的时间也不同。在保证细胞充分脱水、防止保护剂的毒害和渗透压造成细胞损伤的原则上，冰冻前，一般将加入保护剂的材料先放入0℃处理30min左右。

(4) 冰冻

冰冻方法主要有慢冻、快冻、分步冰冻、干冻、玻璃化冰冻等，可根据材料选择冰冻的方法。无论是哪种方法，都是基于玻璃化理论。无论是保存植物材料，还是去除植物病毒，玻璃化法都简单、快速、有效，是目前最常用的一种冰冻方法。玻璃化冰冻是将材料经较高浓度的冰冻保护剂处理后快速投入液氮，使材料迅速进入玻璃化状态，避免了对组织产生机械损伤的冰晶的形成，能适用于多数材料。近年来新发展起来的包埋-玻璃化法(Encapsulation-vitrification)是将包埋-脱水和玻璃化法结合起来的一种方法，同时具有包埋-脱水法和玻璃化法的优点，且操作简便，材料存活率高，已经成功地保存了多种植物材料，具有较好的应用前景。

(5) 解冻及卸载

根据冷冻方法及材料来决定解冻的速度，一般采用快速解冻法：35～45℃，1～3min。从热力学上讲，冰融化过程中再形成的冰晶尺寸较大时，对材料的伤害更大，要避免这种伤害，解冻速度应尽可能快。卸载的目的是清除细胞内的冰冻保护剂，即用洗液(一般为1.2mol/L蔗糖的培养基)洗涤3次，每次停留10～15min。高渗性的培养基有利于减轻细胞质壁分离恢复过程中造成的损伤。

(6) 材料恢复生长和病毒检测

材料经过以上处理后，立即转移到相应的培养基中恢复生长。有些材料需要在黑暗条件下培养几天，再放到光照条件下培养。试验表明，培养在黑暗条件下的愈伤组织能较快地恢复生长，生长速度较快，存活率较高。对恢复生长的材料进行病毒检测是检验低温疗法脱毒成功与否的关键。常用的植物病毒的检测方法有生物学方法、血清学方法、电子显微镜检测法和分子生物学方法等。血清学检测方法快速、准确、灵敏度高、成本低，实际工作中应用较多。

三、植物组织脱毒基本技术规程

植物组织脱毒的方法很多，但最常用的方法为剥取茎尖分生组织培养法，下面我们以此法为例说明其基本技术规程。

1. 母体植株的选择和预处理

在进行茎尖培养时，第一步是选取品种优良、表面不带病原菌、长势健壮、无明显病毒症状的母体植株获取茎芽。例如，多年生的果树、林木等植物，应选择春天抽梢期正常健壮的芽为脱毒材料；以块根、块茎为繁殖器官的无性繁殖植物，应选择体积中等大小，发芽正常，无纤细芽或丛芽，无病害的个体作为脱毒材料。

2. 外植体的预处理和消毒

一般情况下，叶片包被严紧的芽，如菊花、菠萝、姜和兰花等，只需清洗后在 75%乙醇溶液中浸泡 20～30s，而叶片包被松散的芽，如蒜、康乃馨等，则要用 0.1%次氯酸钠溶液表面消毒 10min。对于块茎，由于生长在地下，消毒要求比较严格，比如马铃薯，茎芽先用无菌水冲洗 20～30min，再用 75%乙醇溶液浸蘸一下，然后放入无菌杯内用 0.1%氯化汞溶液浸泡 5min，再用无菌水冲洗 2～3 次。

3. 剥取茎尖

进行脱毒时，要剥取的茎尖比较小，很难靠肉眼剥取，因此需要一台带有冷光源的 40×解剖镜和解剖针及手术刀片。解剖时必须注意要防止由于超净台的气流和解剖镜上光源散热而使茎尖变干，因此茎尖暴露的时间要尽量短。在剖取茎尖时，要把茎芽置于解剖镜下，用镊子将其固定，用解剖针将叶片和叶原基一层层剥离，解剖针要常用火焰灼烧以进行消毒，使用之前要冷却好，一般情况下，在剥到只剩 1～2 个叶原基时要特别当心，因为我们所要的茎尖分生组织就在叶原基之下，当最后一个叶原基剥离后可能会由于没有标志物而丢失要剥离的顶端分生组织(生长点)部位，当顶端分生组织(半圆状，一般无色)暴露出来后，用手术刀将其切下来，迅速接种到培养基上。

一般情况下剥取的茎尖越小越好，但太小则不易成活，过大又不能保证完全除去病毒，不同植物脱毒剥离茎尖大小如表 4.2 所示。

表 4.2 不同植物脱毒剥离茎尖大小

植 物	病毒名称	剥离茎尖大小/mm	植 物	病毒名称	剥离茎尖大小/mm
马铃薯	马铃薯卷叶病毒	1.0～3.0	百合	各种花叶病毒	0.2～1.0
	马铃薯 Y 病毒	1.0～3.0	鸢尾	花叶病毒	0.2～0.5
	马铃薯 X 病毒	0.2～0.5	菊花	花叶病毒	0.2～1.0
	马铃薯 G 病毒	0.2～0.3	康乃馨	花叶病毒	0.2～0.8
	马铃薯 S 病毒	<0.2	大丽花	花叶病毒	0.6～1.0
甘薯	斑纹花叶病毒	1.0～2.0	大蒜	花叶病毒	0.3～1.0
	缩叶花叶病毒	1.0～2.0	甘蔗	花叶病毒	0.7～3.0
	羽毛状花叶病毒	0.3～1.0	草莓	各种病毒	0.2～1.0

4. 细胞培养

接种后的茎尖在适宜的光照及温度下进行愈伤组织诱导培养、继代培养、成苗培养，无毒苗的扩繁等，具体方法见第三章。

5. 病毒检测

当培育出的小苗长出较大叶片时，取叶片进行病毒检测。

6. 大田管理

无病毒苗在生产中的利用也要防止病毒的再感染。生产场所应隔断病毒感染途径，做好土壤消毒或防蚜等工作。在种植规模小的地方，要较长时间才会感染。而在种植时间长、轮作及种植规模大的地方则在短期内就可以感染。一旦感染，便会影响植物产量和质量。因此，应重新采用无病毒苗，以保证生产的质量。

四、影响植物组织脱毒的因素

1. 起始培养的茎尖大小

一般情况下剥取的茎尖越小越好，但太小则不易成活，过大又不能保证完全除去病毒。

一般不带叶原基的生长点培养脱毒效果最好，带1～2个叶原基的茎尖脱毒培养大约可获得40%左右的脱毒苗，而带3个以上叶原基的茎尖脱毒培养获脱毒苗的比率会大大降低。在马铃薯中，以带有1～2个叶原基的茎尖培养后脱毒效果较好（表4.3）。

表4.3　茎尖大小对马铃薯脱毒效果的影响

茎尖长度/mm	叶原基数	小植株数	脱毒植株数	脱毒率/%
0.12	1	50	24	48
0.27	2	42	18	42.9
0.60	4	64	0	0

茎尖并不是越小越好，太小则不容易成活及培育成苗，有时候用较大的茎尖做外植体，其脱病毒的效果并不一定比只用生长点分生组织差。

2. 外植体的生理状态

顶芽的脱毒效果比侧芽好，生长旺盛季节的芽作为外植体脱毒比休眠芽或快进入休眠的芽的脱毒效果好，一般情况下，茎尖培养应在春季进行，若要在休眠期进行，则必须采用某种适当的处理方法。在大多数马铃薯品种中，春季和初夏采集的茎尖比在较晚季节采集的容易生根。此外，外植体材料病毒侵染的程度也会影响脱毒效果，被单一病毒感染的外植体植株脱毒比较容易，感染多种病毒的外植体植株脱毒较难。

3. 培养基

通过正确选择培养基，可以显著提高获得完整植株的成功率。在很多情况下，茎尖培养多采用MS培养基。因为在被子植物中，生长素可能来源于第2对幼叶原基，所以要培养不带叶原基的茎尖分生组织，必须添加外源激素。在洋紫苏、胡萝卜、烟草、旱金莲及一种百合属植物中，要培育不带任何叶原基的分生组织，外源激素的存在是必不可少的。外源激素应当避免使用2,4-D，因为它通常能诱导外植体形成愈伤组织，而常用的NAA由于比较稳定，效果较好。

第二节　植物病毒检测方法

一、植物形态学检测法

植物形态学检测法主要是以植物病毒病害的症状与表观病变作为鉴定病毒和确定脱病毒效果的方法。植物在感染病毒后导致细胞发生病理学变化，之后逐渐在外部表现出形态特征，形成症状。然而，带毒株不一定都能表现出患病症状或者症状不明显。因此，植物形态学检测法只能作为初步鉴定的参照。

二、指示植物检测法

利用病毒在指示植物上出现特征性症状，作为鉴别是否存在某种病毒侵染的方法，指示植物是指对某种或某些特定病毒非常敏感，而且症状表现十分明显的植物。例如，目前国内草莓病毒病的检测广泛采用指示植物小叶嫁接鉴定法。但是该方法工作量大，植物病毒症状的出现与否、症状发生程度容易受到寄主植物的生理状况和生长条件影响，同时该方法也需要占用较多的土地、温室资源和种植、生长时间。

三、抗血清检测法

植物病毒是一种由核酸和蛋白质组成的抗原。当把经过纯化的某种已知病毒注射到脊椎动物(通常是兔)体内后，就会产生一种相应的抗体。抗体主要存在于血清中，含有抗体的血清称为抗血清。注射到动物体内的病毒不同，所产生的抗血清也不同。抗原和抗体之间能发生高度专一性的免疫反应，借助这种反应，就可用已知病毒的抗血清鉴定未知病毒的种类。

四、组织细胞检测法

通过观察植物病毒颗粒形态、大小、结构、内含体组成和病毒侵染的组织病变等特征来确定病毒是否存在。利用电镜法鉴定植物病毒的优点是快速、简单和直观，需要一定的硬件条件和电镜操作技能，而且样本数量不需太大。但是，由于植物病毒相对较小，没有观察到病毒不一定说明病毒不存在。

目前，电镜已成为植物病毒研究必不可少的常规手段之一。运用该技术，可以很直观地显示病毒粒子的形态结构、病毒在寄主细胞内的存在状态、寄主细胞的结构变化，以及病毒的复制和装配等过程。尽管当今分子生物学技术的发展给我们提供了比电镜技术更灵敏、简便的病毒诊断方法，但由于形态观察的直观性，电镜诊断仍有着重要的应用价值。

五、酶联免疫吸附测定法

目前用于植物病毒研究最普遍的血清学方法为酶联免疫吸附测定法(enzyme linked immunosorbent assay，ELISA)，是把抗原-抗体的免疫反应与酶的催化反应相互结合而发展起来的一种综合性技术。它的灵敏度高，特异性强，特别是当寄主体内病毒浓度很低或同时存在病毒钝化物或抑制剂时优势尤为明显，因而是近年来病毒检测方法中发展最快、应用最广的一种方法。

1. ELISA 方法的原理

一个抗体分子与靶抗原结合之后，形成的抗原抗体复合物肉眼是不可见的，如将抗体(抗原)与某种显色剂偶联，抗原与抗体结合形成的复合物就由不可见变为可见，从而确定样品中是否存在某种抗原(抗体)。酶免疫技术就是用酶(如辣根过氧化物酶)标记已知抗体(抗原)，然后与样品在一定条件下反应，如果样品中含有相应抗原(抗体)，抗原抗体相互结合的复合物中所带酶分子遇到底物时，能催化底物水解、氧化或还原，产生显色反应，这样就可以定性、定量测定样品中的抗原(抗体)。

ELISA 是在酶免疫技术(immunoenzymatic technique)的基础上发展起来的一种新型免疫测定技术，其基本原理是抗体(抗原)与酶结合后，仍能与相应的抗原(抗体)发生特异性结合反应。将待检样品事先吸附在固相载体表面称为包被，加入酶标抗体(抗原)后，酶标抗体(抗原)与吸附在固相载体上的相应的抗原(抗体)发生特异性结合反应。形成酶标记的免疫复合物，不能被缓冲液冲掉，当加入酶的底物时，底物发生化学反应，呈现颜色变化，颜色的深浅与待测抗原(抗体)的量相关，借助分光光度计的光吸收计算抗原(抗体)的量，也可用肉眼定性观察，因此，可定量或定性地测定抗原(抗体)。

2. 测定方法的特点

ELISA 测定方法的特点是，不论是定性的还是定量的，都必须严格按照规定的方法制备试剂和实施测定，如缓冲液可于冰箱中短期保存，但使用前仍需观察是否变质；蒸馏水最好是新蒸馏的，因为不合格的蒸馏水可使空白值升高。测定实验中，应力求各步骤操作的标准化。下面以板式 ELISA 为例，介绍有关注意事项。

(1) 加样

在 ELISA 中除了包被外，一般需进行 4～5 次加样，在定量测定中加样量应力求准确。标本和结合物的稀释液应按规定配制，加样时应将液体加在加样板上加样孔底部，避免加在加样孔的壁上，并注意不可出现气泡。

(2) 保温

ELISA 中一般有二次抗原抗体反应，即在加标本后和加结合物后。此时反应的温度和时间应按规定的要求，保温容器最好是水浴箱，可使温度迅速平衡。各 ELISA 不应折叠在一起。为避免蒸发，板上应加盖或将板平放在底部垫有湿纱布的湿盒中。湿盒应该是金属的，容易传热。如用保温箱，空湿盒应预先放在其中，以平衡温度，这在室温较低时更加重要。加入底物后，反应的时间和温度通常不做严格要求，室温即可。ELISA 板可避光放在实验台上，方便及时观察，待对照管显色时，即可终止酶反应。

(3) 洗涤

洗涤 ELISA 板的过程不是反应步骤，但却是决定实验成败的关键。洗涤的目的是洗去反应液中没有与固相抗原或抗体结合的物质，以及在反应过程中非特异性吸附于固相载体的干扰物质。聚苯乙烯等塑料对蛋白质的吸附作用是普遍性的，因此在 ELISA 测定反应过程中，应尽量避免非特异性吸附，在洗涤时应把这种非特异性吸附的干扰物质洗涤下来。

聚山梨酯(吐温，Tween)为非离子型表面张力物质，常用作助溶剂，ELISA 中最常用的是聚山梨酯 20。在标本和结合物的稀释液和洗涤液中加入此类物质，可达到减少非特异性吸附和增强抗原抗体结合的作用。

ELISA 板的洗涤一般可采用的方法有：①吸干加样孔内反应液；②将洗涤液注满孔板；③放置 2min，略作摇动；④吸干加样孔内液体，可倾去液体后在吸水纸上拍干。洗涤的次数一般为 3～4 次，有时甚至须洗 5～6 次。

(4) 比色

ELISA 实验结果可用肉眼观察，也可用酶标仪测定。肉眼观察有一定准确性，将凹孔板置于白色背景上，用肉眼观察结果。每批实验都需要阳性和阴性对照，如颜色反应超过阴性对照，即判断为阳性。若要获得精确实验结果，须用酶标仪来测量光密度，所用波长随底物而异。

(5) 结果判定

1) 用"+"或"-"表示。超过规定吸收值(0.2～0.4)的标本均属阳性,此规定的吸收值是根据事先测定大量阴性标本取得的,是阴性标本的均值加两个标准差。

2) 直接以吸收值表示。吸收值越大,阳性反应越强,此数值是固定实验条件下得到的结果,而且每次都伴有参考标本。

3) 以终点滴度表示。将标本稀释,最高稀释度仍出现阳性反应,即吸收值仍大于规定吸收值时,为该标本的滴度。

4) 以P/N表示。P表示标本的吸收值,N表示一组阴性标本吸收值,P/N值大于1.5倍、2倍或3倍,即判断为阳性。

ELISA法可以检测种传病毒,也可检测介体昆虫内携带的病毒,对植物病毒的早期诊断、病情的预测、预报具有重要的意义。ELISA还可以检测病毒间的关系包括亲缘关系和株系关系,还可以用来分析亲缘关系很近的病毒间的分化。

ELISA法灵敏度高,特异性强,应用范围广,已经成功地用于几百种植物病毒的粗提液和提纯液的测定。既能定性又能定量测定抗体或抗原,而且不需要使用同位素和复杂的设备如电镜、荧光显微镜、计量器等。仪器简单,自动化程度高,已有商品化的试剂盒出售;价格低廉,试剂用量少并可较长时间保存。标记的抗体可以冻干保存,携带到基层单位进行病毒鉴定,适于测定大量样品且对人体基本无害。

六、直接组织斑免疫测定法

直接组织斑免疫测定法(immunological detection of direct tissue blotting,IDDTB)是直接将感病组织在硝酸纤维素膜(NC)上印迹后,用酶标单抗体进行标记、显色检测的一种技术。用IDDTB检测植株病组织中的马铃薯X病毒(PVX)和芫菁花叶病毒(TuMV)已获得较好的结果。与ELISA相比,此方法操作流程简单,对仪器设备水平要求较低,耗时较短,整个检测过程只需1.5～2h就可完成。

七、胶体金免疫层析法

胶体金免疫层析法(gold immunochromatography assay,GICA)又简称为免疫层析试验(ICA),是20世纪末在免疫渗滤技术上建立的一种免疫学检测技术。

由于胶体金颗粒具有高电子密度和结合生物大分子的特性,如结合蛋白质、毒素、抗生素、激素、核酸、多肽缀合物等,因此可以将其作为示踪标志物,应用于抗原抗体反应中,再利用抗原抗体反应来检测抗原。其原理是以硝酸纤维素膜为载体,当干燥的硝酸纤维素膜一端浸入样品后,在毛细管作用下,样品沿着该膜向前移动,当移动至固定有抗体的区域时,样品中相应的抗原即与该抗体发生特异性结合,通过胶体金的颜色显示出来,从而实现特异性的免疫检测。与前两种方法相比,该方法操作简单,不需要特殊处理样品,样品用量较小,检测时间短,整个检测过程只需10～20min就可完成;不需要任何特异性的仪器设备,而且实验结果可以长期保存;肉眼水平就可以观察检测结果,特别适合口岸检疫、基层单位的实验室和大田病毒病害的快速检测。但其灵敏度不及酶联免疫吸附测定。已研制成的PVX和PVY检测用胶体金免疫层析试纸条,PVX试纸条检测植株病液可稀释10 000倍,PVY检测植株病液可稀释1000倍。田间采集的20份马铃薯病液样品按1∶10稀释，用试纸条检测，结果和酶联免疫吸附测定的结果相符。

八、以核酸为基础的检测方法

核酸杂交方法是一种基于病毒核酸链间互补碱基对的特异性结合来测定核酸碱基序列同源性，从而鉴定病毒的整个或部分遗传物质的技术。病毒核酸杂交方法应用的前提是获得病毒的全部或部分基因组序列，然后根据已知序列制备探针。通过探针与病毒样品的杂交反应即可确定其同源性的高低，从而识别不同的病毒甚至同种病毒的不同株系。

1. 反转录-聚合酶链式反应检测技术

反转录-聚合酶链式反应(reverse transcription polymerase chain reaction，RT-PCR)技术是一种体外扩增DNA技术，大多数植物病毒为RNA，以此为模板通过反转录合成cDNA，然后对cDNA进行扩增，以便分析检测。该方法具有操作简单、灵敏度高、快速、特异性强、重复性好和用量少等优点。

M-RT-PCR称多重引物PCR或复合PCR，它是在同一PCR反应体系里加上2对以上引物，同时扩增出多个核酸片段的PCR反应，其反应原理、反应试剂和操作过程与一般PCR相同。该方法具有以下优点：首先，具有高效性，即可在同一PCR反应管内同时检测多种病毒，或对多型目的基因进行分型；其次，具有系统性，很适用于成组病原体的检测。

2. 免疫捕捉-RT-PCR检测技术

免疫捕捉-RT-PCR(IC-RT-PCR)检测技术是免疫学技术与RT-PCR技术相结合建立起来的检测技术，对病毒检测有极高的灵敏度，尤其适用于极微量抗原的检测。在进行RT-PCR扩增反应前，利用病毒专化性抗体与病毒抗原相结合，将目标病毒固定在微管或微板等固相上，经洗脱处理后富集病毒，再进行RT-PCR反应。该技术的优点是能够避免植物组织中单宁、多糖等物质对PCR的抑制作用，而且不需要提取病毒RNA，在不破坏病毒粒体的情况下实现病毒检测。最重要的是该方法中的病毒特异性抗体可用依赖于dsRNA的单克隆抗体替代，为不具备病毒特异性抗体或采用免疫学技术很难检测的病毒提供了一个可行的检测方法。其灵敏度与典型的RT-PCR检测技术相同。

3. 核酸杂交检测技术

核酸杂交技术(nucleic acid hybridization)是依据探针与病毒的核酸相杂交的原理进行检测，将病毒的一段核苷酸序列进行放射性或非放射性标记，制成探针，再与待检样品的核酸杂交，能指示病原体的存在。目前以核酸杂交技术为基础建立的检测方法有：核酸斑点杂交技术(nucleic acid spot hybridization，NASH)和PCR微量板杂交技术。

核酸杂交技术的实用方法主要是核酸斑点杂交，此方法比ELISA法更具有特异性，对类病毒和其他病毒因子的诊断检测特别有用。与聚合酶链式反应(PCR)比较，核酸杂交的灵敏度高，尤其是其特异性更强的特点，保证了病毒检测的可靠性，但是进行核酸杂交需要同位素或其他有毒有害物质标记，同时，膜杂交只能对小批量样品进行处理，手工杂交需要较长的样品处理时间，目前只是在某些研究条件下使用。

NASH最初应用于类病毒检测，现在已推广到病毒检测。用NASH方法可检测PVX、PVS(马铃薯S病毒)、PLRV(马铃薯卷叶病毒)。用NASH检测PVX，试验结果表明与ELISA检测法相比，该方法的灵敏度是ELISA的100～250倍，这是因为杂交分析使用全部或部分病毒基因组制备的特异性探针，而血清学检测是建立在病毒外壳蛋白基因基础上，它只代表了基因组的一部分。NASH 还成功地检测了 PVX 不同分离株系。但是 NASH 也存在一定的缺点，比如在检测大量样品时，探针的分离比较困难，而且在检测休眠种薯中的病毒时，检测灵敏度不高，尤其对于 PVY 和 PLRV 两种病毒。

PCR 微量板杂交技术是 RT-PCR 技术与核酸杂交技术相结合建立起的一种病毒检测手段。它是由 Inouye 等首先改进的一种新的杂交方法，其基本原理是通过 RT-PCR 扩增病毒特定基因片段，把 cDNA 加热变性后直接吸附在微量板孔内，再利用地高辛标记的 cDNA 探针杂交，对 RT-PCR 产物进行检测，利用带有探针的杂交核酸指示病毒的存在。该技术可以检测出极微量的病原物，其灵敏度是 ELISA 的 104 倍。运用此方法对新鲜或冷冻的感病叶片进行 PVY 检测，试验结果显示，应用 ELISA 测定为阳性的样品，PCR 微量板杂交法均能检出，ELISA 检测为假阴性的样品 RT-PCR 产物在凝胶电泳中很明显，条带清晰，微量板的吸附值也很高。由此可见，PCR 微量板杂交技术的灵敏度高于 ELISA。

4. 指示分子核苷酸扩增技术

指示分子核苷酸扩增技术(nucleic acid sequence based amplification，NASBA)是以 RNA 转录为基础的等温扩增方法，适用于 RNA 病毒的扩增，一般可通过分子杂交判断扩增结果。此方法在有双链 DNA 存在的情况下也可实现对单链 RNA 的特异扩增，具有高度的特异性。

Leone 等设计合成了与 PLRV 特定 RNA 序列互补的指示分子，并应用于 PLRV RNA 的 NASBA 扩增反应中，结果发现，在阳性反应中荧光强度随时间的延长呈指数曲线形式增加，而在阴性反应中荧光强度无变化。

5. 实时荧光定量 PCR 检测技术

实时荧光定量 PCR(real-time PCR)检测技术于 20 世纪末由美国 Applied Biosystems 公司推出，已应用于很多领域的研究。此技术是在 PCR 反应体系中加入荧光基团，利用荧光信号积累实时监测整个 PCR 进程，最后通过标准曲线对未知模板进行定量分析的方法。

此方法与传统的 PCR 检测法相比具有较大的优势。首先，它不仅操作简便，快速高效，高通量，而且具有很高的敏感性、重复性和特异性；其次，整个反应始终在封闭的环境中完成扩增和实时监测，不会污染实验材料并且无需在扩增后进行操作，克服了常规技术中存在的假阳性污染和不能准确定量的缺点；再次，还可以通过不同的引物设计在同一反应体系中同时对多个靶基因分子进行扩增；最后，由于加入了荧光标记不需要在 PCR 反应后进行电泳，可以大大地减少时间和降低费用，同时也降低了检测的费用。所以该方法非常适合高通量的检测。Bright 等通过此方法成功地将休眠薯中含有的 PLRV、PVA(马铃薯 A 病毒)、PVX 和 PVY 检测出来。

6. 基因芯片检测技术

基因芯片(gene chip)又称为生物芯片、DNA 芯片、DNA 微阵列(DNA microarray)、寡核苷酸阵列(oligonucleotide array)，是最近国际上迅猛发展的一项高新技术，以其高通量、高信息量、自动化程度高的特点成为检测病毒核酸的最佳方法，是植物病毒快速检测技术的重要发展方向。

该方法的原理是采用原位合成(*in situ* synthesis)或显微打印手段将各种病毒样品的基因片段或特征基因片段固化于支持物表面上，产生二维 DNA 探针阵列，制成基因芯片，然后与标记的待检样品进行杂交，杂交信号借助激光共聚焦显微扫描技术进行实时、灵敏、准确的检测和分析，再经计算机进行结果判断。应用 cDNA 芯片技术已检测 4 种侵染葫芦科植物的烟草花叶病毒属病毒。谷宇对我国马铃薯田发生最普遍、危害严重的 9 种病毒和 1 种类病毒制备了检测芯片，每种病毒设置了 2～4 条探针，用已有的 7 种病毒作为样品进行杂交检测，检出率高达 100%，而且不同的检测病毒之间没有出现相互干扰和假阳性信号，结果比较理想。

附：植物组织脱毒实例分析

一、马铃薯茎尖培养脱毒方法

利用茎尖组织培养结合病毒检测，对马铃薯进行脱毒，进而生产脱毒种薯用于生产，可有效地防止种薯退化，大幅度提高马铃薯产量。其主要脱毒方法有以下几步。

1. 取材和消毒

将欲脱毒的品种块茎催芽，芽长 4～5cm 时，剪芽并剥去外叶，自来水下冲洗 20～30min 后，再用 75%乙醇溶液浸蘸一下，然后放入无菌杯内用 0.1%氯化汞溶液浸泡 5min，再用无菌水冲洗2～3 次。

2. 剥离茎尖和接种

在无菌室内，于 30～40×解剖镜下，剥取带 1 个叶原基的茎尖(0.1～0.3mm)，接种于 MS 茎尖培养基的试管中。试管中的 MS 茎尖培养基包括大量元素、微量元素、有机成分和生长素、细胞分裂素、蔗糖和琼脂，pH 为 5.8，经过高压蒸汽灭菌后使用，每瓶接种 1 个茎尖。

3. 培养基和培养条件

接种的茎尖培养于 22～25℃、2000～3000lx 光照条件下的培养室内，100～120 天则长成 3～4 片叶的小植株。在无菌条件下，进行切段扩繁一次，取部分苗进行病毒检测。

4. 病毒检测

病毒检测是茎尖脱毒不可缺少的步骤。常用 ELISA 法进行检验，无阳性反应后再用指示植物法鉴定。无任何反应的茎尖苗即脱毒苗可用作大棚温室快速繁殖。

5. 原种的扩繁

一般在温室上覆 40～45 目尼龙纱网，将脱毒苗种于蛭石、珍珠岩及草炭土制成的基质中栽培。

二、三叶半夏脱毒组培

1. 组培材料的预处理和消毒

选取直径 1.0～1.5cm 的半夏健壮块茎，用清水洗净后于(25±1)℃、相对湿度 75%左右直接催芽处理，芽长 0.3cm 左右时洗净后剥去外部栓皮，切成带芽的方块，流水冲洗 2～3h，在无菌条件下用 75%乙醇溶液浸泡 20s，无菌水冲洗 3～4 次，再用 0.1%氯化汞溶液浸泡 10min，无菌水冲洗 6～8 次，必要时每 150ml 无菌水加医用头孢拉定和制霉菌素各 1 粒浸泡 5min，无菌水冲洗3～4 次。

2. 脱毒处理及组培

(1) 茎尖分生组织脱毒处理

直接催芽处理的带芽块茎消毒后，无菌条件下，用 40×解剖镜分别剥取 0.1～0.3mm 的茎尖分生组织接种于初代培养基。一般情况下，当剥取的茎尖大小均为 0.1～0.2mm 时，单独茎尖分生组织培养或结合热处理进行脱毒，病毒脱除率可达到 50%。

根据培养基筛选的结果，初代培养基配方为：MS+2.0mg/L 6-BA+0.5mg/L NAA。芽分化和扩繁培养基配方为 MS+0.5～2.0 mg/L 6-BA+0～0.5mg/L NAA，所有外植体接种后于暗培养 7 天之后再转入光下进行正常培养。光照强度 1500～2000lx，每天光照 12h，温度(25±1)℃。

(2) 继代培养

初代接种约 1 个月后，由分生组织长出的芽转接于新的培养基。以后每 20 天转接 1 次，继代培养。

(3) 生根培养

将高 2～3cm 的无根芽(15～20 天)接种于生根诱导培养基(1/2MS+0.3mg/L IBA+0.1mg/L NAA+0.5%活性炭+30g/L 蔗糖+0.6%琼脂，pH5.8)，诱导生根。

(4) 驯化栽培

当根长到 0.5～1.0cm 时，将瓶苗移至温室，自然光照射 3～5 天后，打开瓶盖，并加水保持湿度 4～5 天。将苗从瓶中取出并洗去残留的琼脂，防止烂根。将苗种于消毒处理的装有基质的育苗盘中，保持湿度并适当遮阴，移入大田。

(5) 病毒检测

当长出较大叶片时，取叶片进行病毒检测。

应用 Northern blot 方法：采用玻片杂交的方法，分别取脱毒苗 0.1g 叶片，用 Trizol 提取总 RNA，用手工点样仪(Axon 公司)按设计好的矩阵将总 RNA 变性产物点于氨基化玻片上，每处理约 6nl 变性样品，65℃烘箱烘干，80℃焙烤 90min，分别标记 CMV(黄瓜花叶病毒)、DsMV(芋花叶病毒)和 SMV(大豆花叶病毒)探针，进行玻片杂交。结果如图 4.2 所示。

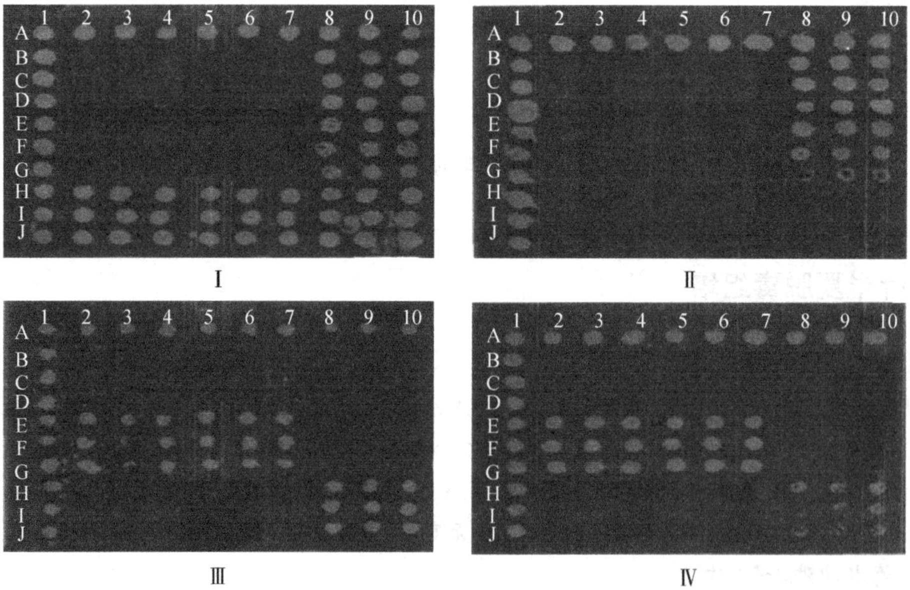

图 4.2　CMV 与 SMV 杂交检测 (郭巧萍等　2010)

Ⅰ和Ⅱ，Ⅲ和Ⅳ分别为 CMV 和 SMV 的杂交结果，1～10 和 A～J 为阳性对照，2～4，5～7，8～10 分别为不同样品的三个重复；B～D，E～G，H～J 都是不同样品的三个梯度；Ⅰ、Ⅲ样品依次为阴性对照，健康烟草，感染 CMV 烟草，BX1，BX2，BX3，BX4，BX5，BX6；Ⅱ、Ⅳ样品依次为阴性对照，健康烟草，感染 CMV 烟草，BX8，BX9，BX10，BX11，BX12，BX7

(6) 组培

将检测获得的无病毒培养物,继代培养进行扩繁。

思　考　题

1. 植物组织脱毒的概念与意义。
2. 植物组织脱毒的方法有哪些?
3. 植物病毒的检测方法有哪些?
4. 举例说明植物组织脱毒的应用。

第五章　植物体细胞杂交

植物体细胞杂交(somatic hybridization)又称原生质体融合(protoplast fusion),指将植物不同种、属甚至科间的原生质体通过人工方法诱导融合,然后进行离体培养,使其再生杂种植株的技术。植物体细胞融合与有性生殖相比有一些突出特点:它不但可以克服有性生殖中授粉、花粉管生长、受精、胚败育等可能发生的不亲和现象,打破了有性重组的界限,而且它没有通过减数分裂,具有最完整的遗传信息。这种杂种细胞不但具有“父系细胞”和“母系细胞”的完整的染色体基因,而且可能携带了体细胞杂交双方的细胞质基因。这样的杂种细胞还可凭再生能力发育为完整植株,因而可以培育新品种,甚至创造新物种,创造新的远缘杂种。植物体细胞杂交是现代生物技术的重要组成部分。全部技术环节包括原生质体分离、原生质体培养、体细胞杂交、杂种细胞产生愈伤组织及再生植株等(图 5.1)。

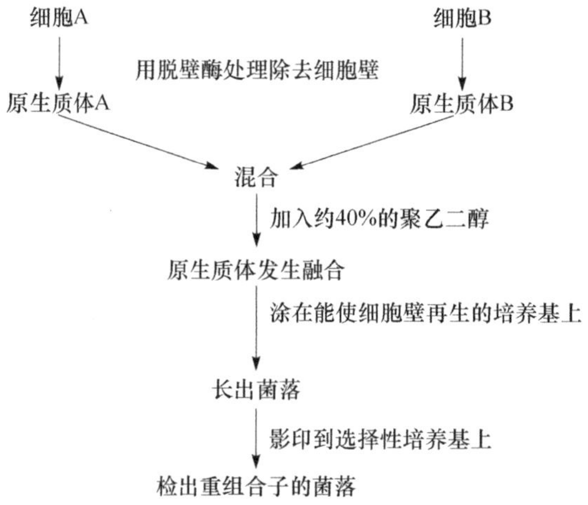

图 5.1　植物体细胞杂交示意图

第一节　植物细胞原生质体制备

植物原生质体(protoplast)是一个被原生质膜包围的“裸露细胞”(图 5.2),即没有细胞壁的单细胞系统,为体细胞遗传研究和作物改良提供了许多方便。利用它可以实现体细胞杂交,细胞突变体筛选,以及细胞对外源基因、DNA 片段、细胞器、染色体的捕获等。早在 1880 年,Hanstein 就提出了原生质体的概念,即指“通过质壁分离,能够和细胞壁分开的那部分细胞物质”,而且人们早已肯定植物原生质体与植物细胞一样,具有遗传上的全能性和再生成完整植株的能力。体细胞杂交成为一种突破物种的生殖隔离、创造远缘杂种的新途径。分离并获得大量高活性的原生质体,是体细胞杂交的基础。

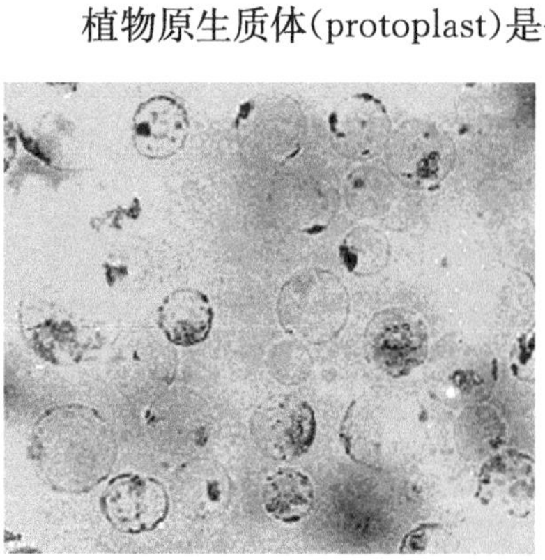

图 5.2　植物原生质体

一、植物细胞原生质体分离

与动物细胞不同，植物细胞外部有一层坚硬的细胞壁，细胞壁的主要成分为纤维素、半纤维素、果胶质和少量蛋白质等。在细胞分化过程中，各种成分的比例会发生变化，如逐渐增加木质素等次生物质。从植物中分离原生质体首先要脱去植物细胞的细胞壁。原生质体的分离方法主要有两种：机械分离法和酶解分离法。机械分离法分离原生质体的第一步是先将细胞放在高渗糖溶液中进行预处理，使细胞发生轻微质壁分离，原生质体收缩成球形。第二步是用机械法磨碎组织，从伤口处释放出完整的原生质体。此法排除了外加酶法对原生质体的结构和代谢的不利影响。用这种方法曾成功地分离出藻类原生质体。但用这种方法获得完整的原生质体的数量比较少，能够用此法产生原生质体的植物种类受到限制，只能从那些高度液泡化的细胞中分离得到有限的原生质体，现已很少使用。酶解分离法是 1960 年 Cocking 首次使用，用酶解分离法从番茄根尖中分离得到原生质体，从而开创了用酶解分离法分离植物原生质体的新时期。利用酶解分离法可以获得大量的原生质体，而且几乎所有植物的器官、组织、细胞均可用酶解分离法获得原生质体。

（一）植物材料选择

一般来说，植物各个器官，如根、茎、叶、花、果实、种子及愈伤细胞和悬浮细胞等都可作为分离原生质体的材料。但是要获得高质量的原生质体，则需选用生长旺盛、生命力强的组织作材料。材料的生理状况是原生质体质量的决定性因素之一。

1. 叶肉细胞

叶肉细胞是分离原生质体的最好的细胞材料，从叶片中可以分离出大量的比较均匀一致的原生质体(如图 5.3)。由于叶肉细胞排列疏松，酶的作用很容易到达细胞壁，而且叶肉细胞原生质体有明显的叶绿体存在，为选择杂种细胞提供了天然的标记。用叶片的薄壁组织作为材料来源，既要考虑植株的生长环境，又要考虑叶片的年龄及其生理状态对原生质体分离的影响。取生理状态适宜的叶片，有利于原生质体的细胞再生和细胞分裂。通常选用植株上充分展开的叶片。

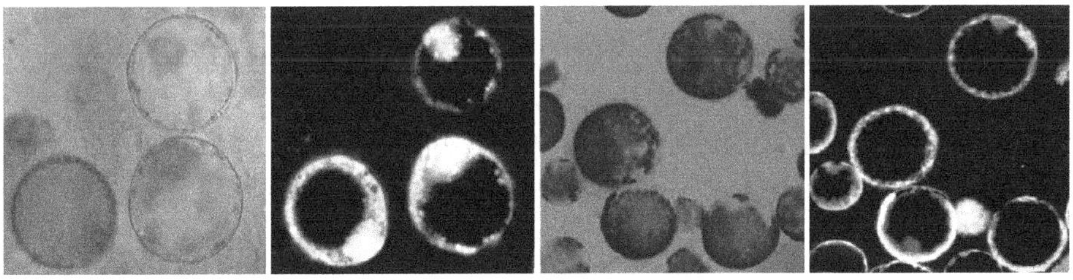

图 5.3　叶肉原生质体分离纯化(叶露飞　2010)

A. 烟草 BY-2 细胞原生质体；B. 烟草 BY-2 细胞原生质体活力染色结果；
C. 蚕豆叶肉细胞原生质体；D. 蚕豆叶肉细胞原生质体活力染色结果

2. 愈伤组织

在无菌条件下，将植物器官或组织(如芽、茎尖、根尖或花药)的一部分切下来，放在适当的人工培养基上进行培养，这些器官或组织就会进行细胞分裂，形成新的组织。不过这种组织没有发生分化，只是一团薄壁细胞，叫做愈伤组织(图 5.4)。在定期(2～4 个星期)更换的新鲜的培养基上愈伤组织可以继续生长增殖，长期保持旺盛的生长。继代培养的时间和培养基的成分等都会影响原生质体分离的数量和质量。

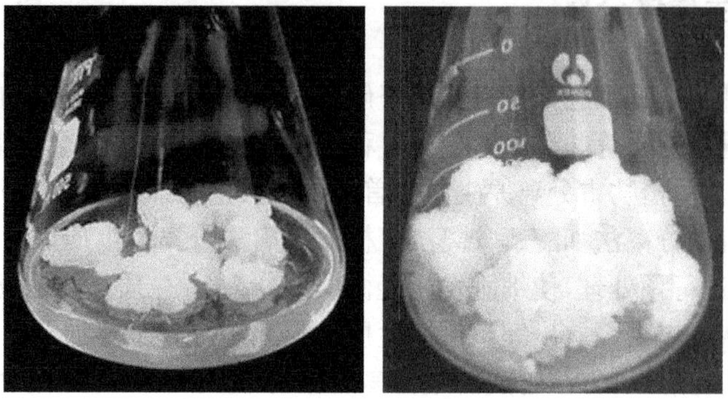

图 5.4 愈伤组织

3. 细胞悬浮培养物

在建立细胞悬浮培养物之前,需提前培养愈伤组织。即取用成熟种子胚、未成熟胚、幼穗、花药、胚芽鞘或幼叶,经无菌消毒后,在 26℃黑暗条件下,在 MS 固体培养基上,诱导愈伤组织,每隔 2～4 天转接一次。从中选出增殖较快而且呈颗粒状的愈伤组织,或经继代培养一次后,转移到液体培养基进行悬浮培养。具体方法是用旋转式振荡器,在(25±1)℃暗培养。悬浮培养初期应每隔 3 天继代一次,一个半月后,吸取 4～5ml 悬浮细胞转到新鲜培养基中,以后每隔 7 天继代一次。通常经悬浮培养 3～4 个月后,悬浮培养细胞的大小变得较为一致且细胞质变得较浓时,可用作分离原生质体。

4. 试管苗

由于从正常生长的植株上取材往往受各种环境条件和植株本身生理条件的影响,因而有许多研究者采用试管苗作为原生质体的来源。用试管苗分离原生质体时,在分离前不必作灭菌处理,而且试管苗完全可以在人为控制的条件下生长。

(二) 植物材料的预处理

对原生质体材料进行预处理能提高原生质体的分裂频率,也可以逐步提高植物材料的渗透压,以适应培养基中的高渗环境。这些处理包括:暗处理、预培养、低温处理等。

1) 暗处理。把豌豆的枝条取下后,在分离原生质体前,先让材料在黑暗中的一定湿度条件下放1～2 天,这样得到的原生质体存活率高,并能继续分裂。

2) 预培养。在羽衣甘蓝叶肉组织原生质体分离和培养中,先去掉叶片的下表皮,再在诱导愈伤组织的培养基中预培养 7 天,然后再去壁。经预培养的叶片分离的原生质体高度液泡化,叶绿体也解体。

3) 低温处理。龙胆试管苗的叶片只有用 4℃低温处理后分离得到的原生质体才能分裂。

(三) 植物材料的灭菌处理

试管苗、愈伤组织、培养细胞等材料因在无菌条件下生长,基本不带菌,所以不用灭菌。而从外界或室内选取的植物材料,都不同程度地带有各种微生物。这些污染源一旦带入,就会造成污染。因此,用叶片作为材料,植物材料必须经严格的表面灭菌处理:①取已展开的生活叶片,用 0.53%次氯酸钠溶液和 70%乙醇溶液进行表面灭菌;②切成 2cm^{2}左右;③把 4g 叶组织置于含有 200ml 培养基的 500ml 三角瓶中,培养基中不含蔗糖和琼脂;④在 4℃黑暗条件下培养 16～24h,再转入酶解液中进行酶解。

(四)原生质体的游离

1. 破壁酶系

构成植物细胞壁的三个主要成分是:①纤维素,占细胞壁干重的25%～50%;②半纤维素,平均约占细胞壁干重的53%;③果胶质,一般占细胞壁干重的5%。因此,在原生质体制备中主要酶系为纤维素酶、半纤维素酶和果胶酶等。

纤维素酶是从绿色木霉中提取的一种复合酶制剂,主要含有纤维素酶C,作用于天然的和结晶的纤维素,具有分解天然纤维素的作用,也含纤维素酶CX,作用于定形的纤维素,可分解短链纤维素,另含有纤维素二糖酶、木聚糖酶、葡聚糖酶、果胶酶、脂肪酶、磷脂酶、核酸酶、溶菌酶等,总体作用是降解纤维素,得到裸露的原生质体。果胶酶可从根霉中提取,使细胞间的果胶质降解,把细胞从组织内分离出来。半纤维素酶制剂可以降解半纤维素为单糖或单糖衍生物。此外,还有蜗牛酶,是从蜗牛的嗉囊和消化道中制备的混合酶,含有纤维素酶、果胶酶、淀粉酶、蛋白酶等20多种酶,主要用于花粉母细胞和四分体细胞。目前常用的商品酶液见表5.1。

表5.1　常用的商品酶

种　类	名称及公司
纤维素酶	Cellulase Onozuka R-10(Kinki Yakult Manuf. Co. Ltd. ,Nishinomiya,Japan)
	Cellulase Onozuka RS(Kinki Yakult Manuf. Co. Ltd. ,Nishinomiya,Japan)
	Meicelase P(Meiji Seika Kaisha Ltd. , Nisha Ltd. Tokyo,Japan)
	Cellulysin(Calbiochem. ,California 92037,USA)
	Cellulase(Sigma,USA)
果胶酶	Driselase(Kyowa Hakko Kogyo Co. Ltd. ,Japan)
	Pectolyase Y-23(Kikkoman Shoyu Co. Ltd. ,Japan)
	Macerozyme R-10(Kinki Yakult Manuf. Co. Ltd. , Japan)
	Macerozyme(Yakult Biochemicals Co. Ltd. , Japan)
	Pectinase(Sigma,USA)
	PATE(Hoechst,Germany)
半纤维素酶	Pectinal(Rohm and Haas Co. ,USA)
	Hemicellulase H 2125(Sigma, USA)
	Rhozyme HP-150(Rohm and Haas Co. ,USA)

2. 渗透稳定剂

植物细胞壁对细胞有良好的保护作用。去除细胞壁之后如果溶液中的渗透压和细胞内的渗透压不同,原生质体有可能涨破或收缩。因此在酶液、洗液和培养液中渗透压应大致和原生质体内的相同,或者比细胞内渗透压略大些。渗透压大些有利于原生质体的稳定,但也有可能阻碍原生质体的分裂。

因此,在分离原生质体的酶溶液内,需加入一定量的渗透稳定剂,其作用是保持原生质体膜的稳定,避免其破裂。常用的两种系统为:

1) 糖溶液系统:包括甘露醇、山梨醇、蔗糖和葡萄糖等,浓度为0.40～0.80mol/L,本系统还可促进分离的原生质体再生细胞壁并继续分裂。

2) 盐溶液系统:包括KCl、$MgSO_4$和KH_2PO_4等,其优点是获得的原生质体不受生理状态的影响,因而材料不必在严格控制的条件下栽培,不受植株年龄的影响,使某些酶有较大的活性，使原生质体稳定。

另外，添加牛血清蛋白可减少或防止降解细胞壁过程中对细胞器的破坏。近年来多采用在盐溶液内进行原生质体分离，然后再在用糖溶液作渗透稳定剂的培养基中培养。此外，酶溶液里还可加入适量的葡聚糖硫酸钾，它可提高原生质体的稳定性。这种物质可使 RNA 酶钝化，并使离子稳定。

3. 酶解处理

制备原生质体时，首先要让酶制剂大量地吸附到细胞壁的纤维素上去，因此，一般先将材料分离成单细胞，然后分解细胞壁。采用将酶液减压渗入组织或将组织切成薄片等方法，都可增加酶液与纤维素分子接触的机会。

酶解处理目前常用的多是"一步法"，即把一定量的纤维素酶、果胶酶和半纤维素酶组成混合酶溶液，材料在其中处理一次就可得到分离的原生质体。植物材料需按比例和酶液混合才能有效地游离原生质体，一般去表皮的叶片需酶量较少，而悬浮细胞则用酶量较大。每克材料用酶液 10～30ml。由于不同材料的生理特点不同，在研究游离条件时，必须试验不同渗透压浓度的细胞，找出适宜的渗透浓度。例如，游离小麦悬浮细胞的原生质体的酶液中需加入 0.55mol/L 甘露醇，游离水稻悬浮细胞的原生质体的酶液中只加 0.4～0.45mol/L 甘露醇，两者差别较大。

酶解处理一般在黑暗中静止进行，在处理过程中偶尔轻轻摇晃几下。对于悬浮细胞、愈伤组织等难游离原生质体的材料，可置于摇床上，低速振荡以促进酶解。酶解时间几小时至几十小时不等，以原生质体游离下来为准。但是，时间过长对原生质体有害，所以一般不应超过 24h。酶解温度要从原生质体和酶的活性两方面考虑。对于上述几种酶来说，最佳处理温度在 40～50℃，但这个温度对植物细胞来说太高，所以一般都在 25℃左右进行酶解。

二、植物细胞原生质体纯化

原生质体的纯化即净化（图 5.5），供体植物材料经酶解处理消化后，得到的是一种混合物，除了含有完整的未受损的原生质体外，还含有未被酶解的细胞、破裂的原生质体、细胞器及其他碎片等成分，这些成分在原生质体培养中，会引起干扰作用，纯化原生质体的方法如下。

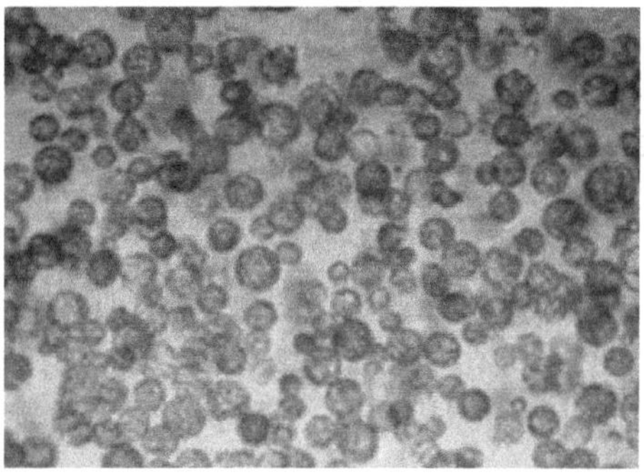

图 5.5　纯化后的原生质体

(1) *界面法*

界面法（图 5.6）是指不同的溶液，离心后使完整的原生质体处于两液的界面。采用这种方法，在选择两相系统和各相溶液的浓度与用量时应视具体材料而定。一般要求各相溶液的浓度应与分离原生质体时所用的渗透浓度相同，其中与原生质体混合的那一相用量可稍多一些。本法的优点是：在原生质体分离和纯化过程中保持着相同的渗透强度，避免了渗透冲击造成的破损，原生质体的存活率较高。

(2) *沉降法*

将滤液置于离心管中，75～100*g* 下离心，使原生质体下沉，细胞碎片留在上清液中。弃去上清液，把沉淀于管底的原生质体再悬浮于配置酶液的具有渗透压稳定剂的培养基中或具有

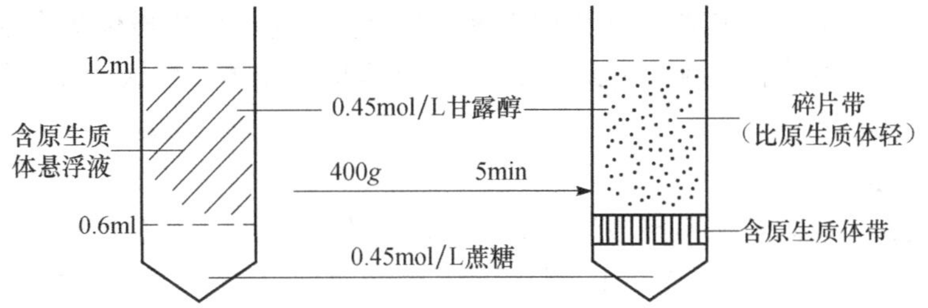

图 5.6　界面法示意图

等渗透压的清洗培养基中，再在 50g 下低速离心 3～5min，反复悬浮离心 3～4 次。将沉于管底的原生质体用原生质体培养液悬浮。

(3) 漂浮法

漂浮法的原理是利用原生质体、细胞和细胞碎片等的密度不同而进行纯化，利用密度大的高渗溶液，离心后使原生质体漂浮其上，细胞碎片等其他成分则沉到管底。具体做法是：将 20%～25%的蔗糖或山梨醇溶液与酶解液按一定比例混合，在 75～150g 下离心 5～10min 后，原生质体即集中在离心管的顶部，而碎片、叶绿体和未消化的细胞则沉于管底。用移液管小心地将原生质体吸出，转移到另一个离心管中。通过反复离心和漂浮后，再用原生质体培养液清洗，最后以适当的密度悬浮于培养基中。漂浮法的优点是可以获得较纯净的原生质体，但回收率较低，且由于所用的糖或糖醇溶液较浓，可能会导致部分原生质体破裂。此法的关键是糖醇的浓度和离心速度。

三、植物细胞原生质体活力测定

通过分离纯化所得到的原生质体是否有活力，是原生质体培养的关键因素之一。常用的原生质体活力测定方法有活性染料染色法、荧光素二乙酸酯(FDA)染色法、观察胞质环流法、呼吸强度法等。这些方法各有特点，但现在一般用的是 FDA 染色法。

(一) 染色法

染色法用于原生质体活力检测的染料有荧光素二乙酸酯(FDA)、酚藏红花(phenosafranine)和伊凡蓝(Evans blue)等。

1. FDA 染色法

荧光素二乙酸酯本身无荧光，无极性，可透过完整的原生质体膜。一旦进入原生质体后，由于受到脂酶分解而产生有荧光的极性物质荧光素，它不能自由出入原生质体膜，因此有活力的细胞便产生荧光，而无活力的原生质体不能分解荧光素二乙酸酯，因此无荧光产生(图 5.7)。

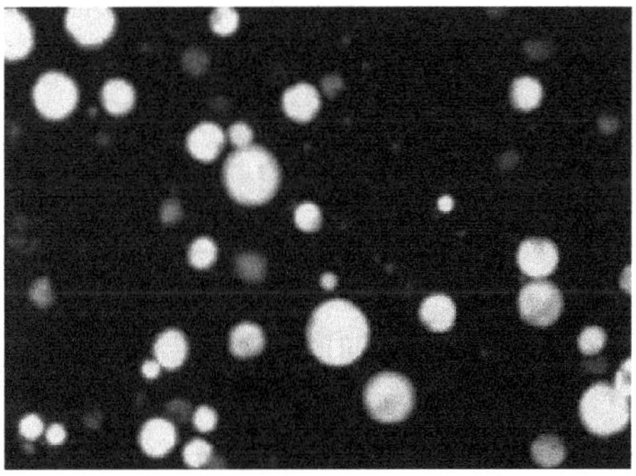

图 5.7　FDA 检测原生质体活力(袁华玲　2008)

FDA 染色法测活性的方法：取洗涤过的原生质体悬浮液 0.5ml，置于 10mm×100mm 的小试管中，加入荧光素二乙酸酯溶液使其最终浓度为 0.01%，混匀，置于室温 5min 后用荧光显微镜观察。激发光滤光片用 QB24,压制滤光片用 JB8。发绿色荧光的原生质体为有活力的,不产生荧光的原生质体为无活力的。由于叶绿素的关系,叶肉原生质体发黄绿色荧光的为有活力的,发红色荧光的为无活力的。

2. 酚藏红花染色法

酚藏红花被细胞膜阻挡而不能被活的原生质体吸收,死的原生质体无此能力,所以可以把两者区别开来。具体方法:先配制 0.1%酚藏红花溶液,检查时将悬浮原生质体取一滴放在载玻片上,滴 1 滴 0.1%酚藏红花溶液,盖上盖玻片,染成红色的原生质体是无活力的,无色的原生质体是有活力的。

3. 荧光增白剂染色法

荧光增白剂(CFW)染色可通过检测细胞壁的形成而确定原生质体的活力。荧光增白剂可结合于新合成细胞壁的 β-糖苷上,在 400nm 激发光照射下可产生绿色荧光。新制备的原生质体,如果细胞壁分解完全,则原生质体周围看不到绿色的荧光,若为叶肉原生质体,则呈现由叶绿素产生的红色荧光。在培养过程中,有活力的原生质体随着细胞壁的再生产生绿色荧光。

用 CFW 染色法测定原生质体活力的具体方法是:吸取新制备的原生质体悬浮液或培养一定时间的原生质体 0.1~0.2ml,置于小离心管中,加入等体积 0.1%荧光增白剂溶液(用与原生质体等渗的甘露醇配制)混匀。室温静置 5~10min,于 500r/min 下离心 3min,再用与原生质体等渗的甘露醇溶液离心洗涤 3 次,然后加入 0.1~0.2ml 培养液,吸取 1 滴悬浮液于载玻片上,用荧光显微镜进行观察(波长 360~440nm)。

4. Evans blue 染色法

与酚藏红花相反,伊凡蓝不能被活的原生质体吸收,死的原生质体吸收后呈蓝色,从而可以将两者区分开来。常用的浓度为 0.025%。染色方法与酚藏红花染色法相同。

(二) 胞质环流法

在植物细胞中,细胞质的流动是围绕中央液泡进行的环形流动模式,这种流动称为胞质环流(cyclosis)。在胞质环流中,细胞周质区的细胞质是相当稳定不流动的,只是靠内层部分的胞质溶胶在流动。在能流动和不流动的细胞质层面有大量的微丝平行排列,同叶绿体锚定在一起。胞质环流是由肌动蛋白和肌球蛋白相互作用引起的。在胞质环流中,肌动蛋白的排列方向是相同的,正向朝向流动的方向,肌球蛋白可能是沿着肌动蛋白纤维的(一)端向(+)端快速移动,引起细胞质的流动。在显微镜下观察原生质体,具有胞质环流的原生质体为有旺盛活力的原生质体。但胞质环流法不适用于带有大量叶绿素的叶肉原生质体的活力测定。

(三) 呼吸强度法

以氧电极测定氧的射入量(指示呼吸强度)为标准,呼吸强度高的是具有代谢活力的原生质体。但操作繁琐,在原生质体的活力测定上比较少用。

四、影响植物细胞原生质体制备的因素

产量高、质量好、活性强、能进行分裂并形成愈伤组织或胚状体是原生质体培养成功的基础。影响原生质体产量和质量的因素很多,主要是基因型、外植体、酶的种类与组合、酶液的渗透压、原生质体膜的稳定剂、酶解时间与温度以及分离与纯化方法等。

(一) 供体材料

一般来说,植物体的组织与器官如根、茎、叶、花、果实、种子等均可作为原生质体的供体材料,目前植物原生质体主要来源于各种植物的叶片、愈伤组织及悬浮培养细胞。由于叶肉组织比较疏松,酶液容易起作用,从植物叶肉组织获得原生质体相对容易,而且这种原生质体在生理和遗传特性上也比较一致,因此叶片是原生质体良好的供体材料。

但在现有的培养条件下,也不是所有的植物都能获得原生质体再生植株。即使是同一个种的植物也会因为基因型不同而在细胞的分裂频率及植株再生方面产生影响。油菜的不同栽培种之间,原生质体的植株再生能力也不同。因此,原生质体培养时要注意选择那些易于成苗的基因型。甚至同一植物的不同组织或器官,其原生质体产量也不尽相同,如从悬浮培养物中游离的山桃原生质体的产量和存活率显著高于从无菌苗叶片和种胚愈伤组织中游离得到的原生质体。

詹忠根(2003)采用铁皮石斛种子苗产生的幼嫩叶片、成熟叶片、根尖和类原球茎四种材料作为原生质体分离的材料。结果见表 5.2,表 5.3。

表 5.2　不同材料分离的原生质体产量和存活率的比较

材　料	原生质体产量/(10^6 个/g)	存活率/%
幼嫩叶片	3.25	33.8
成熟叶片	1.23	15.1
类原球茎	0.082	65.8
根尖	0.075	62.3

表 5.3　不同材料分离的原生质体形态学比较

材　料	特　征
幼嫩叶片	大小均一,含叶绿体较少的原生质体所占比例高
成熟叶片	碎片及其他形状不规则的杂质多,正常的原生质体少
类原球茎	含叶绿体较少,大小相差较大
根尖	表面仅有一些无色质体,大小相差较大

用上述四种材料所制备的原生质体不仅在产量和存活率上有明显差异,而且在形态学上也有较大的区别。由幼嫩叶片分离到的原生质体大小比较均一,由成熟叶片游离的原生质体圆形的比例小,存活率低,分离过程中产生大量碎片,较难得到纯净的原生质体。类原球茎与根尖分离的原生质体大小相差较大,最小原生质体的直径仅为最大原生质体的 1/3,叶绿体含量较少,类似于幼嫩叶片的原生质体,产量比幼嫩叶片要低得多,但存活率很高。

(二) 生理状态

供体材料的生理状态影响原生质体产量和存活率,为了获得高产优质的原生质体,常常在分离原生质体前对植株或离体材料进行预处理,通过预处理提高原生质体产量和存活率,增强原生质体对不利因素的耐受力。预处理的方法有:①叶片离体培养,在原生质体分离前将叶片置于培养液或培养基上进行预培养;②暗培养,将植株或供体材料置于暗处;③药物处理,用激素或化学药剂对植株或供体材料进行处理;④萎蔫处理,将叶片置于日光或灯光下稍稍萎蔫,易于去叶片下表皮,有利于酶解。

在马铃薯原生质分离和培养时，普遍使用预处理方法提高原生质体产量和存活率，如马铃薯原生质体供体材料进行叶片离体培养及黑暗预处理，提高了原生质体分离效率，将原生质体供体材料培养于附加乙烯拮抗剂硫代硫酸银的培养基上也有利于原生质体分离和培养。表5.4为马铃薯叶肉原生质体制备过程中，不同预处理方式对原生质体制备的影响（袁华玲 2008）。

表5.4　不同预处理方式对原生质体制备的影响

预处理方式	原生质体产量/(10^5 个/g)
叶片漂浮培养	16.1
植株黑暗处理	14.3

（三）酶系种类与组合

用酶解法分离原生质体时，不同植物种类或同一种植物的不同器官以及它们的培养细胞，由于它们的细胞壁结构组成不同，分解细胞壁所需的酶类也不同。例如，选择原生质体分离酶时，果胶酶是必需的；离析酶的加入有利于提高玉帘叶肉原生质体的游离，而果胶酶则很难游离出原生质体；蜗牛酶对茴香胚性细胞悬浮系原生质体的游离是必需的。一般来说幼嫩的叶片、下胚轴等材料去壁相对容易，应选用活性较弱，浓度较低的酶。而以愈伤组织、悬浮细胞系等为材料时应选用活性较强的酶。此外，酶的组合、浓度及纯度也是影响原生质体产量和存活率的关键因素，应根据材料特点和酶活性大小来选择。由于酶为生物活性物质，不同厂家甚至不同批次酶的活力存在差异，通常需要根据经验多次反复试验才能确定。

以生姜原生质体制备为例（郭英华　2005）。用纤维素酶和离析酶对分离原生质体的影响见表5.5。

表5.5　纤维素酶和离析酶对分离原生质体的影响

纤维素酶/%	离析酶/%	原生质体产量/(10^4/g)	原生质体存活率/%
1.0	1.0	0.08	66.0
3.0	0.5	0.83	65.0
3.0	1.0	11.6	64.3
3.0	2.0	5.77	60.7
4.0	0	11.0	80.7
4.0	0.5	21.7	82.7
4.0	1.0	55.3	91.7
4.0	2.0	25.7	77.7
5.0	0.5	12.8	66.3
5.0	1.0	13.7	62.7
5.0	2.0	5.87	56.3

上表数据可以反映出，不同的酶系种类和组合对原生质体的产量及存活率影响较大。在一定浓度范围内（1.0%～4.0%），纤维素酶的浓度与悬浮细胞的原生质体产量呈正相关。超过该浓度范围，原生质体产量和存活率都会下降。纤维素酶浓度为4.0%时，原生质体产量较高。同一离析酶浓度（1%）下，随着纤维素酶浓度的提高，原生质体产量增加，4%时最高，之后随着浓度增加，产量下降。

（四）酶解时间

酶解时间则根据酶解液的组成和浓度进行选择，选择原则是尽量缩短酶解时间以降低酶对原生质体的毒害作用。如草莓花药愈伤组织经 13h 酶解后，大部分愈伤组织已被酶解，此时原生质体的存活率可达 67.35%。美味猕猴桃愈伤组织，在一定的范围内随酶解时间延长，原生质体产量提高，但酶解 10h 以后，再延长酶解时间，原生质体产量不再增加，且酶解液中碎片不断增多。在摇床上振荡酶解有利于原生质体的释放，是缩短酶解时间的方法之一，如野大麦幼穗在 80r/min 的摇床上酶解 4h 比静止时原生质体得率增加 24 倍，若振荡酶解 2h 后再静止酶解 2h，得率也仅为振荡酶解时的 1/11。振荡酶解有利于原生质体的释放，原因可能是低速振荡增加了酶解液与进行酶解的材料的接触，同时还增加了氧气的供应。表 5.6 是不同酶解时间对铁皮石斛叶片原生质体制备的影响（詹忠根　2003）。

表 5.6　不同酶解时间对铁皮石斛叶片原生质体制备的影响

酶解时间/h	产量/(10^5 个/g)	存活率/%
3	0.44	70.3
4	1.01	66.8
5	1.65	65.2
6	2.30	63.1
7	1.56	45.2
8	0.52	20.1

酶解时间较短的原生质体受酶液的伤害较少，在培养过程中其存活率也下降得较慢，如酶解 3h 所得的原生质体培养 3 天后其存活率仍有 58.9%。而酶解时间较长的原生质体在培养过程中其存活率下降要快得多，如酶解 8h 所得的原生质体培养 3 天后其存活率仅有 1.2%。上例说明采用合适的酶解时间是至关重要的。

（五）酶浓度

原生质体分离时，活力高低与其形成愈伤组织的能力以及以后的再分化关系密切，由于商品酶制剂中包含许多水解酶类，有可能损伤植物细胞，影响原生质体的生长分裂。因此酶解处理所遵循的原则之一是利用尽可能低的酶浓度，以获取大量有活力的原生质体。

（六）渗透压稳定剂与 pH

在游离原生质体时的渗透压稳定剂因分离材料不同而所用的种类和浓度也不尽相同。例如，枇杷原生质体游离时，山梨醇优于甘露醇；苹果无菌苗幼叶原生质体游离时要求酶液甘露醇浓度为 0.7mol/L；而哈密瓜子叶则为 0.4mol/L。即使同一植物，不同部位所要求的渗透剂浓度也不相同。辣椒无菌芽适宜渗透压为 0.7mol/L，而子叶为 0.5mol/L。所以使用何种渗透剂，浓度的高低依原生质体活力而定。

分离原生质体时，酶液的 pH 也是值得注意的问题。因为降解酶的活力和细胞活力最适 pH 是不一致的。低 pH 下（pH≤4.5），酶的活力强，原生质体分离速度快，但细胞活力差，破坏的细胞较多，pH 偏高，酶活力差，原生质体分离速度慢，完整的原生质体数目较多。分离原生质体时，酶液的 pH 因植物种类不同而有差异。

如:胡萝卜　pH5.5　　月季 pH5.5～6.0
　　烟草　pH5.4～5.8　　柑橘 pH5.6
　　蚕豆　pH5.6～5.7

(七) 质膜稳定剂

质膜稳定剂的作用是增加完整原生质体数量,防止质膜破坏,促进原生质体胞壁再生和细胞分裂形成细胞团。质膜稳定剂中的葡聚糖硫酸钾,能降低酶液中核酸酶的活力,保护原生质体膜,使细胞能持续分裂,对形成细胞团具有促进作用。例如,在分离烟草原生质体时,在酶液中加入葡聚糖硫酸钾,一旦洗净酶液进行培养,原生质体很快再生细胞壁并持续细胞分裂形成细胞团;而未加葡聚糖硫酸钾的对照,原生质体经一周培养即解体。钙离子能稳定原生质体质膜并有利于细胞分裂。

(八) 温度因子的影响

制备原生质体时,在细胞中加入酶液、渗透压稳定剂、质膜稳定剂后,还需在一定时间内保持一定的温度,原生质体方能释放,也就是说细胞壁才能降解,才能产生有活力的原生质体。温度因子的选择与所用的酶制剂的种类及所用植物材料等有关。具体所选择的最佳温度需多次试验才能得出。

第二节　植物原生质体培养与保存

获得了有活力的原生质体后,就应该用合适的培养方法,在适当的培养条件下,使原生质体再生出新的细胞壁,进而细胞进行持续分裂形成细胞团,进一步生长形成愈伤组织或胚状体,最终分化或发育形成完整植株。经过多年来大量的实验分析,影响原生质体离体培养再生植株的因素,除植物基因型和原生质体来源外,主要有培养基、培养方法和培养条件等。

一、植物原生质体培养基选择

原生质体与植物细胞的主要差别是去除了细胞壁,植物原生质体培养所需的营养要求与培养植物组织和细胞的基本相同,因此一般来说,原生质体培养基的基本成分与培养细胞的培养基成分相似,只是添加了渗透压稳定剂。不同来源的原生质体有不同的营养需求。目前,茄科植物的原生质体培养多数以 MS、NT 和 K3 为基本培养基,十字花科和豆科植物多数以 B5、KM8 和 KM 为基本培养基,禾谷类植物多数以 MS、N6、KM 和 AA 为基本培养基。由于原生质体无论在结构上还是在代谢上与细胞比较都有很大差异,在培养原生质体时,单纯地模仿细胞培养基往往不能达到满意的培养效果,需要考虑到原生质体的特殊要求。

1. 营养成分

与植物组织或细胞培养基不同,原生质体培养中的铁、锌离子浓度较低,由于钙离子能够保持原生质体质膜的稳定性,因此其在原生质体培养基中的浓度常是细胞培养基浓度的 2～4 倍。

培养基中氮源的种类和浓度对原生质体的培养效果很重要。不同植物原生质体培养对氮源的用量和比例要求有较大差异。一般来说，原生质体培养基中，氮源以硝态氮为主，铵态氮浓度较低。有机氮对一些原生质体培养有促进作用。在水稻原生质体培养基中，采用加氨基酸的 AA 培养基代替无机氮，能促进原生质体再生细胞的分裂和提高植板率。

原生质体的生长发育需要维生素类及各种有机成分，维生素除常用的维生素 B_1、维生素 B_6、烟酸、甘氨酸、肌醇外，有的还需添加生物素、核黄素（维生素 B_2）、维生素 C、维生素 A、维生素 B_{12}、维生素 D_3 等，其基本含量与相应的组织和细胞培养基中的一致。此外，含有丰富的有机物质的培养基有利于细胞分裂，因此通常可以在培养基中添加各种氨基酸如谷氨酰胺、天冬酰胺、精氨酸、丝氨酸，以及其他成分如丙酮酸、苹果酸、柠檬酸、延胡索酸、腺嘌呤、水解蛋白产物、酵母提取物等。

2. 渗透压稳定剂

原生质体培养基中，需有一定浓度的渗透压稳定剂来保持原生质体的稳定。渗透压稳定剂浓度应该与酶液中的渗透剂浓度一致，随着细胞壁的再生和细胞分裂发生，应逐步降低原生质体培养基中渗透剂的浓度，直至与细胞培养基的渗透压一致。培养基中渗透压浓度低容易造成原生质体破裂，而渗透压浓度高则抑制再生细胞分裂。常用的渗透压稳定剂有甘露醇、蔗糖、山梨醇、葡萄糖、木糖醇及麦芽糖等。这些物质既能保持培养基的渗透浓度，又是原生质体再生细胞生长发育的碳源，其种类和浓度对原生质体的培养效果影响较大。

近年来的发展趋势是用蔗糖代替甘露醇和山梨醇，葡萄糖代替蔗糖或大部分葡萄糖加有少量蔗糖，麦芽糖代替蔗糖或葡萄糖。在原生质体培养基中随着细胞壁的再生和细胞的持续分裂，应不断降低渗透压，才会促进细胞团的进一步生长和愈伤组织的形成。

3. 生长调节剂

在原生质体细胞壁生成、细胞分裂启动、愈伤组织形成和植株再生过程中，生长素和细胞分裂素必不可少，同时其比例也常常是不同的。原生质体培养初期，生长素浓度高，对原生质体再生细胞启动、持续分裂和形成愈伤组织有利。不同植物的原生质体培养，对生长调节剂的种类和浓度的要求存在较大的差异。甚至同种植物不同细胞系来源的原生质体培养，对生长调节剂的要求也不尽相同。原生质体培养的不同阶段，由于生长发育的需求不同，对生长调节剂也有不同的选择。常用的生长素有 2,4-D、萘乙酸和吲哚乙酸，常用的细胞分裂素有激动素、6-苄基腺嘌呤。此外，原生质体的不同发育阶段，如起始分裂、细胞团形成、愈伤组织形成、器官或胚状体发生和植株再生等，对激素的种类和浓度要求不同，因此需要不断地进行适时调整。

4. pH

原生质体培养基的 pH 一般为 5.5～5.9，pH 过高或过低都会对原生质体的活力及其分裂产生不利的影响。

二、原生质体的培养方式

培养方式对于原生质体的生长和分裂十分重要。植物原生质体的培养方法大体上可分为液体培养、固体培养和固液结合培养等几种类型，并由此还派生出其他一些方法。不同植物的原生质体可能适应于不同的培养方法。一般认为，对于容易分裂的植物的原生质体，可采用简单的固体培养或液体浅层培养。对于难以分裂的植物的原生质体，还要采用液体浅层-固体双层和饲养层培养相结合的方法。

1. 固体培养法

固体培养法又称平板培养法，即将原生质体按照一定细胞起始密度，均匀分布于薄层(1mm)固体培养基中。作为凝固剂的物质可以是琼脂或琼脂糖，近年来很多实验证明，琼脂糖尤其是低熔点的琼脂糖是一种良好的培养基凝固剂，并且具有促进原生质体细胞分裂的作用。琼脂糖平板法是将原生质体纯化后悬浮在液体培养基中，然后与热溶并冷却到45℃的琼脂糖按一定比例混合，轻轻摇动使原生质体均匀分布，凝固后封口培养。由于原生质体彼此分开并固定了位置，就避免了细胞间有害代谢产物的影响，既便于定点观察，又有利于追踪原生质体再生细胞的发育过程。因此，此法有利于对单个原生质体的胞壁再生和对细胞团形成的全过程进行定点观察。但此种方法对操作技术要求比较严格，尤其是温度一定要适宜，添加低渗透压的培养基和转移再生愈伤组织也比较繁琐，而且培养的原生质体极易褐变死亡。

2. 液体培养法

(1) 浅层液体培养法

将原生质体以一定密度悬浮在培养液中，用巴斯德吸管将原生质体悬浮液转移到培养皿或三角瓶中，使成一薄层。一般在直径3cm的培养皿中加1～1.5ml培养液，6cm培养皿中加2～3ml培养液。用膜密封后，置于人工气候箱中，静止培养。该方法的优点是操作简便，对原生质体的伤害较小，通气性好，代谢物易扩散，并且易于补充新鲜培养基，形成细胞团或小愈伤组织后也易于转移，是目前原生质体培养中广泛采用的方法之一。其缺点是原生质体在培养基中分布不均匀，常常发生原生质体之间的粘连现象，或造成局部原生质体的密度过高，从而影响了原生质体再生细胞的进一步生长发育，并且难以定点观察和跟踪单个原生质体的生长发育过程。

(2) 微滴培养法

微滴培养法是由液体浅层培养法发展起来的一种方法，它克服了液体浅层培养法局部密度过高和原生质体黏聚的缺点。此方法是将0.1ml左右的原生质体悬浮液用滴管滴于培养皿底部，密封后进行培养。该方法的优点是可用倒置显微镜观察原生质体的发育过程，易于添加新鲜培养基，可用于较多组合的实验或进行融合体及单个原生质体的培养。其缺点是原生质体分布不均匀，容易集中在小滴中央，微滴容易挥发。

(3) 悬滴培养法

将悬浮有原生质体的培养液用滴管在无菌干燥的培养皿盖中均匀地滴上数滴，每滴的量在50～100μl，其数目以滴与滴之间不相接触为原则。在皿底内加入少量培养液以保持湿度，将皿盖翻转过来盖于皿底上，用膜封口后进行培养。该方法的优点是所需材料少，生长快，容易添加新鲜培养基，不易污染，并且由于微滴的体积小，在一个培养皿中可以做很多种培养基的对照实验，有利于原生质体的低密度培养。其缺点与微滴培养法相似，原生质体分布不均匀，容易集中在小滴中央，微滴容易挥发。

3. 双层培养法

(1) 液体-固体结合培养

这种方法即在培养皿的底部先铺一薄层含琼脂或琼脂糖的固体培养基，再将原生质体悬浮培养液加于固体培养基的表面进行液体浅层培养。这是目前广泛应用的培养方法之一，其优点是有利于固体培养基中的营养成分缓慢地向液体培养基中释放，以补充培养物对营养的消耗。同时，培养物所产生的一些有害物质也可被固体培养基吸收，从而更有利于培养物的生长。另外，如果在下层固体培养基中添加一定量的活性炭，可有效地吸附培养物所产生的有害物质，促进原生质体的分裂及细胞团的形成。

(2) 琼脂糖珠培养法

该方法是由 Shillito 等于 1983 年建立的，具体做法是：将含有原生质体的琼脂糖培养基切成块后放到大体积的液体培养基中，置于旋转摇床上进行振荡培养，以利于通气。使用大体积的液体培养基是为了防止琼脂糖块过度破碎。另外，可以通过调整液体培养基的渗透压来调节培养物的渗透压，以利于原生质体的进一步生长和发育。这种方法由于改变了培养物的通气和营养环境，从而可以促进原生质体的分裂及细胞团的形成。实验证明，用这种方法可以促进番茄、芜菁和矮牵牛等的原生质体再生细胞的持续分裂，提高原生质体的植板率。

(3) 饲养层培养法

饲养层培养法又称看护培养法或滋养培养法，是将原生质体与其同种或不同种的植物细胞共同培养以提高其培养效率的一种方法。它利用饲养层的原生质体刺激培养层的原生质体启动分裂，提高原生质体的植板率，比较适合于原生质体的低密度培养，融合细胞的筛选和某些难以培养的植物的原生质体培养，如禾本科、豆科植物的原生质体。

三、植物原生质体保存方法

1. 超低温冷冻保存定义

植物原生质体的保存通常采用超低温冷冻保存法，即将分离纯化得到的原生质体经冷冻防护剂处理，然后送入－196℃液氮超低温库内，进行超低温冷冻保存。

超低温冷冻保存法常用的冷冻防护剂种类有甘油、甘露醇、脯氨酸、二甲基亚砜(DMSO)，冷冻防护剂的使用浓度为 5%～10%。

2. 超低温冷冻保存原理

植物超低温保存技术建立在生物细胞冻害和抗冻机理的基础上。在降温冰冻过程中，如果生物细胞内的水发生结冰，就会造成细胞结构不可逆性的破坏，导致死亡。因此，超低温保存成功的关键是降温冰冻过程中避免细胞内结冰。在降温过程中必须使细胞发生适当程度的保护性脱水，使细胞内的水流到细胞外结冰，并且在化冻过程中防止细胞内次生结冰。

冷冻防护剂在超低温冷冻过程中的作用：防护剂在水溶液中能强烈地结合水分子，使溶液的黏度增加，当温度下降时，溶液冰点下降，使水的固化程度减弱，从而降低培养基和细胞的冰点；冷冻防护剂还可以提高培养基渗透压，导致细胞的轻微质壁分离，相对提高细胞的抗寒力；冷冻防护剂还极易渗入细胞内部，可防止细胞在冷冻和融冰时，引起过度脱水而遭受破坏从而起到保护细胞的作用。

3. 原生质体超低温冷冻保存的程序

(1) 预培养

预培养目的是提高细胞抗寒力，培养时间一般 1～3 周。提高渗透压以提高抗寒力，在培养基中加入抗寒力的物质，在 2～3℃低温下锻炼数天，提高原生质体的抗寒力。

(2) 冷处理

超低温处理前，进行冷处理。将冷冻防护剂和保存材料的温度降至 0℃，然后进入冷库降温冷冻。

(3) 降温冷冻

1) 预冻法。加入冷冻防护剂后，使温度下降到－70～－20℃进行预冷，然后再进入

−196℃液氮库超低温冷冻保存。

2）慢速冷冻法。在加入冷冻防护剂后，以每分钟下降 0.1～10℃的速度逐渐降低温度。待温度降到−40～−100℃时，平衡 1h，然后进入−196℃液氮低温库，超低温冷冻保存。

3）快速冷冻法。在 0℃下加入冷冻防护剂二甲基亚砜后，直接进入−196℃液氮库。

（4）解冻

采用迅速解冻法，在 30～40℃下迅速解冻，以避免原生质体脱水死亡。

（5）再培养

根据原生质体种类，提供培养条件进行培养，恢复细胞分裂能力。

四、影响植物原生质体培养的因素

1. 原生质体活力

获得大量而有活力的原生质体是其培养成功的首要条件，如果制备的原生质体活力不高，则不易培养。

2. 原生质体密度

原生质体培养时，有效的原生质体密度是影响培养成功与否的重要因素，如果密度过低，则不利其分裂，而过高也会妨碍其正常生长。通常在原生质体培养时，起始密度一般为 10^4～10^5 个/ml。如果起始密度过低，原生质体即使能胞壁再生，细胞也不能持续分裂。

3. 渗透压稳定剂

原生质体培养时，必须使其处于一个等渗或稍低于细胞内渗透压的外界环境。因此，在原生质体培养基中，需有一定浓度的渗透压稳定剂来保持原生质体的稳定。渗透压稳定剂的种类对原生质体分裂频率的影响也较大。常用的渗透压稳定剂有甘露醇、蔗糖、山梨醇、葡萄糖、木糖醇及麦芽糖等。这些物质既能保持培养基的渗透浓度，又是原生质体再生细胞生长发育的碳源，其种类和浓度对原生质体的培养效果影响较大。在原生质体培养基中随着细胞壁的再生和细胞的持续分裂，应不断降低渗透压，以促进细胞团的进一步生长和愈伤组织的形成。

4. 培养基

原生质体培养基与细胞培养基雷同，培养基中需要大量营养物质，包括碳源、氮源、矿物元素、维生素等。

（1）无机盐

无机盐是组成培养基的主要成分，根据其含量可分为大量元素和微量元素。在原生质体培养的研究中，对微量元素的作用和影响很少涉及。一般认为原生质体培养基中的大量元素应比愈伤组织培养基中的浓度低。在大量元素中，对原生质体培养效果影响最大的是 Ca^{2+}、Mg^{2+} 的浓度和氮源的种类及其浓度。适当提高 Ca^{2+} 和 Mg^{2+} 的含量而降低 NO_3^- 和 NH_4^+ 含量，有助于提高原生质体的稳定性，促进细胞分裂。

（2）有机成分

有机物质丰富的原生质体培养基对细胞分离有利，在培养基中添加有机物如水解酪蛋白、酵母提取物等可以提高植板率。

（3）激素

不同种植物或同种植物不同细胞系来源的原生质体培养对激素的要求不同。一般来说，由活跃生长的培养细胞分离的原生质体要求较高的生长素/细胞分裂素配比才能进行细胞分裂，而由高度分化的细胞(如叶肉细胞等)得到的原生质体，则需要较高的细胞分裂素/生长素配比才能进行脱分化。

5. 培养条件

培养条件包括培养基的 pH、培养温度、湿度和光照等。原生质体只有在营养物质、生长调节剂十分完全，pH、培养温度、湿度和光照条件适宜的情况下才会迅速生长和增殖。

(1) pH

原生质体培养基的 pH 一般为 5.6～5.8，pH 不仅影响原生质体及再生细胞的生长，还影响外源生长素对培养物的作用。pH 过高，培养基出现沉淀，从而影响原生质体的活力与分裂，pH 过低对原生质体的活力也有影响，因此为稳定培养基的 pH，应当向其中加入 pH 缓冲剂。

(2) 培养温度

植物原生质体培养温度一般为 25～26℃，但不同物种间差异比较大。

(3) 湿度

环境湿度会影响原生质体培养，湿度过高或过低会影响培养基渗透压，从而影响原生质体的生长和增殖。

(4) 光照

光照是绿色植物生长发育的重要条件，一般来说，原生质体培养初期给予较低的光照即可，但进入分化前就要加强光照，以满足叶绿体发育的要求，光照强度和时间也应根据不同植物区别对待。

6. 植物材料及预处理

分离、纯化的原生质体能否在适宜的培养环境中形成细胞团和再生植株，与供体植物材料的生理状态密切相关。一般可选取生长活跃的部位如分生组织、子叶、茎端等，或者由胚性愈伤组织来制备原生质体。在酶解制备原生质体时，要预先进行质壁分离，提高植板率(其原因在于质壁分离时，原生质体的收缩封闭了胞间连丝，避免了细胞内容物的流失)。

第三节　植物体细胞杂交控制技术

快速高效的原生质体培养技术的发展使得植物体细胞杂交技术应运而生。植物体细胞杂交，也称原生质体融合，是现代生物技术的重要组成部分，它能克服传统有性杂交育种中常见的不亲和性、雌雄配子不育等杂交障碍，转移细胞核中的染色体组、染色体片段或细胞质中的叶绿体 DNA 和线粒体 DNA，突破作物品种改良过程中基因资源重组的局限性，使得人们可以在更加广泛的范围内寻求和利用基因资源，创造植物的新类型和新品种。体细胞杂交技术在实现远缘遗传重组，转移多基因控制性状，创造新类型植物和改良农作物品种中已经展示了很好的应用前景，在植物育种中已卓有成效。

一、植物体细胞杂交概述

(一) 植物体细胞杂交定义

两种异源(种、属间)原生质体，在诱导剂诱发下相互接触，从而发生膜融合，胞质融合和核融合并形成杂种细胞，进一步发育成杂种植物体，称为细胞融合(图 5.8)，也称细胞杂交。例如，取材为体细胞则称体细胞杂交。植物体细胞杂交是借用动物细胞融合方法发展和完善的一门新型生物技术，其过程包括原生质体的制备、细胞融合的诱导、杂种细胞的筛选和培养，以及杂种植株的再生与鉴定等环节。

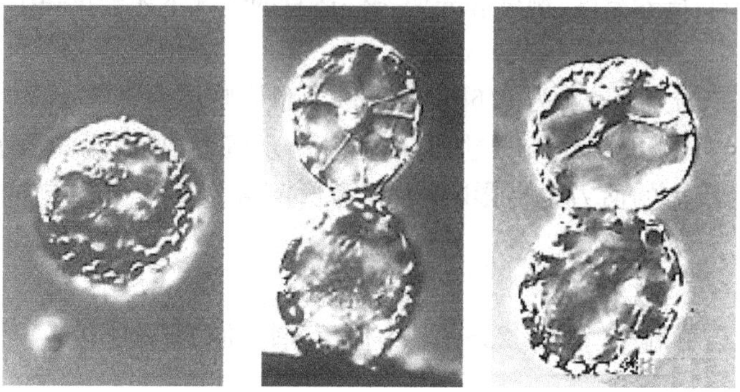

图 5.8　植物体细胞融合

(二) 植物体细胞杂交分类

植物体细胞杂交按照所用亲本原生质体的性质可以分为四类。

1. 体细胞杂交

用双亲的体细胞原生质体或其衍生系统进行诱导融合，再经培养、筛选、鉴定等步骤得到杂种细胞。体细胞杂交是一种最常用的细胞杂交技术，目前所进行的植物原生质体融合的大多数组合仍以体细胞杂交为主。

2. 配子间细胞杂交

配子间细胞杂交所选用的融合亲本均为性细胞原生质体。配子间细胞杂交有多种组合形式，其中以精、卵细胞融合进展最快。国际上首次获得成功的是玉米精、卵细胞的体外融合并再生了杂种植株。精、卵细胞体外融合的成功，标志着高等植物受精过程的研究从此可以置于人工控制的离体条件下进行。

3. 配子-体细胞杂交

配子-体细胞杂交所选用的融合亲本一个为体细胞原生质体，一个为性细胞原生质体。近年来，随着性细胞原生质体分离和培养取得进展，体细胞和性细胞之间的原生质体融合研究已逐渐开始。用分离的精细胞或卵细胞原生质体与体细胞原生质体融合，可获得三倍体细胞杂种。

4. 微细胞杂交

微细胞杂交是先做一些处理来诱导细胞中形成高频率的微核，再分离和制备具有此微核的原生质体，然后用它们作为融合的亲本而进行的细胞杂交。微细胞杂交主要用于转移单个完整的染色体以建立单体或多体的“染色体杂种”，从而进一步用于基因图谱绘制等分子生物学的研究。

(三) 原生质体融合的种类

原生质体融合根据其细胞融合时的完整程度可以分为两大类，即对称融合(symmetric fusion)和非对称融合(asymmetric fusion)。

1. 对称融合

对称融合是指两个完整细胞的原生质体融合，在融合子中包含了两个融合亲本的全套染色体和全部细胞质(图 5.9)。

2. 非对称融合

非对称融合是指利用物理或化学方法使某亲本的核或细胞质失活后再进行融合。它可以分为 3 种：A 细胞核＋B 细胞质；A 完整细胞＋B 细胞质；A 完整细胞＋B 细胞质和部分核物质。

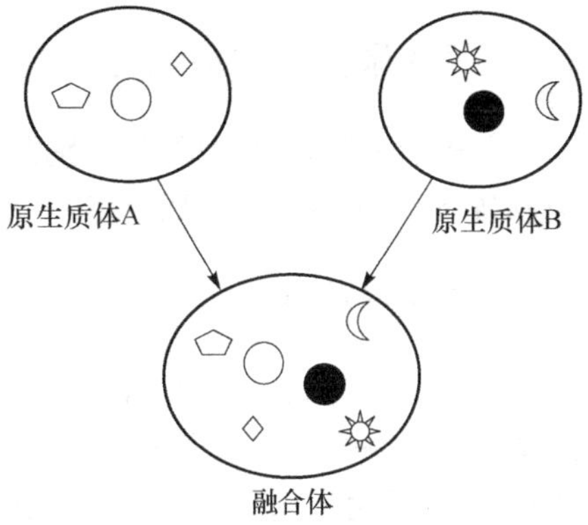

图 5.9　原生质体对称融合示意图

在进行非对称融合时，常用的物理或化学因子有 X 线、γ 线、紫外线、碘乙酸、碘乙酰胺(IOA)、罗丹明(R-6-G)等。用这些物理或化学因子处理供体原生质体，使供体亲本一方仅以胞质基因或部分核基因转移到受体一方，从而直接获得胞质杂种或不对称核杂种，为远缘杂交不亲和的种间或属间的体细胞杂交创造了有利条件，增加了获得可育再生植株的可能性。从而在保留亲本之一全部优良性状的同时，改良其某个不良性状。

二、植物体细胞杂交一般规程

植物体细胞杂交一般规程包括原生质体分离、纯化，原生质体融合，杂种细胞的选择，植株再生及杂种植物鉴定等步骤(图 5.10)。

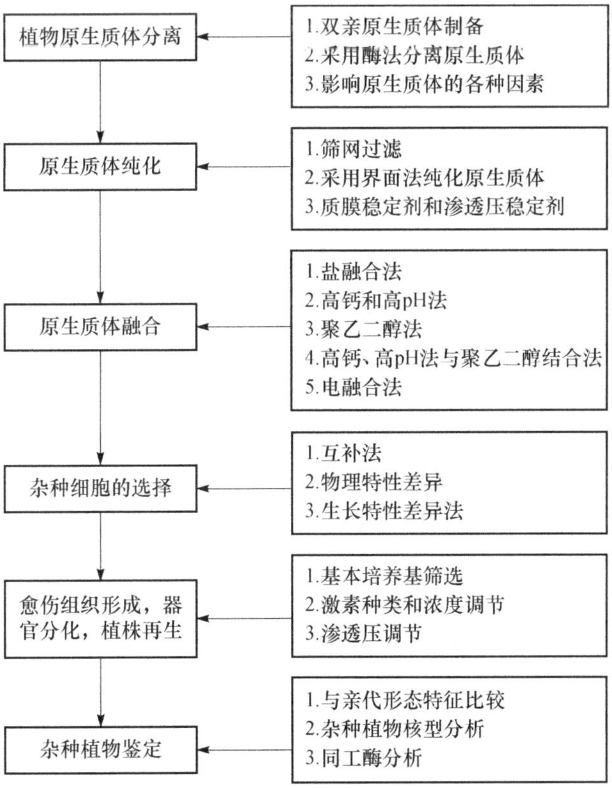

图 5.10　原生质体融合程序

(一) 双亲原生质体的制备

首先确定双亲植物材料，分别制成原生质体悬浮液；原生质体的分离；双亲原生质体混合液制备：将双亲原生质体以等体积、等密度混合，制备成混合亲本原生质体。

(二) 诱导细胞融合的方法

用酶法分离原生质体时，常常可以见到同种原生质体的聚集现象，这是一种"同体融合"的现象。这种融合是无诱导剂存在时发生的，也称为自发融合。自发融合是原生质体的一个基本特性，正是由于这一特性，使得原生质体的诱导融合成为可能。目前诱导融合主要有两种方法：物理融合法和化学融合法。

1. 物理融合法——电融合法

(1) 原理

在高频交流电场的作用下，原生质体被极化，成为偶极子，造成原生质体之间相互连接，成串珠状，这时再给予瞬间高强度电脉冲，使原生质体膜发生可逆性电击穿，瞬时失去其高电阻和低通透特性，然后在数分钟内恢复原状。当可逆电击穿发生在两个相邻细胞的接触区时，即可诱导它们的膜相互融合，导致细胞融合(图 5.11)。

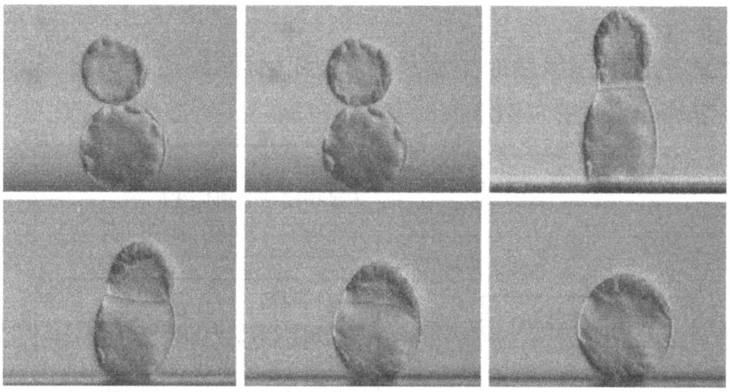

图 5.11　原生质体电融合过程

(2) 特点

电融合技术与聚乙二醇(PEG)等化学剂诱变融合相比，电融合有四大优点：一是不存在对细胞的毒害问题；二是融合效率高；三是融合技术操作简便；四是应用范围广。但电融合要求比较昂贵的仪器，给融合技术的实际应用带来一定的限制。

(3) 电融合仪及参数选择

电融合是 20 世纪 60 年代末 70 年代初发展起来的一项物理诱导融合技术。最早是将两个玻璃微电极通以短暂的电流，使与电极接触的原生质体融合。此后，电融合技术得到发展。现在从市场上可以买到专用的电融合仪和螺旋融合杯(图 5.12，图 5.13)。

电融合中融合参数的适当与否对于融合效率及以后的培养都是至关重要的。因为融合仪的不同，其融合参数的可调整范围也不同。植物种类的不同，原生质体电融合的参数也不一样。因此，在进行正式融合试验之前，必须对融合参数进行反复测试。电融合中的主要参数有：交流电压、交变电场的振幅频率、交变电场的处理时间、直流高频电压、脉冲宽度和脉冲次数等。

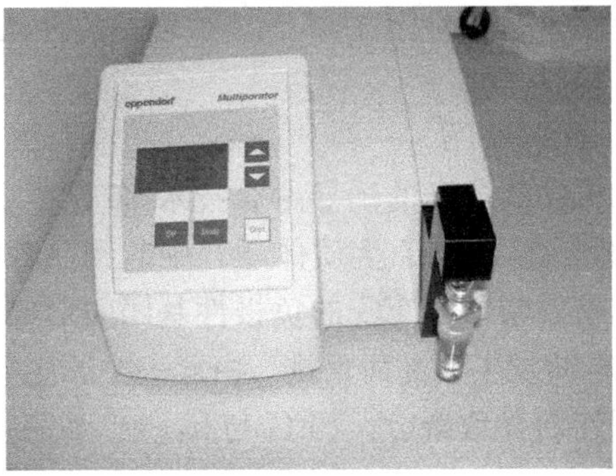

图 5.12　电融合仪

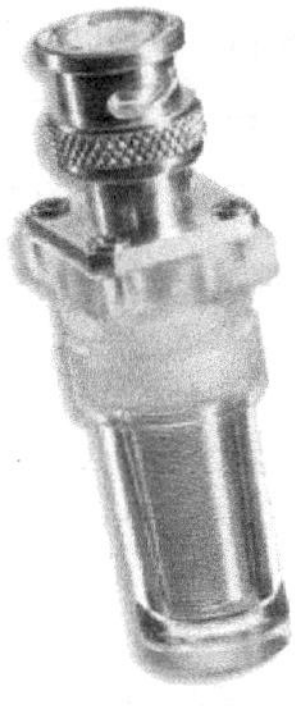

图 5.13　螺旋融合杯

2. 化学融合法

(1) $NaNO_3$ 融合法

$NaNO_3$ 融合法是应用最早的诱导原生质体融合的方法，其方法是将分离的原生质体悬浮在含有 0.25mol/L $NaNO_3$ 和 10%蔗糖的混合液中，然后在 35℃水浴锅中处理 5min；接着在约 1200r/min 下离心 5min，使原生质体下沉；收集原生质体，然后转入 30℃的水浴锅中处理 30min，其间大部分原生质体进行融合；用额外含有 0.1%$NaNO_3$ 的培养基轻轻取代混合液(不打破原生质体沉淀物)；最后将原生质体沉淀物轻轻打破，再用培养基洗涤 2 次，平板培养。

$NaNO_3$ 的作用是中和了质膜的负电荷，使原生质体间不再彼此相互排斥，从而紧密地结合在一起。但 $NaNO_3$ 作融合剂所需要的浓度(5.5%)对原生质体有毒害作用，且诱导频率比自然融合频率高不了多少，所以很少有人采用。

(2) 聚乙二醇融合法

聚乙二醇(PEG)结构为：$HOH_2C(CH_2OCH_2)_nCH_2OH$，相对分子质量在 200～6000 均可用作细胞融合剂。常用相对分子质量为 1500～6000。普遍认为 PEG 分子能改变各类细胞的膜结构，使两细胞接触点处质膜的脂类分子发生疏散和重组，两细胞接口处双分子层质膜的相互亲和以及彼此的表面张力作用，细胞发生融合。此外，由于 PEG 分子具有轻微的负极性，故其可以与具有正极性基团的水、蛋白质和糖类等形成氢键，当 PEG 分子链足够长时，在相邻原生质体之间形成分子桥，其结果是使原生质体发生粘连。与膜相连的 PEG 分子被洗掉后，膜上电荷发生紊乱而重新分配。当两层膜紧密接触的区域电荷重新分配时，可能使一种原生质体的带正电荷的基团连接到另一种原生质体的带负电荷的基团上，进而促使原生质体的融合。另外，PEG 能增加类脂膜的流动性，也使原生质体的核、细胞器发生融合成为可能。

聚乙二醇(PEG)融合法优点是双核异核体形成频率高，重复性好，而且对大多数细胞类型来说毒性很低。此外，PEG 诱导的融合没有特异性，可使任何两种原生质体融合在一起，既能使植物原生质体间融合，也能使植物-动物、动物-酵母原生质体间融合在一起。缺点是融合过程较为繁琐，PEG 可能导致细胞生活力的下降，对细胞有毒害作用，因此，在能得到满意的融合率的前提下，应该尽量降低 PEG 的浓度。

(3) 高 pH/Ca^{2+} 融合法

高 pH/Ca^{2+} 诱导融合是指将需融合的原生质体放在高 pH 和高 Ca^{2+} 条件下，使其融合的方法。该方法是 Keller 和 Melchers(1973)在诱导烟草原生质体融合时创造的，其原理在高 pH/Ca^{2+} 的环境中，能中和原生质体表面所带的电荷，使原生质体的质膜紧密接触，从而有利于质膜的接触融合。用此方法进行植物原生质体融合时，pH 和 Ca^{2+} 浓度是关键，因所用植物种类不同而有差异。

(4) PEG 结合高 pH/Ca^{2+} 融合法

高国楠和 Michayluk 于 1974 年创立了 PEG 高分子的诱导融合技术，使原生质体融合率大幅度提高。PEG 是略带负电性的高分子化合物，能在原生质体融合中起到一种桥的作用，可使原生质体凝聚。而 Ca^{2+} 可以在蛋白质(或磷脂)与 PEG 的负极性基团间形成桥，因而可促进粘连。Ca^{2+} 结合 PEG，可导致质膜表面电荷发生紊乱而重排。由此一个原生质体的某些负电荷部分与另一原生质体的正电荷部分相连而导致融合。PEG 与高 Ca^{2+} 和高 pH 结合使用，可使融合率提高 40%～50%。

(三) 杂种细胞的筛选

原生质体融合后，群体中可形成各种遗传组分的融合体，有融合的异核体、同源融合体、未融合的双亲原生质体、多元融合的以及嵌合的融合体。杂种筛选就是要控制区分，得到融合重组类型即异源融合体，淘汰未融合的或同源融合的原生质体。没有杂种选择技术常不能获得有效的体细胞杂种，而缺乏有效的具普遍意义的选择系统，是一直制约体细胞杂交发展的瓶颈之一。目前主要的筛选方法有突变细胞互补选择法、根据原生质体特性差异的机械选择法以及根据杂种细胞生长差异的选择法。这 3 种方法在实际应用时往往相互配合，具体做法应视实验对象而定。

1. 互补选择法

互补选择法是利用两个亲本具有不同的遗传与生理等特性，在特定培养条件下，只有能产生互补作用的杂种细胞才能生长，而未发生互补作用的非杂种体细胞即双亲不能生长发育。采用互补选择法要求亲本有某些遗传缺失、营养缺陷或对药物的不同抗性等前提条件。根据互补类型的不同，可分为以下几种：

(1) 生理互补法

生理互补法也称营养缺陷型互补选择法，是指亲本双方都有营养缺陷的情况下，只有杂种细胞能在选定的特种培养基上生存，而亲本双方皆不能生存。例如，用一个不能利用硝酸盐(缺失硝酸还原酶)类型的烟草体细胞和另一个抗氯酸盐类型的烟草体细胞融合，培养在只以硝酸盐为唯一氮源的培养基上。由于杂种细胞植株具有硝酸还原酶活性，可以利用硝酸盐正常生长，而它的两种亲本细胞不能生长。用这种方法选择得到了杂种植株。再如粉蓝烟草和郎氏烟草原生质体融合后，唯有杂种细胞能在无激素培养基上正常生长，而两亲本的细胞则不能分裂，从而可用该方法筛选出杂种后代。

(2) 白化互补选择

这种方法是根据双亲本的原生质体的生长条件和颜色不同而设计的。选择一个叶绿素缺失的白化突变体，这一突变体在限定培养基上，能分裂形成白色的愈伤组织。而具有正常叶绿素的植株，在上述限定培养基上，则不能分裂形成愈伤组织。将白化突变体的原生质体和正常体的原生质体，用诱导剂诱发融合，并在上述限定培养基上培养融合体。能发育形成绿色细胞团(愈伤组织)就是杂种细胞，从而可以将真正发生融合的杂种筛选出来。

白化互补选择法不依赖有性杂交的知识，可广泛用于任何亲缘关系的融合。自然界存在许多白化体(叶绿素缺失)，而且也比较容易诱发白化体，目前有很多物种用这种方法得到杂种细胞。

（3）遗传互补筛选法

两个非等位基因控制性状突变亲本的原生质体融合后，两个亲本相互贡献一个功能正常等位基因，纠正另一亲本的缺陷基因，令杂种细胞表现正常。如某一亲本为叶绿体缺陷型亲本（白化株），另一亲本为光致死型，两亲本在光照下一种死亡，另一种呈白色，而融合细胞长成愈伤组织呈绿色，并能生长。

（4）药物敏感性互补筛选法

利用两亲本细胞原生质体对抗生素、除草剂及其他有毒物质抗性差异选择杂种细胞。例如，两亲本中亲本1对放线菌素D抗性，在MS培养基上不能超过50个世代；亲本2对放线菌素D很敏感，但能在MS培养基上生长；杂种细胞能在含有放线菌素的MS培养基上生长，而亲本和其他细胞死亡。

2. 利用生长特性差异的选择方法

利用原生质体对培养基成分的要求以及生长特性的差异，淘汰双亲原生质体和同源融合体，保留杂种细胞。

（1）不对称融合筛选杂种细胞

用物理或化学因子处理供体原生质体，使供体亲本一方仅以胞质基因或部分核基因转移到受体一方，从而直接获得胞质杂种或不对称核杂种。由于供体与受体细胞单独培养不能生长和分裂，只有融合体发生互补作用才能生长，从而挑出杂种。例如，Samoylov在进行番茄与茄子不对称体细胞杂交时，供体为卡那霉素转化系，但射线处理使之钝化，不能分裂，而受体对卡那霉素敏感，只有具受体全套基因组和供体抗卡那霉素基因杂种才能在含卡那霉素的培养基上生长。

（2）激素自养型互补法

根据双亲的原生质体体内不能合成激素，必须在生长时加入外源激素，而杂种细胞或由杂种细胞形成的愈伤组织由于双亲的基因互补，可以在体内产生内源激素，而在生长时无需添加外源激素。因此，在无激素的培养基中，只有杂种细胞才能生长。

3. 利用物理特性差异选择杂种细胞

双亲原生质体的形态特征可以作为异核体挑选的依据，如形态的大小、颜色、漂浮密度、电泳迁移度、形成的愈伤组织等的差异。对于肉眼难以观察到差别的原生质体可用不同活性荧光染料标记，再根据双亲原生质体在荧光显微镜下的差别鉴别异核体。例如，亲本1用异硫氰酸荧光素（绿色）标记，亲本2用碱性蕊香红荧光素（红色）标记，在荧光显微镜下，就可以找到杂种细胞。这种方法的缺点是物理特性常常难以满足，分离工作量大，挑选出来极少数细胞不容易增殖等。

（四）体细胞杂种的鉴定

杂种细胞的筛选仅提供了细胞杂种真实性的间接证据。由于初始融合产物的遗传物质可能被排除，或在培养过程中会发生体细胞克隆变异等现象，因而还必须对获得的杂种细胞进行严格的鉴定，并分析与亲本之间的区别与联系。体细胞杂种的鉴定主要用形态学、细胞学、同工酶、分子生物学等方法进行。

1. 形态学鉴定方法

形态学鉴定方法是最常用、最直接、最快速的鉴定方法，利用杂种植株与双亲在表现型上的差异进行比较分析，如叶片大小与形状，花的形状与颜色，叶脉、叶柄、花梗及表皮毛有无等。

单依据形态学特征常常不能正解判断杂种的真实性，因为细胞在长期的培养过程中有时发生体细胞无性系变异，也会出现各种各样的形态变异，因此，形态学鉴定只能作为参考指标，必须与其他鉴定方法结合使用。

2. 细胞学鉴定

以亲本染色体为对照，对体细胞杂种的染色体数目、染色体长短、染色体形态变化以及在等分裂与减数分裂时染色体配对是否正常进行鉴定。理论上如果染色体不丢失，杂种细胞中染色体数目应为双亲染色体数目之和。

染色体原位杂交技术(GISH)是近年来广泛应用于植物体细胞杂种遗传鉴定的分子细胞学方法。GISH 是根据核酸分子碱基互补配对原则，首先获得染色体 DNA 制片，然后将染色体制片 DNA 和经过放射性或非放射性标记的外源核酸即探针变性为单链，两者复性，成为杂合双链核酸，再通过放射自显影、激发荧光等手段将外源核酸在染色体上的位置快速、直观、准确地显示出来。我国体细胞杂交专家夏光敏多次运用 GISH 进行杂种鉴定。例如，2006 年她应用 GISH/FISH(荧光原位杂交技术)染色体组型分析技术将一抗旱基因定位在小麦与茅草杂交新品种 Shanrong No. 3 的 5A 染色体的短臂上。

3. 同工酶鉴定方法

同工酶是指功能相同的酶的多重分子形态，它们是特异的基因产物，体细胞杂种的同工酶谱常常表现为融合双亲谱带的总和，同时表现双方特有的酶带，有时也会丢失部分亲本带，甚至出现新的谱带。同工酶鉴定体细胞杂交常用的同工酶有酯酶、过氧化氢酶、氨肽酶、醇脱氢酶、脱酸脱氢酶等。

4. 分子生物学鉴定方法

随着分子生物学的发展，分子标记技术已广泛应用于体细胞杂种的鉴定。常用的分子生物学鉴定方法有限制性片段长度多态性(restriction fragment length polymorphism，RFLP)、扩增片段长度多态性(amplified fragment length polymorphism，AFLP)、随机扩增多态性 DNA 标记(Random amplified polymorphic DNA，RAPD)、Southern 杂交等。

RFLP 是由于核酸序列不同而造成 DNA 限制性片段之间产生等位基因差异的结果，具有种的特异性和遗传稳定性，是一种非常丰富的遗传标记。它能直接发现同源染色体上核苷酸碱基序列的差异，且 RFLP 数量多，受环境和遗传背景影响小，在发育过程中稳定，通常以简单的孟德尔式遗传。等位基因常是共显性的，是检测个体间、品种间、种间 DNA 水平上的等位性变异最敏感的方法。目前已构建的 RFLP 遗传图谱的基因较少，主要有番茄、玉米、马铃薯和某些油菜等。

AFLP 技术是一项新的分子标记技术，是基于 PCR 技术扩增基因组 DNA 限制性片段，基因组 DNA 先用限制性内切酶切割，然后将双链接头连接到 DNA 片段的末端，接头序列和相邻的限制性位点序列，作为引物结合位点。限制性片段用两种酶切割产生，一种是罕见切割酶，另一种是常用切割酶。它结合了 RFLP 和 PCR 技术特点，具有 RFLP 技术的可靠性和 PCR 技术的高效性。由于 AFLP 扩增可使某一品种出现特定的 DNA 谱带，而在另一品种中可能无此谱带产生，因此，这种通过引物诱导及 DNA 扩增后得到的 DNA 多态性可作为一种分子标记。

RAPD 指一段与某一单一引物(一般为 10 聚体引物)同源的 DNA 序列，有可能在 DNA 模板的不同位置出现，这些位置之间的距离又处于可通过 PCR 进行扩增的长度范围。因此，当条件满足时，单个寡核苷酸引物就可以在 PCR 反应中介导 DNA 呈几何级数扩增。实际操作中，每个 10 聚体寡核苷酸引物，通常可产生几个(3～10)不连续的 DNA 产物。这些产物是由不同的遗传位点产生的。多态性的产生是由突变或重排造成的。RAPD 通常作为显性标记，虽然 RAPD 不能鉴定杂合子，重复性较差，但是用 RAPD 检测容易，非专业人员也能操作，又易于实现自动化，所以在体细胞杂种鉴定应用中较广泛。西北大学徐子勤应用 RAPD 分析紫花苜蓿与红豆草属间体细胞杂种，发现杂种细胞从双亲获得的遗传信息不等，杂种细胞的核遗传信息较多地来自于苜蓿。

三、影响植物体细胞杂交的因素

在植物体细胞融合过程中，各阶段许多因子都能影响体细胞杂交的最后结果。这包括原生质体的制备、分离、纯化及培养过程的所有因子，也包括融合双亲的亲缘关系的远近、品种组合、融合方法的选择、融合过程的参数选择。

（一）原生质体

具有高活性的原生质体是体细胞杂交成功的一个重要因素。制备原生质体过程中所有的影响因子都会对最终的体细胞杂交产生影响。原生质体制备的影响因素在本章第一节已经详细介绍过了，这里重点注意的是，体细胞杂交过程中应使用新制备的新鲜的原生质体，因为保存时间过长，原生质体活力下降，且有可能部分原生质体会再生出细胞壁而影响融合效果。此外，参与融合的双亲细胞至少有一方具有全能性，杂种细胞才能再生。

（二）融合双亲亲缘关系远近及品种组合

远缘杂交能在一定程度上打破物种之间的界限，促使不同物种之间基因交流，具有近缘杂交所不能获得的优良特性，为创造新类型或改进现有品种开辟了新的途径。但融合亲本亲缘关系远近以及品种组合对最后的结果都有影响。一般来说，在属间、种间融合组合中，两亲本亲缘关系越近，越易得到体细胞杂种，或者体细胞杂种再生数量越多，并且种间组合中较属间组合容易成功。此外，在融合双亲亲缘关系远近相同的组合中，亲本组合不同，体细胞杂种再生状况也有较大的差别。

（三）融合方法

原生质体的融合方法有许多种，如 PEG 诱导融合法、无机盐诱导融合法、电融合等，其各自有不同的优缺点。不同的融合方法对体细胞融合及杂种植株的再生有较大的影响。例如，使用 $NaNO_3$ 作为融合剂时其优点是对原生质体活力的破坏力较小，但融合频率较低，对液泡发达的原生质体不易诱发融合；PEG 结合高 pH/Ca^{2+} 融合法能提高融合频率，但高 pH 对于有些原生质体可能是有毒害的，且易产生较大的聚集体；电融合是比较理想的一种融合方法，融合率高，重复性强，对原生质体伤害小，但需要一定的设备，在应用上受到限制。

（四）融合参数

在融合过程中，不管是哪一种融合方法，其参数的选择对融合结果有较大的影响。在 PEG 诱导融合过程中，PEG 的相对分子质量、温度以及 Ca^{2+} 的浓度都影响融合的效果。在电融合中，对交流电压、交变电场的振幅频率、交变电场的处理时间、直流高频电压、脉冲宽度以及脉冲次数等参数的选择对融合的结果都有很大的影响。以对马铃薯原生质体电融合参数研究为例（表 5.7）（袁华玲 2008）。

表 5.7　不同的电融合参数对原生质体融合的影响

交流电压/V	交流电作用时间/s	直流电脉冲次数	培养观察
30	10	2	分裂细胞多
40	10	2	分裂细胞多
50	10	2	分裂细胞多
60	10	2	分裂细胞少
70	10	2	细胞破裂或死亡
70	10	2	细胞破裂或死亡
8	30	2	分裂细胞多
12	30	2	分裂细胞多
16	30	2	分裂细胞多
20	30	2	分裂细胞少
24	30	2	细胞破裂或死亡

由表 5.7 可以看出，当交流电场作用设置时间为 10s 时，交流电压较低(30～40V)时，原生质体在电场中不能彼此靠近，在直流电场作用下，原生质体不能融合，显微镜下观察单细胞较多，虽然在培养中观察到细胞分裂，可能多为未融合的亲本；当交流电压达到 70V 时，显微镜下观察到融合细胞较多，体积较大，估计为多细胞融合体较多，培养后观察，细胞碎片较多，完整的细胞也未见膨大；在交流电 50～60V 条件下，显微镜下观察到融合细胞较多，体积适中，培养后观察到 60V 电压下细胞膨大，少量细胞分裂，多为畸形，在 50V 电压电场强度下细胞融合效果较好，融合细胞具有较强的分裂能力。设置交流电场作用时间为 30s，观察交流电 8～24V 对原生质体融合的影响，显微镜下观察到体积较小的细胞较多，虽然在随后的培养中细胞表现较强的分裂能力，但很可能为未融合的亲本；交流电压为 16～20V 时，显微镜下观察到融合细胞较多，有完成圆球化的完全融合的细胞，也有未完成圆球化的融合细胞，但是培养后观察，只有 16V 电场强度下融合物才能分裂，20V 电场强度下的融合物只有细胞膨大，没有分裂；交流电压为 24V 时，细胞破碎或死亡。由此，可以看出不同的参数的选择对融合结果有较大的影响。

附：植物愈伤组织原生质体与体细胞杂交操作实例

芝麻原生质体培养(熊兴耀　2000)

1. 植物材料准备

(1) 愈伤组织的诱导

选取正在生长的芝麻新梢，用 10%家净消毒剂(Domestos)进行表面灭菌 20min，然后用无菌水冲洗 3 次，再切成带有一个芽的茎段，分别接种到加有 1.0mg/L IBA、3%蔗糖和 0.8%琼脂的 MS 培养基上，pH5.8，在(25±1)℃的环境中培养，每日光照 16h，光照强度 1500～2000lx。待幼芽萌发长出嫩梢后，将嫩梢在节间切成长度为 2mm 左右的茎段，接种到加有 3mg/L NAA、1mg/L 6-苄氨基嘌呤、2%葡萄糖、2%蔗糖和 0.8%琼脂的 BS(bifidobacterium selective culture medium)培养基上，诱导产生愈伤组织，pH5.8。大约 20 天之后即可得到愈伤组织。然后，将愈伤组织在加有 2mg/L NAA、1mg/L ZT、2%CM、2%葡萄糖、2%蔗糖和 0.8%

琼脂的BS培养基上继代培养，pH5.8。继代培养的愈伤组织用来制备原生质体。

(2) 无菌苗的获得

前处理过程同愈伤组织的诱导，在MS培养基中待幼芽萌发长出嫩梢后，分切成带有一芽的茎段，在相同的培养基及培养条件下扩繁。完全展开的幼叶用来制备叶肉原生质体。

2. 原生质体分离

(1) 愈伤组织原生质体分离

取继代培养14天左右的愈伤组织2g，加入25ml酶液，酶液中含有6%的纤维素酶和0.2%果胶酶。在低速摇床(30r/min)上浸解，温度为(25±1)℃。酶解时间16h。酶解完成后，将游离的原生质体混合液经45μm尼龙网筛过滤。再用13mol/L CPW离心(100*g*,7min)洗涤3次。用FDA染色法测定原生质体的活性，并将纯化后的原生质体在13mol/L CPW溶液中悬浮保存备用。

(2) 试管苗叶肉原生质体分离

将幼叶切成宽度为1mm左右的小条，加入25ml经过滤灭菌的酶液浸解，酶液pH5.8。酶解在低速摇床(30r/min)上进行，温度为(25±1)℃。其他条件同愈伤组织原生质体分离。

3. 原生质体融合

(1) PEG融合液融合

取等量的两个待融合的亲本的纯化原生质体，在KPR培养基中混合，密度大约为4×10^5个/ml。然后用移液枪滴2滴混合液于培养皿的中央，立即加入2滴4%PEG(相对分子质量6000)，处理8～10min之后，在培养皿中加2滴稀释液，15min后，再从边沿缓慢地加12滴KPR培养基。5min后，用移液枪小心地移走PEG和稀释液，并再加入KPR培养基，15min后再小心除去。重复上述过程3次。在融合和清洗过程中要十分小心，以免将培养皿中央的原生质体移除。最后一次重复完成之后，原生质体就可直接进行培养。12h后测定融合频率。

(2) 电融合

将待融合亲本的愈伤组织原生质体和叶肉原生质体，用EFS溶液(11%甘露醇，0.5mmol/L $CaCl_2\cdot2H_2O$)离心洗涤(100*g*,5min)3次，然后悬浮保存在EFS中备用，密度为5×10^4个/ml。分别取待融合亲本的愈伤组织原生质体和叶肉原生质体，等量混合后，均匀分到融合皿中的9个小室。将电极片置于小室中，使原生质体在交流电场中有序排列。增加电流强度，诱导相邻的原生质体质膜密贴在一起。突然给予直流脉冲处理，通过电击促使相邻原生质体融合。然后，降低交流电流的强度至零，并将电极片移到另一个小室中，按上述方法进行电击处理。完成电击处理后，每小室加入1ml KPR培养基，平置1h，以便新的异核体更稳定。再将原生质体上面的电融合液移除，加入1ml KPR培养基，保持10min。最后，用1ml KPR培养基洗涤原生质体3次。融合后的原生质体混合液以5×10^4个/ml的密度置于KPR培养基进行培养。12h后，测定融合频率。

4. 原生质体的培养与植株再生

(1) 培养

将融合后的原生质体移到盛有KPR培养基的培养皿分层培养，用封口膜(Nescofilm)封口。分层培养时，先将支持层的KPR培养基用0.8%(*m/V*)海藻琼脂糖半固体化，于40℃时分装到培养皿中。取200ml密度5×10^4个/ml的原生质体悬浮液(KPR培养基)，滴到置于支持层上面的滤膜表面，滤膜直径47mm，具有0.2μm孔径的微孔(whatman,UK)。用灭菌的塑料接种环将原生质体悬浮液控制分布在滤膜表面75%的区域内。培养先在黑暗的环境下进行，温度(25±1)℃；30天后，每天给予16h的光照，促使形成原生质体愈伤组织。将微小的愈伤组织转移到添加2mg/L NAA、1mg/L ZT、2%CM、200mg/L 肌醇、2%葡萄糖、1%蔗糖和0.8%琼脂的B_5培养基上进行培养，促进愈伤组织生长。

(2) 植株再生

在B_5培养基中培养2～3周后，将长大了的愈伤组织接种到分化培养基中诱导产生新梢。分化培养基的成分为：MS+2.0mg/L 6-苄氨基嘌呤+0.5mg/L IBA+3%葡萄糖，pH5.8。新梢长到1cm高之后，切开并分别接种到生根培养基中培养。生根培养基的成分为1/2MS+0.3mg/L IBA+0.05mg/L 6-苄氨基嘌呤+0.05%活性炭+2%蔗糖，pH5.8。

5. 再生植株的遗传检测

(1) 染色体观察

再生植株的染色体观察采用苏木精染色法。取待检测植株的茎尖、根尖或幼叶，用对一二氯苯饱和液预处理2～3h，漂洗后用卡诺氏固定液(95%乙醇3份+冰醋酸1份)固定24h。用5mol/L盐酸水解20～30min，洗净后用4%硫酸铁按媒染1h，再用0.5%苏木精染色3～4h，经45%乙酸分色后，在显微镜下观察染色体数，以确定倍性水平。每张制片至少观察8～10个中期分裂相细胞的染色体。选染色体分散好、图像清晰的视野照相。

(2) RAPD分析

A. DNA提取

分别选取待测再生植株及其亲本的茎叶100mg，置于1.5ml已灭菌的Eppendorf离心管中，加700μl提取缓冲液和少量石英砂，迅速研磨，然后在65℃水浴10min。取上清液转到干净的离心管中，加入等量的酚-氯仿抽取液，然后离心(13 000r/min)2min。迅速将上清液转管后再离心5min。取水相转到干净离心管中，加入10μl 3mol/L乙酸钠和0.6倍体积的异丙醇，再离心2min。移去上清液并用75%的乙醇清洗管壁，真空干燥。用50μl三羟甲基氨基甲烷-乙二胺四乙酸(TE)缓冲液溶解DNA，然后置于−20℃保存。

B. PCR反应

采用5个随机10聚体引物(AP1、AP2、AP3、AP4和AP5)扩增RAPD标记。扩增反应包括各引物0.3μl，0.2μl *Taq* DNA聚合酶，1μl DNA溶液(1～5mg)和20μl PCR混合液。扩增40个循环，每个循环为94℃ 30s，35℃ 30s和72℃ 60s。扩增产物用1.6%琼脂糖(*m/V*)凝胶电泳，在紫外光下观察电泳结果。

思 考 题

1. 分离、纯化和培养植物原生质体的主要方法有哪些？评价各自的优缺点？
2. 何为体细胞杂交？其意义是什么？
3. 原生质体活力测定的方法有哪些？
4. 影响原生质体培养的因素有哪些？
5. 原生质体的融合方法有哪些？各自的原理是什么？优缺点有哪些？
6. 体细胞杂种的选择方法？
7. 体细胞杂种的鉴定方法？

第六章　植物转基因技术

20 世纪 50 年代以来，将外源遗传物质导入植物细胞一直是人们感兴趣的工作。有人曾通过将提取的核酸注射到植物胚胎或浸泡幼苗等方法得到一些有变异的后代植株，但缺乏有力的生物学证据而引来不少的争论。20 世纪 70 年代以后，又有人用标记的 DNA 处理植物原生质体，观察到 DNA 能够进入细胞，靠近细胞核，并称这一过程为转化(transformation)。后来转化一词被用来描述植物细胞对外源遗传物质的摄取、整合及表达的过程。通过遗传转化，把控制特定性状的基因转入植物基因组，可以打破原有的种属间生殖障碍，缩短育种周期，创造出用常规育种方法很难得到的新型优良品种，是定向改良植物性状的有效手段。

第一节　植物基因转化受体体系

成功的基因转化首先依赖于良好的植物受体体系的建立。目前建立的多种有效的遗传转化方法很大程度上都是以植物受体体系的发展为基础的。作为转化受体应符合以下条件：①能够高效率地接受外源基因，并通过基因重组或其他途径使外源基因稳定地插入植物染色体组中；②必须具有脱分化和再生能力，能够形成新的植物体；③能够稳定地将外源基因遗传给后代。

植物遗传转化技术的发展历程正是人们通过技术改进和创新，不断扩大受体细胞的类别，提高转化细胞或组织的再生能力，增加适于遗传操作的植物种类，简化转化程序，提高转化效率的过程。常用的几种植物转化受体体系见表 6.1。

表 6.1　几种植物转化受体体系

受体类型	转化方法
叶片和茎段等(包括子叶和胚轴)	农杆菌介导法、基因枪法等
原生质体	电激法、PEG 法、脂质体法、显微注射法等
悬浮培养细胞	基因枪法、超声波法等
愈伤组织	基因枪法、超声波法等
花粉	基因枪法、浸泡法
子房和胚珠	花粉管通道法、子房注射法等
未成熟胚和分生组织	农杆菌介导法、基因枪法、超声波法等

一、叶盘受体体系

因为叶片具有遗传上的均一性和较高的再生频率，叶盘已成为转基因植株中广泛应用的受体。此法已经用于烟草、番茄、油菜、矮牵牛等许多种类的植物。王光清等(1997)用含有双向载体质粒 PPZHI 和辅助质粒 PGV2260 的根癌农杆菌菌株 C58cl，转化马铃薯东农 303 叶盘，在选择培养基上培养 30 天后，切口处形成抗性愈伤组织，转化率为 4%～38%，经新霉素磷酸转移酶(neomycin phosphotransferase-Ⅱ，NPTⅡ)活性分析和 DNA 分子杂交证实获得了转基因再生植物。用发根农杆菌转化植物叶盘也是成功的。先诱导生成根，在用分化培养基诱导出苗，大约需要 4 周的时间。

1）从幼嫩新鲜的植物叶片上用打孔器取下直径为 2～5mm 的叶盘。

2）加入携带有外源基因的根癌农杆菌并轻轻摇动，保证切口的边缘感染上细菌。

3）将叶盘转移到放在培养基中的滤纸上培养 2 天。

4）再将叶盘转移到加有选择剂的诱导苗的分化培养基上，待长出苗后，将苗转移到诱导根的培养基中，小植株长成后转入土壤栽培。

5）经 4～6 周后就能再生出转基因小植株。

叶盘转化法不涉及未分化的植株组织，即愈伤组织或原生质体，因而再生成遗传上正常植株的频率较高。此法比较简单而且有很高的重复性，不过由创伤组织得到转化细胞可能是嵌合体，必须经过严格地筛选才能获得真正的转化细胞。但这种方法不是对所有植株都适用，对于那些对农杆菌不敏感的植物及再生困难的植物，应采取其他的转化方法。

作为叶盘转化体系的扩展，胚轴、茎尖和茎段等也可归入这一受体体系。

二、原生质体受体体系

原生质体具有遗传上的一致性，因无细胞壁而易于接受各种外来遗传物质，大到细胞器、细胞核、染色体及细菌，小到质粒、病毒及 DNA 片段等均可较容易地进入。因而，已建立的农杆菌转化法、DNA 直接转化法或通过介质的转化法及病毒介导的转化法等，均适合于原生质体受体。

原生质体共培养法是将农杆菌同正在再生新细胞壁的原生质体作短暂的共培养，当原生质体再生出细胞壁并进行细胞分裂的时候，其行为与植物愈伤组织相似，根癌农杆菌易于感染它。原生质体与根癌农杆菌共培养一定时间后，将植物材料转移到选择培养基上，诱导愈伤组织和再生植株。原生质体共培养法的优点是获得的转化植株来自一个转化的细胞，因此减少了嵌合体的发生，故在应用方面具有重要价值；可以获得许多来自一个细胞的转化细胞克隆。原生质体共培养法已在烟草、矮牵牛、向日葵、胡萝卜等植物上获得了成功。

三、悬浮细胞受体体系

悬浮培养细胞也具有原生质体的某些特点，如在均一培养条件下能保持性状稳定，单个细胞易于操作等，但它因具有细胞壁，一般不易通过 DNA 的直接摄取实现转化。可采用根癌农杆菌共培养法、电注射法及基因枪转化法等对其进行转化。

悬浮细胞共培养法是指将处于细胞分裂期的悬浮细胞与根癌农杆菌共培养一段时间后，将其移至选择培养基上，诱导愈伤组织形成，进一步再生成完整植株的过程。

四、愈伤组织受体体系

愈伤组织是从植株的伤口部位生长出来的一种未分化的薄壁细胞，也是外植体细胞经历了脱分化过程，使已分化的细胞回复到分生细胞水平，其具有易于接受外源基因的能力。因此，愈伤组织转化率较高，扩繁量大，可获得较多的转化植株。外植体实验材料广泛，多种组织、器官均可诱导愈伤组织。愈伤组织共培养法的方法是将根癌农杆菌与正处于分化状态的愈伤组织共培养一定时间后，将植物材料转到选择培养基上，诱导出完整植株。

五、胚状体受体体系

胚状体是良好的转基因受体，其突出的优点在于胚状体的单细胞起源性，因而可以有效地避免其他受体体系容易发生的嵌合现象。采用胚状体进行转基因植物研究时，可将胚状体与农杆菌进行一定时间的共培养后，再将其转到选择培养基上诱导出次生胚状体，从中鉴定出转化了的胚状体并使之发育成完整植株。

六、活体受体体系

活体受体体系是在活体条件下给受体植物造成创伤，用携带外源基因的根癌农杆菌感染植物伤口，使外源基因导入受体植物体系。活体受体体系的关键是必须在植株上形成新鲜伤口，并使用感染力强的介导工程菌。造成伤口的方法有多种，可以用刀切、针刺等。从伤口处接种根癌农杆菌，也可将根癌农杆菌直接涂在幼株嫩枝的顶部切口等。以后从切口处长出的芽就有可能是转化了的材料，或取切口处的组织进行离体培养，再生出完整植株而获得转基因植物。

第二节　植物基因转化方法

基因工程实验中，植物细胞只有经过遗传转化才能获得转基因植株。已经发展了许多用于植物细胞遗传转化的方法，可分为三大类：

1）载体介导法，即将目的基因插入到根癌农杆菌的质粒或病毒的 DNA 分子上，随着载体质粒或病毒 DNA 的转移而转移。共培养法及病毒介导法属于这类方法。

2）基因直接导入法，指通过物理或化学方法直接将外源目的基因导入植物细胞的方法。物理方法有基因枪法、电激法、超声波法、显微注射法和激光微束法。化学方法有 PEG 法和脂质体法。

3）种质系统法，包括花粉管通道法、生殖细胞浸染法、胚囊和子房注射法。

双子叶植物最常用的是根癌农杆菌转化植物细胞法，单子叶植物多用基因枪法。

一、农杆菌介导法

根癌农杆菌 Ti 质粒的 T-DNA 可高效率地整合到植物受体细胞的染色体上并得到表达。利用这一特点，建立了以植物原生质体为受体的共培养法，后来经过一系列的改进，特别是叶盘共培养法新技术，使这种转化方法更加实用。

共培养法是将根癌农杆菌与植物原生质体、悬浮细胞、叶盘、茎段等共培养而实现遗传转化的方法。这是目前最常用的转化方法。具体做法是：将短时间共培养后的植物材料洗去大部分根癌农杆菌后放在含适当抗生素的培养基上培养，一方面抑制或杀死未转化的根癌农杆菌，另一方面筛选出具有某一抗生素抗性的转化细胞，然后将转化细胞诱导分化成植株。约有

70%的转基因植物是通过这一方法获得的。大多数单子叶植物,特别是一些重要的农作物如水稻、玉米、小麦等,对未经诱导的根癌农杆菌不敏感,主要原因之一是它们不能产生诱导VIR区基因表达的信号分子,因而此法应用范围受到很大的限制。在转化时添加一些含酶化合物诱导根癌农杆菌,成功地实现了水稻的遗传转化。

(一) 根癌农杆菌转化技术

根癌农杆菌介导的植物转化是应用得最早且广泛的一种植物转化方法。早期主要用于双子叶植物转化,后来逐步成功地用于多种单子叶植物的转化。根癌农杆菌是一种土壤细菌,能够感染许多双子叶植物的受伤组织,引起冠瘿瘤(crown-gall nodule)。在根癌农杆菌中存在着一种致瘤质粒(tumor-inducing plasmid, Ti),该质粒上有一段DNA序列可以发生转移,称为转移DNA(transferred DNA, T-DNA)。人们正是基于这一原理对Ti质粒进行改造,将目的基因转入质粒的T-DNA区,构建根癌农杆菌的转化载体。

这种转化方法是将目的基因与花椰菜病毒35S启动子及终止子组成嵌合DNA分子,插入到Ti质粒内构成重组质粒,再转化到根癌农杆菌细胞中,将得到的重组根癌农杆菌感染植物细胞,从而使质粒的部分DNA与目的基因一起整合到植物染色体上,实现遗传转化。

(二) 发根农杆菌转化技术

发根农杆菌是根癌农杆菌同属的一种病原土壤杆菌,其诱根质粒(root inducing plasmid, Ri)可诱发植物产生大量的根,这一作用过程与Ti质粒的致瘤过程十分相似,也是通过T-DNA的转移发生作用(图6.1)。利用发根农杆菌的Ri质粒系统也可以进行共培养转化,侵染植物细胞后,引起植物细胞产生许多不定根,这种不定根生长迅速,不断分枝成毛状,故称为毛状根,也称为发状根,其诱发的根还可以分化形成完整的植株。这对一些利用根部组织进行次生物质生产的研究十分有利。

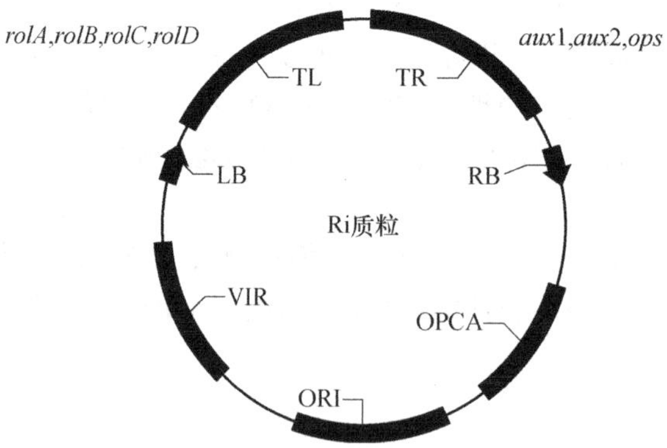

图6.1 发根农杆菌Ri质粒模式

ORI,复制起点;VIR,致病区;LB,左端重复序列;TL,左端T-DNA转移区;TR,右端T-DNA转移区;RB,右端重复序列;OPCA,冠瘿碱代谢基因

二、基因枪转化法

基因枪转化法是一种将外源基因直接导入的技术,它借助高速度的金属微粒将DNA引

入受体细胞中。其原理是通过火药爆炸、高压放电或高压气体作驱动力，将载有外源DNA的钨(或金)等金属颗粒加速，射击真空室中的靶细胞或组织，金属粒子在到达细胞或组织前可被挡住，而携带的DNA高速穿过细胞壁进入靶细胞内，甚至细胞核，部分进入受体细胞的基因组中，完成转化过程。

国际上已制造出多种类型基因枪。最早的是火药基因枪，由美国杜邦公司推出其商品火药枪PDS-1000系统。该枪利用尼龙弹作为DNA与金属微小颗粒的载体，称为微粒子弹载体，结合有DNA的金属微小颗粒被称为微粒子弹。当火药爆炸时，载有微粒子弹的微粒子弹载体被驱动向下高速运动，至阻挡板时，微粒子弹载体被阻碍，而其端部的微粒子弹继续以高速度向下运动，击中样品室中的靶细胞。当微粒子弹打入或穿过细胞时，其上所携带的外源基因就可能进入、整合到靶细胞的染色体上。

高压放电基因枪是通过高压放电引起水滴气化所产生的冲力，驱动着微粒子弹与微粒子弹载体向上加速。微粒子弹载体被阻挡网阻挡，而微粒子弹则穿过阻挡网继续向上加速，轰击真空室中的靶细胞或组织。这种枪的显著特点是可以精确调控子弹速度和入射深度。

压缩气体驱动的基因枪是由Sanford等在原火药基因枪的基础上设计改装的。它更加清洁、安全，能更好地控制枪击动力，金属颗粒分散更加均匀，每枪之间的差异小，转化效率高。用于基因枪的压缩气体有氦气、氢气、氮气等，其中氦气压缩后具有更大的冲力，因而驱动金属颗粒的速度更高。

基因枪法的优点为：

1）克服了根癌农杆菌转化的寄主限制。在基因枪转化过程中DNA是机械导入的，从理论上讲不存在任何寄主限制，特别是根癌农杆菌不能侵染的重要禾谷类粮食作物玉米、小麦、水稻和燕麦等，用微弹轰击法都先后获得了转化的再生植株。

2）简化了质粒构建。目的基因在*E. coil*中直接克隆、扩增，从而可以去掉在根癌农杆菌中复制和转移所必需的DNA序列。基因枪轰击可以用两个或两个以上质粒进行共转化，而不需要把不同的目的基因克隆到一个大质粒中。

3）简化了转化方法。利用原生质体建立的转化系统，如电激法、PEG法和脂质体法等都需要建立良好的原生质体培养再生系统，这一工作繁琐、费时，而且在很大程度上受基因型的影响。基因枪轰击法简便，易于建立广泛适用的转化系统。

4）避免假转化。基因枪转化法可避免根癌农杆菌介导的转化程序中因根癌农杆菌污染所造成的假阳性。

影响基因枪法转化率的主要因素有：

1）金属微粒。主要采用钨粉和金粉两种金属微粒作为DNA包裹的载体，一般认为金粉比钨粉具有更规则的球形体，可以在相同的体积下取得最大的附着面积。金粒化学性质也更稳定，不像钨粒那样形成氧化膜。此外，金粉对DNA的吸附力比钨粉强，因此金粉比钨粉更适合于做DNA包裹的载体，但金粉价格比钨粉要昂贵。

2）DNA沉淀辅助剂。常用的DNA沉淀辅助剂有$CaCl_2$、亚精胺、PEG等。这些化合物的浓度不仅对DNA在钨(金)粒上的黏附有重要影响，而且对植物受体细胞的伤害也至关重要。

3）DNA的纯度及浓度。DNA的纯度和浓度越高越容易获得成功的转化，这是由于高浓度纯合的DNA射入受体细胞后整合到植物基因组的概率更高。

4）微弹速度。微弹速度直接决定了微弹对细胞和组织的作用力及产生损伤的程度，不同的植物材料和不同的转化要求应选择不同的速度。

5) 植物材料。外植体的种类、细胞的生理状态、细胞潜在的再生能力、轰击前后的培养条件以及细胞内环境对外源 DNA 的接受能力等均会影响基因枪法转化的频率。一个重要的原则是具有潜在分裂能力的细胞才有接受外源 DNA 的可能。因此，选择具有分生能力的细胞、幼嫩的组织、幼胚、茎尖等材料，采取预培养等使细胞处于感受态的技术，都有利于转化率的提高。

已有十几种植物采用基因枪法获得了转基因植株，包括水稻、玉米、小麦三大谷类作物。此外，在对植物细胞器的转化应用中，基因枪法也显示出了广阔的前景。

三、PEG 介导法

PEG 介导法为我国学者高国楠首创，是借助化合物 PEG、磷酸钙及高 pH 条件下诱导原生质体摄取外源 DNA 分子。PEG 是细胞融合剂，可通过引起细胞膜表面电荷的紊乱，干扰细胞间的识别，从而有利于细胞间融合和外源 DNA 分子进入原生质体。磷酸钙可与 DNA 结合形成 DNA-磷酸钙复合物而被原生质体摄入。

四、花粉管通道法

花粉管通道法又称子房注射法、种质系统法，该方法是在植物授粉后，将外源 DNA 注入植物子房的胎座或柱头位置，使 DNA 沿花粉管通道进入胚囊，与受精卵或胚细胞接触而达到转化的目的。这一方法的建立开创了整株活体植物转化的先例，操作方便易行，避免了组织培养的麻烦，在改良作物遗传性状的工作中有很大的潜力。

五、其他转化方法

(一) 电激法

利用高压电脉冲的电激穿孔作用将质粒 DNA 导入植物原生质体的方法称电激法。此法起初是应用于动物细胞。在植物细胞中进行基因转移是李宝健等在 1985 年首创。这一方法已广泛应用于各种单子叶植物和双子叶植物。此外，通过电激技术将基因直接导入带壁的植物细胞或组织的方法称为电注射法。由于这种方法可适用于单子叶植物和双子叶植物原生质体的转化，且具有简单方便、对细胞毒性低以及转化率高等优点，因而具有很大的应用潜力。其标准操作程序是将高浓度的含有克隆基因的质粒 DNA 加到原生质体的悬浮液中，然后置于 200～600V/cm 的电场下进行电脉冲刺激。经过处理的原生质体在组织培养基中培养 1～2 周后，选择已经转化 DNA 的细胞继续培养，进一步获得再生植株。

(二) 显微注射法

借助显微镜将外源 DNA 直接注射到受体的方法称为显微注射法。适用此种方法的植物样品包括原生质体、游离的细胞，以及愈伤组织、分生组织和胚胎组织等多细胞结构。动物细胞的显微注射法转基因工作在多年前就获得成功，主要是由于动物细胞(如成纤维细胞)可黏附于玻片表面生长(贴壁生长),易于固定,而植物细胞无贴壁生长的特性,要进行显微注射,必须首先建立固定细胞的技术。用来固定细胞的方法有琼脂糖包埋法、聚赖氨酸粘连法及吸管支持法三种。固定后,通过显微操作器,将外源 DNA 直接注射到受体细胞核中去。显微注射用针的针尖直径约 0.5μm,一次可注射约 10^{-9}mol 的 DNA 进入原生质体。显微注射繁琐耗时,但转化率较高,除了用于原生质体外,还可用于注射花粉和子房。花粉注射可在受精之前进行,子房的注射则在受精之后(合子注射)。

(三) 脂质体法

脂质体是由磷脂酰胆碱或磷脂酰丝氨酸等脂质构成的双层膜囊。用它包装外源 DNA 分子,与植物原生质体共保温。脂质体与原生质体膜间发生相互作用,通过细胞内吞作用将外源 DNA 高效地纳入植物原生质体中。这种方法的优点是可以保护 DNA 在导入细胞之前免受核酸酶的降解作用,降低了对细胞的毒性效应。适用的植物种类多,重复性高,包装在脂质体内的 DNA 可稳定地储藏。用此法对水稻原生质体的转化效率可达 14%,并得到了转基因的再生植株。但由于操作较为繁琐,加上其他新方法不断涌现,目前脂质体法已较少使用。

(四) 圆球体法

利用 PEG 或聚乙烯醇(PVA)等化学诱导剂,促使植物原生质体与 *E. coli* 或根癌农杆菌圆球体融合而实现基因转化的技术称为圆球体法。该方法转化率高(0.01%~0.1%),融合机理与脂质体融合相似,都是通过原生质体内吞作用摄入外源 DNA。也是由于操作较繁琐,近年来已较少使用。

(五) 超声波法及激光法

超声波法介导基因转化的基本原理是利用低音强脉冲超声波的物理作用,击穿细胞膜造成通道,使外源 DNA 进入细胞。1990 年由章力建等首创,用于烟草叶片的转化,转化率高达 22.3%,但是否有普遍应用的价值仍需验证。此转化途径可以避免脉冲高压对细胞的损伤作用,有利于原生质体存活。超声波所特有的机械作用、热化作用和空化作用具有穿透力大,在液体和固体中传播时衰减小,界面反射造成叶片组织受超声波作用的面积较大等特点,可能是造成高效短暂表达和稳定转化的重要原因。超声波介导的基因转化具有操作简单、设备便宜、不受宿主范围限制、转化率高等优点,与其他直接转化方法相比具有更大的应用潜力,但该转化系统尚待进行更深入的研究使之完善。此外,应用物理因素导入基因的另一项技术是激光法,它利用微束激光在细胞膜(壁)上打孔,使外源 DNA 分子进入细胞。激光法具有精确和损伤小的优点,有可能用于细胞器的基因转化工作。

(六) 病毒介导的基因转移

病毒侵染细胞后把其 DNA 导入寄主细胞,并且这些病毒 DNA 能在寄主细胞中进行复制和表达。自然界中病毒侵染寄主细胞的过程与根癌农杆菌 Ti 质粒相似,其本身就是一种潜在的基因转化系统。为此,病毒可以作为一种基因转化的载体。但是,植物病毒作为载体的研究仍处于初级阶段。因为,首先是绝大部分的植物病毒是以 RNA 为遗传物质,其次是高效的根癌农杆菌 Ti 质粒转化系统的研究热点忽视了植物病毒载体的发展,因此对植物病毒的研究很不深入,对其载体的构建更是进展缓慢。但近年来对植物病毒的基因组结构、功能以及植物病毒载体的研究有了较大进展。特别是发现花椰菜病毒的35S启动子是理想的高效表达的启动子,并已经在植物基因工程中得到了广泛应用。许多科学家已认识到植物病毒是一种有希望的潜在基因载体,需要挖掘开发。

现将上述各种转化方法及其特点总结于表6.2。

表6.2 植物基因转化的途径及转化特点

转化途径	转化特点
根癌农杆菌介导基因转化 1. 共培养法 原生质体共培养 叶盘共培养 悬浮细胞共培养 愈伤组织共培养 2. 活体接种与共感染法	受体种类多,可以在原生质体、单细胞和细胞团、组织器官或整株等多级水平上进行,方法成熟可靠,简单易行,周期短,转化率高。转化结果可以直接比较 受宿主范围限制,以转化双子叶植物为主。大多数单子叶植物和裸子植物对根癌农杆菌的侵染不敏感,限制了该法在禾谷类作物中的应用 转化体常出现嵌合现象,需在严格条件下加以选择,以淘汰未转化细胞
DNA直接转化或媒体转化 PEG介导法 电激法 显微注射法 花粉管通道法 圆球体法 脂质体法 基因枪转化法 超声波法	包括适用于不同受体的相应的转化方法,基因转移可在原生质体、组织细胞和整株上进行 无宿主范围限制,适用于各种单子叶植物和双子叶植物,在改良农作物中具有巨大潜力。其中花粉管通道法操作简便,无需离体培养,值得推广应用。融合法可用于细胞器的转化 某些方法转化率低(直接基因转移法);操作繁琐费时(显微注射法);需要专门设备(基因枪法) 多数方法需用原生质体,周期太长
病毒介导基因转移	易感染,系统传播,拷贝数多,启动外源基因表达能力强。但宿主范围狭窄,基因组容纳外源DNA能力有限,转化性状不能通过有性过程传给后代,必须逐一进行单株感染

(引自罗鹏 1996)

第三节 转基因检测技术

在数量庞大的受体细胞群体中,只有一小部分细胞获得了外源DNA,而目的基因被整合到基因组并实现表达的转化细胞则更少。因此,必须采用一定的方法,才能筛选出可能含有目的基因的重组体。已经发展出一系列可靠性较高的转基因个体检测法,包括形态特征检测、报告基因检测以及分子生物学方法检测。

一、形态特征检测

早期用野生型根癌农杆菌或Ti质粒转化植物细胞时,仅能根据转化体在无激素培养基上是否形成畸胎瘤(teratoma)加以识别。这时,无论是T-DNA中的基因还是插入其中的其他外源基因,都只能在植物的细胞和组织水平上表达。因为很少能从畸胎瘤诱导植物再生,故不能观察到这些基因在整株的表达。后来,由于对Ti质粒的改造获得成功,并引入一些有效的抗生素抗性标记,不仅使外源基因能在细胞、组织和植株的各级水平上表达,同时也使外源基因的鉴定更加方便。

(一) 转化细胞的选择性培养

当用野生型根癌农杆菌或Ti质粒转化细胞时,整合到受体染色体上的T-DNA的*iaaM*

和 *iaaH* 基因的产物(色氨酸-2-单加氧酶和吲哚-3-乙酰胺水解酶)可促进生长素的过量合成,*iptZ* 基因的产物(异戊烯基转移酶)则促进细胞分裂素的合成。因此,凡是接受了上述基因的细胞,都应当能在无植物激素的培养基上不断分裂和增殖。相反,未经转化的细胞则不能在此培养基上自主生长而被淘汰。另外,大多数冠瘿瘤都不能实现植株再生,但在实验室条件下,它们偶尔也能再生,这些植株均表现形态变异或其他表型异常,据此也可以鉴别转化体。

利用 Ti 质粒载体引入外源基因时,可以通过在组织培养中以抗生素抗性为选择标记,在加有适当抗生素的培养基上筛选转化细胞。因此,在细胞、愈伤组织、成株及后代的各个阶段,都可以施加相应的选择压力来鉴别植物转化体(细胞或愈伤组织)和转基因植株。在烟草的转化中曾经获得以下结果:①转化苗在 3 周后长根,并继续健康生长。对照苗不长根,最后变白枯死。②转化植株和对照植株获得的种子,在含一定量抗生素的培养基上发芽时,转化种子与对照种子都能发芽,但对照种子的芽约经 3 周后即变白枯死,而转化种子的芽仍能继续正常生长。③在转化植株中可测得编码相应抗生素抗性的酶。

对转化基因遗传动态的研究表明,外源基因不仅能在细胞增殖过程中稳定保持,而且能以正常的基因遗传方式遗传,表现为 3∶1 的孟德尔式分离,例外现象可能是因 DNA 丢失、发育过程中基因表达失效、处于转化细胞附近而选择不当所致。转化基因具有剂量效应,这从亲本、杂合体和纯合体的抗药性、酶活性及分子杂交区带密度的差异可以明显反映出来。

(二) 转基因植株的生物检测

迄今为止,已育成的抗虫、抗除草剂和耐病毒病的转基因植株,将它们直接暴露于害虫、除草剂和病毒侵染等逆境下,可以进行直观的生物检测。转基因抗虫番茄植株的叶片被烟草天蛾幼虫取食后,害虫可在 48h 内被毒死,而叶片仅出现少量的摄食损伤;相反,对照植株的叶片则被害虫吞食一空。转基因抗虫烟草植株中的生物检测实验也获得相同结果,烟草天蛾幼虫取食抗虫烟草叶片后,均在 3 天后死亡,而叶片很少损伤。在抗除草剂的转基因植株上喷洒一定量的除草剂以后,转化植株继续正常生长,其长势与未经除草剂处理的对照植株完全一样,相反,对照植株用除草剂后,都在 10 天内相继枯死。

二、报告基因检测

在培育转基因植物中,经常要使用报告基因(reporter gene),其编码产物能够快速地被测定,常用来判断外源基因是否已经成功地导入受体细胞(器官或组织)及其表达活性。它们具有明显区别于受体细胞遗传背景的选择标记。其中,最常用的是抗生素抗性基因和编码催化人工底物形成荧光物质的酶基因。

(一) β-葡萄糖酸苷酶基因

β-葡萄糖酸苷酶(β-glucuronidase,*Gus*)基因是 1986 年首次从 *E. coli* K12 中克隆出来的,它不具有正选择标记,而是利用转化植物细胞所产生的β-葡萄糖酸苷酶,催化裂解人工合成的底物 4-甲基伞形花酮-β-D-葡萄糖苷酸,产生荧光物质 4-甲基伞形花酮,因此可使用荧光光度计进行定量测定,由于此法简单、方便、灵敏,*Gus* 基因被广泛用于植物基因转化实验,尤其是在进行外源基因瞬间表达系统中。植物细胞 Gus 本底一般很低，更显示出其独特的优越性。此外，*Gus* 基因的 3′端与其他结构基因所产生的嵌合基因可以正常表达，所产生的融合蛋白中仍有 Gus 活性，这为研究其他外源基因表达的具体细胞部位和组织部位提供了强有力的手段，这是其他报告基因所不及的。

（二）新霉素磷酸转移酶基因

氨基环醇类抗生素，如卡那霉素（kanamycin）、新霉素、遗传霉素（G418），它们的结构相似，都能抑制原核细胞核糖体 70S 起始复合物的形成，阻遏蛋白质的合成，从而抑制细胞的生长。*NPt Ⅱ* 基因编码序列来自 *E. coli* 转座子 Tn5，它的产物可以催化 ATP 上 γ-磷酸基团转移到上述抗生素分子的某些基团上，从而阻止它们与靶位点的结合，并使之失活。使用 *NPt Ⅱ* 基因转化植物可以赋予植物细胞对抗抗生素的能力。*NPt Ⅱ* 基因对大多数植物来说都是很强的选择标记，已被广泛应用于植物转化，在水稻、玉米、小麦及甘蔗等农作物的转基因研究工作中得到了成功的应用，而且对茄科植物如烟草、马铃薯及番茄等的转基因研究特别有效。这个基因作为选择标记基因的缺点是受体细胞通常具有较高的非特异性磷酸转移酶本底，给选择带来不便。

（三）氯霉素乙酰转移酶基因

氯霉素可选择性地与原核细胞核糖体 50S 亚基结合，抑制肽酰基转移酶的活性，从而阻断肽键的形成并最终抑制细胞的生长。氯霉素乙酰转移酶（chloramphenicol acetyltransferase, *Cat*）基因由 *E. coli* 转座子 Tn9 编码。氯霉素乙酰转移酶可以催化乙酰 CoA 转乙酰基，乙酰化的氯霉素即失去了其抗生素的抗性。因此携带 *Cat* 基因的转基因植株具有了抗氯霉素的能力。*Cat* 基因作为选择标记没有 *NPt Ⅱ* 基因强，但植物细胞中非特异性 Cat 酶活性本底很低，不会造成对基因产物分析的干扰，且 Cat 酶定量分析很准确。所以，*Cat* 基因经常用于植物基因转化，特别是瞬时表达实验中的检测。

（四）潮霉素磷酸转移酶基因

潮霉素原是一种链霉素的产物，通过与 70S 和 80S 核糖体的结合对许多原核生物与真核生物的生长起抑制作用。潮霉素磷酸转移酶（hygromycin phosphotransferase, *Hpt*）基因的产物能催化 ATP 上 γ-磷酸基团转移至潮霉素分子上而使之失活，所以使用 *Hpt* 基因作为筛选报告基因可赋予转化植物细胞抗潮霉素的能力。某些植物细胞株系（如水稻）对卡那霉素具有一定的抗性，利用卡那霉素筛选 *Npt Ⅱ* 基因转化体经常出现假阳性结果，而 *Hpt* 基因就克服了这一缺点。但潮霉素是致癌物质，操作时应慎重。

三、分子生物学方法检测

（一）Southern 印迹杂交

外源 DNA 是否整合到植物基因组的直接证据来源于 Southern 印迹杂交（Southern blotting）。其方法是将转基因植物的 DNA 纯化出来，用外源 DNA 做探针与之杂交，如果受检测的对象已转基因成功，则探针能与之杂交，反之则不能与之杂交。杂交可以在液相或固相上进行。如果应用硝酸纤维素滤膜进行 Southern 印迹转移，那么只要当滤膜结合上 DNA 两条互补链之一，便能成功进行核酸杂交。具体做法是将做了 DNA 电泳分离的琼脂糖凝胶，经过碱变性等预处理之后平铺在已用电泳缓冲液饱和了的两张滤纸上，在凝胶上部覆盖一张硝酸纤维素滤膜，接着加一叠干滤纸，最后再压上一重物。这样由于干滤纸的吸引作用，凝胶中的单链 DNA 便随着电泳缓冲液一起转移，这些 DNA 分子一旦同硝酸纤维素滤膜接触，就会牢牢地缚结在它的上面，而且是严格按照它们在凝胶中的谱带模式，原样地被吸印到滤膜上。在 80℃烘烤 1～2h，DNA 片段就会稳定地固定在硝酸纤维素滤膜上。Southern 印迹杂交方法十分灵敏，在理想的条件下，应用放射性同位素标记的特异性探针和放射自显影技术，即便每条电泳带仅含有 2ng 的 DNA 也能被清晰地检测出来。

(二) Northern 印迹杂交

转入受体植物的外源基因的表达首先表现在转录水平上。只要能检测到外源基因的 RNA，便可说明外源基因已成功转入了受体植物，这就是 Northern 印迹杂交(Northern blotting)。它与 Southern 杂交很相似，主要区别是被检测对象为 RNA。其基本步骤是提取转基因植物的 RNA，将其转移到硝酸纤维素滤膜或尼龙膜上，与外源 DNA 或 RNA 探针进行分子杂交。

(三) Western 印迹杂交

转入受体植物的外源基因的表达是编码蛋白质，因此，可用检测外源基因编码的蛋白质的手段来对转基因植物进行鉴定，这便是 Western 印迹杂交(Western blotting)。方法是从转基因植物中提取蛋白质，转移并固定在化学合成膜的支撑物上，然后以外源基因编码蛋白质的抗体进行特定的亲和反应、免疫反应或结合反应，并以显色系统分析此印迹。蛋白质印迹法与遗传学方法、核酸分子杂交等方法相比，具有特异性强和敏感性高的检测优点，可检测出纳克水平的蛋白质。当待测的转基因植物无任何可供选择的基因表型特征，又无合适的杂交探针时，这种方法显得尤为重要，但其被测物是目的基因所表达的蛋白质，所以使用的先决条件是克隆基因需在宿主细胞内表达，并且有目的蛋白的抗体。

(四) PCR 反应

PCR 技术是 Mullis 于 1983 年发明的一种体外快速扩增特定基因或 DNA 序列的方法。通过分别与双链目的 DNA 序列两个 3′端互补的寡核苷酸引物，由 *Taq* DNA 聚合酶从 5′→3′进行一系列 DNA 聚合反应，扩增出所需的目的 DNA。该技术是鉴别 DNA 重组分子的有效方法。在几小时内很容易使皮克(picogram，pg)水平的 DNA 起始物达到纳克(nanogram，ng)乃至微克(microgram，μg)水平。扩增的 DNA 片段经琼脂糖凝胶电泳，溴化乙锭染色很容易观察。因此，基因组中一些序列不通过杂交分析就可以鉴定分离出来。

为了鉴定外源基因是否导入到受体植物基因组中，在植物的转化载体上一般都设置了选择标志基因。但是，即使载体上的标志基因能表达，外源基因也未必完整地存在于转化子中，因此整合到植物基因组中的外源 DNA 拷贝数极少。用 Southern 印迹法鉴定转基因个体对 DNA 的量有一定的要求，在这种情况下就难以检测。但用 PCR 技术来代替 Southern 印迹技术，可以将插入到植物基因组中的目的基因特异地放大扩增，经电泳分析显示出来，从而达到鉴定和筛选转基因个体的目的。

第四节 转基因植物的研究成果及安全性

植物基因工程自20世纪70年代以来,发展极为迅速。世界首例转基因植物——转基因烟草于1983年问世。1986年,抗虫和抗除草剂的转基因棉花首次进入田间实验。当时全世界批准进入田间实验的转基因植物仅5项,但此后转基因植物不断涌现。转基因植物在创造新的优良品种或遗传育种材料、并在生产上迅速广泛应用的同时,是否会对人类的健康和生态环境带来不良影响,也开始引起人们的关注。

一、转基因植物的研究成果

(一)抗除草剂转基因植物

杂草是农作物生产的一大危害。除草剂已在许多国家广泛应用,免去了传统农业中繁重的人力或机械除草劳动,降低了除草成本。将抗除草剂基因转入栽培作物,可以更有效地使用除草剂防治田间杂草,保护作物免受药害,从而增产增收。抗除草剂转基因植物是最先进入田间生产的转基因植物,也是目前为止栽培面积最大的一类转基因农作物。已获得的抗除草剂转基因植物有:抗草甘膦转基因植物、抗膦丝菌素转基因植物、抗均三氮苯类除草剂转基因植物。

(二)抗虫转基因植物

虫害是造成农作物减产的最重要的因素之一。目前农作物的虫害防治,仍然主要靠化学农药的使用。长期以来,化学农药在对付农业害虫方面取得了积极的效果,但它同时也存在着诸多弊端,直接影响到农业生产的可持续发展。转基因技术的应用,为农业害虫的防治提供了一条全新的途径。与化学杀虫剂以及其他的害虫防治手段相比,抗虫的转基因植物可对整个植物体,特别是化学农药无法喷洒到的部位,提供有效的防卫。它只毒杀以其为食的特定害虫,而对其他非目标动物包括害虫的天敌等则无负面作用。同时,也不会对周围环境造成污染,因为它所产生的毒蛋白只存留在植物组织内部。因此,采用基因工程培育抗虫的转基因植物,被公认为是加强害虫防治,促进农业生产的一项具有切实应用前景的有力措施。已获得的抗虫转基因植物有:转苏云金杆菌毒蛋白基因植物、转蛋白酶抑制剂基因植物、转淀粉酶抑制剂基因植物、转凝集素基因植物、转动物源的昆虫毒素基因植物。

(三)抗病毒转基因植物

植物病毒病是危害农作物的严重病害,而且无有效的药物可治,农作物自身具备抗病毒能力是真正有效的途径。已通过转基因技术获得了抗病毒的转基因植物,包括来自病毒的抗性基因和来自植物的抗病毒基因。

(四)抗真菌病毒转基因植物

与抗虫和抗病毒基因工程相比,抗真菌基因工程难度更大。但是,对植物与真菌病原相互作用的分子机制已经有了较深入的研究,已经鉴定和表达了若干对真菌具有强抗性的抗真菌蛋白,同时也已完成了抗真菌基因的克隆。抗真菌转基因植物的商业化已为期不远。已取得重大进展的抗真菌病毒转基因植物主要有:转几丁质酶基因和 β-1,3-葡聚糖基因植物、转核糖体灭活蛋白基因植物、转防卫基因植物。

(五) 抗细菌病毒转基因植物

抗细菌病毒转基因植物主要有:转杀菌肽基因植物、转溶菌酶基因植物、转抗细菌毒素基因植物、转植物源的抗细菌基因植物。

(六) 其他转基因植物

除上述转基因植物外,还有很多其他转基因植物,包括:调控果实成熟和衰老的转基因植物、提高农作物品质的转基因植物、改变花型花色的转基因植物、提高植物抗逆性的转基因植物(如转抗盐基因植物、转抗低温基因植物)、利用雄性不育的转基因植物、医药用途的转基因植物(利用转基因植物生产疫苗、抗体等)。

二、转基因植物的安全性

转基因技术和常规杂交育种都是通过优良基因重组获得新品种的。但是常规育种是模拟自然现象进行的,而转基因技术可以把任何生物甚至人工合成的基因转入植物,因为这种事件在自然界是不可能发生的,所以无法预测将基因转入一个新的遗传背景中会产生什么样的作用,故而对其后果存在着疑虑,并引起世界性的生物安全的论战,转基因植物已由学术观点分歧发展到知识产权问题、环境问题、经济问题,甚至政治问题。目前,对转基因植物安全性的担心主要集中在环境安全性和食品安全性方面。转基因植物的环境安全性,主要是担心转基因植物本身带来的潜在的风险和转基因植物通过基因漂移对其他物种带来的影响,从而给生态系统带来危害。人们的担心主要集中在:转基因植物成为杂草的可能性,转基因植物对近缘物种存在潜在威胁,抗虫转基因植物、抗病毒转基因植物带来的潜在的风险,以及转基因植物对生态环境的其他方面带来的潜在的风险等。

转基因作物变成杂草的可能性,应首先考虑遗传转化的受体植物有无杂草的特性。判定一种植物是否有杂草化的趋势,主要看这种植物是否具有杂草的特性。这些特性越多,其杂草化趋势越强。许多农作物并不具备这些特性,有些农作物对环境要求极为苛刻,以致离开了人类的栽培就无法生存。现今世界上的主要栽培植物都是经过了人类长期驯化培养而成的,它们已失去了杂草的遗传特性,仅仅用一两个基因就使它们转变成杂草的可能性非常小。从目前在水稻、玉米、棉花、马铃薯、亚麻、芦笋等转基因植物的田间试验结果看,转基因植物在生长势、越冬能力等方面并不比非转基因植株强,即大多数转基因植物的生存竞争力并没有增强,一般不会演变为农田杂草。

在自然生态条件下,有些栽培植物会和周围生长的野生近缘种发生天然杂交,从而将栽培植物中的基因带入野生种中。若在这些地区种植转基因植物,则转入的基因可以漂移到野生种中,并在野生近缘种中传播。在进行转基因植物安全性评价时,应从两个方面考虑这一问题。一个是转基因植物释放区内是否存在与其可以杂交的野生近缘种。若没有,则基因漂移就不会发生。例如,在加拿大种植转基因棉花,因没有野生近缘种存在而不可能发生基因转移。同样,在中国种植转基因玉米,因没有野生近缘种,也不会发生基因漂移。另一个是存在野生近缘种，基因可从栽培植物转移到野生种中。这时就要分析考虑基因转移后会有什么后果。如果是一个抗除草剂基因，发生基因漂移后会使野生杂草获得抗性，从而增加杂草控制的难度，特别是若多个抗除草剂基因同时转入一个野生种，则会带来灾难。但若是品质相关基因等转入野生种，由于不能增加野生种的生存竞争力，影响不大。

在植物基因工程中所用的许多基因都是与抗虫或抗病性有关的，其直接作用对象是生物。如转入 Bt 杀虫基因的抗虫棉，其目标昆虫是棉铃虫和红铃虫等植物害虫，如果大面积长期使用，昆虫有可能对抗虫棉产生适应性或抗性，这不仅会使抗虫棉的应用受到影响，而且也会影响 Bt 农药制剂的防虫效果。为了解决这个问题，在抗虫棉推广时一般要求种植一定比例非抗虫棉，以避免昆虫产生抗性。除了目标昆虫外，还要考虑转基因植物对非目标昆虫的影响。如有人用 Bt 蛋白饲喂棉田中 6 种非目标昆虫，当杀虫蛋白浓度高于控制目标昆虫浓度 100 倍时，对非靶昆虫均未出现可见的生长抑制。另外，Bt 蛋白对有益昆虫如蜜蜂、瓢虫等都无毒性。美国康奈尔大学的科学家发现，转基因玉米花粉能导致非目标害虫大花蝶幼虫死亡。其实这一发现也不奇怪，因为转 Bt 基因玉米的目标害虫是鳞翅目的玉米螟，大花蝶也是鳞翅目昆虫，所以也会被杀死。但并没有证据表明大花蝶种群的减少是种植转基因玉米造成的。

在毒理方面研究最多的是转基因植物的选择基因和报告基因在食品安全方面的影响。目前普遍公认的食品安全性分析的原则是经济合作与发展组织(Organization for Economic Co-operation and Development，OECD)1993 年提出的实质等同性(substantial equivalence)原则，即生物技术产生的食品及食品成分是否与目前市场上销售的食品具有实质等同性。转基因植物的食品安全性主要是考虑转基因产品被人(畜)食用后是否会对其产生不利影响：①转基因产品是否有毒；②人食用转基因产品后是否产生过敏反应。

迄今为止，还没有发现转基因植物会对人类健康产生危害的证据。但是必须注意到转基因食品的传播可能会导致人体对广谱抗生素产生抗性，因为插入外源基因的载体常常也带有抗生素的抗性基因。一些健康专家担心如果转基因食品中的这些基因含量太高，产物会在人体内积累，从而使人产生对抗生素的抗性。最近，研究人员通过改进转化技术，避免使用含抗生素抗性基因的载体，使这一忧虑有所减轻。此外，转基因食品中所引入的蛋白质，对人体有可能是异性蛋白质，在部分人中有可能发生食物过敏，特别是幼儿和某些过敏体质的人，但可以通过对转入过敏源基因的植物进行明确标示或禁止进入商品化生产加以解决。

思 考 题

1. 作为植物基因转化的受体应具备什么条件？
2. 目前植物基因转化的受体有哪些？
3. 简述植物基因转化的主要方法。
4. 常用的报告基因有哪些？
5. 转基因植物研究已取得了哪些主要进展？
6. 你怎样看待转基因植物的安全性？

第七章　动物细胞培养

第一节　动物细胞体外培养

一、动物细胞与组织培养类型

动物细胞培养是指将动物活体体内取出的组织用机械或消化的方法分散成单细胞悬液，然后放在类似于体内生存环境的体外环境中，进行孵育培养，使其生存、生长并维持其结构与功能的方法。动物细胞培养的对象为单个细胞或细胞群，这些细胞不再形成组织。动物细胞培养的类型可以分为两种：一种类型能够悬浮培养，类似于微生物培养，如 HeLa 细胞，淋巴细胞，但仅占细胞中的少数；另一种类型，在固体表面贴壁生长，大多数细胞属于这种类型。生长于悬液的细胞不难大规模繁殖，而贴壁细胞培养的大规模系统较难实现，因为需要相当大的表面积供细胞贴附。

动物组织培养是一个和动物细胞培养相近的概念，其本意是指从生物体内取出活的组织（多指组织块）在体外进行培养的方法。组织培养的对象在体外可发生分化并保持组织的结构和功能，但不具备器官的结构与功能。在组织培养过程中，由于细胞的移动（运动）和其他一些环境因素的影响，现代的培养技术尚不能在体外维持组织的结构和机能保持长期不变。培养时间越长，发生变化的可能性越大，结果常使单一类型的细胞保存下来，最终成为细胞培养。而所谓的细胞培养，也并不意味着细胞彼此是独立的，细胞在培养中的生命活动和体内细胞一样，仍然是相互依存的，呈现出一定的“组织”特性。所以，组织培养和细胞培养的概念并无严格区别，有时会笼统地放在一起。组织培养这一概念在过去常常用来泛指所有的体外培养，即器官培养、组织培养和细胞培养的总称，不同类型组织培养的特性见表 7.1。

表 7.1　不同类型组织培养的特性

类　型	器官培养	外植块	细胞培养
来源	胚胎器官，成体组织小块	组织小块	分散的组织，原代培养，增殖的细胞系
难易程度	大	中等	小
特征鉴定	容易，组织学	细胞学和标记	生化、分子、免疫学检测
组织学	可提供线索	困难	不适用
生化差异	有可能	呈异质性	丢失，但可以再诱导
增殖	不可能	可能有外生性生长	标准程序即可
标本复制，再增殖，同质性	标本间高度差异性	标本间高度差异性	差异性低
定量分析	困难	困难	容易，有许多技术

1. 器官培养（organ culture）

指在培养中它仍然（至少部分地）维持着体内（*in vivo*）组织的结构特征，为达到此目的，组织需培养在液—气接触面（在一个筏，网络或胶上），这有利于保持组织的球形或三维形态；器官培养的特点在于能保持器官所具有的特征性结构。在组织培养研究中,常以器官作为外植体,研究较广泛,在应用上也卓有成效。通过器官培养可以快速大量地繁殖,目前这一技术已在生产上得到广泛应用。

2. 原代外植块培养(primary explant culture)

指将组织小块置于玻璃(或塑料)—液体界面,贴壁之后,可促进细胞在固体基质平面上迁徙。

3. 细胞培养(cell culture)

指将组织或原代外植块的外生细胞分散开来(用机械或酶学的方法),使其成为细胞悬液,然后将其培养于固体基质上形成贴附的单细胞层,或使其在培养基中呈悬浮状生长。

二、动物细胞培养特性

除单细胞原生动物外,其他动物均为多细胞生物,细胞为其生命活动基本单位,各类细胞培养表现出不同的特性(表 7.2),但动物细胞培养过程具有以下特性:

表 7.2　动植物及微生物细胞结构与培养特性

项　目	哺乳动物细胞	植物细胞	微生物细胞
大小/μm^3	10～100	10～100	1～10
细胞壁	无	有	有
全能性	有(功能)	有	有
细胞分化	有	有限	无
营养需求	很复杂	复杂	简单
倍增时间/h	15～100	15～100	0.5～5
群体效应	有	有	无
锚地依赖性	有	无	无
接触抑制性	有	无	无
环境敏感性	很敏感	敏感	一般
产物分泌性能	胞内或胞外	胞内	胞内外
产物浓度	低	低	高
含水量/%	约 80	约 90	约 75
产物类型	激素、酶、McAb	酶、有机物、色素	酶、有机物、抗生素

1) 细胞生长缓慢,易受微生物污染,培养时需用抗生素。

2) 动物细胞较微生物大得多,无细胞壁,机械强度低,适应环境能力差。

3) 培养过程需氧量少,且不耐受强力通风与搅拌。

4) 在机体中,细胞相互粘连以集群形式存在,培养过程具有群体效应、锚地依赖性、接触抑制性及全能性。

5) 培养过程产物分布于细胞内外,反应过程成本较高,产品价格昂贵。

6) 大规模培养时,不可套用微生物反应的经验。

7) 原代培养细胞一般繁殖 50 代即退化死亡。

动物细胞培养与植物、微生物细胞培养不同,表现出以下优点:

1) 可简化细胞的生长环境。生物体内任何一个细胞无论是其生存环境还是其发挥功能的条件等都是非常复杂和不易研究的，要了解某一种细胞的生存条件和生物学功能，一个有效的方法就是将所研究的对象孤立出来单独分析。细胞培养技术使得在细胞存活的基础上独立研究细胞生命活动、逐项研究细胞生存条件和细胞功能成为可能。

2）能够方便地控制实验因素。在细胞培养的条件下，细胞生存的理化环境如 pH、温度、CO_2 张力等都是可以人为控制的，并且可以做到很精确以及保持其相对的恒定。研究某种实验因素对细胞的生物学作用，只需在培养液中有针对性地加入或者不加这种成分即可。

3）易于观测实验结果。利用细胞培养技术研究细胞的生命活动规律，可以很方便地采用各种实验技术与方法来观察、检测和记录。例如，通过倒置相差显微镜等直接观察活的细胞；应用缩时电影技术、摄像或通过闭路电视长时间连续记录和观察被培养细胞的体外生长情况，可以直观揭示培养细胞的生命活动规律以及所施加因素的反应；利用同位素标记、放射免疫等方法检测细胞内的物质合成和代谢变化等。

4）可供研究的细胞种类极其广泛。从低等动物细胞到高等动物细胞以致人类细胞，从胚胎细胞到成体细胞，从正常组织细胞到肿瘤组织细胞皆可用于培养，为多种学科的实验研究提供广泛的实验材料。

5）可同时提供大量均一性较好的细胞群，降低实验成本。取自一般组织的样本，其构成的细胞类型多样，即使来源于同一组织，也不可能做到均一性。但是，体外培养一定代数的细胞，所得到的细胞系或细胞株则可达到细胞类型单一、细胞周期同步均匀、生物学性状基本相同以及对实验因素反应一致等。由于细胞培养可提供大量均一性较好的实验样本，有时可比体内试验成本更低。例如，一个需要 100 只鼠才能得出结论的实验可能只用 100 片盖玻片或几个多孔培养板就可获得具有相同统计学意义的结果。

6）能够进行大规模生物制品的生产。通过扩大细胞培养系统容量，可以大规模培养动物细胞以生产生物制品。目前，利用动物细胞大规模培养技术已生产出包括酶、单克隆抗体以及多种疫苗等生物制品或者基因工程产品。

动物细胞培养虽然具有以上的一系列优点，但是也有不足之处：

1）体外培养的动物细胞对营养的要求较高。动物细胞培养液中往往需要多种氨基酸、维生素、辅酶、核酸、嘌呤、嘧啶、激素和生长因子等，在很多情况下还需加入 10%的胎牛或新生牛血清。

2）动物细胞生长缓慢，对环境条件要求严格。动物细胞培养不仅需要严格的防污染措施，还需用氧、二氧化碳和氮的混合气体进行供氧与调节 pH。

3）体外培养的细胞与体内生长的细胞存在或多或少的差异。组织或细胞离体后，独立生存在培养环境中，缺乏在体内时的血液供应和神经体液调节作用，其生物学行为与体内生长时相比会发生某些变化。即使当前模拟体内技术发展很快，但终究是一种人工条件，始终不如真正的体内生存条件完美。因此在利用培养细胞作研究对象时，切记不要与体内细胞等同起来，对实验结果轻易作出判断。

三、动物细胞取材与分离

1. 培养细胞的取材

人和动物体内绝大部分组织细胞都可以在体外培养，但培养的难易程度与组织类型、分化程度、供体的年龄、原代培养方法等直接相关。原代取材是进行组织细胞培养的第一步。原代取材的基本要求：

(1) 无菌取材

取材时应严格无菌操作，用无菌包装的器皿或用事先消毒好的、带少许培养液的小瓶等便于携带的物品取材。取材过程中要尽量避免紫外线照射和接触化学试剂如碘、汞等。从消化道、周围有坏死组织等污染因素存在的区域取材时，为减少污染，可用含青霉素 500～1000μg/ml、链霉素 500～1000μg/ml 的 BSS 液漂洗 5～10min 再做培养。

(2) 取材器械要锋利

在取材和原代培养时，要用锋利的器械如手术刀片切碎组织，尽可能减少对细胞机械损伤。

(3) 及时培养

取材的组织最好尽快培养，因故不能及时培养，应将组织浸泡于培养液内，放置于冰浴或4℃冰箱中。如果组织块很大应先将其切成 $1cm^3$ 以下的小块，再低温保存，但时间不能超过24h。

(4) 剔除与培养细胞无关的成分

取材时要细心除去血液、脂肪、神经组织、结缔组织和坏死组织。为避免组织干燥，修剪和切碎过程中，可将其浸泡于少量培养液中。

(5) 营养要丰富

原代培养，特别是正常细胞的培养，应采用营养丰富的培养液，最好添加胎牛或新生牛血清，含量 10%～20%为宜。

(6) 采用易培养的组织进行培养

一般来讲，胚胎组织较成熟个体的组织容易培养，分化低的较分化高的组织容易生长，肿瘤组织较正常组织容易培养。

(7) 注意保存原代组织的相关材料及信息

为了便于以后鉴定原代组织的来源和观察细胞体外培养后与原组织的差异性，原代取材时要同时保留组织学标本和电镜标本。对组织的来源、部位，包括供体的一般情况要做详细的记录，以备以后查询。

2. 组织材料的分离

从动物体内取出的各种组织均由结合相当紧密的多种细胞和纤维成分组成，在培养液中，$1mm^3$ Tl3 的组织块，仅有少量处于周边的细胞可能生存和生长。如需获取大量生长良好的细胞，需将组织分散开，使细胞解离出来。此外有些实验需要提取组织中的某种细胞，也需首先将组织解离分散，才能分离出细胞。目前分散组织的方法有机械法和消化法两种。在实际工作中，要根据不同组织的特点和培养要求，采用适宜的手段。

(1) 细胞悬液的分离方法

培养材料为血液、羊水、胸水和腹水等细胞悬液时，采用离心法分离。一般用 500～1000r/min 低速离心 5～10min。如果一次离心样品量很多，时间可适当延长。为了防止挤压细胞造成损伤甚至死亡，离心时速度不能过快，时间也不能过长。

(2) 组织块的分离方法

1) 机械分散法。在对一些纤维成分很少的组织，如脑组织、部分胚胎组织以及一些肿瘤组织等进行培养时，可以直接用机械方法进行分散。现在较常用的是用注射器针芯挤压组织块通过不锈钢筛网的方法，其操作过程为：①先将组织用 Hank's 液或无血清培养液漂洗，然后剪成 5～10mm^3 的小块，置 80 目孔径的不锈钢筛网上，把筛网放在培养皿中，用注射器针芯轻轻挤压组织，使之压碎并穿过筛网；②用吸管从培养皿中吸出组织悬液，置入 150 目筛网中用方法①同样处理；③镜检计数被滤过的细胞悬液，然后接种培养。如组织较大，可用 400 目筛网再滤过一次。机械分散组织的方法简便易行，但由于反复挤压对组织细胞有一定的损伤，且只能用于处理部分软组织，对硬组织和纤维性组织效果不好。

2）剪切分离法。在进行组织块移植培养时，可以采用剪切法，即将组织剪或切成 1mm^3 左右的小块后分离培养。其操作过程为：①先将经修整和冲洗过的组织块（大小约为 10mm^3）放于小烧杯中，用眼科剪反复剪切组织至糊状；②用吸管吸取 Hank's 液或无血清培养液加入到烧杯中，反复轻轻吹打片刻；③低速离心弃上清液，剩下的组织小块即可用于培养。为避免剪刀对组织挤压损伤，也可以用手术刀片或保险刀片交替切割组织，但操作较慢，不易切割很细。

3）消化分离法。消化法是结合生化手段把已剪切成糊状的组织进一步分散的方法。以此法获得的细胞制成的悬液可直接进行培养，消化后可使组织松散、细胞分开，细胞容易生长，成活率高。各种消化试剂的作用机制各不相同，要根据组织类型和培养的具体要求选择消化方法和试剂。目前较为常用的消化方法如下：

A. 胰蛋白酶消化法

a. 将组织剪成 1～2mm^3 的小块或糊状后，吸入三角烧瓶或细胞培养瓶内。

b. 向培养瓶内加入 3～5 倍组织量并预温到 37℃的胰蛋白酶。

c. 放入 37℃水浴或温箱中，每隔 5～10min 摇动一次，一般消化 20～60min；也可放入 4℃冰箱中过夜进行冷消化，时间可以长达 12～24h。对于难消化的组织，从冰箱取出离心后，可再添加胰蛋白酶，置于 37℃温箱中，继续温热消化 20～30min，效果可能更好。

d. 消化完毕后，如出现未充分消化的大块组织，可将消化后的细胞悬液通过 100 目孔径不锈钢筛网滤过后收集滤液。用 Hank's 液或无血清培养液漂洗 1～2 次，每次以 800～1000r/min 离心 3～5min，吸弃上清液以去除胰蛋白酶。

e. 用培养液重悬细胞，计数后，一般按 5×10^5～1×10^6 个/ml 接种细胞培养瓶。有时，为了提高消化效果，还常将胰蛋白酶和 EDTA 按不同比例混合使用。常用 0.02%EDTA 和 0.25%胰蛋白酶按 1∶1 混合或 2 份 0.02% EDTA 加 1 份 0.25%胰蛋白酶。

B. 胶原酶消化法

a. 将漂洗、修剪干净的组织剪成 1～2mm^3 小块后，放入三角烧瓶中。

b. 加入 3～5 倍体积的胶原酶，密封烧瓶。

c. 将烧瓶放入 37℃水浴或温箱中，每隔 30min 摇动一次，如能放置在 37℃的恒温振荡水浴箱中则更好。消化时间 4～48h，可以根据具体情况而定。如组织块已分散而失去块的形状，一经摇动即成细胞团或单个细胞，可以认为已消化充分。有些肿瘤组织由于分解较慢，可作用 5 天或更长时间，期间需将组织离心，用胶原酶重悬后继续消化，以防消化时间过长 pH 降至 6.5 以下。

d. 收集消化液，以 1000r/min 离心 5min，弃上清液。如含个别较大组织块及没有充分消化的成分可先用 100 目不锈钢筛网过滤后，取滤液再离心。用 Hank's 液或无血清培养液漂洗1～2次，离心后弃上清液。

e. 用培养液重悬细胞，细胞计数后按常规接种细胞于培养瓶。上皮组织经胶原酶消化后，由于上皮细胞对此酶有耐受性，可能仍有一些细胞团未完全分散，如无特殊需要可以不必进一步处理，因为成团的上皮细胞比分散的单个上皮细胞更容易生长。

四、动物细胞同步化获得方法

在一般培养条件下，群体中的细胞处于不同的细胞周期时相中。为了研究某一时相细胞的代谢、增殖、基因表达或凋亡，常需采取一些方法使细胞处于细胞周期的同一时相，这就是细胞同步化技术。选用DNA合成抑制剂可逆地抑制S期细胞DNA合成而不影响其他细胞周期运转，最终可将细胞群体阻断在G_1/S期交界处；一些抑制微管聚合的药物，因抑制有丝分裂装置的形成和功能行使，可将细胞阻断在有丝分裂中期，使细胞同步于M期。细胞同步化实际包括用一定的方法获得一定数量的同步化细胞群和使细胞进入同步化生长两层含义。

1. M期同步化方法

(1) 振荡收集法

该法利用M期细胞变圆易脱落的特点，将生长旺盛的贴壁细胞按一定的时间间隔振荡，使M期细胞脱落，逐步收集培养基，并补充新的培养基。收集的细胞放入4℃冰箱中保存，离心沉淀后即获得M期细胞。

(2) 秋水仙胺阻抑法

1) 将细胞传代培养至指数生长期。

2) 加入秋水仙胺，使最终浓度为0.05～0.1μg/ml，作用6～7h。如使用秋水仙素，使用浓度应加大5～10倍。

3) 振荡收集细胞，800r/min离心5～10min，弃上清，收集的沉淀细胞即为M期细胞。加入一定量培养基将细胞接种到培养瓶中或直接进行离体实验。由于秋水仙素或秋水仙胺对细胞有一定毒性，用量较小或作用时间较短细胞活性尚可恢复，而用量过大或时间过长则细胞不能存活，因此使用时应严格控制其剂量和作用时间。

(3) N_2阻断法

此方法较秋水仙胺阻抑法好。

1) 将细胞传代培养至指数生长期。

2) 将培养瓶置于N_2罐中通入适量CO_2(约相当于罐中体积的5%)。

3) 关闭好N_2罐，接上N_2管子及压力表，缓缓向罐中充气一直到压力为80～90lb/in^{2}①为止。

4) 将N_2装置放在37℃培养箱中10～16h(通常过夜)。次日从培养箱中取出，然后缓缓将N_2放出(最好放出窗外)。

5) 取出细胞在镜下观察同步化效果，用振荡法收集细胞于离心管中。

6) 800r/min离心10min收集细胞。

2. S期同步化方法

胸腺嘧啶核苷(TdR)双阻断法：该法利用过量TdR能阻碍DNA合成的原理而设计，为了加强细胞同步化效果，常采用两次TdR阻断法，即双阻断法。第1次阻断时间相当于G_2、M和G_1期时间的总和或稍长，释放时间不短于S期时间，而小于G_2+M+G_1期时间，这样才

① 1lb/in^2=6.895kPa。

能使所有位于 G_1/S 期的细胞通过 S 期，而又不使沿周期前进最快的细胞进入下一个 S 期。第 2 次阻断时间同第 1 次，再释放。现以 HeLa 细胞为例加以说明（HeLa 细胞周期时间为 21h，其中 G_1 期为 10h，S 期为 7h，G_2 期为 3h，M 期为 1h）。

1）将细胞培养至指数生长期的早期。

2）加入含 2mmol/L TdR 的培养基（2～2.5mmol/L 用于肿瘤细胞的同步化培养，而 CHO 细胞则用 7mmol/L TdR），作用 16h。

3）弃掉 TdR 培养基，用 Hank's 液洗 2～3 次，再换上新鲜培养基继续温浴 9h。

4）重新加入 TdR 培养基（浓度同上）进行第 2 次阻断，作用 16h。

5）再弃掉 TdR 培养基，Hank's 液洗 2～3 次后换上普通培养基。第 2 次 TdR 释放 0h 时取样则细胞处于 G_1/S 期交界处；如 2～7h 取样则为不同阶段的 S 期细胞。注意：具体 TdR 作用和释放的时间应参考每一种待同步化细胞的细胞周期各时相测定的参考值，也可根据经验确定。

3. G_2 期和 G_1 期细胞的获得

（1）G_2 期细胞的获得

根据细胞周期测定的数值，采用 TdR 双阻断法使细胞同步在 G_1/S 期交界处后，洗去 TdR 使细胞释放后继续培养。其培养时间应大于 S 期时间而小于 $S+G_2$ 期时间。然后先用振荡法使已进入 M 期的细胞脱落，弃上清；再用胰酶消化，加入新鲜培养基制成细胞悬液，离心收集细胞，即为 G_2 期细胞。

（2）G_1 期细胞的获得

1）将用 M 期阻断法获得的细胞加入一定量的培养基，继续培养 1～10h 即可获得各阶段的 G_1 期细胞。

2）用缺乏异亮氨酸的培养基培养细胞，培养时间超过一个细胞周期，即可获得 G_1 期细胞。

4. G_0 期细胞的获得

可采用血清饥饿法得到 G_0 期细胞：

1）取处于对数生长期的细胞。

2）用含 0.5%～1%小牛血清的培养基培养细胞 48～72h，或用无血清的培养基培养 24h。

3）用 0.1%～0.25%胰蛋白酶消化细胞可收获 G_0 期细胞，可用 ^{3}H-TdR 掺入进行测量鉴定。

5. 同步化细胞的检测

对各个时期的同步化细胞可通过流式细胞术来鉴定其细胞周期，通过比较各时相细胞的百分比，看是否达到预期的目的。S 期细胞可通过放射自显影来鉴定结果（图 7.1），M 期细胞可涂片、染色，在显微镜下观察染色体，计有丝分裂指数。

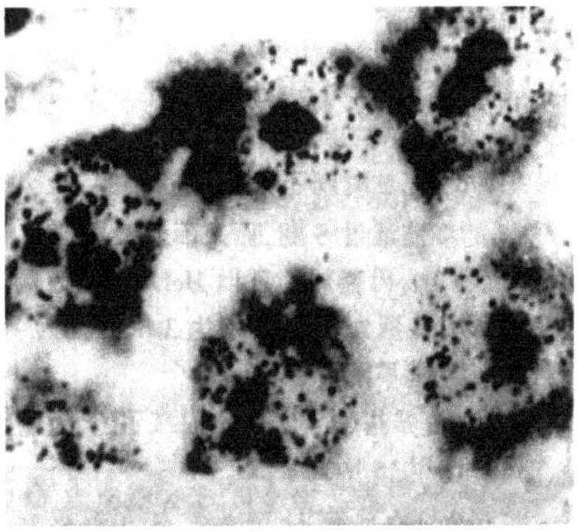

图 7.1　放射自显影显示 S 期同步化后的 HeLa 细胞，观察细胞核内 ^{3}H-TdR 的掺入

6. 复合同步

如用 N_2 阻断法进行 M 期细胞同步时，可先将对数生长期细胞用 2.5mmoL/L TdR 处理一段时间，更换新鲜培养基并释放一段时间后，装入 N_2O 罐中，这样处理可进一步提高 M 期细胞同步率。

五、动物细胞保存

1. 细胞的冻存原理

为了最大限度地保存细胞活力，细胞冻存及复苏的基本原则是慢冻快融。所以冻存细胞时要缓慢冷冻。主要原因是细胞在不加任何保护剂的情况下直接冷冻时，细胞内外的水分会很快形成冰晶，冰晶的形成将引起一系列的不良反应。一方面细胞因脱水而使局部电解质浓度增高，pH 发生改变，部分蛋白质因此而变性，细胞内冰晶的形成和细胞膜上蛋白质、酶的变性，可损伤溶酶体膜，释放的溶解酶，破坏细胞内结构成分，并且使线粒体肿胀、功能丧失，导致细胞能量代谢障碍。另一方面细胞膜上的类脂蛋白复合体在冷冻中易发生破坏引起胞膜通透性改变，使细胞内容物流失。位于细胞核内的 DNA 也是冷冻时易受损伤部分，如细胞内冰晶形成较多，随冷冻时温度的降低，冰晶体积膨胀易造成 DNA 空间构型发生不可逆的损伤性变化，引起细胞死亡。

为了减少细胞内冰晶的形成对细胞造成的伤害，通常在保存液中加入一定浓度的冷冻保护剂，目前多采用甘油或二甲基亚砜(dimethyl sulfoxide，DMSO)作为保护剂。这两种物质对细胞无明显毒性，分子量小，溶解度大，易穿透细胞，可以使冰点下降，提高胞膜对水的通透性；加上缓慢冷冻方法可使细胞内的水分渗出细胞，在胞外形成冰晶，减少细胞内冰晶的形成，从而减少由于冰晶形成造成的细胞损伤。细胞冻存时，二甲基亚砜使用浓度范围是 5%～15%，常用浓度为 10%。

2. 细胞冻存方法

细胞冻存主要实验步骤为：

1) 选择处于对数生长期的细胞，在冻存前一天最好换液。将多个培养瓶中的细胞培养液去掉，用 0.25%胰蛋白酶消化。适时去掉胰蛋白酶，加入少量新培养液。用吸管吸取培养液反复吹打瓶壁上的细胞，使其成为均匀分散的细胞悬液。悬浮生产细胞则不要消化处理。然后将细胞收集于离心管中，1000r/min 离心 10min。

2) 弃上清，加入含 20%小牛血清的完全培养基，于 4℃预冷 15min 后，逐滴加入无菌的 DMSO 或甘油，用吸管轻轻吹打使细胞均匀，细胞浓度为 3×10^6～1×10^7 个/ml。

3) 将上述细胞分装于安瓿或专用冷冻塑料管中，安瓿装 1～1.5ml 在火焰喷灯上封口，封口处要完全封闭。冷冻管要将盖子盖紧，并标记好细胞名称和冻存日期，同时作好登记(日期、细胞种类及代次、冻存支数)。

4) 将装好细胞的安瓿或冻存管装入纱布袋内，置于液氮容器颈口气态部分存放过夜，次日转入液氮中。采用控制降温速度的方法也可采用下列步骤：先将安瓿置入 4℃冰箱中 2～3h，再移至冰箱冷冻室内 3～4h(此步可省略)，再吊入液氮容器颈口气态部分存放 2h，最后沉入液氮中。

细胞冻存在液氮中可以长期保存，但为妥善起见，冻存半年后，最好取出一只安瓿，细胞复苏培养，观察生长情况，然后再继续冻存。

3. 细胞的复苏

(1) 细胞复苏

细胞置于液氮中，正常情况下，可保存数年至数十年。细胞复苏与冻存的要求相反，应采用快速融化的手段。复苏时融解细胞速度要快，使之迅速通过细胞最易受损的－5～0℃，这样可以保证细胞外结晶在很短的时间内融化，避免由于缓慢融化使水分渗入细胞内形成胞内冰晶对细胞造成损害，引起细胞死亡。冻存的细胞并非100%都能复苏成功，失败可能与以下因素有关：

1）冻存时细胞数量少或生长状态不良。

2）细胞受细菌或支原体污染。

3）液氮罐保管不善，没有及时补充液氮。

4）复苏时培养条件改变，如换用另一批号小牛血清或不同种培养液。

5）复苏方法不得当。

（2）细胞的常规复苏法

细胞复苏在一般情况下都采用常规复苏法，一般操作为：将冻存细胞自液氮中小心取出，迅速放置于37℃水浴，在1min内使冻存的细胞解冻，离心弃上清，移入含培养液的培养瓶内，置37℃、5%CO_2温箱中培养，次日可以换液，弃去漂浮的死亡细胞，此时存活的细胞大部分可贴壁生长并增殖。

（3）杂交瘤的复苏

杂交瘤的复苏方式有常规复苏法和体内复苏法，在一般情况下都采用常规复苏法，该方法操作简便，适于冻存时细胞数量较多、生长状态良好的杂交瘤细胞系。受支原体、细菌及真菌污染的杂交瘤细胞系或长时间远距离运送的杂交瘤细胞系用常规复苏法难以复苏，可采用将杂交瘤细胞接种于小鼠的皮下形成实体瘤，或接种于腹腔诱生腹水和实体瘤的方法进行拯救。

第二节　动物细胞传代培养

细胞由原培养瓶内分离稀释后传到新的培养瓶的过程称为传代，进行一次分离再培养称为传一代。原代培养后由于细胞游出数量的增加和细胞的增殖，单层培养细胞相互汇合，整个瓶底逐渐被细胞覆盖。由于细胞会因生存空间不足或密度过大、代谢产物蓄积毒性、营养缺乏而影响生长，这时需要进行分离培养。

原代培养的首次传代很重要，是建立细胞系的关键时期。在首次传代时要特别注意以下几点：

1）待细胞生长到足以覆盖瓶底壁的大部分表面后再传代。

2）传代时不同的细胞有不同的消化时间，要根据需要注意观察，及时进行处理。原代培养的细胞较传代培养的细胞消化时间相对较长。

3）首次传代时细胞接种数量要多一些，使细胞能尽快适应新环境而利于细胞生存和增殖。随消化分离而脱落的组织块也可一并传入新的培养瓶。

细胞传代培养需根据不同细胞采取不同的方法。原代培养轻微贴壁生长的细胞直接吹打即可，但对于传代贴壁生长的细胞需用消化法传代。悬浮生长的细胞可以采用自然沉降法吸除上清液后，再吹打传代；也可直接吹打或离心分离后传代。

常用胰蛋白酶对贴壁细胞进行消化传代。胰蛋白酶可以通过破坏细胞与细胞、细胞与培养瓶之间的连接或接触，使它们之间的连接减弱，甚至完全消失。经胰蛋白酶处理后的贴壁细胞在外力（如吹打）作用下可以分散成单个细胞，经稀释和接种后，细胞可以获得足够的营养和生长空间，从而达到细胞传代培养的目的。

一、动物细胞悬浮培养

所谓悬浮培养,是指细胞在培养器中自由悬浮生长的过程。

悬浮细胞的传代,细胞不贴壁,悬浮生长,所以传代时可不必采用酶消化法,而直接传代或离心收集细胞后传代。

1）直接传代:使悬浮细胞慢慢沉淀在瓶底,吸去 1/2～2/3 的上清液,用吸管吹打,形成细胞悬液后再传代。

2）离心传代:将细胞连同培养液一并转移入离心管内,800～1000r/min 离心 5min,弃上清,加入新的培养液到离心管内,用吸管轻轻吹打,形成细胞悬液,然后传代接种。悬浮细胞的培养多采用此法。

二、动物细胞贴壁培养

细胞贴壁培养是指细胞贴附在一定的固相表面进行单层培养。贴壁依赖性细胞在培养时贴附于培养容器的壁上。细胞一经贴壁即迅速铺展,进行有丝分裂,并很快进入对数生长期。一般数天后细胞就铺满培养表面,形成致密的细胞单层(图 7.2)。

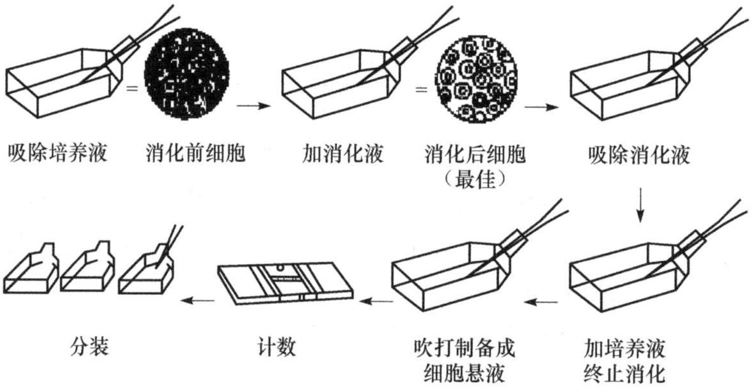

图 7.2　贴壁细胞消化法传代培养步骤(司徒镇强等　1996)

贴壁细胞的消化法传代:

1）吸弃或倒掉瓶内陈旧培养液。

2）加入适量消化液于培养瓶内。可以直接加消化液进行消化,也可轻轻摇动培养瓶,使消化液满布所有细胞表面,吸掉或倒掉消化液后再加 1～2ml 新的消化液,轻轻摇动后再倒掉大部分消化液,仅留少许进行消化

3）消化最好在 37℃或室温 25℃以上环境下进行,也可放在 4℃冰箱隔夜消化。消化 2～5min 后将培养瓶置于显微镜下进行观察,若发现细胞质回缩、细胞间隙增大,应立即终止消化。

4）吸除或倒掉消化液。若仅用胰蛋白酶可直接加少许含血清的培养液终止消化。若用 EDTA 消化,需加 Hank's 液数毫升,轻轻转动培养瓶冲掉残留消化液后再加培养液。

5）用吸管吸取瓶内培养液，反复吹打瓶壁细胞。吹打时动作要轻柔，不要用力过猛，同时尽可能不要出现泡沫，以免对细胞造成损伤。吹打应按顺序，确保所有底部都被吹到。正确的吹打应从培养瓶底部一边开始到另一边结束。细胞脱离瓶壁后形成细胞悬液。

6）计数后，按要求的接种量接种在新的培养瓶内。

部分贴壁生长细胞可不经消化处理直接吹打而从瓶壁上脱落下来，从而进行传代。但这种方法仅限于部分贴壁不牢的细胞，如 HeLa 细胞等。直接吹打，细胞常有较大数量的丢失，细胞损伤也较大，因而绝大部分贴壁生长的细胞均需消化后，才能吹打传代。

第三节　动物细胞固定化培养

固定化培养是将水不溶性载体与动物细胞结合起来再进行培养的一种方法。贴壁培养适用于贴壁依赖型细胞，悬浮培养适用于非贴壁依赖型细胞，而固定化培养对上述两大类细胞都适用。固定化培养具有细胞生长密度高，抗剪切力和抗污染能力强等优点。细胞易与产物分开，有利于产物分离纯化。制备固定化细胞的方法很多，在动物细胞培养中要考虑使用较温和的固定化方法，如包埋培养法、吸附培养法和微囊化培养法。

一、固定化培养材料

1. 包埋培养

包埋培养是指将动物细胞包埋在各种多聚物多孔载体后再进行培养的一种方法。一般适用于非贴壁依赖型细胞。此法步骤简便，条件温和，负荷量大。因细胞嵌入高聚物网格中而受到保护，细胞能抗机械剪切，但该方法也有一些缺点如扩散限制，使得只有一些细胞处于最佳营养物浓度。多孔凝胶是最常用的载体。用于动物细胞固定化的凝胶主要有琼脂糖凝胶、海藻酸钙凝胶等。

1）琼脂糖凝胶包埋培养。将含有细胞的琼脂糖溶液分散到一个水不容相（如液体石蜡）中，形成直径为 0.2mm 凝胶珠，移去液体石蜡后，细胞即可进行培养。琼脂糖适于培养悬浮细胞。尽管凝胶珠形成过程很复杂，目前放大体积不超过 20L，但琼脂糖凝胶无毒性，具有较大的空隙，可以允许大分子物质自由扩散，因此该法特别适用于蛋白质产物的连续生产。有人曾用琼脂糖包埋杂交瘤细胞和淋巴细胞生产单克隆抗体和白细胞介素。

2）海藻酸钙凝胶包埋培养。将动物细胞与一定量的海藻酸钠溶液混合均匀。然后滴到一定浓度的氯化钙溶液中形成直径约 1mm、内含动物细胞的海藻酸钙胶珠，分离洗涤后即可用于培养。此法操作时条件温和，对活细胞损伤小，但固定后机械强度不高。为了大量制备海藻酸钙凝胶包埋的固定化细胞，国外已有专门的振动喷嘴设备可供使用。海藻酸钙也有利于培养悬浮细胞。

2. 吸附培养

吸附培养是指将细胞吸附在各种固体吸附剂表面后再进行培养的方法。这种方法操作简便，条件温和，但载体的负荷能力低，细胞容易脱落，微载体培养和中空纤维培养是吸附培养的特例。另外，多孔陶瓷也是一种常用于吸附培养的固体吸附剂。

3. 微囊化培养材料

微囊化培养的概念:微囊是一种用人造的半透膜制成的多孔微球体,小分子物质可以自由通过,而各种酶、辅酶、离子交换剂、蛋白质等大分子物质及活性炭则可包囊在其中不能逸出,利用它们催化反应底物。微囊化培养是借鉴固定化技术将细胞包囊在微囊中,在培养液中悬浮培养。细胞生长在各自的微小环境里受到一定的保护,细胞总的生长体积有了一定的增加,而且减少了搅拌对细胞产生的剪切力。由于环境的改善,细胞会很好地生长,细胞的密度会增加,细胞纯度提高。微囊化培养为单克隆抗体、干扰素等有用产品的大规模生产提供了一条有效途径。

20 世纪 80 年代初,利姆和萨姆(Lim and Sum)制成了细胞能在其中生长繁殖的微囊。制备动物细胞囊所用的材料主要是海藻酸(Alginic acid,ALG)和多聚赖氨酸(Poly-L-Lysine,PLL)。海藻酸是以 1,4-糖苷键连接的多聚甘露糖醛酸和古罗糖醛酸,两者的不同比例及海藻酸本身的纯度、黏度都是影响微囊形成的重要条件。多聚赖氨酸相对分子质量的大小(通常为 40 000～80 000)及其溶液的浓度、与海藻酸钠球混合的时间、溶液的 pH 和温度等都会影响微囊膜孔径的大小,甚至影响它的半渗透作用。

良好的微囊固定方法需具有以下条件:

1) 所用材料或试剂无毒性或无明显的负面作用,生物相容性较好。

2) 微囊制备过程温和。避免过高温度和渗透压,无需剧烈的化学反应。

3) 微囊膜有良好的机械强度可耐受培养过程中可能发生的剪切力破坏,膜的通透性较好,保证囊内细胞充分获得养料及氧,及时排出代谢物质。

4) 微囊材料价格便宜,来源广,这是细胞大规模培养的需要。

微囊固定技术的发展主要表现在新材料的运用及相应工艺的建立和改进上,它所依据的原理、适用的细胞范围及培养的效果不尽相同。下面做扼要的介绍。

(1) 聚赖氨酸-海藻酸钠(poly-lysine-alginate,PLL-ALG)

这就是由 Lim 等首先报道的经典的微囊方法。ALG 是聚阴离子多糖,由海藻中提取,在多价阳离子如 Ca^{2+} 存在时形成凝胶。PLL 是聚阳离子大分子,与 ALG 可形成大分子复合物。系统工艺大致如下:

1) 细胞/ALG 悬液的制备。

2) Ca^{2+} 溶液中形成 ALG 凝胶珠。

3) 在溶液中反应形成 ALG-PLL 膜。

4) 液化成囊,并培养。

上述操作均在室温下进行,条件温和。

ALG 对大多数细胞无毒性作用,但具有良好的生物相溶性,PLL 虽对细胞有害,但不直接接触细胞,ALG-PLL 膜强度较好且膜孔径可人为控制,可见该材料系统较好地满足了固定化方法要求的条件,已出色地应用在动物细胞、昆虫细胞、微生物细胞的培养及人工胰岛的制作等方面,是相当成功的微囊方法之一(图 7.3)。其不足之处在于 PLL 的价格昂贵,限制了该方法的应用规模和范围。

(2) ALG-脱乙酰几丁质(ALG-chitosan,ALG-CS)

脱乙酰几丁质是几丁质的衍生物,几丁质是在自然界中大量存在的多糖。CS 在酸性条件下溶解为阳离子聚合物,它与 ALG 的反应类似 PLL 与 ALG 的反应,包囊过程也大同小异。

(3) 羧甲基纤维素钠-脱乙酰几丁质(CMC-CS)

CMC-CS也是聚阴阳离子对。Toshimitsu Yoshioka 报道的方法是制备杂交瘤细胞悬液，滴入CS溶液中一步成囊，囊的直径1.5mm，最高细胞密度1×10^7个/ml，为常规悬浮培养的10倍。经重复实验发现该方法操作简单，膜强度好，但一个较严重的问题是在成囊过程中极易发生微囊间粘连现象，严重影响实验进行。

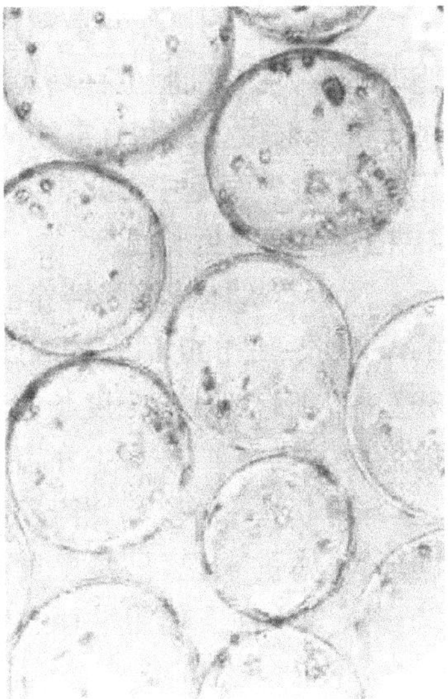

图7.3　海藻酸钠-多聚赖氨酸微囊包裹的人头皮毛乳头细胞

ALG微包囊技术是一种简单的一步成囊技术，细胞被固定在Ca^{2+}-ALG膜形成的微囊中。该方法大致过程是细胞/$CaCl_2$明胶混合液滴加入ALG/吐温80中反应30s形成以Ca^{2+}-ALG为膜的微囊，正式搅拌培养前再用1.07% $CaCl_2$加固1min。用该法培养ALPS杂交瘤细胞最高密度2×10^8个/mL，单抗产生量为652.8mg/(L·天)。该方法简单，培养效果好，但囊径过大(如Spieke-rmann's报道的为25mm)，膜过厚，使囊内的养料供应不足。另外，囊的强度也欠佳，针对这些缺点，建议在CS或聚乙烯亚胺(PLL或Polyethyleneimine)等聚合一层解决部分缺点。

二、固定化培养条件

1. 合适的细胞培养基

培养液直接与细胞接触，它是细胞培养主要的直接生长环境。

合适的细胞培养基是体外细胞生长和增殖的最重要的条件之一，培养基不仅提供细胞营养和促使细胞生长和增殖的基础物质，而且还提供培养细胞生长和增殖的生存环境。

2. 优质血清

血清(serum)是体外培养中用的最多最广的天然培养基，目前，大多数合成培养基都需要添加血清。

血清在动物细胞生长的培养基中起着多方面的作用：①能补充基础培养液中没有或量不足的营养成分；②能提供细胞生存、生长和增殖所必需的生长调节因子；③提供载体蛋白，可结合维生素、脂质、金属离子等；④含有一些可供贴壁依赖型细胞在培养器皿表面贴附和铺展的生长基质成分；⑤在一些情况下，血清有中和毒性物质、保护细胞不受伤害的作用；⑥提供蛋白酶抑制剂，保护细胞免受死细胞释放的蛋白酶的损害；⑦给培养液提供良好的缓冲系统。

3. 无菌无毒细胞培养环境

体外培养技术特别强调无菌操作。组织取材、细胞分离、增殖、传代、孵育以及利用培养的细胞进行各种实验时，都必须在无污染环境下进行；培养所用的各种器具、液体以及其他用品都需严格消毒灭菌，以保证培养物不被污染。在无污染的前提下，必须为培养物提供适宜其生存和生长的气、液相环境。气体环境是细胞生存的必要条件之一，供应气体的方式是向培养箱内通入含一定比例的CO_2的空气，其中，与细胞生命活动密切相关的气体主要是O_2和CO_2。

无菌无毒的操作环境和培养环境是保证细胞在体外培养成功的首要条件。在体外培养细胞时，必须保持细胞生存环境无菌无毒，还要及时清除细胞代谢产物。因为在体外培养的细胞由于缺乏对微生物和有毒物的防御能力，一旦被微生物或有毒物质污染，或者自身代谢产物积累，均可导致细胞中毒死亡。

4. 恒定的细胞生长温度

所有有机体的细胞培养都需要一个与体内生存环境尽可能一致的生长条件，其中最基本的条件之一是恒定适宜的温度环境。培养细胞对低温的耐受力比对高温强。温度上升不超过39℃时，细胞的代谢强度与温度成正比。细胞培养在39～40℃中1h，即会受到一定损伤，但仍能恢复。当在41～42℃的温度条件下培养1h，细胞则会受到严重损伤，但不至于全部死亡，部分仍可能恢复。当温度达到43℃以上时，细胞大多死亡。而对于温度低于正常范围的环境，总的来说，只要温度不低于0℃，低温只能抑制细胞代谢，并无伤害作用。细胞在25～35℃条件下仍能生存和生长，但速度缓慢。若将培养的细胞放在4℃下数小时以后，再置37℃培养，细胞仍能继续良好的生长。所以实验维持培养细胞旺盛生长，必须有恒定适宜的温度。

5. 合适的气体环境

气体是哺乳动物细胞培养生存的必需条件之一，所需气体主要有 O_2 和 CO_2。

1）O_2：参与细胞的能量代谢，为细胞生命活动提供能量。体外培养时，O_2 来源于空气混合气，一般通过过滤装置后进入培养箱内，然后向培养液、细胞内扩散。大多数体外培养的气相环境为含5%的 CO_2 和95%空气的混合气体，其中氧浓度为21%[21.3kPa(160mmHg)]。必要时，可通入 N_2 以稀释 O_2，调节培养箱内 O_2 的浓度。O_2 浓度的变化可以影响细胞的生长、代谢。对大多数细胞而言，O_2 浓度在60%或以上为高氧环境，在1%～4%为低氧环境。高氧环境对细胞的毒性作用较大，可抑制细胞生长、增殖，减少细胞DNA合成，导致染色质异常等。同样，低氧环境对细胞的正常生长也会带来一定的危害。

2）CO_2：在动物细胞体外培养中，CO_2 主要与维持培养液的酸碱度有直接关系。细胞代谢产生的 CO_2，不断释放进入培养液内，使培养液变酸，pH发生变动。

当打开装有培养液的封闭式的培养瓶时，CO_2 迅速逸出，培养液内剩下 OH^-，导致酚红指示剂呈紫红色，时间过长可使细胞碱中毒。开放式培养时，培养箱内通入5% CO_2，CO_2 扩散入培养液内，可以维持培养液的pH为7.2～7.4。

6. 液相环境

体外细胞生长的液相环境是各种平衡盐溶液或培养液。水和无机盐是其中最主要的成分，并由它们构成溶液的渗透压，也就是细胞膜外的渗透压。细胞在体外液相环境中生长时，细胞膜内、外液体能否平衡的关键在于培养液的渗透压与胞浆渗透压是否保持平衡。

第四节　动物细胞大规模培养

动物细胞培养技术自20世纪初已开始研究，但主要集中于细胞生理、生化、细胞发生与分化等基础理论研究，实用者甚少。近几十年来，由于人类对生长激素、干扰素、McAb、白细胞间素及疫苗等产品的需求，工业规模培养动物细胞已提到议事日程上。最近在 $10m^3$ 反应器规模上，动物细胞微载体深层培养技术获得成功，使动物细胞大规模培养技术趋于成熟。所谓动物细胞大规模培养技术是指在人工条件(除满足培养过程必需的营养要求外，还要进行pH

和溶解氧的最佳控制)下,在细胞生物反应器中高密度大量培养动物细胞用于生产生物制品的技术(图 7.4)。

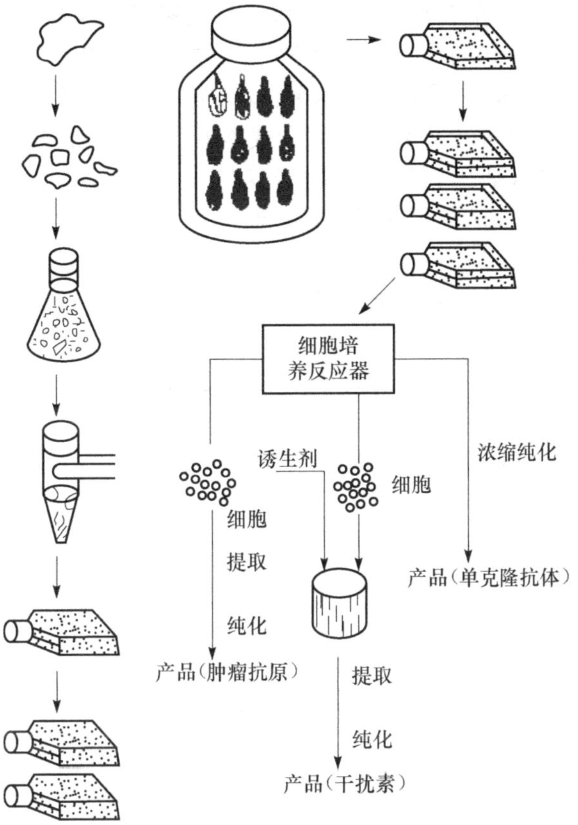

图 7.4　大规模动物细胞培养工艺流程

目前可大规模培养的动物细胞有鸡胚、猪肾、猴肾、地鼠肾等多种原代细胞及人二倍体细胞、CHO(中华仓鼠卵巢)细胞、BHK-21(仓鼠肾细胞)、Vero 细胞(非洲绿猴肾传代细胞,是贴壁依赖的成纤维细胞)等。

一、微载体培养

微载体是指直径为 60～250μm,能适用于贴壁细胞生长的微珠,一般是由天然葡聚糖或者各种合成的聚合物组成。

将细胞吸附于微载体表面,在培养液中进行悬浮培养,使细胞在微载体表面长成单层的培养方法称为微载体培养法或微珠培养法。

用于制备微载体的材料必须对细胞无毒而又易于贴附细胞,其密度大于 $1g/cm^2$,已被选用的材料有 DEAE-Sephadex A_{50} 及 A_{25}、QAE-Sephadex、经处理的塑料、尼龙、二甲基氨基丙基聚丙烯酰胺及聚苯乙烯等。制成的微粒直径应为 100～200μm,可容纳几百个细胞。目前已有 DEAE-交联葡聚糖(如 Cytodex 1、Super beads)、二甲氨丙基聚丙烯酰胺(Bio-carrier)及聚苯乙烯(polystyrene)等商品微粒市售。如 Cytodex 1 干颗粒直径为 60～87μm,在培养液中可膨胀成 160～230μm，每克微粒表面积约为 0.6m²，相当于 7 个标准转瓶（ϕ285mm×110mm）或 6 块多层托盘用的玻璃培养板（日本东丽公司产品）表面积。

微载体培养法所用容器为培养罐，Cytodex 1 浓度为 1mg/ml，相当于 8000～9000 粒/ml，其表面积约为 10cm²，较常规培养面积大 5 倍，细胞生长密度可达 10^5 个/ml，二倍体及传代细胞培养时用 MEM 培养基加 10%小牛血清为生长液，原代细胞用乳白蛋白水解物加 10%小牛血清，若用 MEM 培养基加 0.2%乳白蛋白水解物，细胞生长浓度更大。培养时，培养液、葡萄糖及细胞可同时加入培养器，前 24h 细胞附着于载体上，其后逐渐长成丰满细胞单层，培养条件与悬浮培养法基本一致，如原代猴肾细胞培养时，温度为 37℃，pH7.2～7.3，溶解氧为 20%，搅拌速度为 60～75r/min，即可获得良好结果。

1. 微载体培养的主要优点

1）表面积/体积（S/V）大，因此单位体积培养液的细胞产率高。

2）把悬浮培养和贴壁培养融合在一起，兼有两者的优点。

3）可用简单的显微镜观察细胞在微珠表面的生长情况。

4）简化了细胞生长各种环境因素的检测和控制，重现性好。

5）培养基利用率较高，放大容易，细胞收获过程不复杂。

6）劳动强度小。

7）培养系统占地面积和空间小。

2. 微载体培养的缺点是细胞生长在微载体表面

在培养过程中的连续搅拌会损伤微载体表面的细胞，而且培养后期细胞容易从微载体上脱落下来。为克服传统的实心微载体的不足，1985 年 Verax 公司开发出了大孔微载体。大孔微载体内部具有网状结构的小孔，因而能使细胞在其内部生长，保证了细胞充分的生长空间，使细胞免受机械损伤，增加了细胞贴壁的稳定性。自从 Verax 系列大孔微载体开发成功以来，已不断涌现一些新的大孔微载体产品，具有逐步取代传统的实心微载体的趋势。

3. 微载体培养细胞实验要点

1）培养初期：保证培养基与微球体处于稳定的 pH 与温度水平，接种细胞（对数生长期，而非稳定期）至终体积 1/3 的培养液中，以增加细胞与微载体接触的机会。不同的微载体所用浓度及接种细胞密度是不同的。常使用 2～3g/L 的微载体含量，更高的微载体浓度需要控制环境或经常换液。

2）贴壁阶段（3～8 天）后，缓慢加入培养液至工作体积，并且增加搅拌速度，保证完全均质混合。

3）培养维持期：进行细胞计数（胞核计数）、葡萄糖测定及细胞形态镜检。随意细胞增殖，微球变得越来越重，需增加搅拌速率。经过 3 天左右，培养液开始呈酸性，需换液，停止搅拌，让微珠沉淀 5min，弃掉适宜体积的培养液，缓慢加入新鲜培养液（37℃），重新开始搅拌。

4）收获细胞：首先排干培养液，至少用缓冲液漂洗 1 遍，然后加入相应的酶，快速搅拌（75～125r/min）20～30min。然后解离收集细胞及其产品。

5）微载体培养的放大：可以通过增加微载体的含量或培养体积进行放大。使用异倍体或原代细胞培养生产疫苗、干扰素，已被放大至 4000L 以上。

二、中空纤维培养

中空纤维培养技术（hollow fiber culture technique）是由 RA Knazek 及其同事于 1972 年

首先报道的。众所周知，动物细胞在活体内生存的空间是一种立体的三维空间。不同细胞能以多层的形式相互堆叠从而形成组织。在组织内部或者说细胞之间存在着毛细血管。组织内部细胞所需的营养物质供应、细胞代谢产生的废物运出都由组织内的毛细血管来承担。尽管活体状态下，组织内的细胞密度很大，组织内部的细胞却能够长期稳定地生存和生长，并且进行各种生命活动。而传统的各种体外培养技术，用以维持培养对象在体外生长的培养瓶，能够给培养物提供的生长空间只有培养瓶的表面，这是一种二维的生长空间。在这种条件下，培养细胞一般只能沿着培养瓶的表面呈单层生长。当瓶表面的细胞增殖至相互接触即培养物长满瓶表面时，就会发生所谓的接触抑制，从而停止增殖和生长。那么，为什么原本在体内能够增殖形成组织的细胞，到了体外培养环境中以后就不能再以多层的形式生长呢？原因是多方面的。分析体内外细胞的生长条件不难看出，在体条件下广泛存在于细胞周围的毛细血管对维持组织内部高密度状态下生长的细胞的物质代谢条件起到了非常重要的作用。一方面，毛细血管为在立体环境中生长的所有细胞提供营养和物质供应；另一方面，运输组织内部细胞的代谢产物，使得细胞始终生活在不断更新的营养环境之中(图 7.5)。

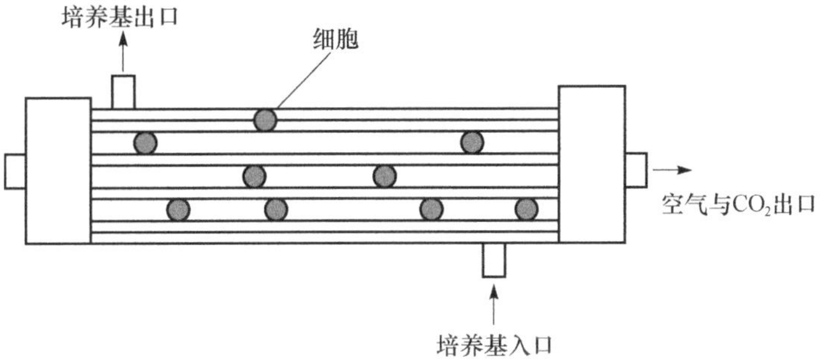

图 7.5　中空纤维培养示意图

中空纤维培养技术就是模拟细胞在体内生长的三维状态，利用一种人工的“毛细血管”即中空纤维来给培养的细胞提供物质代谢条件而建立的一种体外培养系统。这一技术的创立标志着动物细胞培养技术从过去的二维生长条件跨越到三维生长条件的新阶段。

中空纤维是一种细微的管状结构，外径一般为 100～500μm，管壁厚度 50～75μm，其构造类似于动物组织的毛细血管，一般是用乙酸纤维素、聚氯乙烯-丙烯复合聚合物、多聚碳酸硅或者聚砜等材料制成。中空纤维的管壁为极薄的半透膜，能截留相对分子质量为 10 000、50 000、100 000 的物质，但水分子、小分子营养物质和气体可通过。中空纤维的管壁表面有许多海绵状多孔结构，细胞能在上面贴壁生长。

中空纤维大规模培养细胞时，细胞接种到中空纤维的外表面，而充氧的培养液则灌流到中空纤维的内腔。贴附在中空纤维外表面的细胞吸取从中空纤维的内腔渗出的营养，迅速生长繁殖。一段时间后细胞可占据中空纤维外壁所有空间，并在纤维表面堆积。此时细胞分裂停止，但其代谢和分化仍可持续数月之久，并且细胞依然保持较高的存活性以及健康的形态。

中空纤维培养为体外培养的细胞提供了一个近似生理条件的三维生长基质和生存空间。在这种培养条件下，细胞可以不断地增殖和生长，形成类似活体组织的多层细胞培养物。如今，中空纤维培养技术已经成熟，已经有商品化产品供应。

三、微囊化培养

在前述的常规微载体培养系统中，由于细胞是生长在微载体表面，在培养过程中的连续搅拌常常会损伤微载体表面的细胞。于是，应运而生了一种将培养的细胞包裹在“微粒”内部的培养技术，这便是微囊培养技术。微囊化培养是指在无菌条件下将拟培养的细胞、生物活性物质以及生长介质共同包裹在薄的半透膜中形成微囊，再将微囊放入培养系统内进行培养的方法。生长介质为1.4%海藻酸钠溶液，半透膜由多聚赖氨酸形成。动物细胞包围在珠状的微囊里，细胞不能逸出，但小分子物质及培养基的营养物质可自由出入半透膜，囊内是微小培养环境，与液体培养相似，能保护细胞少受损伤，故细胞生长好、密度高。微囊直径控制在200～400μm为宜。

1. 微囊化培养的优点

1）可防止细胞在培养过程中受到物理损伤。

2）活性蛋白不能从囊中自由出入半透膜，从而提高细胞密度和产物含量，并方便分离纯化处理。

3）抗体活性好及纯度高。

2. 缺点

1）微囊制作复杂。

2）培养液用量大。

3）成功率不高。

4）微囊内死亡的细胞会污染正常产物。

5）收集产物必须破壁，不能实现生产连续化。

3. 微囊化培养的实验要点

1）将拟培养的细胞制备成细胞悬液。

2）在无菌条件下，将待培养细胞及生物活性物质悬浮在1.4%的海藻酸钠溶液中，成为胶状液。通过特制的成滴器，将含有细胞的胶状液形成一定大小的液滴，滴入氯化钙溶液中，使之成为内含细胞的凝胶小珠。然后，将凝胶小珠用多聚赖氨酸包裹，形成微囊。最后，重新液化微囊内的凝胶小珠，使成胶的物质从多聚赖氨酸外膜流出，微囊内仅留下待培养的细胞及生物活性物质。

3）将内有细胞及生物活性物质的微囊放入搅拌式或气升式反应器培养系统中进行培养。

4）培养一定时间后，待细胞分泌的产物含量达到一定程度，终止培养。收集培养后的微囊，离心、沉淀，并用平衡盐溶液洗涤微囊。然后，用物理方法破坏微囊。再通过离心去除细胞及微囊碎片，收获上清液，分离纯化细胞产物。

第五节　干细胞培养工程

一、干细胞定义

1998年11月，威斯康星大学的汤姆生和约翰·霍普金斯大学的吉尔哈特教授分别在

Science 和《美国科学院论文集》上报道，他们用不同的方法获得了具有无限增殖和全能分化潜力的人胚胎干细胞。这一成就将会给移植治疗、药物发现及筛选、细胞及基因治疗和生物发育的基础研究等带来深远的影响，打开在体外生产所有类型的可供移植治疗的人体细胞、组织乃至器官的大门。1999 年 12 月，美国权威杂志 *Science* 将"人类干细胞研究"列入人类十大科学成就的榜首。目前认为干细胞是具有自我更新、高度增殖和多向分化潜能的细胞群体，即这些细胞可通过分裂维持自身细胞的特性和大小，又可进一步分化为各种组织细胞，从而在组织修复等方面发挥积极作用(图 7.6)。

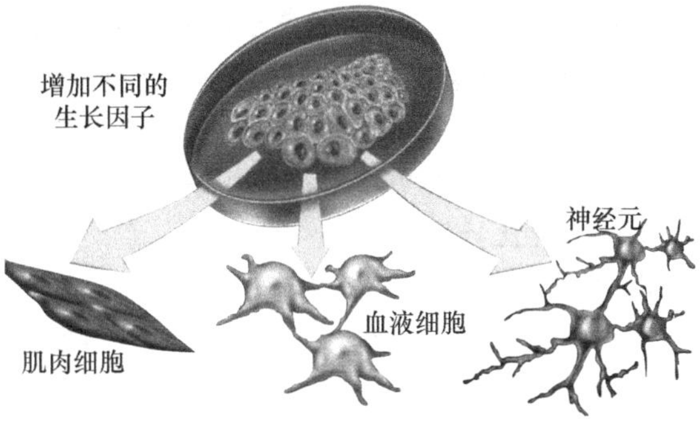

图 7.6　干细胞在不同条件下的分化潜能(包建玲等　2008)

近 20 年来，干细胞研究一直成为生命科学中的热点，其研究内容几乎涉及所有生命科学的生物医学领域，除了在细胞治疗、组织器官移植和基因治疗中发挥重要作用外，还在发现新基因、基因功能分析、发育生物学模型及新药开发等方面产生重要影响。我国有关干细胞的研究也十分活跃，已有多个有关干细胞的"973"项目，召开过多次全国性或国际性学术会议，出版过多本专(译)著。

目前大多数生物学家和医学家认为干细胞来自胚胎、胎儿或成体内具有在一定条件下无限制自我更新与增殖分化能力的一类细胞，能够产生表现型与基因型和自己完全相同的子细胞，也能产生组成机体组织、器官的已特化的细胞，同时还能分化为祖细胞。

1. 干细胞的特点

1) 干细胞本身不是处于分化途径的终端。

2) 干细胞能无限的增殖分裂。

3) 干细胞可连续分裂几代，也可在较长时间内处于静止状态。

4) 干细胞两种方式生长，一种是对称分裂——形成两个相同的干细胞；另一种是非对称分裂——由于细胞质中的调节分化蛋白不均匀地分配，使得一个子细胞不可逆地走向分化的终端成为功能专一的分化细胞，另一个保持亲代的特征，仍作为干细胞保留下来。分化细胞的数目受分化前干细胞的数目和分裂次数控制。可以说，干细胞是具多潜能和自我更新特点的增殖速度较缓慢的细胞(图 7.7)。

2. 干细胞存在部位

存在于早期胚胎、骨髓、脐带、胎盘和血液细胞中，包括胚胎干细胞(embryonic stem cell，ESC)和成体干细胞(somatic stem cell，SSC)。

二、干细胞研究意义

1. 对基础研究的推动作用

(1) 干细胞是研究早期胚胎发育的良好模型

一个单细胞(受精卵)是如何形成一个完整个体的,这是发育生物学上一个饶有兴趣的问题。但是由于伦理宗教等的限制,这种研究很难开展。随着胚胎干细胞系的建立,人们对它进行了大量研究,这些研究结果表明胚胎干细胞在体外悬浮培养时可自动形成胚胎小体(embryoid bodies,EB),胚胎小体的结构与体内发育早期的正常胚胎类似,因此可采用胚胎干细胞来研究早期的胚胎发育机制,分离鉴定出在这一过程中起作用的关键基因和蛋白分子,这些理论将有助于当今医学很多领域的发展,例如,它将有助于某些与早期胚胎发育紊乱有关的儿童肿瘤的发生、预防与治疗,此外它还有可能解决出生缺陷等问题。

(2) 干细胞是研究人类疾病的良好模型

目前对很多人类疾病而言,人们尚未建立其相应的动物模型,而已建立的某些疾病的动物模型,如帕金森病等,只能部分模拟疾病的进程,还有一些疾病,像艾滋病、丙型肝炎等,其致病病毒只能在人类和黑猩猩的细胞中才能生长,这大大限制了对该疾病的研究。而干细胞的出现则有可能解决这些问题,因为从理论上讲,干细胞具有分化为体内各种细胞的潜能,因此人们可根据不同疾病的发生机制用干细胞来建立相应的疾病模型,从而将有助于人们更好地研究疾病的发生、发展,并最终找到适宜的治疗方案。

(3) 干细胞与转基因动物模型的建立

胚胎干细胞可用于转基因小鼠模型的建立,利用这项技术人们不仅可以将一些在发育过程中非必需的基因敲除(knockout),在体内进行功能缺失研究,另外还可以通过基因功能获得性突变使特定基因在发育的某一时期表达,从而研究该基因在胚胎不同发育时期中的作用。

(4) 干细胞的其他用途

由于干细胞具有体外高度增殖和多向分化的潜能,因此它就成为生物医学领域中一个很好的研究手段。由于干细胞在理论上可以分化为体内任何一种细胞类型,因此它可以作为药物、毒物等的检测系统,这不仅有可能避免现今动物模型检测系统引起的物种差异问题,而且也比较经济。此外,由于干细胞具有很强的增殖能力,而且植入体内后可迁移到相应的病变部位,因此它可作为某种药物或基因的靶向转运系统,用于肿瘤或某些基因疗法。

2. 在临床医学上的应用前景

对许多难治性疾病而言,细胞移植无疑是一种行之有效的方法。将具有某种特定功能的细胞移植到体内相应的受损部位,这不仅可以恢复该部位的部分功能,而且避免了传统的药物治疗所引起的毒性作用。早先人们在动物模型和人体实验中用胚胎细胞或成体细胞进行移植,这虽然有一定的疗效,但移植细胞的来源很有限,而且存活和生长能力都不高,这就限制了该方法的大面积推广。1998年,人胚干细胞在体外成功建系,这就有可能解决细胞移植中一直困扰人们的细胞来源问题。从理论上讲,干细胞尤其是胚胎干细胞可以在体外无限增殖,在适当的诱导条件下可以分化为体内任何类型的细胞,这两大特征使得干细胞可能成为最佳的“种子”细胞,并且使得在实验室内培育各种组织器官成为可能。来自美国紧迫研究患者联盟(Patient Coalition for Urgent Research)的资料表明,仅在美国就有超过1亿的患者可能从干细胞移植中受益,这些患者分别患有恶性肿瘤、神经系统疾病、糖尿病与自身免疫性疾病等。

3. 干细胞产业的兴起

近几十年来，脑血管疾病、恶性肿瘤、心血管疾病的患病率一直居高不下，此外，人类正在逐渐步入老龄化社会，预计在未来的 20 年内，仅在美国 65 岁以上的人数就将比现在翻一番，而 85 岁以上的人则有可能增加 4 倍，因此一些老年性疾病，如老年痴呆症等必将给数以万计的人们造成巨大的身体和经济上的负担，其他一些疾病像糖尿病的患病率也在逐年上升，由于这些疾病都伴有不同程度的细胞损伤或死亡，因此它们都有可能用细胞替代疗法进行治疗，而干细胞是细胞移植中最具有潜力的细胞来源，因此干细胞研究潜藏着巨大的经济效益，图 7.7 表明了神经干细胞与神经再生的广泛应用。

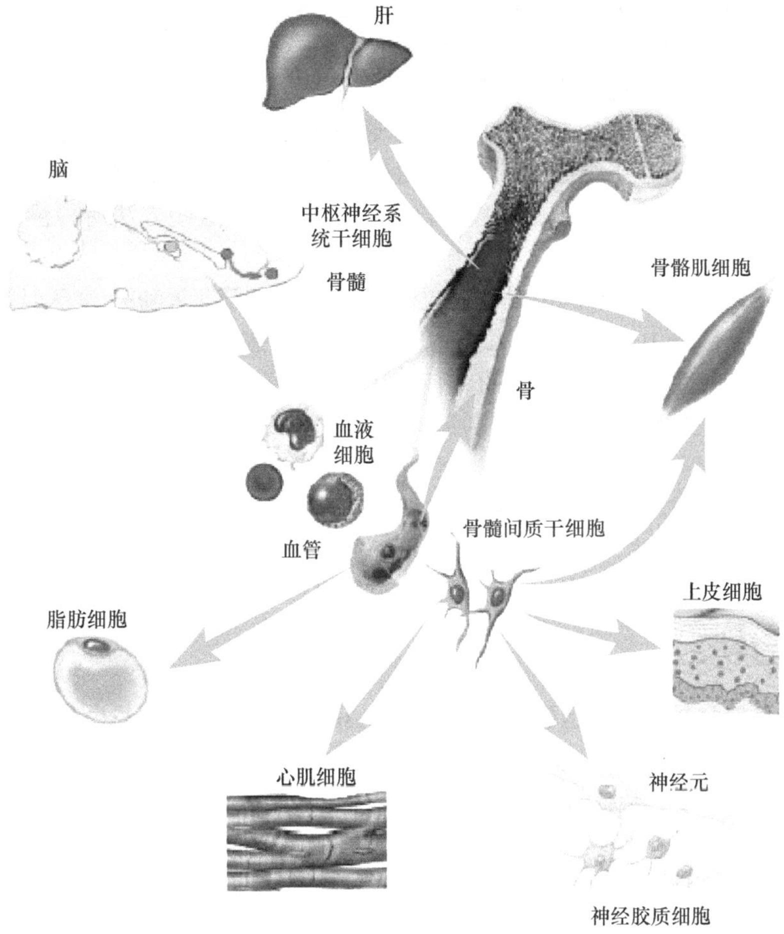

图 7.7　神经干细胞的应用

（图片来自 http://baike.baidu.com/view/533807.htm）

三、动物干细胞工程技术

动物干细胞工程（animal stem cell engineering）指利用干细胞的生物学特性，按照人的意图，借助于化学的、物理的或生物的方法，定向诱导分化，产生机体各种功能细胞或组织的生物工程技术。

干细胞工程技术主要用于生物学、医学、遗传学、发育生物学、细胞生物学、胚胎学、生殖学、神经生物学和育种学等诸多基础研究和应用研究领域。

干细胞具有分化为多种功能细胞的特性，使其在人类医学、基因治疗、发育调控等领域显现出了重要的科学意义和广泛的应用前景，因此干细胞工程技术越来越受到重视。

目前已发现多种干细胞，根据其分化潜能可分为全能干细胞（胚胎干细胞）、多能干细胞[间充质干细胞（mesenchymal stem cell，MSC）、肌肉干细胞、神经干细胞、造血干细胞]和专能干细胞（肝干细胞、肠上皮干细胞、皮肤干细胞、胰腺干细胞、血管内皮干细胞）。造血干细胞是发现最早、研究时间最长的多能干细胞，其检测方法也最为成熟。

1. 造血干细胞

造血干细胞具有自我更新和多向分化这两个基本特点，在判定造血干细胞时必须同时满足这两个条件，这就需要所用的方法能够同时反映这两个指标。动物体内长期多系造血重建实验是判断造血干细胞最直接而且最可靠的方法，而对于人造血干细胞的检测在很大程度上需要通过体外测试来间接反映。此外，通过表面标志来鉴定是可选择的方法，但目前还不能确切地定义造血干细胞，现有的表面标志是不是造血干细胞特异的标记分子还有待进一步确认。因为造血干细胞为高度不均一的群体，所以这些方法所检测的干细胞往往处于不同发育阶段。

给受致死剂量 γ 射线照射的小鼠输入同种骨髓细胞，在第 8 天和第 14 天计数小鼠脾表面的集落。每一个集落是由一个造血干细胞[脾结节形成细胞（CFU-S）]增殖分化而来的，而且输入的骨髓细胞数与生成的脾结节之间具有良好的线性关系。因此，可以利用该实验来检测造血干细胞的相对数量。CFU-S 也为不均一的细胞群，已证明第 12 天的 CFU-S 比第 8 天的更原始。

应当注意的是，输注给受照小鼠的造血细胞中，只有一部分脾结节形成细胞分布在脾并形成肉眼可见的脾结节，因此，CFU-S 的计数只反映了输入的脾结节形成细胞中的一部分。影响脾结节形成细胞在脾中植入率的因素都会直接影响 CFU-S 的生成率，这在解释实验结果时必须注意。

2. 胚胎干细胞

胚胎干细胞已经成为干细胞研究的热点领域，相关该干细胞研究与检测技术进展很快，各种研究方法和技术应用于该领域。

(1) 根据形态和生长特性初步鉴定

各种动物的胚胎干细胞 ESC 具有与早期胚胎细胞相似的形态结构：胞体体积小、核大、有一个或几个核仁。在体外分化抑制培养中，它们呈克隆状生长，细胞紧密地聚集在一起，形似鸟巢，细胞界限不清，克隆周围有时可见单个 ESC 和分化的扁平状上皮细胞。

(2) 碱性磷酸酶（alkaline phosphatase，AKP）染色

哺乳动物桑椹胚细胞和囊胚细胞及 ESC 均有 AKP 的表达，而已分化的胚胎细胞（embryonic cell，EC）和 ESC 中 AKP 呈弱阳性或阴性。因此，AKP 是鉴定 EC 和 ESC 分化与否的常用标志之一。AKP 在碱性（pH9.0～9.6）条件下使孵育液中的 α-磷酸萘酚钠水解，产生 α-萘酚，然后再与偶氮盐偶联，生成不溶性耐晒染料而显色。AKP 还可用 Gomori α-萘酚磷酸酯法和改良 Gomori 钙钴法显示。

(3) 胚胎阶段特异性细胞表面抗原（stage-specific embryonic antigen，SSEA）的检测

ESC 为未分化多能性细胞，它表达胚层细胞、EC 的表面抗原。但鼠和人 ESC 表达的表面抗原具有种属差异性，如小鼠胚胎内细胞团（1cm）细胞、ESC 和 EC 表达 SSEA-1，但不表达

SSEA-3 和 SSEA-4,而人 ESC 表达一些标志为分化态非人灵长类 ESC 和人 EC 特征的细胞表面抗原,包括早期胚胎特异性 SSEA-3、SSEA-4、TRA-1-60、TRA-1-81,不表达 SSEA-1。其中 SSEA-4 一直呈强阳性,SSEA-3 为弱阳性。已分化的小鼠 ESC 的 SSEA-1 表达呈强阳性。但是,人原始生殖嵴细胞(PGC)分离的 ESC 的 SSEA-1、SSEA-3、SSEA-4、TRA-1-60、TRA-1-81 均表现为阳性,其中识别 SSEA-3 抗原的抗体染色弱且不稳定,SSEA-1 似乎是源于 PGC 的多能干细胞分化的标志。家兔 SSEA-1 的表达与小鼠的基本相似,桑椹胚卵裂球和早期囊胚细胞呈阳性,晚期囊胚中部分呈阳性,部分呈弱阳性,少部分呈阴性。因此,常用 SSEA-1 单克隆抗体来检测 ESC。

(4) 核型的检测

使胚胎干细胞保持正常的核型非常重要,只有具有正常核型的胚胎干细胞才能嵌合到宿主着床前的胚胎内,共同分化发育成嵌合体动物。为了进一步鉴定,还可以做染色体 G 带分析。

(5) 分化能力检测

体外分化实验:胚胎干细胞在无滋养层和无抑制分化因子条件下进行培养时,会分化成各种细胞或发育成胚体(图 7.8)。将所得细胞制成悬液培养在玻璃培养皿中。如所得细胞为 ESC,则在培养过程中部分细胞聚集贴壁,培养一段时间后将分化为神经、肌肉、软骨等不同组织细胞,同时还有部分细胞悬浮生长。

体内分化实验:以一定量所得细胞注射到同源动物或免疫缺陷小鼠体内(皮下、眼内、腹腔或腹股沟)。若为 ESC,经过一段时间后,动物注射处有组织瘤生成。手术取瘤,常规制作切片观察,可见代表 3 个胚层的不同组织细胞。

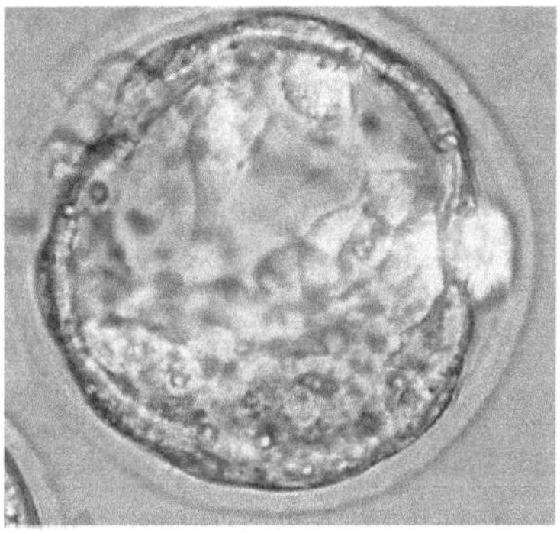

图 7.8 人体胚胎干细胞(庞俊兰 2007)

嵌合体形成实验:将 ESC 通过注射法或聚合法与受体胚胎结合并将胚胎移植同期化受体,以得到嵌合体动物。嵌合体动物可以通过毛色、皮肤色素或分子生物学方法(PCR 和微卫星 PCR)等进行判断,或取组织器官进行 GPI(glucose phosphate isomerase,磷酸葡萄糖异构酶)检测。ESC 是否参与生殖系嵌合且形成功能性配子可以通过是否形成同种或同品种后代确定。

核移植实验:以 ESC 做核供体注射到去核卵母细胞中,移植到受体中观察重构胚是否正常发育并产生个体。这是检测 ESC 全能性最有说服力的方法。

3. 神经干细胞

(1) 根据生长特性和形态来检测

神经干细胞在体外培养过程中的一个重要特征是原代培养的细胞会在 24h 内自动聚集成团,经过 2～3 代的无血清培养后,部分细胞死亡,存活的基本上(大于 90%)都是神经干细胞。在形态上,神经干细胞异质性大,但大多呈梭形,两头有较长的神经突起(Hulspasetal 1997; Davisand Temple 1994)。

(2) 根据标记分子检测

神经干细胞的标记蛋白有巢蛋白(nestin)、波形蛋白、RNA 结合蛋白(musashil)及 RCl 抗原等。巢蛋白常用作神经细胞的鉴定标志,属于中间丝蛋白家族,只在多能的神经外胚层细胞表达,随着神经上皮的分化成熟逐渐消失。巢蛋白分布在细胞质中,免疫组化法染色可以观察到其在细胞质中广泛地表达。

(3) 根据分化潜能检测

目前已知神经干细胞能向神经、肌肉、血液和肝细胞分化。通过体外的分化诱导和体内移植实验,对终末细胞进行定性和定量的检测,可确定细胞群体中是否有神经干细胞。这种从功能上进行检测的方法是最有说服力的。

对终末细胞的鉴定可通过形态学方法进行,因为这些神经细胞都是有特殊形态的。同时也可利用细胞生物学和分子生物学手段检测特异性标记分子进行鉴定。如鉴定神经元可检测神经元特异的分子 NSM、NeuN、突触泡蛋白(synaptophysin)、儿茶酚合成酶、酪氨酸羟化酶、多巴胺脱羧酶、苯乙胺甲基化酶和转录因子 Isl-1、Brain-4、Pax-4、Pax-6、β_2/NeuroD、IDX-1/PDX-1 和 β_3 微管蛋白,鉴定星形胶质细胞可检测 GFAP、Ran-2、FGFR-3 和 CNPase 的表达,鉴定Ⅱ型星形胶质细胞可检测 A2B5、GFAP 和 nestin 的表达,鉴定少突胶质细胞可检测 PLP 的表达,鉴定肌肉细胞可检测 Myf5 和 MyoD,鉴定平滑肌细胞可检测 SMA,鉴定肝细胞可检测白蛋白,鉴定胆管上皮细胞可检测 CK19。体内移植时,可进行异种间移植、雌雄移植(检测 Y 染色体特异基因如 SRY)或对移植细胞进行遗传标记[如 p-半乳糖苷酶(LacZ)、GFP]以便于检测,实验动物可选择患单侧帕金森病的大鼠。

4. 间充质干细胞(MSC)

(1) 根据形态和培养特性检测

一般认为,体外培养的 MSC 体积小,呈梭形,核浆比大,能连续传代培养。

(2) 根据标记分子检测

人 MSC 不表达分化相关的细胞标志如Ⅰ型胶原、Ⅱ型胶原、Ⅲ型胶原、AKP 和骨桥蛋白(osteopontin),也不表达造血干细胞系的表面标志,如脂多糖受体 CD14、CD34、白细胞表面抗原 CD45、vW 因子和 HI. A-DR 等,但表达 SH2、SH3、CD29、CD44、CD71、CD90、CD106、CD120a、CD124、CD166 和多种表面蛋白。免疫组化显示:酸性乙酸酯酶和糖原阳性,AKP 和苏丹黑阴性。来源于脐带血的单个核细胞培养后出现的贴壁细胞有两种表型,破骨样细胞和间充质样细胞。破骨样细胞多核,表达 TRAP、CD45、CD51/CD61;间充质样细胞呈成纤维样,表达 SH2、SH3、SH4、ASMA、MAB1470、CD13、CD29、CD49e,这与 MSC 不完全一致。

(3) 根据分化潜能检测

在体外特定的诱导条件下,MSC 可以分化为骨(AKP、钙沉积或骨桥蛋白染色)、软骨(Ⅱ型胶原、酸性蛋白聚糖染色)、脂肪(亲脂性染料 Nile red 或 oil red 染色)、肌腱、肌肉、神经、基质、肝和内皮(检测 vW 因子和 UEA-1 凝集素)等多种细胞。相比较而言,形态与 MSC 相似的体外培养的皮肤成纤维细胞则具有类似的分化潜能。脐带血 MSC 在体外具有向骨和脂肪细胞分化的能力。这些终末细胞的鉴定可根据形态和生物学特性进行。AKP 染色可采用改良 Gomori 钙钴显示法,钙沉积的检测可采用 Von Kossa 方法,酸性蛋白聚糖的检测可采用阿茜蓝染色方法。体内移植模型有免疫缺陷小鼠和胎羊模型,用遗传标记(人特异性标记 T 型胶原抗原微小基因和 β2 微球蛋白、GFP、LacZ)和终末细胞特异性标记检测相结合的方法可追踪细胞的命运。

5. 肌肉干细胞

(1) 根据形态和分化特点检测

肌肉卫星细胞以纺锤形为主,相互之间以细丝拉网,与成纤维细胞有较大差别。成纤维细胞形态扁平、多突起,胞质极其丰富。肌肉卫星细胞的分化与其他细胞有本质的区别,它是单核细胞相互融合最后形成多核细胞(肌管)的过程,产生了质的改变。卫星细胞在培养条件良好时，能形成有收缩能力的幼稚肌纤维也是其特点之一。

(2) 根据标记分子检测

传统方法检测结蛋白(desmin)，但不能排除肌组织块中血管平滑肌的污染。检测横纹肌肌动蛋白可对卫星细胞、成纤维细胞和平滑肌细胞进行区分。卫星细胞能合成骨骼肌特异的磷酸肌酸激酶 CK-MM 亚型，且含有肌动蛋白与肌球蛋白及其前体蛋白等收缩蛋白，可通过生物化学或免疫化学方法来检测卫星细胞。侧群细胞(side population cells，SP 细胞)是骨髓或肌肉中含有肌肉干细胞的另一群细胞，其检测是根据 Hoechst33342 染色结合流式细胞术来进行的。

(3) 移植模型

mdx 小鼠是研究 Duchenne 肌营养不良的动物模型。肌肉干细胞植入后，能恢复 mdx 小鼠肌细胞增强蛋白的表达，肌细胞增强蛋白与 mdx 小鼠肌纤维融合，能形成杂交肌纤维并表达肌营养不良蛋白(dystrophin)，这是一个很好的检测肌肉干细胞功能的模型。当然，人工制成肌肉损伤模型(切除)也是可用的方法。

6. 表皮干细胞

(1) 根据生长和培养特性检测

利用表皮干细胞最显著的两个特性即慢周期性及自我更新能力来检测在体与离体干细胞是最基本且可靠的实验手段。由于干细胞的慢周期性，可采用标记滞留细胞(label-retaining cell)分析方法检测在体的静息干细胞。慢周期性使干细胞在体内表现为标记滞留细胞，即在新生动物细胞分裂活跃时掺入氚标的胸苷，由于干细胞分裂缓慢，因而可长期探测到放射活性，如小鼠表皮干细胞的标记滞留可长达两年。干细胞的自我更新能力表现为在离体培养时细胞呈克隆性生长，能连续传代培养，如表皮干细胞至少可进行 140 次分裂，产生 2^{140} 个子代细胞。此外，利用表皮干细胞的一个显著特点即对基底膜的黏附，也可检测表皮干细胞。

(2) 根据标记分子检测

目前利用表皮干细胞一些相对特异的标志建立了一系列表皮干细胞的检测方法。由于表皮干细胞及短暂扩充细胞表面高表达 β1 整联蛋白，而有丝分裂后细胞及终末分化细胞不表达 β1 整联蛋白，因而可以用 β1 整联蛋白的抗体来检测表皮干细胞及短暂扩充细胞。虽然表皮干细胞 β1 整联蛋白的表达量约为短暂扩充细胞的两倍，但在一般的光镜下不能依靠 β1 整联蛋白阳性强度的不同来区分干细胞和短暂扩充细胞。如果利用激光共聚焦显微镜，将组织切片进行 1μm 的断层扫描，即在单层细胞水平上观察，则可以分辨出干细胞与短暂扩充细胞表达 β1 整联蛋白阳性强度的差异。表皮中大约有 40%的基底细胞中 β1 整联蛋白高表达，然而细胞动力学分析显示仅有不到 10%的基底细胞为干细胞。这说明 β1 整联蛋白高表达的细胞包括干细胞，但它所包括的范围远比实际干细胞的数量多，因此 β1 整联蛋白作为鉴定皮肤干细胞的分子标记并不特异。

另一个标记分子是角蛋白(keratin)，随着分化程度的不同，表皮细胞表达不同的角蛋白，因而检测角蛋白的表达也可作为干细胞、定向祖细胞、分化细胞的鉴定手段。表皮干细胞表达角蛋白 19(K19)，定向祖细胞表达角蛋白 5(K5)和角蛋白 14(K14)，而分化的终末细胞则表达角蛋白 1(K1)和角蛋白 10(K10)。表皮基底层中 K19 与 β1 整联蛋白表达均为阳性的细胞是标志滞留细胞，具有干细胞的慢周期性。一般认为毛囊的隆突部干细胞及胎儿、新生儿表皮基底层干细胞均表达 K19，成人无毛发皮肤如手掌、脚掌部位基底层干细胞 K19 表达阳性，但有毛发皮肤基底层中的表皮干细胞 K19 则表达为阴性。

近来，有实验证明结合干细胞表面的 α6 整联蛋白及另一个与增殖有关的表面标志 10G7，可以区分干细胞与短暂扩充细胞。检测发现 $\alpha 6^+$ 而 $10G7^-$ 的细胞处于静息状态，在体外培养中具有很强的增殖潜能，证实为干细胞，而 $\alpha 6^-$ 与 $10G7^+$ 的细胞是短暂扩充细胞，体外培养证实其增殖能力有限；α6 阴性细胞 K10 则呈阳性表达，说明是有丝分裂后终末分化细胞。所以，可以利用 α6 整联蛋白与 10G7 的单抗来区分干细胞、短暂扩充细胞和分化的表皮细胞。

除以上标记分子外，其他表面分子如 E-钙黏着蛋白(低表达)和 Deltal(高表达)及胞内分子如 P63，也可为表皮干细胞的检测提供重要信息。

7. 肝干细胞

(1) 根据标记分子检测

目前发现可能的肝干细胞包括胚胎成肝细胞，卵圆细胞，有干细胞特性的肝上皮细胞，骨髓、胰腺和神经来源的肝前体细胞。大鼠胚胎成肝细胞表达 CK8、CK18，这两个分子在正在分化或已分化的肝细胞上也表达。此外，在已向肝细胞定向的成肝细胞上，表达甲胎蛋白、HBD. 1、OC. 2，分化过程中甲胎蛋白逐渐不表达，OC. 2 很快就不表达，H. 2 短暂地表达。根据这些分子的表达可对成肝细胞进行检测。卵圆细胞被认为是成年肝干细胞，可向肝细胞和胆管上皮细胞分化。卵圆细胞还表达 CD34、Thy-1、c-kit、flt-3 受体等造血干细胞的标记物，根据这些分子的表达可对卵圆细胞进行检测。

(2) 根据分化潜能检测

体外培养的大鼠肝上皮细胞(有干细胞特性)在丁酸钠作用下可分化为胆管上皮细胞(角蛋白、BDS7 鉴定)和肝细胞(角蛋白、HES6 鉴定)。

肝干细胞体内检测模型有鼠肝损伤实验模型，破坏鼠肝功能，并使残留的肝细胞不能增殖(Potten 1997；Marshaketal 2001)。

建立大鼠肝损伤实验模型有以下几种方法：①AZD 模型，用偶氮染剂(azo dye)处理大鼠；②CDE 模型，饲以缺乏胆碱(choline)的食物，加或不加乙硫氨基酪酸(ethionine)；③CDA 模型，饲以缺乏胆碱的食物，加或不加 2-乙酰基转移酶(2-transacetylase)；④AAF/PH 模型，2-乙酰基转移酶处理和部分肝切除(partial hepatectomy)；⑤GALN/PH 模型，用 D-氨基半乳糖(D-galactosamine)处理和部分肝切除；⑥DEN 模型，用二乙基亚硝基胺(diethylnitrosamine)处理；⑦DEN/AAF/PH模型；⑧用毛果天芥菜碱(lasiocarpine)处理和部分肝切除；⑨用倒千里光碱(retrorsine)处理和部分肝切除。

建立小鼠肝损伤实验模型有以下几种方法：①用肝毒性药物 dipin 处理；②用 DDC(3，5-diethoxycarbonyl-1，4-dihydrocollidine)处理；③用戊巴比妥、可卡因处理和部分肝切除。模型建立后将细胞移植到肝损伤部位，根据标记分子的表达检测肝特异性分化。

此外，用遗传学方法也可建立小鼠肝损伤模型，如转尿激酶型纤溶酶原激活剂(uPA)基因小鼠和延胡索酰乙酰乙酸水解酶敲除小鼠。移植方法是：①将雄性大鼠的骨髓移植给受致死量 γ 射线照射的同种雌性大鼠，用 DNA 探针检测 Y 染色体性别决定区(sex-determining region of Y，SRY)的方法来分辨受体中的供体细胞；②将二肽酶Ⅳ阳性($DPPIV^+$)的雄性大鼠骨髓移植给 $DPPIV^-$ 的同种雌性大鼠，检测受体中 $DPPIV^+$ 细胞；③用表达 L21-6 抗原的 Lewis 大鼠做受体，不表达此抗原的 Brown-Norway 大鼠做异体基因供体进行全肝移植，肝外来源的细胞($L21\text{-}6^+$)可以在移植后的肝中找到。

另外，将培养的神经干细胞注入小鼠的胚泡中，分析供者细胞在嵌合体小鼠体内的分布情况，发现供者细胞分布于许多不同的组织，其中包括肝。通过观测受者肝部位供体细胞的肝特异性分化，可对神经来源的肝干细胞进行检测(魏江山等 2000)。

8. 胰腺干细胞

(1) 根据标记分子检测

人及大鼠的胰管和胰岛组织存在胰腺干细胞，这些干细胞表达巢蛋白——神经干细胞的表面标志，但不表达胰管上皮或胰岛细胞的标志。PDX-1、PAX4、PAX6、bHLH 家族成员、Nkx6. 1、YY 肽、酪氨酸羟化酶、酸性 β-半乳糖苷酶、Glut-2(glucosetransportertype2)、Msx-2、CK20、波形蛋白、Bcl-2 等分子被认为是胰岛干细胞相关的标志分子。将消化的胰腺组织制成单细胞悬液，用添加正常小鼠血清的低糖 EHAA 培养基对其进行培养，直到生长出单层上皮样的胰腺干细胞，这些干细胞具有很强的自我更新能力，在体外可长期传代。根据这些分子标记和细胞形态学及生长特性，可对胰腺干细胞进行鉴定和检测。

(2) 根据分化潜能检测

胰腺干细胞可在体外诱导分化为胰管细胞和胰岛细胞。可用免疫组化、RT-PCR 等方法检测胰岛的所有细胞类型，如检测 CK19 鉴定胰管上皮细胞，检测 NCAM 鉴定胰岛内分泌细胞，检测胰岛素鉴定胰岛供血 p 细胞。

体内移植有 NOD 小鼠模型或尿激酶诱导的糖尿病小鼠模型。胰腺干细胞移植应该能够逆转小鼠的糖尿病症状。

9. 生殖干细胞(germline stem cell，GSC)

(1) 根据细胞所处位置和分裂行为检测

果蝇中进行有丝分裂的所有细胞位于睾丸顶端。生殖干细胞靠近中心，进行非同步分裂，每 10h 约有一个干细胞分裂，形态学上观察到的 50 个 GSC 中仅有一个处于有丝分裂期。而生精细胞位于中心远端，进行同步分裂。在哺乳动物中，不同生精期的生殖细胞沿生精管呈波浪状分布，生殖干细胞进行非同步分裂，其细胞周期较处丁分化状态的生精细胞长，在大鼠中约为 60h，而处于分化状态的生精细胞进行同步分裂，其细胞周期在大鼠中约为 42h。

(2) 根据特殊的亚细胞结构检测

果蝇生殖细胞有一个特殊的亚细胞结构并合体(USOITIe)，由多种膜和骨架成分如 α-影蛋白(α-spcctrin)组成。在生殖干细胸中，这种亚细胞结构形成球形血影小体(spectrosome)，在生精细胞和精细胞中并合体伸展并形成分支。

(3) 根据基因表达谱检测

利用增强子诱捕实验检测标记基因 β-半乳糖苷酶，根据表达模式可区别果蝇生殖干细胞和生精细胞。例如，增强子诱捕标记 M34a 和 S1-33 驱动 LacZ 在生殖干细胞而不在晚期细胞中表达。另外，检测特异性标记蛋白也用于生殖干细胞的鉴定，如 Barn-C 常在 2～16 细胞期的生精细胞中被检测到，而在顶端生殖干细胞则不能检测到。

(4) 根据标记分子检测

A 型精原细胞，包括精原干细胞，具有高水平的端粒酶活性并表达 EE2 蛋白。其他阶段的生精细胞则不具有这样的特点。未分化的 A 型精原细胞表达低水平的 c-kit 及低量的核异染色质，由此又可以将它们与正在分化的 A 型精原细胞区分开。

(5) 根据分化潜能检测

哺乳动物的雄性生殖干细胞像造血干细胞一样具有可移植性，移植后的 GSC 不仅能扩增干细胞库，还能重建完整的生精细胞系。通过建立雄性生殖干细胞的移植实验模型可检测其功能。将混合的生精细胞注入受体小鼠的睾丸内，供者的精原细胞具有重建功能，能产生精子，从而能恢复不育小鼠的生育能力。将宿主生殖细胞耗竭可获得最佳的供体细胞植入效果，常用细胞毒药物白消安(busulfan)处理或用遗传突变鼠模型(dominant white spotting，即 W 位点；或 steel，即 Sl 位点)。在果蝇中，常使用 FLP/FRT 位点特异性重组系统跟踪干细胞的命运，检测野生型果蝇睾丸中生殖干细胞的定位和功能，在这个系统中，生殖干细胞和生精细胞都能被标记上。但是，生精细胞的存在是暂时的，它们 2 天后即从增殖中心消失，开始分化，而干细胞具有自我更新能力，能持续产生标记的子代细胞。

10. 角膜缘干细胞

(1) 根据组织来源特性检测

与表皮干细胞同属角质干细胞类。作为联系角膜和结膜的移行区，角膜缘的基质层疏松并有充足的血管分布，与角膜的鉴定标志为 Bowman 式膜的终止处，与结膜不同之处在于不含杯状细胞。角膜缘的细胞密集，呈小圆柱状，比表皮浅层细胞小，在基底部形成特殊的 Vogt 栅栏上皮结构(limbal palisades of Vogt)。

(2) 根据生长培养特性检测

离体角膜缘细胞能够多次传代，处于缓慢的细胞周期，是一种标记滞留细胞，活体角膜上皮细胞的^{3}H-TdR 标记在角膜中央及周边部发生早，消失快，2 周以后不能测出；但角膜缘基底细胞的^{3}H-TdR 标记缓慢，第 4 周仍可以测出。

(3) 根据标记分子检测

角膜缘和角膜周边之间的移行区基底细胞共同表达 K19 和波形蛋白，含有丰富的异烯醇酶、钠-钾 ATP 酶和细胞色素氧化酶，但 K3、K4、K6、K7、K8、K13、K18 均为阴性，而除角膜缘基底部细胞外的所有角膜上皮细胞均表达 K3。

(4) 根据分化潜能检测

将传代细胞移植于裸鼠皮下 3～10 天后形成角膜缘样上皮。采用手术切除或化学药物庚醇毁损角膜缘上皮细胞导致角膜上皮缺损不愈合、非角膜上皮化和新生血管形成，自体角膜缘干细胞移植后应该能使角膜样上皮再生，并且使新生血管区面积缩小。

四、干细胞技术的应用前景和研究中存在的问题

随着生物技术的快速发展和不断完善，按照一定目的在体外分离和培养干细胞已经成为可能。近年来的研究成果表明，干细胞技术在动物克隆及改良、建立哺乳动物发育模型、细胞核基因治疗等方面都有着广阔的应用前景。但干细胞的研究才开始不久，在诱人的前景面前同时也面临着许多难题和挑战。

1. 干细胞的应用前景

(1) 探讨胚胎发育的调控机制

发育生物学是生命科学的前沿领域，但仍存在许多未解决的问题。其中最大的奥秘就是一个受精卵如何发育成复杂的生物体。但哺乳动物早期胚胎一般体积很小，又在子宫内发育，在体内研究胚胎发育和各类细胞的分化及其机制几乎是不可能的。

ES 细胞不仅具有完整的发育潜能，而且具有对调节正常发育所有信号的应答能力。在特定的体外培养条件和诱导剂的共同作用下，ES 细胞在体外可被诱导分化出属于三个胚层谱系的各种高度分化的体细胞。因此，人胚胎干细胞系的建立将有助于探讨胚胎发育过程中的影

响因素和调控机制。例如，可以比较胚胎干细胞和不同时空的分化细胞之间的基因表达差异，研究参与胚胎发育与分化的分子机制等。也可用不同的外源基因转染ES细胞，或在ES细胞水平上进行基因敲除或基因打靶，经体外筛选后建立带有目的基因的细胞系，或将筛选后的带有目的基因的ES细胞注射到宿主着床前胚胎内，并移植到假孕母体子宫内使之发育成个体，从而建立转基因动物、基因敲除动物或基因打靶动物，用于研究基因在分化发育过程中的表达与调控以及制备人类疾病动物模型等。当然，ES细胞在体外的分化途径和机制与在体胚胎可能有所不同，但仍有共同或相似之处。如小鼠悬浮生长的体外细胞类胚体在结构排列上与在体胚体的有些不同，但一些类型的细胞分化秩序和方式却非常类似于在体胚体。因此小鼠ES细胞已被公认为研究哺乳类发育较理想的模型。

(2) *动物克隆及改良*

ES细胞具有可以无限地传代增殖，且不改变其基因型和表现型的特点。如果以ES细胞作为核供体进行核移植，可以在短时间内获得大量基因型和表现型完全相同的个体。

ES细胞可以作为外源基因载体生产转基因动物，以改变动物的某些属性，如生长速率、肉质、优质高产乳汁等；改变动物生殖特性和提高机体抗病性；用于大量生产基因工程药物等。用ES细胞与胚胎嵌合进行异种动物克隆，可以在某种程度上解决哺乳动物远源杂交的困难。嵌合体动物对于发育生物学、动物生理学和遗传学等的研究也具有特殊的意义。

(3) *细胞和基因治疗*

目前，直接将干细胞移植给患者以治疗疾病已在临床上得到应用。例如，骨髓移植在临床上治疗恶性血液疾病等已开展几十年，外周血和脐带血干细胞移植也取得了很好的疗效。20世纪80年代起，造血干细胞移植作为恶性肿瘤大剂量放疗、化疗后造血支持治疗细胞，通过这些细胞在体内发挥功能以达到治病的目的。例如，利用造血干细胞可在体外扩增用于治疗肿瘤的抗原特异性淋巴细胞、自然杀伤细胞(NK)、树突状细胞(DC)等。

组织器官的损伤和功能衰竭一直都是人类健康所面临的一大难题，而目前的治疗方案均难以完全修复受损的组织器官或使其功能得以长期恢复。因为生命体是通过干细胞的分裂来实现细胞更新及保持持续增长的，干细胞的研究与应用将有可能实现使人类完美修复损伤组织和器官的梦想。例如，有实验表明，将神经干细胞在体外扩增培养后植入神经系统的损伤或病变部位，可以分化为神经元、星形胶质细胞、少突胶质细胞，这为缓解或修复神经系统损伤等病变的细胞带来了新的希望。对胰腺干细胞和肝干细胞等的分离和研究，也有望为治疗糖尿病和肝功能衰竭等提供有效的方法。随着成体干细胞可塑性的发现，利用其多向分化的潜能，用于自体组织和器官的修复，可以避免同种异体移植的免疫排斥反应，使成体干细胞可以替代胚胎干细胞的多数功能，成为使用安全的临床治疗干细胞。例如，现已用骨髓干细胞培育出了肾细胞、肝细胞、肌肉细胞和神经细胞等的多种细胞，这些研究成果使人们有望利用患者自身的健康组织干细胞，诱导分化出病损组织的功能细胞，从而达到治疗各种组织坏损性疾病的目的。

基因治疗是指遗传改造过的人体细胞直接移植或输入病人体内，以达到控制和治愈疾病目的的治疗手段。遗传改造包括纠正病人机体中存在的基因突变，或使所需基因信息传递到某些特定类型细胞。干细胞是对疾病进行基因治疗的理想载体。例如，造血干细胞具有自我更新、多向分化、重建长期造血、采集和体外处理容易等特点，是基因治疗中理想的载体细胞之一，在重症免疫缺陷、遗传性疾病、恶性肿瘤、造血干细胞保护、AIDS等方面有着广阔的应用前景。间充质干细胞易于外源基因的导入和表达，而且具有多向分化潜能，也可能成为理想的基因治疗的靶载体。人ES细胞可以不断自我更新，经过遗传操作后依然能够稳定地在体外增殖，将其作为基因治疗的载体，将有可能解决目前基因治疗中所面临的用作载体的细胞在体外不能被稳定改造和传代等问题。

(4) 组织工程的种子细胞来源

组织工程是将细胞工程和材料科学相结合，利用具有较好生物相容性的材料，按缺损组织或器官的结构要求制成模型或支架放在体外培养系统中，使细胞沿着模型或支架不断地生长扩增，构建成新的组织、器官。该技术的建立，将有望在不同程度上解决缺损组织或器官的修复问题。

理想的组织工程种子细胞应具有以下特点：①高增殖能力，低分化程度；②能建立稳定的标准细胞系，细胞培养条件不高；③尽可能低的抗原性；④植入体内能高质量地修复组织并能保持良好的远期效果；⑤取材方便、对机体损伤少、经济等。

ES细胞和成体干细胞都可以作为组织工程的种子细胞。根据小鼠ES细胞研究的资料，已经证明有可能使ES细胞分化为特殊类型的细胞，作为组织或器官体外生长的重要种子细胞来源。而人的ES细胞通过定向分化也有可能成为某特定组织的细胞。由于ES细胞定向分化和构成组织器官中细胞类型的复杂性等诸多问题尚待解决，目前较多的工作着重于从成年或幼年器官和组织的碎片分离、培养和扩增某一类型的组织干细胞。近年来间充质干细胞因具有高度自我更新能力、多向分化潜能、取材方便、分离和培养简单、不存在免疫排斥等优点而备受关注，被认为是组织工程的理想种子细胞。

(5) 建立药物筛选和研究平台

目前用于药物筛选的细胞都是来自动物或癌细胞这样非正常的人体细胞，而胚胎干细胞可以经过体外诱导，提供各种组织类型的细胞。这为药物筛选、鉴定及其毒理的研究提供了坚实的基础，并有助于人类疾病细胞模型的建立以及新药的开发。

2. 干细胞研究中面临的问题

虽然干细胞的研究在很多方面取得了突破性的进展，但其中仍然有很多未知领域需要不断地探索和研究。目前存在的问题主要包括以下几方面。

1) 对维持干细胞为分化状态的机制和干细胞定向诱导分化的调控机制尚不清楚。目前在干细胞研究中存在建系成功率不高的问题，只有在小鼠等中建立了稳定的ES细胞系，而家畜、人类细胞系建立的最佳条件仍无定论。如何诱导ES细胞定向分化成单一类型的细胞，也是至今仍未解决的难题。因此必须寻找各种细胞定向诱导分化的条件和方法以及不同干细胞的表面标志和分选技术，以便得到所需要的细胞或组织。

2) 干细胞应用于临床治疗的安全性问题。由于ES细胞有形成畸胎瘤的可能性，因此，在使用ES细胞进行治疗前必须解决和避免成瘤问题。最好的策略是把ES细胞诱导分化为功能细胞或者某种细胞的前体细胞后再移植到体内，也可以提供设计自杀基因，当移植的细胞向肿瘤发展时，自杀基因发挥作用导致细胞凋亡。安全性是人们最为担心的问题，只有在确认安全有效的前提下，ES细胞的应用才有可能获得管理部门的批准，也才有可能被病人和社会所接受。

3) ES细胞真正用于器官克隆与移植仍有待技术上的突破。虽然人类胚胎干细胞在培养条件下可以形成各种类型的细胞和简单的组织，但其是否具有形成复杂器官的能力目前还远未清楚。胚胎干细胞诱导分化为人体的器官并进行移植目前还面临很多问题，尤其是大型的、复杂的人体器官。

4) 胚胎干细胞应用于细胞和组织替代治疗目前还面临着免疫排斥问题以及一系列的伦理学和社会学问题。

5）胚胎干细胞的可塑性研究目前只是处于初始阶段，应用成体干细胞治疗疾病和胚胎干细胞一样存在许多尚待解决的问题，如成体干细胞可塑性的机制是怎样的、干细胞分化时所处微环境中调控因素是如何对其作用的等。

尽管干细胞研究目前还面临许多问题，但干细胞在生命科学的基础研究领域和对人类疾病的治疗领域中所具有的重要价值和广阔前景是显而易见的。随着对干细胞研究领域的不断拓宽和深入，人类将真正实现揭示生命发育的奥秘以及利用干细胞进行治疗疾病和替代损伤组织器官等的梦想。

第六节　动物细胞反应器

生物反应器在整个利用生物催化剂进行反应的生物技术过程中，具有重要的中心纽带的作用，是实现生物技术产品产业化的关键设备，是连接原料和产物的桥梁。在生物反应器内，生物催化剂（酶或细胞）作用于底物或基质合成细胞或产物，将廉价的原料升值为生化产品。

在生物反应过程中，若采用游离或固定化酶为生物催化剂，则称为酶反应过程；若采用动物活细胞为生物催化剂，则称为细胞培养过程。相应的反应器分别为酶反应器和动物细胞反应器。细胞反应器中的生物反应是通过细胞中复杂而精确调控的酶系进行催化的，其中经过一系列的生物反应可将培养基的成分转化为新细胞的各种代谢产物。生物反应器的设计和操作，是生物工程中非常重要的工程问题，对产品的成本和质量有很大影响。

一、动物细胞反应器基本原理

动物细胞反应器为动物细胞的生长代谢提供了　个最优化的环境，是整个动物细胞大规模培养过程的关键设备，它使细胞在生长代谢过程中产生出量足质优的所需产物。

早期培养动物细胞所用的生物反应器大多是培养细菌的发酵设备，培养效果较差。这是因为动物细胞虽可在人工控制条件的生物反应器中像微生物细胞一样进行大规模培养，但其细胞结构和培养特性与微生物细胞相比有显著差别（如动物细胞无细胞壁、比微生物细胞大得多、适应环境能力差、培养过程需氧量少、对剪切力敏感、倍增时间长、易受微生物污染等）。正是由于这样的差异，传统的微生物反应器显然不适用于动物细胞的大规模培养。为达到所需的培养和生产效果，理想的动物细胞反应器必须满足如下要求。

1）在低剪切力及良好的混合状态下，能够提供充足的氧以供细胞生长及细胞进行产物的合成。

2）生物反应器的结构要有比较好的传质、传热、混合以及密闭的性能，既能保证培养细胞的正常生长和产物的合成，又能避免一切外来污染。

3）制造反应器所用的各种材料要对细胞无毒性。

分子生物学研究领域的成就促进了转基因动物细胞反应器的蓬勃发展。转基因动物细胞反应器以一个全新生产珍贵药用蛋白的模式区别于传统药物的生产，用它来生产药用蛋白是生物技术领域里的又一次革命。

分子生物学取得的显著进展使得我们能够以合理的费用获取大量在人体内原本稀少的血浆蛋白，这在不久前还仅仅是个幻想。生物学技术的发展，如对卵细胞的获得、操作以及再植入和重组 DNA 等技术的进步都为转基因动物细胞反应器的成功提供了保证。其中，将重组

DNA 转入小鼠胚胎细胞，将 DNA 整合入宿主染色体，将外源 DNA 用显微技术注入生殖细胞的原核，种系传递等重要发现，使转基因动物生产药用蛋白成为可能。

二、动物细胞反应器类型与特点

20 世纪 70 年代以来，伴随着动物细胞大规模培养技术的发展，动物细胞反应器也不断地得到改进和更新，使其规模越来越大，种类也越来越多，主要有陶质矩形通道蜂窝状反应器、流化床反应器、中空纤维及其他膜反应器、气升式反应器、搅拌反应器等。它们分别适用于不同的细胞培养方式（表 7.3）。以下主要介绍的是动物细胞大规模培养常用的搅拌罐式生物反应器、气升式生物反应器和中空纤维生物反应器。

表 7.3　动物细胞反应器的应用对象

悬浮培养	贴壁培养	固定化培养
搅拌反应器	搅拌反应器（微载体培养）	流化床反应器
中空纤维反应器	中空纤维反应器	固化床反应器
气升式反应器	陶质矩形通道蜂窝状反应器	
陶质矩形通道蜂窝状反应器	玻璃珠床反应器	

1. 搅拌罐式生物反应器

这是最早被采用也是最经典的一种生物反应器。此类反应器与传统的微生物生物反应器类似，但针对动物细胞培养的特点，采用了不同的搅拌器及通气方式。动物细胞在反应器的培养过程中，要求搅拌器转动时产生的剪切力小，混合性能好，同时通气应尽量减小对细胞的损伤程度而又能达到充分供氧的目的。围绕这些特点现已开发出不少类型的搅拌罐式生物反应器，主要有笼式通气搅拌反应器、双层笼式通气搅拌反应器等（图 7.9）。

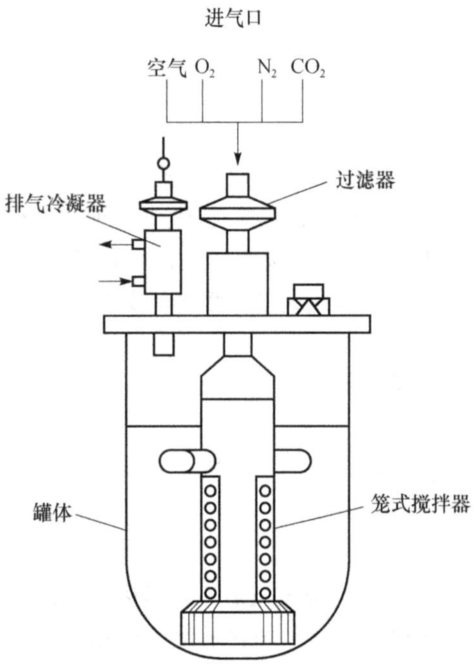

图 7.9　搅拌罐式生物反应器示意图

（1）笼式通气搅拌反应器的结构和原理

笼式通气搅拌反应器的结构如图 7.10 所示，其主体结构为笼式通气搅拌器。它主要由中空的搅拌轴、消泡腔、通气腔及单层丝网等部分构成。当搅拌转动（30～60r/min）时，由于离心力的作用，使搅拌器内产生负压，迫使搅拌器外的培养基进入搅拌器内，沿管螺旋上升，当培养基流出搅拌器时，搅拌器外缘螺旋下降，使培养基反复循环，达到混合均匀的目的。气体经环形分布器进入通气腔内，培养液则经过 200 目的丝网截留住细胞后与通入的空气进行气-液交换，而细胞不进入通气腔内，杜绝了气泡引起的细胞损伤现象。交换后培养液又经丝网排出，进入培养液主体供细胞培养用。通气过程所产生的泡沫则经管道进入液面上部的由 200 目不锈钢丝网制成的笼式消泡腔内，泡沫经丝网破碎，达到深层通气而不产生泡沫的目的。

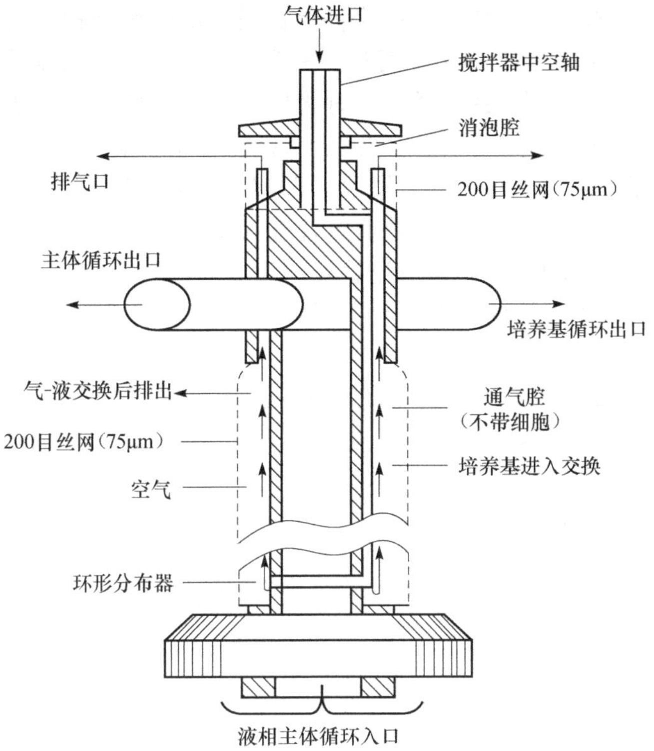

图 7.10　笼式通气搅拌器结构示意图

(2) 搅拌式反应器的特点

搅拌式反应器在大规模细胞培养中仍占有重要的地位。它具有混合均匀、结构简单、操作方便以及良好的传递效果和操作弹性等特点，但这类反应器剪切力大，只能适用于培养悬浮生长细胞或进行微载体细胞培养。

2. 气升式生物反应器

1979 年 Katinger 等首次报道了采用气升式生物反应器进行动物细胞悬浮培养的成功案例后，气升式生物反应器在动物细胞大规模培养中的应用便一直是生物工程学家关注和热衷的焦点。

(1) 气升式生物反应器的结构和原理

气升式生物反应器有两种类型，即内循环式和外循环式。动物细胞培养一般采用内循环式，但也有个别采用外循环式的。这两种气升式生物反应器的基本结构和原理如图 7.11 所示。

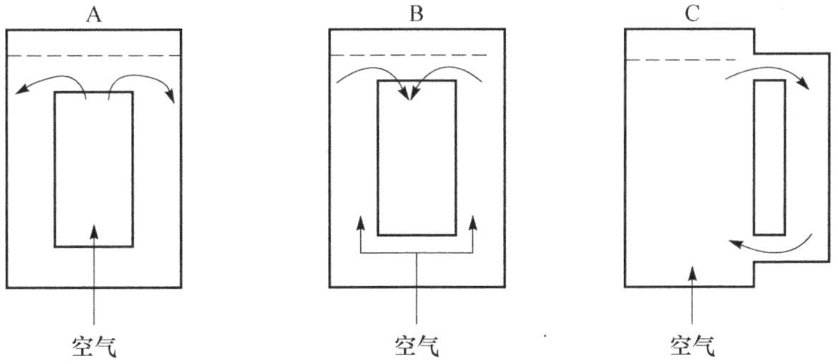

图 7.11　气升式生物反应器原理

A,B. 内循环式；C. 外循环式

1) 内循环式气升式生物反应器是一个高径比较大的圆筒结构，圆筒内有一个中央引流管。这种反应器的气体循环方式有两种。一种是气体混合物从圆筒底部的喷射管进入反应器，产生的气泡进入中央引流管，此时管内培养液的密度将小于外周的培养液，推动着中央引流管中的培养液上升，从中央引流管流出的培养液向下循环到引流管的外侧，从而形成一个循环，这样产生混匀作用(气泡代替机械搅拌细胞)，与此同时进行供氧。另一种是气体混合物从圆筒底部的喷射管进入反应器后不进入中央引流管内部，而是进入中央引流管的外周两侧，此时引流管外周培养液的密度将小于引流管内的培养液密度，推动着中央引流管外周的培养液上升，从中央引流管上部向下循环到引流管内，从而形成一个循环。

2) 外循环式气升式生物反应器的引流管连在圆筒外部，即外引流管。气体混合物从圆筒底部的喷射管进入反应器中，使圆筒中液体密度低于外引流管中的液体密度，从而形成循环。

两种类型气升式生物反应器的比较见表 7.4。

表 7.4　两种循环气升式生物反应器比较

比较内容	生物反应器		比较内容	生物反应器	
	外循环式	内循环式		外循环式	内循环式
传质系数	较低	较高	降液管持气量	较低	较高
传热系数	较高	较低	液体湍动	较高	较低
总持气量	较低	较高	循环时间	较低	较高
升液管持气量	较低	较高			

(2) 气升式生物反应器的特点

气升式生物反应器的显著特点是产生的剪切力相对温和，对细胞损伤较小，因为它是用气流代替不锈钢叶片进行搅拌的。气升式生物反应器是直接喷射空气供氧，氧的传递效率高。它采用完全封闭式设计，便于无菌操作，不易污染。这些条件很好地满足了细胞在生长时的需求，因此也使得气升式生物反应器在动物细胞大规模培养中得到了广泛应用。

气升式生物反应器也有其缺点和局限性。第一，这种生物反应器在培养细胞的过程中会产生大量的气泡，从而会对正在培养的细胞的生长产生影响。第二，这种生物反应器只能用于需要有气体的反应，或者是需要有气体的场合。第三，这种生物反应器如果没有其他装置的帮助就只能培养悬浮生长的细胞。

3. 中空纤维生物反应器

(1) 中空纤维生物反应器的结构和原理

中空纤维生物反应器是模拟细胞在体内生长的三维状态，利用中空纤维来为培养的细胞提供所需要的各种物质代谢条件而建立的一种体外培养系统(图 7.12)。它是一个圆柱体结构，长短与粗细因培养规模而异，里面封装了数百乃至数千根中空纤维，由于中空纤维内部是空的，纤维之间又有空隙，故将整个反应器内腔分为毛细管外空间(extracapillary space，ECS)和内腔空间(lumen space，LS)。培养细胞接种到 ECS，培养液和氧气灌注到内腔空间中，依靠蠕动泵的推动在系统中循环。细胞吸取从 LS 渗出的营养物质，迅速生长繁殖。1～3 周后细胞可占据所有纤维外空间，并在纤维表面堆积，密度可达 10^8 个/ml，甚至 10^9 个/ml。反应器侧壁上有接种和收集细胞及其产物的开口。

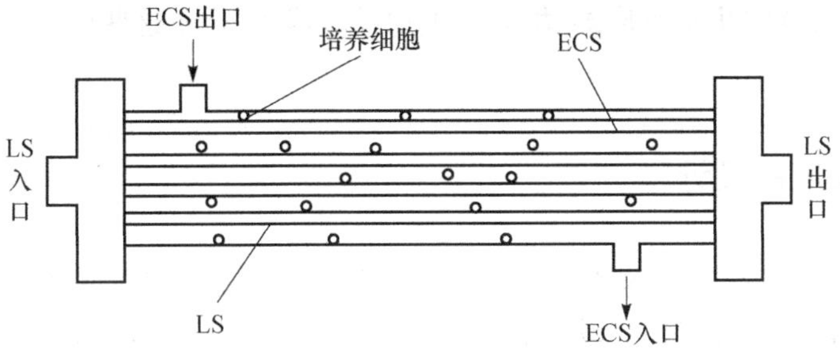

图 7.12 中空纤维生物反应器结构示意图

整个中空纤维培养系统除了中空纤维反应器之外，还有一些附件(图 7.13)，主要包括培养基储罐、瓷质滤器、中空纤维反应器、蠕动泵以及连接各个附件的硅胶管。混合气体供应装置用于给培养液通入空气和 5%的 CO_2 混合气体，蠕动泵用于推动培养液流过中空纤维反应器并进行循环利用。整个系统连接好之后，开启蠕动泵，培养液就会源源不断地流过中空纤维反应器并在各个附件之间循环，运送营养物质至所培养的细胞并带走代谢产物。

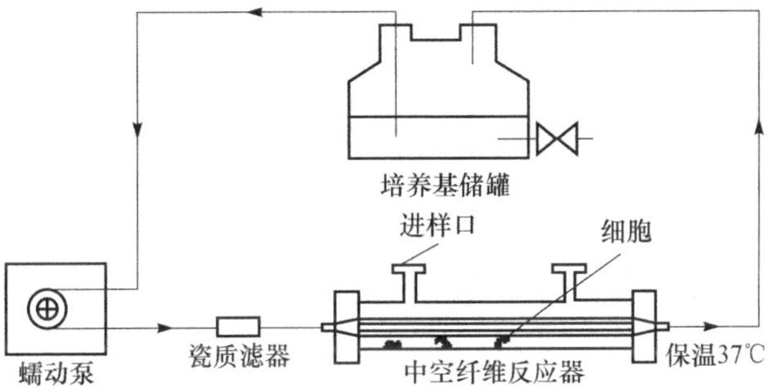

图 7.13 典型的封闭中空纤维反应器循环系统示意图

(2) 中空纤维生物反应器的特点

这种生物反应器用途较为广泛。自 1974 年美国 Amicon 公司研制设计了第一台中空纤维生物反应器以来，这类生物反应器的研制和更新已得到了迅速发展。

中空纤维生物反应器的优点主要有：

1) 占用体积小，培养面积大，且细胞密度高(最高可达 10^9 个/ml)。

2) 培养过程不产生气泡，利于细胞生长；无搅拌，不产生剪切力，不会对培养细胞产生损伤。

3) 适用对象广泛，既可以培养悬浮生长的细胞，又可以培养贴壁依赖型的细胞。

4) 放大较为容易，有利于开展大规模培养。

5) 产物、细胞及培养液易于分离，且不易发生污染。

但中空纤维生物反应器也具有一些难以克服的缺点，主要有：细胞生长速度较慢；细胞代谢物质容易堵塞中空纤维壁上的孔径，造成营养传递困难；中空纤维不易清洗和维护；有些中空纤维的材料会对细胞的生长产生影响甚至是抑制作用。

目前中空纤维生物反应器已进入工业化生产，主要用于培养杂交瘤细胞来生产单克隆抗体。中空纤维生物反应器的发展趋势是让细胞在管束外空间生长，以达到更高的细胞培养密度。

4. 其他生物反应器

近年来在组织与细胞工程领域用到的还有流化床生物反应器、Petri 碟式生物反应器、脉动式生物反应器、摇床式生物反应器、填充床生物反应器等，由于这些生物反应器使用复杂，应用不普遍。

三、动物细胞反应器设计

在转基因动物中，表达重组蛋白多以乳腺、唾液腺和膀胱为靶位。在这些表达器官中，通过构建合适的载体，选择适当的启动子和调控序列可产生比正常水平高得多的重组蛋白。不过，生产系统应尽可能与循环系统隔离，以减少表达产物对宿主动物的影响。

1. 乳腺生物反应器设计

将所需目的基因构建入载体，加上适当的调控序列，转入动物胚胎细胞，使转基因动物分泌的乳汁中含有所需要的药用蛋白。从融合基因转入胚胎细胞到收集蛋白质有一个过程，包括胚胎植入、分娩和转基因动物的生长。转基因动物从出生到第一次泌乳，猪、羊、牛各需 12、14、16 个月；并且只有雌性动物泌乳且不连续，一般可持续 2、6、10 个月。牛、羊等大型家畜能对药用蛋白进行正确的后加工，使之具有较高的生物活性，同时产奶量大，易于大规模生产，因而成为乳腺生物反应器理想的动物类型。

1）抗凝血酶Ⅲ。第一个进入临床试验的转基因蛋白产物是抗凝血酶Ⅲ，将半乳糖 β-酪蛋白的启动子和含抗凝血酶Ⅲ基因序列相连，转入绵羊胚胎细胞，在转基因绵羊的乳汁中得到有生物活性的蛋白产量可达 7g/L。目前该蛋白正用于冠状动脉旁路手术患者的二期临床验证。

2）β-乳球蛋白。在实验过程中人们发现牛的 β-乳球蛋白(BLG)基因非常稳定，并能在乳腺中特异性表达。Hyttinen 等将含有 5′端 2.8kb 和 3′端 1.9kb 的牛 *BLG* 基因片段构建成载体，转入小鼠胚胎细胞，可在转基因小鼠的乳腺中特异表达高水平的 BLG，此外，还发现 *CpG* 位点的甲基化程度与 BLG 的表达量有关，甲基化少的转基因小鼠乳汁中 BLG 分泌量较大，可达1～2mg/ml，而其他转基因小鼠分泌量小于 0.1mg/ml。

2. 膀胱生物反应器设计

膀胱生物反应器有着和乳腺生物反应器一样的优点：收集产物蛋白比较容易，不必对动物造成伤害。此外，该系统可从动物一出生就收集产物，不论动物的性别和是否处于生殖期。膀胱生物反应器最显著的优势在于从尿中提取蛋白质比从乳汁中提取简便、高效。

四川大学王春杰等在体外模拟膀胱动态生理力学环境的基础上模拟膀胱生理力学环境建立了膀胱生物反应器，将膀胱的动态力学环境单独作为一个影响因素从复杂的体内条件中剥离出来，放在可控制的实验室环境进行研究，在生物反应器中提供和正常膀胱生理节律一致的机械力学刺激，为功能性膀胱组织工程研究创造条件。其设计方法是在数学模型的基础上，加入细胞力学研究的相关理论，进行设计工作。生物反应器系统由以下几个部分组成：生物反应器实验段，循环灌注系统，外部条件施加和测控系统。生物反应器实验段是整个生物反应器的核心部件，在这一部分明确了细胞的培养方式、细胞的力学加载理论，其设计原理也决定了生物反应器能提供的应力方式和范围。本生物反应器实验段被设计为弹性膜模拟张力，压力差驱动的膜形变的细胞加载装置，采用聚碳酸酯加工。选用天然橡胶膜和硅橡胶膜作为弹性膜，两者可提供形变上限分别为 100%与 20%，并进行相关材料毒性试验。由蠕动泵驱动的导管系统和培养仓连接，在应力加载的间隙更换培养基，完成循环工作。力学加载软件基于 Microsoft Visual Studio. NET 2008 编程，根据自动化工控模型编写，可控制完成应力施加和测控工作。所有部分构成完整的生物反应器系统。结果表明，该生物反应器完全实现了设计目标，反映了膀胱的生理力学环境特征。生物反应器实际生成波形与设计波形吻合良好，细胞活性检测结果显示生物反应器生物相容性良好，其模拟的膀胱力学环境是生物反应器对细胞产生影响的唯一因素，成功地实现了膀胱生理力学环境的剥离。两种弹力膜材料的细胞毒试验结果提示两种材料的细胞毒为0～1级。

Kerr等将*pUPII-LacI*用质粒的*Kpn*I进行消化，用T4DNA多聚酶切去3′端，然后用*Bam*HI消化，分离出3.6kb的5′端小鼠*UPII*基因片段，此片段含有膀胱反应器特异性表达所需的大部分序列。将此片段与位于无启动子的pOGH质粒纯化*Sal*Ⅰ和*Bam*HⅠ位点间的*hGH*结构基因的5′端连接，得到pUPII-hGH质粒，能表达该质粒的组织分布有限。将得到的pUPII-hGH质粒用*Hind*Ⅲ和*Eco*RⅠ消化，得出一段5.7kb的*UPII-hGH*融合基因可用于显微注射，在膀胱上皮细胞中合成hGH，收集转基因动物尿液，从中提取重组蛋白。但在这一途径中转基因动物会因*hGH*的作用逐渐肥胖，并导致雌性动物不育症。乳腺生物反应器也能表达*hGH*。用同源重组方法将*hGH*基因导入210kb的人α-乳球蛋白位置依赖性YAC载体，将重组的YACDNA显微注入大鼠胚胎，转基因大鼠的乳汁中含有高水平的hGH，含量可达0.25～8.9mg/ml。

四、动物细胞反应器应用前景

利用转基因技术在乳汁中特异性表达重组蛋白质已经基本成熟。利用可靠的游离载体，通过转染的细胞作核供体来克隆胚胎，能够比较容易得到转基因的反刍动物。在产生转基因动物的过程中经常会导致意想不到的结果，表达载体仍然需要进一步的完善，用独立于染色质的载体有助于减少表达的一些问题。现在趋向于用长的基因组片段来构建载体。1999年，Fujiwara等构建了长的人工酵母染色体，包含50 kb的α-乳白蛋白的上下游调控序列，从而使乳白蛋白不受位置效应影响而独立表达，结果显示出这个区域可以将外源基因高效地表达。

转基因动物提供了一个经济、安全的生产重组蛋白质系统。利用核移植的转基因技术替代了在合子的原核内直接注射DNA的方法，已成为生产转基因动物的主要方法。通过核移植产生转基因动物，并与传统的繁殖技术相结合有利于转基因种群的扩大，从而有足够的数量来满足商业对药用蛋白质的需求。虽然在提高生产效率等许多方面尚待进一步的改进，但用动物生产经济的重组蛋白质不仅可行，而且在不久的将来可以大规模的产业化。

思　考　题

1. 动物细胞培养有哪些特点？与植物细胞和微生物细胞相比有哪些优点？
2. 动物细胞传代培养有哪些方法？传代培养注意哪些事项？
3. 何为动物细胞的固定化培养？有哪些方法？
4. 动物细胞大规模培养有哪些方法？请举例说明。
5. 简述干细胞的概念及其研究意义。
6. 胚胎干细胞已成为研究的热点，谈谈其研究的进展和应用价值。
7. 简述动物细胞反应器的概念，举例说明动物细胞反应器的应用。
8. 通过动物细胞培养的学习，谈谈你认为感兴趣的细胞培养方向和研究课题。
9. 简述干细胞技术的应用前景和存在问题。

第八章　动物细胞染色体工程

动物细胞染色体工程(chromosome engineering)是指人们按预先的设计,削减、添加或替换同种或异种动物细胞染色体的技术。Rich 和 Khush 于 1966 年最先提出这一概念。现在,染色体工程已成为细胞工程和现代遗传育种的一个重要组成部分,其研究内容和范围日益广泛,包括人工诱导多倍体(artifically induced polyploid)、雌核发育(gynogenesis)、雄核发育(androgenesis)、性别控制(sex control)、染色体片段转移(chromosome transfering fragments)和染色体特定位点重组(chromosome site-specific recombination)技术。

第一节　动物多倍体诱导

多倍体(polyploid)一词最早由 Winkler 于 1916 年开始使用,是指体细胞中含有三个或更多个染色体组的个体。根据细胞中染色体组数的不同称为三倍体、四倍体、五倍体等。多倍体现象在高等植物中很普遍,在动物中则少见。

一、天然多倍体

自 20 世纪 60 年代发现一种美洲角蛙(*Ceratophrys cranwelli*)是四倍体动物后,在低等脊椎动物(包括鱼类、两栖类和爬行类)中发现了不少天然多倍体动物。自然界中,天然多倍体鱼类较多,最先发现的是分布于我国黑龙江流域的银鲫,为天然三倍体,以雌核发育的方式繁殖后代。另外,虹鳟[*Oncorhynchus mykiss*(Walbaum)]、鲤、鲑、泥鳅和鲫等鱼类的某些种群也是天然多倍体。一般认为,鱼类天然三倍体的产生,是由于卵子受精后不排出第二极体,二倍体的卵原核与单倍体的精原核融合便形成了三倍体(图 8.1,图 8.2)。

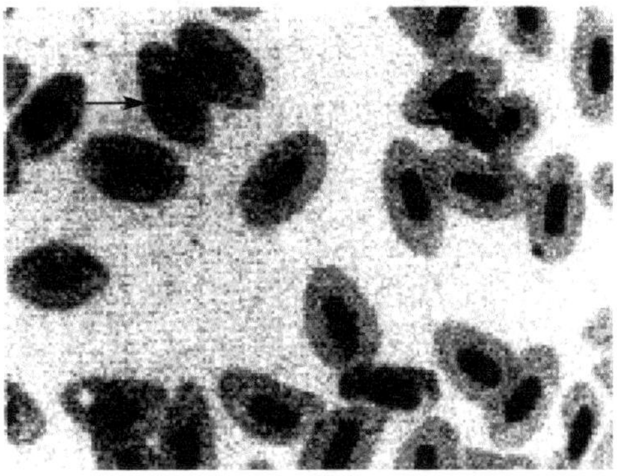

图 8.1　三倍体虹鳟红细胞(×1000)

箭头示细胞核异常的红细胞

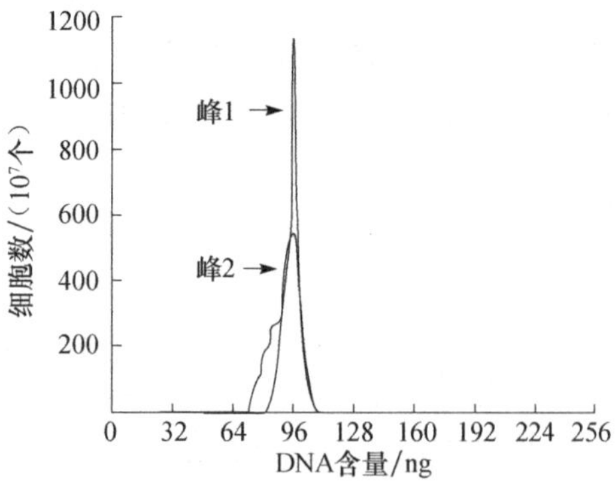

图 8.2　三倍体虹鳟 DNA 相对含量

二、人工诱导多倍体

鱼类和贝类都是重要的水产养殖动物,多为体外产卵、体外授精和体外发育,实验操作简便，而且其人工繁殖技术已经比较成熟，因而人工诱导多倍体的研究在鱼类和贝类中已取得很大进展。

(一) 人工诱导多倍体的机制

多倍体是细胞内染色体加倍而形成的。人工诱导染色体加倍主要有抑制受精卵第二极体的排放或抑制受精卵的第一次卵裂和抑制第一极体的排放两条技术途径。①抑制受精卵第二极体的排放或者抑制受精卵的第一次卵裂。鱼类精子入卵的时相是第二次成熟分裂的中期，受精后排出第二极体。如果抑制第二极体的排放，则形成二倍体卵原核，二倍体卵原核和单倍体精原核融合就形成三倍体。如果卵子受精后，排出第二极体，则形成单倍体卵原核，单倍体卵原核与单倍体精原核融合就形成正常二倍体受精卵。如果抑制正常二倍体受精卵的第一次卵裂，则产生四倍体。②抑制第一极体的排放。实际上很少采取这条途径。因为鱼类性成熟后，自然排出卵子的时相是第二次成熟分裂的中期，从受精到第二极体的排放，时间上能够掌握得比较准，所以抑制第二极体排放的成功率比较高。鱼类卵子何时排放第一极体，难以把握，就更谈不上成功了。对于贝类来说，虽然精子入卵的时相是第一次成熟分裂的前期或中期，但抑制第一极体排放，获得胚胎的畸形率很高。

(二) 人工诱导多倍体的方法

人工诱导多倍体的方法主要有生物学方法、物理学方法和化学方法。

1. 生物学方法

主要采用杂交方法，尤其是采用种间杂交的方法获得异源多倍体。如刘思阳于1987年用雌性草鱼(*Ctenopharyngodon idellus*)($2n=48$)与雄性三角鲂[*Megalobrama terminalis*(Richardson)]($2n=48$)杂交，获得子一代的染色体数目为72的草鲂杂种三倍体。其中，草鱼提供了二倍体数目的染色体，三角鲂提供了单倍体数目的染色体。可见，雌性草鱼卵子第二极体的排放受到抑制。种间杂交抑制第二极体排放的机制尚不清楚，而种内杂交时，极少有不排出第二极体的现象发生。

2. 物理学方法

诱导多倍体的物理学方法主要包括温度休克法、水静压法和高盐高碱法等。其中，温度休克法和静水压法较常用而且效果较好。

(1) 温度休克法

根据处理温度的高低，温度休克法又分为冷休克法(0～5℃)和热休克法(30℃左右)，即用略高于致死低温(冷休克)或略低于致死高温(热休克)来诱导三倍体(抑制第二极体排出)或四倍体(抑制第一次卵裂)。此法操作简便，不需特殊仪器，只要掌握好处理条件，就能获得较高的诱导率，所以广为采用。

最佳诱导条件因动物的遗传背景及卵子成熟度的不同而异，必须要优化的三个因素是处理时刻(处理开始时间，一般从受精开始算起)、处理持续时间和处理温度。在黑鲷三倍体的诱导实验中发现，受精后5min，将受精卵置于4～5℃处理10～15min，然后转移到正常温度(17～20℃)下培养，黑鲷三倍体的诱导效果最好。处理温度不宜过高或过低，最好选择亚致死温度进行短期处理，以免影响胚胎的孵化率。一般来说，冷水性鱼类如鲑科(Salmonidae)鱼类采用热休克，温水性鱼类如鲤科(Cyprinidae)和鲷科(Sparidae)鱼类采用冷休克效果好。这也许是由于增大了刺激强度所致。但是，最近研究表明也不尽然，如鲤科鱼类用热休克同样也可以获得较高比例(80%～100%)的三倍体(图 8.3),香鱼(*Plecoglossus altivelis*)三倍体的诱导用冷休克和热休克均可获得满意的效果。

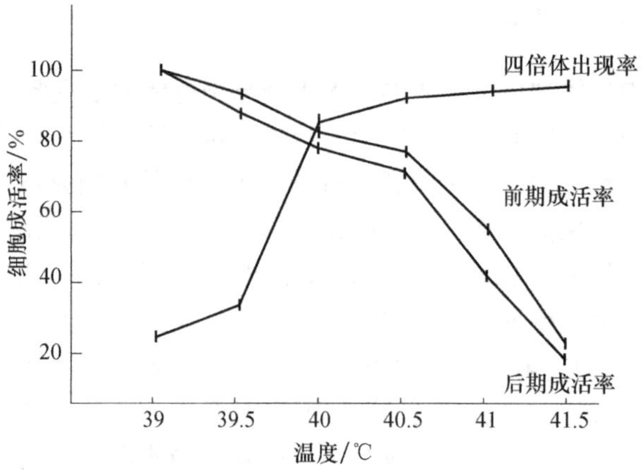

图 8.3 处理时间 3～6min 和胚胎四倍体出现率、前期和后期存活率的关系

(2) 静水压法

静水压法即采用较高的水静压(压力为 630 743 225Pa,即 650kg/m^2)来抑制第二极体的排放或者抑制第一次卵裂诱导多倍体的方法。此法诱导率高(一般为 90%～100%),处理时间短(3～5min),对受精卵的损伤小,胚胎成活率高,因而备受青睐(图 8.4)。但是,该法需要专门的设备(如水压机),成本较高,且样品室容量有限,不适于大规模生产。

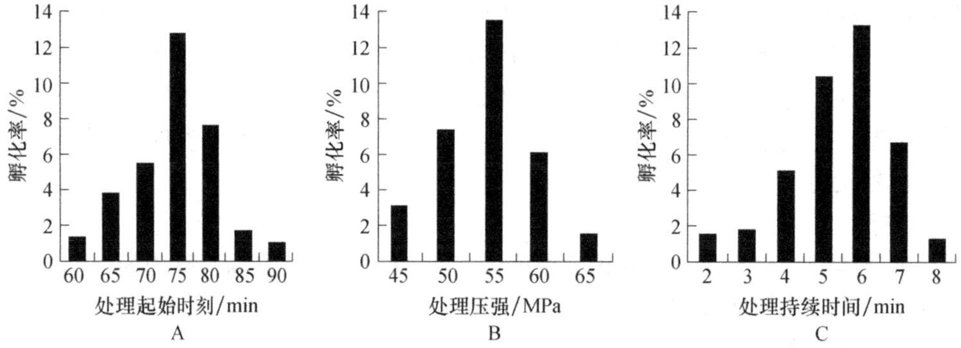

图 8.4 静水压处理起始时刻(A)、处理压强(B)和处理持续时间(C)对抑制牙鲆第一次卵裂的影响

(3) 高盐高碱法

高盐高碱法是近几年才尝试的方法,采用高 pH 或高盐的条件来诱导产生多倍体,该法尚待进一步完善。

3. 化学方法

有些化学物质可用来诱导受精卵产生三倍体或四倍体。常用的有秋水仙碱、细胞松弛素 B 和 PEG 三种。另外,也用麻醉剂,如 N_2O 和 $CHClF_2$ 等,诱导大西洋鲑受精卵获得较高比例的三倍体。但该法所需的化学药品一般较贵,且具有一定的毒性。

(1) 秋水仙碱

秋水仙碱是从秋水仙中提取的一种植物碱,极毒,可抑制纺锤体的形成,在植物多倍体的诱导中被广泛采用。在动物中,因秋水仙碱处理容易形成嵌合体,且存活率低而不太常用。

(2) 细胞松弛素 B

细胞松弛素 B 是细菌的代谢产物，能抑制肌动蛋白聚合成微丝，干扰细胞质分裂。用 10mg/L 的细胞松弛素 B(溶解于 2.5%的 DMSO)处理大西洋鲑的受精卵，获得了二倍体、三倍体和四倍体的嵌合体。细胞松弛素 B 在鱼类上因诱导多倍体效果不好而几乎不被采用，但却是贝类诱导多倍体的最有效的方法。用 0.05mg/L 的细胞松弛素 B 处理栉孔扇贝受精卵 20min，可获得 50%的三倍体。牡蛎(*Concha ostreae*)的某些三倍体是可育的。郭希明等(1994)通过分离三倍体牡蛎的卵子(n=30)与正常精子受精，然后用细胞松弛素 B 处理抑制其第一极体排出的方法，获得了可以生存的有繁殖能力的太平洋牡蛎四倍体。在生产上，通过四倍体与二倍体杂交获得三倍体是一条经济有效的大量生产三倍体苗种的理想育种途径。

(3) PEG

聚乙二醇(PEG)是一种常见的细胞融合剂。用 PEG 处理虹鳟精子，使精子细胞融合后，再与卵子受精，也获得了三倍体(双精受精)。

(三) 多倍体倍性鉴定的方法

各种处理方法都不能保证所处理的受精卵全部成为多倍体，而且所形成的多倍体常常表现为嵌合体，因此需要进行染色体倍性测定。测定的方法很多，分为直接方法和间接方法两种。直接方法包括染色体计数和 DNA 含量测定，间接方法包括核体积测量法、蛋白质电泳、生化分析和形态学检查等。采用何种方法进行倍性鉴定，不仅受实验条件和设备的限制，也与不同发育时期相关。对于卵裂至原肠胚期的受精卵，只能采用染色体制片直接计数法。刚孵化出的仔鱼可采用红细胞核体积测量法。鱼苗和成鱼期，可根据需要采取任何一种方法。较为常用和比较可靠的鉴定方法是：染色体计数、DNA 含量测定和核体积测量法。

1. 染色体计数

染色体计数是鉴定多倍体倍性的一种最可靠的直接方法，但操作比较费时。由于胚胎细胞的分裂相比较多，可以得到比较好的染色体标本。成鱼取结缔组织或淋巴细胞制备染色体标本比较好。

2. DNA 含量测定

此法是鉴定多倍体倍性的另一种比较可靠的直接方法。应用流式细胞仪可以简单、快速、准确地测量每一个细胞的 DNA 含量，从而确定细胞的倍性。也可以采用 Feulgen 染色法，在显微光密度计上测定每个细胞核内的 DNA 含量。

3. 核体积测量法

此法是根据细胞核大小与其所含染色体数目成正比的原理设计出来的方法，为维持细胞恒定的核质比，细胞的大小随染色体数目的变化成比例地增加。采用测定红细胞的长轴和短轴的方法，通过公式计算出红细胞的核表面积或核体积，即根据公式：核表面积$=\pi ab/4$或核体积$=4\pi ab^2/3$来计算，其中 a 为短轴，b 为长轴。一般二倍体与三倍体红细胞的核体积预期比值为 1∶1.5，核面积的预期比值为 1∶1.3。三倍体与四倍体红细胞的核面积预期比值为 1∶1.75。该法鉴定多倍体简便易行，但准确性远不如直接方法，也不能检测出嵌合体。

(四) 多倍体动物的应用前景

许多天然多倍体如鲤科和鲑科的某些鱼类，具有个体大、生长快、适应性强和高产抗逆等优良性状。人工诱导多倍体的生长和生活能力并不一定都比二倍体的优良，诱导产生多倍体的情况因动物的种类不同而差别较大。现已在两栖类、鱼类和贝类等许多种动物中得到了生长和生活能力都比二倍体优良的多倍体。应用前景最好的是三倍体的性腺不育。因为三倍体的生殖细胞中含有奇数染色体组，减数分裂形成的染色体数目一般为 $n\sim 2n$，只有 $1/2n$ 的机会能产生染色体数为 n 和 $2n$ 的配子。染色体数目为 $n\sim 2n$ 的初级卵母细胞不能发育，因而三倍体鱼不需要消耗能量用于性腺的发育，而是将有关能量用于生长，避免了繁殖季节因肉质下降而影响商品价值，以及因生长停滞和死亡率增高而延误上市时间，因此缩短了养殖周期，降低了养殖成本。另外，还可以利用三倍体的不育性来控制养殖密度，防止品种混杂和退化。美国 1983 年开始已将三倍体牡蛎用于商业化生产，1994 年三倍体牡蛎种苗占了美国西海岸总产量的 1/3～1/2。

三倍体的高度不育不利于种质的保存，每次应用都需重新诱导。培育四倍体至性成熟，而后与二倍体杂交，获得三倍体种苗，是当前的热门课题。获得稳定的具有优良性状的四倍体动物比三倍体的获得还要困难一些，但更有应用价值。

第二节　雌雄核发育和性别控制

雌雄核发育是在雌核或雄核控制下的特殊有性生殖方式，即单性发育。雌核发育和雄核发育都可以产生单性种群，因而在纯系建立、性别控制、遗传机制研究等方面具有重要的理论和实践意义。

性别控制是指通过人为干预或操作，使动物按照人们的设计繁殖出所需性别后代的技术。动物性别控制在畜牧业、家禽养殖业、水产养殖业和养蚕业等方面都有重要的经济意义。在水产养殖方面，通过性别控制可以控制某些鱼类的过度繁殖。如草鱼食草可以控制杂草的生长，但其过度繁殖又破坏环境，因此培育出单性草鱼如全雌草鱼进行放养，可避免其过度繁殖。罗非鱼（*Tilapia*）雄鱼比雌鱼长得快且个头大，牙鲆（*Paralichthys olivaceus*）的雌鱼比雄鱼长得快且个头大，培育全雄罗非鱼和全雌牙鲆，可提高产量。很多养殖品种（如牡蛎）繁殖季节过后，肉质下降且死亡率提高，通过培育不育的三倍体，可弥补市场的短缺。

一、雌核发育

雌核发育，俗称假受精，指精子虽然正常进入卵内，启动卵子，但精子细胞核并未参与胚胎发育，而是很快消失，胚胎发育仅在母体遗传的控制下进行，因而雌核发育个体完全表现母本性状，其基因型也与母本相同。雌核发育不同于孤雌生殖，它需要同种或异种精子进入卵子，才能启动胚胎发育。在同型雌性配子（XX 型）的品种中，雌核发育产生的所有后代都是雌性个体。在异型雌性配子（ZW 型和 ZO 型）的品种中，雌核发育产生的后代，可能是雌性个体，也可能是雄性个体。蜜蜂进行孤雌生殖产生的单倍体卵发育成雄蜂，二倍体受精卵发育成雌蜂。

自然界中，一些无脊椎动物和鱼类中存在雌核发育现象。如黑龙江流域的银鲫是天然的三倍体，通过雌核发育繁殖后代。雌核发育现象存在的意义是在单一雌性个体条件下，仍能保证种族的延续。由于鱼类和贝类具有体外排卵排精、体外授精的特点，雌核发育研究在其中取得了很大进展，已得到人工诱导的雌核发育个体。在两栖类中，也已得到具有生存能力的雌核发育个体。在哺乳类中，人工诱导的雌核发育卵球只能发育到胚胎的早期阶段。

（一）人工诱导雌核发育

人工诱导雌核发育分为两步：雌核发育的诱导；雌核发育卵子的二倍体化。

1. 雌核发育的诱导

采用生物学、物理学或化学的方法使精子的遗传物质失活，然后用失活精子与卵子受精，启动卵子的雌核发育。在此过程中，精子虽然入卵，但并不和雌原核融合，精原核最终降解消失，不参与胚胎发育，只起启动卵子胚胎发育的作用。

生物学方法是指用异种精子与卵子受精。异种精子只启动卵子的胚胎发育，不与卵原核融合，从而诱导雌核发育。胚胎发育过程中，可能是异种精子向卵子提供了中心粒，从而使雌核发育卵子的胚胎发育正常进行，这一点尚待进一步证实。物理学方法是指用适当剂量的 γ 射线、X 射线或紫外线照射精子，使精子染色体失活，然后用失活精子与卵子受精，启动卵子雌核发育的方法。此法最常用，效果也较好，一次可处理大量精子，适于推广应用到生产上。γ 射线和 X 射线的穿透力强，可诱使染色体断裂。紫外线穿透力小，对于较厚、不透明的样品处理效果差，可使 DNA 分子形成胸腺嘧啶二聚体，影响 DNA 的复制和转录。但紫外线造成的 DNA 损伤，被可见光照射后可发生光修复，故紫外线处理精子必须在暗处进行。另外，采用玻璃针刺激鱼卵或用弱电流来处理鱼卵，也可诱发雌核发育，但诱导率很低，且不易操作，目前仅限于实验室应用。化学方法是指用化学药品如甲基硫酸乙烷、吖啶黄、噻嗪、乙烯脲等处理精子使精子失活，从而诱发雌核发育的方法。

2. 雌核发育卵子的二倍体化

用失活的精子启动卵子胚胎发育，获得的受精卵只含有单倍的染色体组，胚胎不能正常发育（单倍体综合征），必须通过一定的方法使雌核发育的卵子染色体二倍体化，才能使胚胎正常发育（图 8.5）。雌核发育卵子染色体二倍体化的方法和多倍体诱导法相同，主要有两条途径：一是抑制第二极体的排放，二是抑制第一次卵裂。

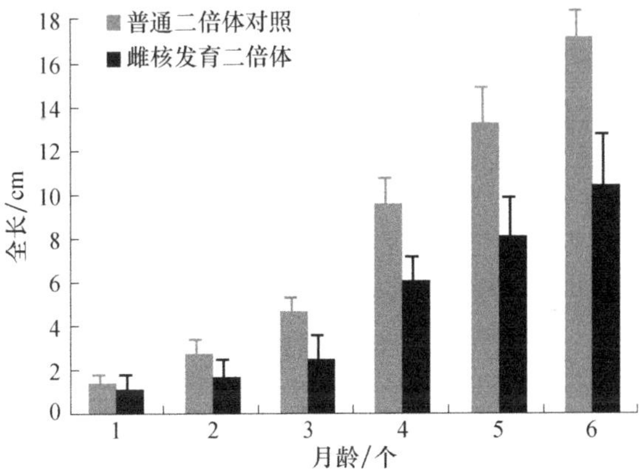

图 8.5　雌核发育二倍体的早期生长与普通二倍体的比较

（二）雌核发育的鉴别

处理的精子有可能没有全部失活，必须对雌核发育个体进行鉴定，证明精子确实没有贡献自己的遗传物质。常用的方法如下。

1. 染色体数目和染色体组型分析法

该法可以将杂种二倍体和雌核发育二倍体区分开来，是最准确的一种鉴定方法，但操作起来比较费时费力。

2. 遗传标记法

可根据标记基因和着丝粒的距离，来鉴别雌核发育二倍体化是由于抑制第一次卵裂，还是由于抑制第二极体的排放。

3. 表型特征鉴别

选择具有非母本表型的父本精液进行雌核发育的诱导。如果所得子代均不具备父本表型，则为雌核发育个体。如斑马鱼雄性个体具有鲜艳的色彩，又如选择鳞片形状不同的雄性鲤鱼进行雌核发育的诱导。

二、雄核发育

雄核发育是指卵子经过射线照射等处理，使其遗传物质失活，再与正常精子受精，采用适当方法使精子染色体加倍为二倍体，并发育成完全父本性状的纯合个体。雄核发育二倍体的遗传物质完全来自父本，所有基因座位都处于纯合状态，因而在遗传育种中具有重要的理论和实践意义。尤其对于那些濒临灭绝的种群，可通过冷冻保存精液来保存种质。需要时可通过雄核发育使该物种复活。人工诱导雄核发育的研究还不多，其诱导机制、诱导方法和鉴别方法都和雌核发育类似，在此不再详述。

三、性别控制

（一）性别决定的遗传类型

不同生物性别决定的机制是不同的，大多数取决于性染色体的差异，少数取决于体细胞染色体的倍性，极少数决定于个体发育所处的内外环境条件。总的来说，可分为 5 种类型：雄性异配子型、雌性异配子型、雄性单倍体型、内在环境决定型及外在环境决定型。

1. 雄性异配子型

雄性体细胞染色体包括 XY 型和 XO 型两种。雄性个体产生两种不同类型的配子，雌性个体只产生一种类型的配子。XY 和 XO 为雄性个体，XX 为雌性个体。

2. 雌性异配子型

雌性体细胞染色体包括 ZW 型和 ZO 型两种。雌性个体产生两种不同类型的配子，雄性个体只产生一种类型的配子。如 ZW 和 ZO 为雌性个体，ZZ 为雄性个体。

3. 雄性单倍体型

细胞中没有单独的性染色体存在，其性别决定于卵细胞是否受精。如蜜蜂由孤雌生殖产生的单倍体卵发育为雄性个体，二倍体受精卵发育为雌性个体。

4. 内在环境决定型

这是指某些低等的雌雄同体动物和绝大部分雌雄同体植物，其性别决定与染色体无关，其不同性腺和配子的产生仅仅取决于所处位置及内在发育环境的差异。如蚯蚓、玉米、苹果等。

5. 外在环境决定型

这是指性别的表现可因所处外界环境条件的不同而不同。如某些蛙类的性别决定是 XY

雄配子型。但若把蝌蚪放到 20℃发育,则一半发育为雄性,一半发育为雌性;若把蝌蚪放到 30℃发育,则全部发育为雄性。但温度的变化只改变了性别发育的方向,并没有改变染色体组成。

(二) 家畜性别控制的途径

家畜性别控制主要是通过 X、Y 精子分离技术,胚胎性别鉴定技术和控制受精条件来实现的。胚胎性别鉴定技术详见本书第十章。

1. X、Y 精子分离技术

该法的原理是根据 X 精子和 Y 精子具有不同的物理特性和化学特性,可以通过电泳等方法将其分离纯化,然后再用分离的 X 精子或 Y 精子与卵子受精,从而达到性别控制的目的。但目前 X 精子和 Y 精子的分离技术还有待于改进。

2. 控制受精条件

根据 X 精子和 Y 精子在阴道中的泳动速度受阴道酸碱度的影响,通过调节阴道的酸碱度来控制后代的性别。当阴道偏酸时,X 精子游动速度快,首先入卵受精而得到雌性后代。反之,当阴道偏碱时,Y 精子游动速度快,首先入卵受精而得到雄性后代。另外,在精液中加入激素或睾丸、胎盘、脑垂体等组织的抽提物,也可以达到控制后代性别的目的。

(三) 鱼类、两栖类和爬行类的性别控制途径

鱼类、两栖类和爬行类的性别控制途径有控制发育条件、性反转、人工雌核和雄核发育、种间杂交、三倍体不育等。

1. 控制发育条件

前面讲述了发育温度可影响蝌蚪的性别发育方向。爬行动物鳄鱼后代的性别也由胚胎发育的温度决定。鳄鱼没有性染色体,受精卵在 26～30℃全部发育为雌性;在 34～36℃全部发育为雄性;在 30～32℃发育,雌雄之比为 1∶5;大于 36℃或低于 26℃,胚胎不能存活。扬子鳄(*Alligator*)对其后代性别比例的控制是通过调节产卵地点来实现的。巢穴建在潮湿阴暗处,能孵出较多的雌体;巢穴建在阳光曝晒处,能孵出较多的雄体。

2. 性反转

在鱼类中可通过投喂雌激素或雄激素使鱼类性别发生改变,这种改变只是在表型上的变化,染色体并没有改变。将性反转法和交配技术以及雌核发育技术结合起来培育全雌或全雄鱼,是非常简便有效的性别控制途径。如奥利亚罗非鱼,雄性为 ZZ,雌性为 ZW,将性反转的假雌鱼(“ZZ”)和正常雄鱼(ZZ)交配,后代全部为雄鱼。又如雌核发育个体为雌性(XX),将部分雌性个体反转为假雄性(“XX”),两者交配的后代全部为雌性。

第三节　染色体片段转移和特定位点重组技术

一、染色体片段转移技术

染色体片段转移是指通过显微注射法,将外源染色体片段注入受体胚胎中,获得转染色体动物的技术。即从人或其他动物染色体上显微切割特定的染色体片段,注入受体动物受精卵

中，并可在受体动物中表达该染色体片段的性状。其独特之处在于不需经基因重组构建载体，就可转移超大型外源DNA。

另外，利用不完全雌核发育也可以将外源染色体片段导入受体动物体内。即将精子不完全失活，然后与卵子受精，启动雌核发育。没有失活的精子染色体片段整合到雌原核中，并使后代表现父本的某些性状。

二、染色体特定位点重组技术

人类基因组计划的最终目标是阐明所有基因的功能。基因序列的测定工作已基本完成，下一步将是更为艰巨的基因功能分析工作。虽然转基因技术和基因敲除技术被广泛应用于基因功能研究中，但对于许多功能复杂的基因以及具有致死效应的基因，只有在特定的时间和特定的组织中表达才能对其功能进行全面了解。另外，许多人类疾病与特定染色体畸变有关。因而开发一种能够在整个机体或特定组织中，诱发染色体上特定基因组大片段缺失、倒位、重复和易位的技术非常有意义。染色体特定位点重组技术能够在特定位点诱发染色体的各种重排。该技术与小鼠胚胎干细胞技术以及基因打靶技术相结合，将成为染色体工程中的一个新亮点。具体方法是：通过同源重组技术，将特定位点重组酶的两个作用位点（DNA片段）选择标记，连接到细胞染色体中的靶序列上，然后在特定重组酶的作用下，识别所连接上的作用位点，并催化该特定位点间的DNA发生重组，诱发染色体靶序列的插入、缺失、倒位和易位等各种重排，以便进行基因功能研究和特定染色体畸变研究。

细胞内存在多种重组酶，它们各自有特异的识别作用位点。重组酶特异性作用位点均由一段核心序列和其两侧的反向重复序列构成，反向重复序列为重组酶结合位点，核心序列为DNA识别和重组位点，其不对称性决定酶作用位点的方向。将细胞内某种重组酶的识别作用位点的DNA片段分离克隆出来，并将其插入到某个同源基因的内部，然后同源重组到目标染色体区，使目标染色体发生重排。

思考题

1. 名词解释：染色体工程　多倍体　雌核发育　雄核发育　性别控制　染色体片段转移技术　染色体特定位点重组技术。
2. 试述人工诱导多倍体的技术途径、诱导方法以及多倍体的鉴定方法。
3. 试述人工诱导雌核发育和雄核发育的过程及其鉴别方法。
4. 动物性别控制的途径有哪些？

第九章　转基因动物

应用实验胚胎学和分子生物学原理，将来自一种生物的特定基因导入另一种动物的受精卵或早期胚胎细胞中，使其整合到宿主染色体中，在动物发育过程中表达，并能通过生殖细胞传递给后代。这种在基因组中稳定地整合导入的外源基因的动物称转基因动物（transgenic animals）。利用转基因技术，可以建立人类疾病动物模型、加速动物育种、研究真核生物基因表达调控机制以及在哺乳动物特异组织系统内生产药用蛋白等。

20 世纪 70 年代，Jaenisch 和 Mintz 应用显微注射法，首次获得了 SV40DNA 转基因小鼠。1982 年，Palmiter 等将大鼠的生长激素基因导入小鼠受精卵的雄原核中，获得了比普通小鼠生长速度快 2～4 倍、体型大 1 倍的转基因超级小鼠（supermouse）。在随后的十几年里，转基因动物技术飞速发展，转基因兔、转基因羊、转基因猪、转基因牛、转基因鸡和转基因鱼等陆续育成。这些开创性的工作，使人们在不同层次和不同角度立体地研究基因的功能，有目的地改良动物品种，为畜牧和水产养殖业服务。

第一节　转基因动物的制备

一、目的基因导入

把目的基因成功地导入动物早期胚胎细胞中，是转基因动物研究的核心技术。导入目的基因的主要方法有：基因显微注射法、反转录病毒感染法、精子载体法、胚胎干细胞方法、核移植法和受体介导的基因转移。

（一）基因显微注射法

首例表达人胸苷激酶基因的转基因小鼠及表达人生长激素基因的转基因“硕鼠”，都是利用显微注射方法把外源目的基因导入受精卵，并获得成功。一个适当的宿主细胞应具备如下条件：①对载体的复制和扩增没有严格的限制；②不存在特异的内切酶体系降解载体 DNA；③在载体增殖过程中，不对载体 DNA 进行修饰；④不会产生载体 DNA 的体内重组；⑤容易导入重组 DNA 分子；⑥符合“重组 DNA 操作规则”的安全标准。对于重组子的扩增，原核细胞宿主优于真核细胞宿主。常用的宿主细胞是大肠杆菌 K_{12} 株。

1. 转基因小鼠的制备

雌雄鼠交配后，收集受精卵，然后将外源基因注射到受精卵的雄原核中（整合率比注射到雌原核中高），体外培养至早期囊胚或桑椹胚。再将其移植到假孕养母子宫中，产出嵌合体小鼠，再经杂交筛选获得纯合体转基因小鼠（图 9.1）。

2. 转基因鱼的制备

与哺乳动物不同，鱼类为体外产卵、体外授精和体外发育，因而不需要剖腹取卵和将转基因胚胎再移植到假孕养母子宫内等复杂的操作步骤。采用显微注射法将外源基因导入金鱼卵

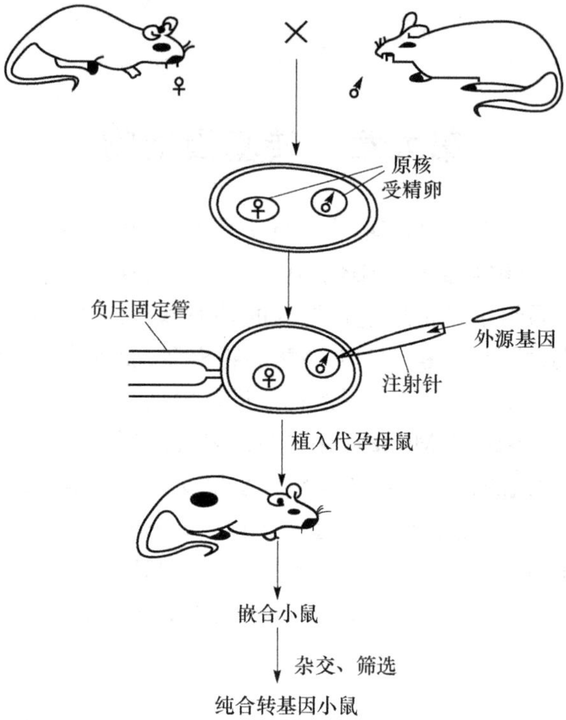

图 9.1 DNA 显微注射法制备转基因小鼠(王蒂 2003)

母细胞生发泡制备转基因金鱼的操作过程如图 9.2。

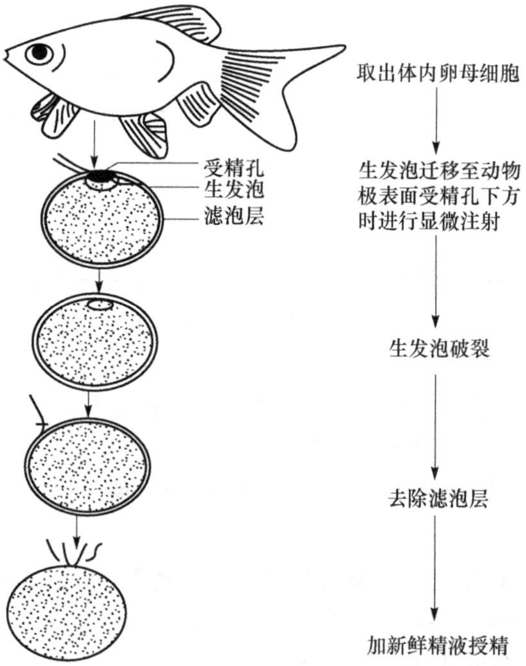

图 9.2 转基因金鱼的制备(张士璀等 1997)

1) 注射用针的制作:取直径 1mm 的毛细玻璃管,在拉针仪上制备直径小于 10μm 的毛细玻璃针,用于显微注射。

2）DNA 溶液的配制：用 Holtfreter 液（每升蒸馏水中溶解 3.5g$NaCl$、0.5gKCl、0.1g$CaCl_2$ 和 0.2g$NaHCO_3$）配成终浓度约 4ng/μl 的 DNA 溶液。

3）卵母细胞的收集和体外培养：取雄鱼追逐的雌鱼，剖腹取卵巢，将分散好的卵母细胞用 1μg/ml 的 17α，20β-二氢孕酮溶液于 24℃处理 1h 以上，待生发泡移至动物极受精孔下方时，即可注射。

4）显微注射：注射几皮升至几十纳升的 DNA 溶液，相当于 10^4～10^7 个基因拷贝。注射外源 DNA 的量太大对胚胎有毒性，太少则影响基因的整合率。

5）注射后卵母细胞的培养：于 24℃培养约 3h 后，生发泡破裂，再继续培养 8～9h 后即可进行人工授精。

6）人工授精：用尖头镊子去除卵母细胞外层的滤泡细胞后，立即加入精液授精。

7）胚胎的培养：受精卵孵化成幼鱼，继续培养。

8）转基因鱼的鉴定。

用显微注射法制备转基因动物，操作技术性很强，即使是受过严格训练的专业人员操作，发育成转基因动物的受精卵也只占注射卵的 5%。因此，人们常用增大显微注射受精卵数目的办法来弥补这一缺陷。

（二）反转录病毒感染法

利用反转录病毒作为目的基因的载体，宿主细胞实现基因转移，产生嵌合体动物，杂交、筛选即可获得转基因动物（图 9.3）。

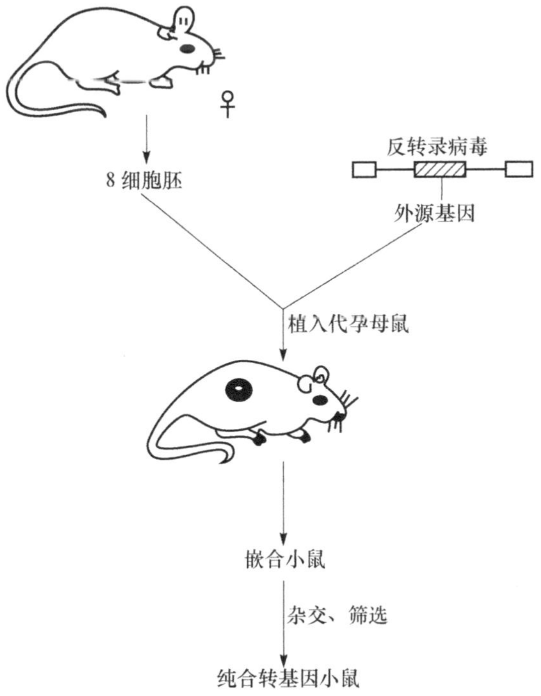

图 9.3　反转录病毒感染法制备转基因小鼠（王蒂　2003）

反转录病毒感染法制备转基因动物的优点在于，基因转移效率、感染率和整合率明显高于其他基因转移方法，尤其适用于处于多细胞发育阶段的胚胎如禽类的受精卵，禽类受精卵产于体外后已处于桑椹胚阶段。但反转录病毒载体容量有限，它只能转移小片段DNA(≤10kb)，而且病毒基因组有可能与目的基因一起整合到宿主细胞核中，使得转基因动物自身有可能产生病毒株。

反转录病毒感染法的原理在于，反转录病毒的核酸为一条单链RNA分子。病毒进入细胞后RNA首先编码出反转录酶，在酶的作用下，病毒RNA反转录为双链DNA分子并整合到宿主细胞DNA中，成为前病毒(provirus)。前病毒是新的子代病毒RNA的复制模板，同时决定着病毒结构蛋白的表达。前病毒是反转录病毒增殖的正常途径，也是必经之路。一般情况下，反转录病毒的整合以及子代病毒的形成对宿主细胞没有明显影响，细胞被感染后仍能正常生长，并不断地分泌病毒颗粒。

反转录病毒载体既可以构建成能够无限繁殖的可复制型载体，也可以构建成仅能复制单个周期的复制缺陷型载体。复制缺陷型载体的复制有赖于辅助细胞(包装细胞)，无致病性，并防止插入基因的丢失，故优于可复制型载体。包装细胞能为反转录病毒载体提供包装蛋白，对于反转录病毒载体功能的发挥起着重要的作用，决定着重组病毒效价及其宿主范围。

反转录病毒载体的构建包括如下步骤：①提取病毒未整合的环状DNA；②将环状DNA克隆到适当的载体中；③选择适当的酶将病毒结构蛋白编码区切除，如构建可复制型载体，则切除其他部分非结构蛋白基因(如致癌基因)；④将外源目的基因克隆到载体中；⑤转染细胞，测定外源基因的表达。

采用反转录病毒载体培育转基因动物主要在小鼠和家禽中进行。其中小鼠的转染方法如下：①小鼠在交配后48h处死，取输卵管，用M_2培养液将8细胞胚胎冲出；②将胚胎置酸性泰洛氏液中，等透明带消失后，用M_2培养液冲洗干净；③用含有10μmol/L聚凝胺的MEM冲洗已转染重组病毒载体的胚胎和辅助细胞，共培养24h。此时胚胎已处于桑椹胚晚期或囊胚早期；④从细胞培养物中分离出胚胎，手术移植到交配后2.5天的假孕母体子宫内，产生的子代经杂交筛选就可获得转基因动物。

(三) 精子载体法

此法是通过精子吸附DNA，再通过受精作用把目的基因传给子代动物，从而获得转基因动物。1989年，Arezzo用吸附有外源基因氯霉素乙酰转移酶基因的海星精子与卵子受精，将外源基因整合到受精卵中，并发现氯霉素乙酰转移酶基因在胚胎内获得表达。

精子吸附DNA的方法主要有DNA与精子共育法、电穿孔导入法和脂质体转染法三种。DNA与精子共育法中，DNA吸附到精子上的水平较低，但外源基因的整合率较高，可达50%；电穿孔法中，精子吸附DNA的水平较高，但外源基因的整合率很低，这可能与电穿孔后精子顶体遭到破坏有关；脂质体转染法所获得的受精卵存活力较高，外源DNA的整合率也较高。

精子吸附外源DNA后，就可利用其进行授精。授精的方法及途径因精子的处理方式及卵的来源不同而有所不同，主要包括人工授精、输卵管壶腹部手术授精和体外授精等。1999年，Anthony等报道了一种新的方法，即首先将精子与外源基因共孵育1min，然后将精子的头部显微注入MⅡ期的小鼠卵母细胞中，后代的转基因阳性率可达20%以上。研究发现，精子膜的破损更有利于转基因动物的获得。

(四) 胚胎干细胞方法

胚胎干细胞(embryonic stem cell，ES细胞)具有发育的全能性，可以在体外进行人工培养、扩增，并能以克隆形式保存。对 ES 细胞进行基因操作，将外源目的基因导入 ES 细胞，再把 T 细胞移入胚泡期的胚胎，然后将这样的胚胎移植到代孕养母子宫内发育。由此产生的子代的部分生殖细胞就是由转基因的 ES 细胞形成的。在得到的转基因动物之间进行杂交，子代再配对杂交、筛选，就获得了纯合的转基因动物(图 9.4)。

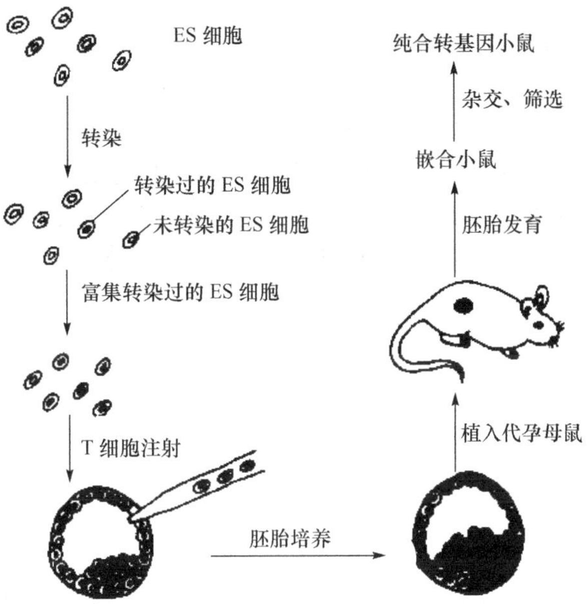

图 9.4　胚胎干细胞法制备转基因小鼠

(五) 核移植法

1997 年，继克隆羊“多莉”问世后英国罗斯林研究所又与英国 PPL 公司合作诞生了世界上第一批转基因绵羊波莉(Polly)。这些绵羊不仅含有 1 个标记基因，而且还带有人类凝血因子Ⅸ的基因。研究者用人凝血因子Ⅸ基因和新霉素抗性基因共同转染至羊胎儿成纤维细胞，之后用 G_{418}筛选出整合有新霉素抗性基因的细胞，其中部分细胞可能同时整合了人凝血因子Ⅸ基因。然后通过 DNA 杂交的方法鉴定其中同时整合了上述两种基因的细胞。以上述同时整合有人凝血因子Ⅸ基因和新霉素抗性基因的绵羊胎儿成纤维细胞作核供体，进行核移植实验，获得了 3 只核移植转基因绵羊波莉。1998 年 Gibelli 等采用同样方法生产 3 头含外源标记基因——乳糖操纵子基因(*LacZ*)的核移植转基因牛犊。1999 年 Alexander 等采用同样方法获得了 3 只带有人抗胰蛋白酶基因的核移植转基因奶山羊。此法的转基因效率高于原核显微注射法，而且在核移植前可以选择后代的性别，使转基因纯合体的获得更迅速，从而节约时间和费用。

(六) 受体介导法

早期胚胎中有胰岛素及胰岛素样生长因子 IGFⅠ和 IGFⅡ表达，外源性胰岛素促进细胞增殖及胚胎形态发生；而且早期胚胎细胞内存在胰岛素受体，使受体介导的基因转移成为可能。1999 年，Ivanova M. M. 构建了一个同时携带有胰岛素-多聚赖氨酸基因的重组体。将兔与鼠的胚胎与该重组体共同培养 3h，显微镜下观察到该重组体穿过了透明带在卵裂球核旁区聚集。印迹杂交显示，12 天和 15 天鼠胚和一个新生鼠的基因组内均有外源 DNA 的整合，表明受体可以介导外源基因进入早期哺乳动物胚胎中。

对早期胚胎进行遗传操作所遇到的一个重要问题是实验操作对胚胎的损伤和实验中所用成分对胚胎的毒性。该法采用胰岛素作为介入体，优点在于不需显微操作，而且使用的运载工具对胚胎无明显毒害作用，为将来的基因治疗提供了一条新途径。

二、转基因胚胎培养与移植

在制备转基因哺乳动物时，处理完毕的转基因受精卵或胚胎，经过短期的体外培养，就可移植到假孕动物的输卵管中进行发育，或培养到2细胞或胚泡期再进行移植。小鼠的受精卵经过显微注射后，如果卵周隙清晰可辨，则表明注射是成功的；反之，注射失败的受精卵，质膜破裂，卵周隙不清楚。一般情况下，受精卵注射的成功率应保持为50%～80%或以上。

三、转基因动物鉴定

要确定转基因动物后期胚胎或新生仔组织中是否含有外源基因，应对胚胎或新生仔组织进行检测。

（一）待测组织的取材

对于胚胎组织，取胎鼠臀部肌肉提取DNA，取其他组织提取RNA。所取组织均应置于－70℃冰箱或液氮中保存。牛可取60～65天胎儿的组织，小鼠可取出生2～3周后的幼鼠尾巴。

（二）样品DNA的抽提

取胎鼠肌肉或幼鼠1.5～2.0cm长的尾巴，在试管中用小剪刀将其剪碎，加入裂解液和蛋白酶K进行消化，消化后加40μl的RNA酶，于37℃消化1～2h。加入等体积的酚-氯仿-异戊醇(酚：氯仿：异戊醇＝25：24：1)抽提，乙醇沉淀，用TE缓冲液溶解沉淀。

第二节　转基因动物应用前景

一、转基因动物在基础生物学研究中的应用

（一）研究基因的结构和功能

转基因动物可用来研究基因在复制和转录水平上的调控。将带有不同侧翼序列的目的基因转入小鼠合子，观察外源基因在不同发育时期的复制和表达行为，以便找出复制和表达的调控元件。在研究SV40转录活性时发现，SV40早期基因转录的增强子在转基因胚胎发育到2细胞以后才发挥作用。这表明，利用转基因技术可研究某些仅在胚胎发育早期表达的基因。

（二）研究基因的组织特异性表达

应用具有不同长度或不同遗传背景的侧翼序列的外源目的基因构建转基因动物，研究目

的基因在宿主中表达的组织特异性，可以了解基因顺式调控元件在组织特异性表达中的作用。大鼠和人各含有一种肾素基因，而小鼠则含有三种肾素基因（*Ren*1^d、*Ren*1^c 和 *Ren*2），均位于 1 号染色体上。Tronik 等将 *Ren*2 和其周围序列（上游 2.5kb，下游 3kb）导入只含有 *Ren*1^c 的小鼠受精卵中，首次培育出转肾素基因小鼠。他们发现在转基因小鼠的不同个体中，导入的 *Ren*2 在染色体上整合的位点及拷贝数不同，而且整合的拷贝数与转录水平无相关性。外源基因只在肾脏和颌下腺内转录：在肾脏，*Ren*1^c 和 *Ren*2 的 mRNA 水平基本相同，而在颌下腺，后者是前者的 100 倍。但和野生型（同时含有 *Ren*1^c 和 *Ren*2 的小鼠）相比，转基因雌鼠颌下腺 *Ren*2 的 mRNA 水平较低，说明在导入的 *Ren*2 中有决定组织表达特异性序列。另外，*Ren*2 在颌下腺的表达水平也有可能是由某些特定的、存在于被导入的 *Ren*2 周围序列的顺式作用元件决定的。

（三）基因多级调节系统的研究

在转基因动物体内，有的目的基因必须在另一基因的表达产物激活后才能表达，从而对目的基因的功能和调节进行研究，这种实验体系就称为基因多级调节（multiplex gene regulation，MGR）系统。MGR 系统的优越性在于：可以研究发育过程中的时间和空间调控；获得基因的功能突变；检测不同发育阶段和不同组织中的基因。MGR 系统还可以通过建立一个网络系统，来研究两个不同调节基因间的关系。

（四）细胞功能的研究

用适当的启动子控制目的基因，就可以使目的基因只在特定类型的细胞中表达。由此，可以设计将毒素基因置于细胞类型特异性的启动子之后，这样就可以杀死某一类型的细胞，并可进一步确定缺失这类细胞的转基因动物在发育过程中是否行异常表现，从而明确该类细胞在发育过程中的作用。

二、转基因动物在医药领域的应用

（一）生产药用蛋白（动物生物反应器）

利用传统的基因工程，借助特殊载体将目的基因导入宿主菌，再通过发酵方法获得药用蛋白。用此法已生产了人胰岛素、干扰素和生长素等。但由于真核基因在原核细胞中表达时，原核 RNA 聚合酶不识别真核基因的启动子，内含子无法被剪接，转录的 RNA 或生产的蛋白无法修饰等，在实际推广应用上存在着许多困难。若通过转染真核细胞表达这些基因，可解决上述问题，但真核细胞却难以大规模培养。

把药用蛋白基因导入动物的受精卵或早期胚胎内，培养成转基因动物，可以在生理状态下表达相应的蛋白药物，安全可靠。如果使用特异性的启动子，一些蛋白类药物可在乳腺等组织中表达，制造动物生物反应器，产物收集和分离也容易。人尿激酶、γ-干扰素、人生长激素、α-抗胰蛋白酶、凝血因子Ⅸ、抗凝血酶Ⅲ等基因的转基因动物已获得了成功。

乳腺生物反应器（mammary gland bioreactor），也称动物个体乳腺表达系统，是将某种具有重要价值的生物活性蛋白的基因，导入动物的受精卵中并培养出转基因动物，使外源基因在动物的乳腺中高效表达并分泌到乳汁中，最终从乳汁中获取目的基因产物。乳腺生物反应器类似于一个独立的个体发酵系统，但与细胞发酵系统不同，它是将整个动物视为一个自动发酵罐，pH、温度、离子强度等由动物自身控制和平衡，且这种发酵特性可以遗传。当某一群体都具有这一特性时，就可以大规模生产药用蛋白，所以有人形象地将动物生物反应器称为分子农场，它是生产药用蛋白的全新生产模式，已经成为生物技术领域发展的重要方向。

目前动物乳腺生物反应器的研究现状是难度高、效率低、时间长和费用高，根本原因在于生产转基因动物效率低和基因表达受“位置效应”影响这两大技术瓶颈。以下对乳腺生物反应器的研究现状做简单介绍。

1. 关于目的基因

自从 1987 年科学家首先从转基因小鼠的乳汁中获得人类组织型血纤蛋白溶酶原活化因子(tissue type plasminogen activator，TPA 蛋白)以来，已有数百种产品在小鼠乳腺中获得高效表达，也有数种重要的医药产品在大型动物乳汁中生产出来并即将投放市场(表 9.1)。

表 9.1　大型动物乳腺生物反应器表达药物蛋白的生产现状

基　因	受体动物	表达水平/(g/L)	开发现状	作　者
抗凝血酶Ⅲ(ATⅢ)	山羊	6	Ⅲ期临床	Rudolph N. S.
抗胰蛋白酶(AAT)	绵羊	35	Ⅲ期临床	Wright G. et al.
葡萄糖苷酶	家兔	10	Ⅲ期临床	Niemann H.
蛋白 C	猪	1	Ⅲ期临床	Velander W. H.
TPA 蛋白(组织型血纤蛋白溶酶原活化因子)	山羊	6	Ⅱ期临床	Ebert K. M.
乳转铁蛋白	奶牛	3.5	Ⅱ期临床	Krimpenfort P.
第八因子(F-Ⅷ)	猪	3	待开发	Paleyanda R. K.

表 9.1 所列产品的编码基因一般比较大，用其他表达系统难以生产。后来由于乳腺组织显示出比其他表达系统更大的优势，目标产品逐步扩大到干扰素(IFN)、胰岛素、乳铁传递蛋白、乳糖酶、溶菌酶、抗体、疫苗、蜘蛛纤丝蛋白等各种蛋白质。理论上，动物乳腺可以生产绝大多数蛋白质，但随着细胞大规模培养技术的日臻完善和基因治疗技术的发展，临床上用量较少的细胞因子将不会再用动物乳腺生产，而那些用量很大的产品，如治疗性抗体、血清白蛋白、营养蛋白和工业蛋白将成为动物乳腺生产的主要产品，尤其是抗体，数年后将占到生物制品的 30%～40%。

2. 关于表达载体

乳腺生物反应器的表达载体的核心生物元件是一种乳蛋白的基因调控序列。目前用作构建载体的乳蛋白基因有 α-S1 酪蛋白基因、β 酪蛋白基因、β 乳球蛋白基因、乳白蛋白基因和乳清酸性蛋白基因等。这些载体在驱动外源基因表达时有下列特点：

1) 启动子在物种间存在相容性，在物种之间可以交叉使用。反刍动物一般采用同一物种的启动子，家兔和猪则用啮齿类乳清酸性蛋白(whey acidic protein，WAP)启动子。乳蛋白基因调控元件可以混合使用。

2) 包含类固醇应答元件、TATA 盒、核糖体结合位点、转录终止信号和 poly A 信号等元件的表达载体，可以使外源基因在动物乳腺组织中特异表达，有时甚至可以高效表达。

3）增加5′端调控序列的长度，以便将增强子包括在表达载体上，常常会增加高表达的机会。有时增加3′端调控序列的长度或使用乳蛋白基因的内含子也会提高表达水平。

4）即使使用所有已知功能的生物元件来构建乳腺组织特异性表达载体，仍然不能克服基因表达的位置效应。最近发现基质结合区(matrix attachment region，MAR)序列可以提高外源基因的整合效率。

（二）进行基因治疗

基因治疗是通过调控目的基因的表达、抑制、替代或补偿缺陷基因，从而恢复受累细胞、组织或器官的生理功能。从理论上讲，对生殖细胞进行转基因，可以根治遗传疾病，但实际上，基因治疗的方式是外源功能性基因导入动物生殖细胞，因此同建立转基因动物一样，存在许多问题，如插入突变可能会导致其他疾病产生、外源基因是否表达、如何调控表达以及表达在传代中是否稳定等。生殖细胞基因治疗难度大，操作复杂以及存在一定的社会问题，所以目前主要限于动物实验。但可以预言，随着胚胎实验技术的提高，人类生殖细胞的基因治疗是完全有可能的。现有的和正在开展的动物水平的研究将为人类的基因治疗提供更多的基础资料。

（三）在人类组织器官移植中的应用

医学上的异种器官移植，排异反应迅速而剧烈。人类间的器官移植，虽然排异反应可被药物控制，但可供移植的器官严重缺乏。于是人们就想可否应用异种动物的器官组织进行移植，但必须克服异种间剧烈的排异反应。目前，排异反应的机制已基本搞清楚，主要是人的器官组织中糖蛋白的决定簇与猪、羊、狗、牛等动物不同。这些动物的血管内皮上的糖蛋白有一个α-1,3-半乳糖，同时还有一个α-1,3-岩藻糖，而人体内有天然的α-1,3-半乳糖抗体，在用这些动物对人进行器官移植时，天然的抗体与这些动物含α-1,3-半乳糖的抗原结合，形成抗原抗体免疫复合物，激活补体系统。器官内皮和基底膜损坏，使渗透性增加、出血，导致器官组织坏死而排斥这种器官，而且这种反应可在几分钟到几小时内出现。

为了解决异种移植的排斥反应，学者们提出两条途径：一是清除受体动物血中的特定补体，使供体器官不受补体攻击。利用这种办法，使猪的心脏移植于猴体内，可以延长心脏存活的时间；二是采用转基因技术，通过克隆受体的补体调节蛋白基因，将这种基因转移到供体动物的基因组中，使其在心血管内皮表达，以避免受体的排斥反应。

在可用于人器官移植的动物中，除灵长类外，猪是最为理想的供体，因为猪的器官，特别是心、肾的大小和结构与人类相似，生理指标接近，血型抗原也与人的相似。科学家已获得补体活性调节剂，用于人体接受猪心脏的器官移植中。1993年，英国已培育出37头含有人体基因的猪，培育出携带人体免疫系统的猪心脏，移植到猴体内，心跳可持续60天，具有较好的安全性。目前正在准备向人体移植，前景美好，方法可行。我国也在投入人力物力研究培育这种转基因猪。还有人已将携带人类基因的猪心脏移植到猕猴体内，也度过了排斥反应阶段。可见，将猪心脏移植到人体内，以挽救濒危心脏病人，不久也将成为现实，但需克服病毒交叉感染等问题。

（四）病毒性疾病的研究

把病毒基因导入动物并制成转基因动物，可研究这些病毒基因在宿主动物体内引起的病理变化,从而探讨其发病机制和治疗路线。这是转基因动物技术提供的又一个独特的实验体系。乙型肝炎病毒(hepatitis B virus,HBV)是引发乙型肝炎的病原体,但 HBV 一般不感染培养细胞,也不感染常用的实验动物,因而限制了其致病机制的研究。然而将 HBV 基因或其片段导入鼠体内,获得的转基因鼠产生肝脏病变并最终导致肝癌。在脊髓灰质炎病毒(poliovirus,PVR)受体转基因鼠中,PVR 在中枢和外周神经系统及胸腺内发育的 T 淋巴细胞和肾上皮细胞中,均有高水平的表达。接种脊髓灰质炎病毒后,除在脑神经元和脊髓外,还在骨骼肌中检出病毒的复制,说明脊髓灰质炎病毒受体的表达是决定该病毒宿主范围的重要因子。此外,转基因技术也已应用于人类嗜 T 淋巴细胞病毒 Ⅰ 型和 Ⅲ 型的研究,成为人们了解 T 淋巴细胞白血病和艾滋病的工具之一。

可见,转基因动物技术促进了人们对病毒病的致病机制、影响因素及药物治疗等方面的研究,并为人们更加细致地了解和剖析病毒的某些调控元件或单一基因的功能,以及为病毒病的研究提供了广阔的前景。

(五) 建立人类疾病的转基因动物模型

理想的动物模型,可以模拟人类疾病的发生和发展过程,并为测试各种可能的治疗方案提供一个统一有效的系统。随着现代医学技术的发展,传统的传染病已逐渐减少,而遗传性疾病的研究和治疗越来越显得迫切和重要了。转基因动物技术被认为是遗传学研究中继连锁分析、体细胞遗传和基因克隆之后的第四代技术,成功地应用于遗传病的研究,主要用于建立遗传病动物模型,研究单个基因在遗传中的作用,研究药物干预后动物反应机制等。表 9.2 列出了已经建立的部分转基因动物模型。

表 9.2 人类遗传病转基因动物模型一览表

疾 病	基因转移方法	转移基因
多发性家族型淀粉蛋白神经病	微注射	突变的人转甲状腺素蛋白基因
自毁容貌综合征(Lesch-Nyhan syndrome)	反转录病毒感染胚胎干细胞/胚胎干细胞同源重组	突变 *HGPRT* 基因
唐氏综合征(Down syndrome)	微注射	*Cu/Zn-SOD* 酶基因
老年性痴呆症	微注射	β淀粉状蛋白体基因
成骨不全症	微注射	突变 α_1 胶原蛋白前体基因
α_1 抗胰蛋白酶缺陷(肺气肿)	微注射	突变人 *PiZal*-抗胰蛋白酶基因
原发性高血压	微注射	小鼠 *Ren2* 肾上腺素基因
Ⅰ型糖尿病	微注射	*Hras* 基因,MHCI 的抗原 *H2kb* 基因,小鼠胰岛素 Ⅱ 类抗原 *IA*、*IE* 基因,小鼠 MHCI 类抗原 *H2kb* 基因
Ⅱ型糖尿病	微注射	胰岛淀粉状多肽基因
镰刀型细胞贫血病	微注射	人 α 和 β_a 珠蛋白基因,人 α_2 珠蛋白基因和 β 珠蛋白基因
HbE 异常血红蛋白 E	微注射	突变人 β 珠蛋白基因
β-地中海贫血病症	微注射	人 β 珠蛋白基因
卡波氏肉瘤(Kaposi's sarcoma)	反转录病毒感染胚胎干细胞/胚胎干细胞同源重组	*HIV tat* 基因

尽管转基因动物模型在遗传病研究中已经取得了重要进展,但也要看到,要想获得一个理想的、能稳定地反映人类疾病表型的动物模型,还有许多问题要研究解决。

三、转基因动物在畜牧业和渔业生产中的应用

(一) 提高动物的抗逆性

鱼类的血清中含有 NaCl 和其他溶质，可以忍受－0.6～0.7℃的低温；低于这一温度，多数鱼类一般以季节性洄游来逃避冻害的危险。有趣的是，极地鱼类如美洲拟鲽和美洲大绵鳚能合成抗冻蛋白(antifreezing protein，AFP)，从而可以忍受－1.9～－1℃的低温而不会受到冰冻的危害，因而人们试图将抗冻蛋白基因分离出来，转移到其他不抗冻的经济鱼类体内(如鲑)，培育抗冻新品种。Shear 等将美洲拟鲽的 AFP 基因导入大西洋鲑受精卵中，培育出了转 AFP 基因鲑，但 AFP 的表达水平极低，远远达不到抗冻要求。

鱼类耐受低溶解氧的能力主要是由红细胞中的血红蛋白含量决定的，而血红蛋白的合成是由珠蛋白基因编码并调控的。因而日本学者青木宙等将鲤珠蛋白基因导入不耐氧的虹鳟体内，以期改良其耐氧性，增加养殖密度，从而提高水产养殖产量。

将某些抗病毒基因导入动物的受精卵或卵裂期胚胎，所获得的转基因子代即具有抵抗这种病毒的作用。利用这种方法可以培育出抗某种疾病的动物品种。用显微注射法将线粒体基因(*MT*)启动子与抗猪瘟病毒核酶基因的重组载体导入兔雄原核中，获得的 4 只转基因兔可以完全或部分抵抗 HCV 病毒攻击。

(二) 提高动物的产量

受 1982 年 Palmiter 等制备转基因“超级小鼠”的启发，我国学者朱作言等于 1985 年将人生长激素基因显微注射到金鱼的受精卵中，培育出世界上第一尾转基因鱼。随后，又将人生长激素基因导入泥鳅受精卵中，得到比对照大 3～4.6 倍的转基因泥鳅。此后，生长明显比对照快的转基因鲤和转基因大绵鳚(ocean pout)又相继育成。但由于转基因鱼不能稳定传代、基因表达水平低等原因，目前仍未培育出有实用价值的“超级鱼”。在畜牧业上，转生长激素(grouth hormone，GH)基因和转生长激素释放因子基因的转基因动物也先后育成，使牲畜的产肉率、产奶量、生长速度与繁殖率等大大提高，如转基因猪增重率可提高 15%，饲料利用率提高 18%，胴体脂肪减少 80%。澳大利亚将半胱氨酸基因导入山羊，可使羊毛增产。

第三节　转基因动物研究存在的问题

转基因动物的建立与研究已经取得了很大进展，但这是一个艰辛复杂的系统工程。在取得成就的同时，还应剖析和探讨转基因研究中存在的问题和困难，这样，更有利于转基因技术的改进和提高。

一、技术性问题

人类已先后建立了多种转基因动物，在基础研究和实际应用中展示了良好前景，但其技术方面还有许多问题需要解决。

（一）转基因动物的阳性率和总效率都很低

转基因动物的阳性率指阳性子代动物占出生子代动物总数的百分比。转基因动物的总效率指阳性子代动物占注射受精卵总数的百分比。由于受到DNA样品质量、分子大小与结构、原核的可见性等因素的影响，转基因动物的成功率一直很低，而且阳性结果的重复性差，有些甚至无法重复。例如，显微注射法转基因动物的阳性率一般仅为10%～25%，转基因动物的总效率仅为1%～10%，而且许多实验室在实际工作中远不能达到这一效率。将转基因技术和基因打靶技术结合，可以使目的基因定点整合，从而可大大提高转基因动物的阳性率。

（二）转基因动物与预期模型不相符

由于转基因的整合、表达和调节尚不能真正达到人为控制的程度；或由于生物体内复杂的调节和平衡机制，单一的外源基因对整体作用的有限性；或由于物种的差异，同一疾病在不同物种中发病机制不同等各种原因，可导致生产的转基因动物与预期模型不完全相符。在镰刀形贫血病动物模型的研究中，人们试图将突变的血红蛋白基因导入小鼠，以获得镰刀形贫血转基因动物，但结果令研究者大失所望，所有转基因小鼠都只表现出镰刀状红细胞的病变，并未出现贫血症状。高血压转基因动物模型得到了相似的结果。这些问题给转基因动物模型的建立带来了一定的困难。

（三）外源基因的表达问题

目的基因能否在转基因动物中如期表达是转基因动物研究成败的关键。首先，调节表达的顺式调控元件和反式作用因子不协调，可能会造成目的基因不表达或表达混乱。由于受体动物并不是外源基因的天然宿主，可能缺乏相应的反式作用因子，造成导入基因不能在预期组织细胞表达或表达混乱。β-珠蛋白的转基因研究中，10个实验室取得的结果不一致，其表达率分别为0、18.7%、22%、40%、70%、75%和100%等。*Ren2*的转基因小鼠主要在颌下腺中表达，而在转基因大鼠中则主要在肾上腺中表达。其次，目的基因在宿主体内被修饰、目的基因的载体序列及整合不完整，也可能会导致目的基因的表达障碍。以cDNA作为目的基因进行转基因时，有时会出现基因不表达的情况，这可能是由于cDNA从不含内含子，而内含子可能会含有顺式调控元件或反式调控因子的作用序列，cDNA缺乏这样的序列从而不能表达。

（四）外源基因造成宿主基因突变

外源基因的导入有时会造成受体细胞基因的插入突变、缺失突变、宿主基因的扩增和移位等突变，从而干扰了转基因研究的中心任务。突变可以引起动物表型的改变，甚至造成动物不育或死亡，使转基因研究失败。如何减少突变，是今后工作的方向之一。采取定点插入技术，把目的基因插入宿主基因的非敏感区域是解决这一问题的良策。

二、社会性问题

转基因动物及其产品的生产，也产生了一些社会性问题。面对一系列工程食品，人们的顾虑可能一时难以消除。尤其当食用转人类基因动物产品时，可能会对人们的伦理观念和道德观念产生极大的冲击。

对于食用转基因动物及其产品的安全性问题，目前还很难有一个满意的回答。虽然还没有确凿的证据可以证明转基因动物及其产品的危害性，但是对其可能存在潜在危害性的担心又是无可厚非的。转基因动物及其产品的社会危害性可能需要等到几十年、几百年以后人们才会发现。尤其对于使用病毒基因启动子或增强子的转基因动物，病毒基因在受体动物体内的命运究竟会怎样难以预料，是否会使受体动物感染病毒或创造出新的病毒性疾病，也是难以作出肯定回答的。现已发现使用鼠硫蛋白基因启动子制备的转基因动植物，常常能在许多动物组织中诱导重金属离子的富集，食用这样的动物产品对人类的身体健康显然是不利的。另外，转基因动物的生存力和抗逆性往往要优于野生种群，如果被释放到自然环境中去，就不可避免地会破坏生物的多样性，破坏自然生态环境。尽管如此，转基因动物及产品可以给人类提供食物和药物等，缓解食品短缺问题，所以在今后很长一段时间内，转基因动物及其产品的研究和开发仍然是一个热点问题。

思 考 题

1. 何谓转基因动物？转基因动物是如何制备的？
2. 转基因哺乳动物和转基因鱼类的制备有何不同？
3. 制备转基因动物中常用的基因转移方法有哪些？
4. 谈谈你对转基因动物及其产品的安全性问题的认识。

第十章　胚胎工程

第一节　概　　述

动物胚胎工程是用人工的方法对动物细胞或胚胎进行改造的一门工程技术，包含胚胎移植、排卵控制、胚胎冷冻保存、体外授精与显微操作、胚胎分割、胚胎性别鉴定等研究内容。作为现代生物技术研究的前沿领域，动物胚胎工程的技术基础理论还需要加强，使研究手段、技术操作、仪器设备和应用效果等得到快速提高。动物胚胎工程技术领域将是最活跃、最具有实践应用价值的内容之一，将给人类的医药卫生、家畜改良等领域带来革命性的变化，特别是在药物生产和供人类移植所用器官的生产等方面具有重要的意义。

一、发展历史

胚胎工程是当今生命科学研究的主要领域，对人类而言，其重要性不言而喻，在动物胚胎工程发展过程中，人类积累了较为丰富的实践经验。漫长而复杂的研究过程，使胚胎工程显得高深莫测。

1) 1891 年，英国剑桥大学的普希(Walter Heape)在兔子身上首次成功地进行了受精卵的移植实验。他将分裂为 4 细胞期的安哥拉兔早期胚胎移植到已接受交配的比利时母兔输卵管内，结果比利时兔生出的 6 只小兔中，2 只小兔具有长毛、白化等安哥拉兔的特征，这是世界上胚胎移植成功的首例。

2) 20 世纪 30 年代，实验动物鼠、兔等进行受精卵或胚胎移植的研究并获得成功。之后又对绵羊、山羊、猪、牛和马等家畜进行胚胎移植实验，相继获得成功。

3) 1947 年，保存在 5～7℃的兔受精卵，移植后能发育成正常的幼兔。因为体外授精很困难，所以这些研究均是将体内受精卵进行移植。

4) 1951 年，Chang 和 Austin 首次发现哺乳动物精子获能现象，开创了哺乳动物体外授精研究的新纪元。

5) 1962 年，John B. Gurdon 发现细胞的专门化是可逆的。关于这一发现他做了经典的实验：用来自成熟的肠细胞的核在卵细胞中替换掉了不成熟的核。这一替换后的卵细胞最终仍发展成为一个正常的蝌蚪。这也说明成熟细胞的 DNA 仍然有分化出青蛙体内所有细胞的必需信息。

6) 1964 年，世界首例牛非手术胚胎移植在日本国家畜牧研究所获得成功。

7) 1971 年，Whittingham 首次报告冷冻保存小鼠胚胎获得成功，继而兔胚胎冷冻保存也获得成功。

8) 1972 年，牛卵的非手术采集技术及超低温保存精子和胚胎远距离运输等方法的应用、分离单个卵裂球移植等实验获得成功，使胚胎移植在实践上进入应用阶段。

9) 我国于 20 世纪 70 年代开始胚胎移植的研究，先后在山羊(1974 年)、牛(1978 年)、家兔(1979年)上获得成功。

10) 1975年,中国科学院遗传研究所和内蒙古三北种羊场应用超排卵技术使一只黑色三北羔皮羊一次排卵18枚,受精后移植给普通白色蒙古羊,获得11只三北羔皮羊。这是用普通品种生产优良品种的典型代表。

11) 1977年,体外受精卵发育到8细胞期的胚胎移植入母体子宫内获得妊娠,并于1978年7月,在英国剑桥大学诞生了世界首例试管婴儿路易丝·布朗(Louice Brown)。

12) 1978年,中国科学院遗传研究所在上海首次进行了牛的胚胎移植。但与发达国家相比,我国的胚胎移植技术水平较低,尚处在向开发应用的过渡阶段,而且多局限在实验室或小规模范围内,尚未在畜牧业生产中发挥很大的作用。

13) 1983年,猪胚胎移植过程中成功地移植了4个经试管授精的猪胚胎,获得了4只小猪。同年苏联成功获得了试管牛。

14) 1985年,中国台湾首例试管婴儿诞生。1986年12月,中国香港首例试管婴儿诞生。中国内地首例试管婴儿于1988年3月在北京医科大学三医院诞生。

15) 1987年,一只濒临灭绝的珍贵猫的受精卵被移植,成功获得了3窝小猫。

16) 1997年,克隆羊Dolly诞生。动物克隆技术掀开了新的一页,而相关胚胎生物技术也成为研究的热点,胚胎工程被寄于解决人类健康和医学研究最有希望的学科。

17) 1998年,早期胚胎研究建立了人类胚胎干细胞系。

18) 2006年,Shinya Yamanaka研究发现了老鼠体内完整成熟的细胞重新编程成为未成熟的干细胞的过程。通过引入少数几个基因,就能使成熟的细胞重新编程成为多能干细胞,即未成熟的细胞在体内能够发展成所有类型的细胞。

19) 2008年,大鼠干细胞系建立。中国科学院上海生命科学研究院生物化学与细胞生物学研究所的研究人员在大鼠身上进行了诱导多能干细胞的重要研究。他们巧妙地将大鼠的成体细胞"重新编程",让它们恢复到多能干细胞状态,并建立了22个类似胚胎干细胞的细胞系。经过进一步筛选、鉴定,最终获得2株符合多能干细胞标准的细胞系,并在体外和体内都具有向内、中、外3个胚层分化的能力。

20) 2011年,从老年痴呆症患者的多能干细胞诱导出正常神经元。

21) 2012年,将胚胎干细胞分化为视网膜色素细胞(RPE)后移植至视网膜下,治疗黄斑营养不良,以试验该方案的安全性和耐受性,该研究中两位患者视力得到改善,没有发生癌变和排异。

22) 2012年,我国首例芯片试管婴儿诞生,中国第一例应用单细胞单核苷酸多态性基因芯片(SNP芯片)技术,进行胚胎植入前遗传学诊断试管婴儿顺利分娩。该新技术能为染色体异常、单基因病夫妇提供生育健康后代的途径,也对高龄妇女、反复流产妇女等生育健康后代非常有效。

二、研究意义

动物胚胎工程研究,对加强基础理论和实践应用具有重要的意义。

1. 加强基础理论研究,推动了胚胎工程技术应用

胚胎工程中关键技术涉及胚胎移植、排卵控制、胚胎冷冻保存、体外授精与显微操作、胚胎分割、胚胎性别鉴定等,该领域在基础理论上还需实现突破,特别是用于控制后代的性别和通过显微操作技术将受精卵切割，或者应用细胞工程技术生产“试管畜”、“转基因畜”、“克隆畜”等关键技术，需要在基础理论上加强研究，为胚胎工程的应用创造条件。哺乳动物的胚胎工程技术是建立在对受精生物学、早期胚胎发育机制等理论研究的基础之上的。反过来，这些技术的应用与发展又极大地促进了相关理论的发展。因为这些技术使人们可以在显微镜下直接观察受精的动态性过程，并能用人工可控的条件研究受精和早期发育的因果关系及生理、生化变化。

2. 利用资源，推动了胚胎工程产业化

胚胎工程产业化需要胚胎移植和胚胎的体外生产技术体系的建立，包括胚胎移植、卵母细胞与胚胎的冷冻保存、卵母细胞的体外成熟和体外授精、胚胎性别鉴定和控制、胚胎分割、细胞核移植、胚胎嵌合、胚胎干细胞技术等，这些技术的推广和应用有利于建立良种繁育体系，提高家畜繁殖潜力，使优势群体的遗传力能最大限度地发挥，这也是提高家畜的生产性能、缩短育种进程的有效途径，可以使良种家畜的后代按照人们的意愿迅速增加。

加快家畜优良品种的推广速度一直是畜牧科研的主攻方向之一。现在已经可以用人工授精和冷冻精液的方法最大限度地利用优良种公畜。但是良种畜群的增加，不仅取决于公畜，同时也依赖于母畜。胚胎移植技术就是提高母畜繁殖潜力的一个有效方法，可以扩大良种雌性配子的推广利用。胚胎移植是一项动物细胞工程的使用技术，对于提高家畜优良品种的繁殖能力、加速品种改良具有重要意义，由此而带来的经济效益也是巨大的。

3. 提高育种技术，促进了家畜改良的速度

因为提高了繁殖能力，一只母畜在一个性周期内可以繁殖更多的仔畜，从而在短期内使优良种畜得到大量繁殖，促进了家畜改良的速度。年老的优良母畜，不能进行正常的妊娠或哺育幼畜的时候，仍可以用它作供体，以获得数量可观的胚胎，增加后代数量。加拿大有一头荷斯坦牛，曾生产了 86 头胚胎移植小牛，分属 18 头种公牛的后代。

利用胚胎移植技术可以越代繁殖，直接生产 F3 以上的高代杂种后代，从而缩短世代间隔，加速育种过程。一些发达国家自 20 世纪 70 年代就已将胚胎移植技术与家畜育种实践相结合，开始了大型的超数排卵与胚胎移植育种计划。

4. 发展冷冻技术，保存了遗传资源

胚胎运送到世界任何地方移植给任何品种都能获得纯种后代。如果只有精液而无同一纯种母畜，就只能为不同品种母畜授精，仅能得到杂种后代。因此，引进胚胎就等于引进了活畜。一只优良品种母羊的卵巢内有几万个生殖细胞，但在一个正常性周期只有几个卵泡同时发育，而最终只有 1 个或 2～3 个卵泡成熟排卵，如果受精也只能生出 1 只或 2～3 只良种羊。一只良种母羊一生只能繁殖十几只左右的后代，大部分时间用于妊娠、哺乳。如果能让更多的卵泡成熟排卵，而又让平凡的同种母畜“借腹怀胎”，那么，一只优良母畜（如波尔山羊）可以获得后代的数目至少增加几十倍。

由于胚胎超低温冷冻技术在生产中的应用，人们可以不受时间、地点的限制，把受精卵或胚胎进行长期保存和运输，这样胚胎移植就变得更加实用。异地移植只需运输冷冻胚胎即可，而且可以有计划地胚胎采集和移植，优良胚胎的利用就会大大提高。胚胎移植技术的运用还可以改变家畜种群的遗传组成，防止近亲繁殖而造成种群的退化问题。同时，对优良母畜或稀有哺乳动物有计划地保存胚胎，建立起“胚胎库”，其生物学意义也是很大的。

第二节　胚胎工程的技术方法

现代动物胚胎工程技术方法主要包括三大类技术体系：一是胚胎移植相关技术体系，包括体外授精技术、超数排卵技术、胚胎移植技术、胚胎体外生产技术、胚胎移植前性别鉴定技术与动物性别控制技术、胚胎的冷冻保存技术;二是胚胎分割技术体系,包括胚胎分割技术、细胞核移植技术和胚胎嵌合技术;三是胚胎干细胞技术体系。

一、胚胎移植相关技术体系

1. 体外授精技术

体外授精是指哺乳动物的精子和卵子在体外人工控制的环境中完成授精过程的技术,它的基本原理是人工模拟体内环境,包括营养、温度、湿度、气体、渗透压、pH 等,使初级卵母细胞成熟,同时使精子获能,完成授精。体外授精技术主要包括以下几个主要方面:精子的采集与获能、卵子的回收及成熟培养、体外授精等。体外授精技术是在了解哺乳动物自然条件下授精(体内授精)的基础上实现的。自然条件下,刚排出的卵子尚未完全成熟,仅完成减数第一次分裂,需要在输卵管内进一步成熟,直到减数第二次分裂的中期才能与精子结合完成受精过程。排出的卵子是在输卵管内与精子受精的。人们正是在认识了这些自然规律的基础上,在体外进行有效地模拟,才使卵母细胞能在体外成熟。在体外完成获能的精子和成熟卵母细胞能在试管内完成受精;体外受精卵能在人工培养条件下继续发育等。

体外授精是家畜繁殖技术的重大突破和革新,已在世界范围内推广使用,在经济动物和渔业中也得以扩展,充分显示出其发展潜力和前景。该技术的推广应用具有重要意义:①人工体外授精能充分发挥优良种公畜的种用价值和配种效能,一头优良种公牛采用人工授精技术每年能使万头以上母牛受孕,使优良种牛的基因得以固定和充分利用;②提高母畜的受胎率,人工体外授精使用经严格处理的优质精液,每次输精的时间经过科学的判断,输精部位准确,故受胎率高;③由于公、母畜不直接接触,可防止疾病,特别是生殖道传染病;④能克服杂交改良时由于公、母畜体重差异悬殊造成的配种困难;⑤采取冷冻精液技术,使人工体外授精可以不受国家和地区的限制,同时也加快了育种工作步伐;⑥降低饲养管理费用,由于每头种公畜可配的母畜数增多,相应减少了饲养公畜的头数,降低了饲养管理费用,是推广繁殖新技术的一项基础措施。如家畜繁殖控制技术、胚胎移植等都需要借助人工体外授精技术。

体外授精技术包括精子的采集与获能处理、卵子的回收与成熟培养、胚胎形成与培养等技术环节。

(1) 精子的采集与获能处理

精液的采集方法通常有:人工阴道法、电刺激法、阴道内回收法等。对于个体较大的动物多采用人工阴道法采精,而对于小动物而言多采用电刺激法采精。

精液的保存可以分为常温(15～25℃)、低温(0～5℃)和超低温冷冻(－196～－79℃)3 种,其目的是要降低精子的代谢活动,延长其存活时间,尽量保存其受精能力。保存前,要加稀释液,其成分按其作用可分为稀释剂、营养剂和保护剂等。稀释剂包括等渗氯化钠溶液和某些盐溶液,营养剂包括糖类、奶类和卵黄等,保护剂包括有抗冻作用的营养剂和其他一些如甘油、DMSO、糖类等。3 种保存方法中常温保存主要通过降低 pH 达到抑制精子的代谢活动,一般可以保存 2 天以上。低温保存主要是抑制其正常的代谢活动,除猪外,其他家畜的保存效果均较好。如果应用超低温,可以在液氮中长期保存精液,用时可以即时解冻。对于不同的动物,各种保存液的配制方法有所差异。

精子获能的方法因培育条件而不同。人为使得精子获能可以利用自然交配法,即在交配后，由雌性生殖道回收精子，雌性生殖道获能没有种属特异性，因而可以由屠宰场取任何动物的子宫或在实验室内取小动物的子宫给所需动物的精子获能。另外，可以利用人工配制的培养液使精子获能。随着精子获能机制的逐渐解析，可以采用改变精子培养条件或添加诱导精子获能的有效成分的特定培养液来完成体外获能。如钙离子在精子获能过程起着关键作用，能较快地诱发精子的超活化运动；血清蛋白（BSA）也可诱发精子获能。哺乳动物精子的体外获能是一个复杂的动态过程，其动力学还未得到充分阐明。

(2) 卵子的回收与成熟培养

从活体卵巢中采集卵母细胞，需要借助超声波探测仪、内窥镜或腹腔镜，直接从活体动物的卵巢中吸取卵母细胞。

未成熟卵母细胞（初级卵母细胞、次级卵母细胞）要经过成熟培养使卵细胞成熟。家畜卵母细胞成熟培养液普遍采用 TCM199 培养基，该培养基添加孕牛血清、促性腺激素、雌激素和抗生素成分。血清不仅是大分子营养物质的主要来源，而且可提供细胞生长因子。作为能量来源的物质主要是葡萄糖，氨基酸也可作为能源起作用。卵母细胞的体外培养还需对温度、渗透压、pH 等进行控制。

卵母细胞体外培养，通常采用微滴培养法，体积一般为 50～200μl，每个微滴中一般放入 10～40 个卵母细胞。二氧化碳培养箱培养的条件为 39℃、100％湿度、5％二氧化碳，成熟标志是极体排出、透明带软化、靠近卵母细胞周围的卵丘细胞呈放射状排列、出现放射冠，用 DNA 特异性染料染色后，在显微镜下进行核相观察，可见卵母细胞处于第二次成熟分裂中期。

邓华丽（2009）等在探讨自然周期未成熟卵体外成熟培养、受精和胚胎移植技术时发现对治疗不育症有一定疗效，其选取 30 对接受体外授精（卵胞浆内单精子显微注射）、胚胎移植助孕的不育夫妇为对象，在自然月经周期卵泡直径＞10mm、内源性 LH（luteinizing hormone）峰出现之前采卵。采卵当日成熟卵（metaphase Ⅱ，MⅡ）行 IVF 受精，未成熟卵进行体外培养 24～48h，成熟至 MⅡ期后行 ICSI 受精，受精后 72h 行胚胎移植。结果表明，30 个 IVM 周期中，2 个周期取卵未获卵。另 28 个周期共获卵 113 个，其中成熟卵 29 个，退化卵 10 个，未成熟卵 74 个，体外培养后成熟 60 个，成熟率 81.08％。6 例临床妊娠，其中 5 例成功分娩足月健康婴儿（1 例来自成熟卵、4 例来自未成熟卵），1 例临床妊娠流产。

(3) 胚胎形成与培养

受精过程所采用的培养液与动物细胞培养用培养液类似。但需添加一些特殊物质，如肾上腺素和亚牛黄酸等，它们有助于精子穿卵和促使原核的形成。向培养液中添加 1μg/ml 的肝素比添加 0.2μg/ml 时穿卵率提高 10％～30％。此外，精子获能时间、精子添加密度、精-卵共培养时间、培养液 pH 和离子强度等对受精率均有显著影响。

实际操作中通常是在培养皿中把培养液制成 100μl 的滴液，然后加入成熟卵子 20 枚左右和获能后的精液（浓度在 10^5～10^6个/ml），上面覆盖液体石蜡，在 39℃的二氧化碳培养箱内培养 6h 左右，取出受精卵，将多余的精液冲掉，转入发育培养液中继续发育。

(4) 影响胚胎移植的技术与因素

目前体外授精的效率还不高，主要是因为体外培养受精卵的囊胚发育率较低，移植后的产仔率更低。要改变这样的现状，除了改进体外培养的系统，使其尽可能地接近体内的生物环境外，一些基础理论方面的研究还有待加强。

为了提高体外授精的效率，可以有选择性地采用下列一些技术。

1）透明带技术。透明带技术是用人工方法破坏卵子的透明带，使精子比较容易地通过破损处进入卵子并受精。破坏的方法包括：机械法（用锋利的微型玻璃针切除部分透明带）、化学溶解法（选用透明质酸去除卵丘，然后用酸性 Tyrode 溶液局部溶解透明带）、激光法（用波长为 193nm 的氟化氩激光束可以准确破坏透明带，而对周围无伤害）。

2）授精技术。授精技术是用微注射器将 3～5 个精子直接注射入透明带下的卵间隙，从而使卵子受精。

3）卵浆内精子注射法。卵浆内精子注射法是用微注射器将单个精子直接注入到卵细胞质内使卵子受精，这样可以避免多精授精问题。

对于动物养殖场的胚胎移植过程中的体外授精，不需要从供体获得精子和卵子，而是直接将精子输入经过超排卵处理并观察到处于发情期的母体内，在体内发育成受精卵，与此成功相关的影响因素包括以下几个方面。

1）培养液。一系列含不同成分的培养液，用以培养不同发育时期的胚胎。培养液的基本成分主要包括无机盐、氨基酸、维生素、糖类和动物血清等。

2）培养方法。卵子在受精 24h 后，转移到预先制备好的颗粒单层中继续培养。

3）培养的温度和其他环境条件。培养的温度和其他环境条件与卵母细胞成熟的条件一样。

4）胚胎的回收及其质量评定。以牛为例，整个体外授精过程，从卵母细胞成熟培养开始，经过体外授精和体外培养直至受精卵发育到囊胚阶段，一共经历 8 天的时间。如定受精当天为 0 天，则受精后第 5～6 天即可回收桑椹胚，第 7～8 天回收囊胚。

2. 超数排卵技术

雌性动物用促卵泡素和促黄体素处理后，从输卵管中冲取成熟卵子，可直接与获能精子受精，即排卵率可以通过药物的方法进行控制。应用外源性促性腺激素诱发卵巢多个卵泡发育，并排出多个具有受精能力的卵子的方法，称为超数排卵，简称“超排”。该方法是在动物发情周期的适当时期，利用外源性促性腺激素对雌性动物卵巢进行处理，诱发其卵巢上大量卵泡同时发育并排卵。

经常采用的方法主要是向动物体内注射某些促性腺激素，对卵巢产生作用促进排卵。这些激素包括：孕酮、雌二醇（E2）、促卵泡激素（FSH）、促黄体激素（LH）、促性腺激素释放激素（GnRH）等。用量一般按照动物体重大小而逐渐降低。各类激素虽然都有独特的生理功能，但它们不是单独影响机体的，而是相互促进、相互制约的，因此常常搭配使用。常采用每天注射一定剂量，连续几天（如 5 天）的方法进行超数排卵刺激。以 FSH 为例，一般连续 3 天递减注射，每天 2 次，每次间隔 8～12h。根据经验，一般在后期加注 1 次 LH 等便可获得较好的效果。

母羊超数排卵的具体做法是：于发情周期的第 12 或第 13 天，皮下注射孕马血清（PMSG）00～1000 国际单位，出现发情后或配种当天再静脉注射绒毛膜促性腺激素（HCG）500～750 国际单位，即可达到超排的目的。如果没有孕马血清的制成品，可取妊娠 50～90 天（以 70 天的最好）的孕马血，注射全血或血清皆可，每毫升全血一般含 50～200 国际单位。

超数排卵的效果受品种、年龄、体重、季节和营养水平等影响，同品种的个体间差异也很大。如有的个体最高可采到 50 个卵，而有的却采不到卵，甚至有的羊只发情不排卵。超数排卵并不是排出的卵子越多越好，如排卵过多，有的卵子不成熟也被排出，这样势必会使受精力下降。

3. 胚胎移植技术

胚胎移植是一项重要的动物细胞工程实用技术，该技术对提高家畜优良品种的繁殖能力及加速品种改良的社会和经济效益是十分巨大的。胚胎移植的供体一般是选择需要加速繁殖的有较大生产应用价值的健康的优良畜种，通过注射促性腺激素，观察到发情后 12h，开始第一次输精，时隔 12h 进行第二次输精，输精量是常规量的两倍。经超数排卵并配种后，在一定时间内取出早期胚胎，然后分别移植到处于同期发情的繁殖能力较强的健康品种(受体)中。近 20 多年来，特别是波尔山羊的引入，胚胎移植的商业价值被人们所认可，经过不断改进，使这项技术已经简单、实用而且规范化，技术程序已经从科研临床手术型改变为“农场”运用手术型。在生产实践应用中，其受胎率已提高到商业生产水平。

胚胎移植具体的流程包括以下几个环节：①供体母羊的选择和检查；②供体母羊发情周期的记载；③供体母羊超数排卵处理；④供体母羊的发情和人工授精；⑤受体母羊的选择；⑥受体母羊的发情记载；⑦供体、受体母羊的同期发情处理；⑧供体母羊的胚胎收集；⑨胚胎的检验、分类、保存；⑩受体母羊移入胚胎；⑪供体、受体母羊的术后管理；⑫受体母羊的妊娠诊断；⑬妊娠受体母羊的管理及分娩；⑭羔羊的登记等。

研究表明，日本大约 80%的奶牛种公牛来自胚胎移植，日本家畜改良中心正利用胚胎移植技术试图创作一种牛的新繁育体系。在自然状态下，用遗传性状相近的同胞个体进行育种，时间很长，但利用胚胎移植技术可生产很多同胞，从中选择所需遗传性状的概率增加，这样就加快了育种过程，该方法叫做多重排卵胚胎移植(multiple ovulation and embryo transfer，MOET)。加拿大荷斯坦(Holstein)牛可以算是用于胚胎移植获益最快的实例。应用胚胎移植获得的犊牛就达 18 079 头，其中一头最优良的母牛已生产了 86 头胚胎移植小牛，它被超排冲卵 20 多次，拥有 18 头以上不同的后裔，同时还有 8 头自然出生的小牛。在生产实践条件下，这种牛移植胚胎的受孕率平均为 65%，非常接近人工授精的受孕率，冷冻胚胎受孕率也达到 50%。如果技术熟练，条件控制得好，这个比例还会提高。

胚胎移植过程十分复杂，包括许多重要环节，下面以牛的胚胎移植为例，说明胚胎移植的一般步骤和注意事项。

(1) 受体牛的选择标准

年龄在 3～8 岁，健康，无疾病，体格较大，膘度好；繁殖性能正常，产后 60 天以上，并有两次以上的正常自然发情记录；泌乳性能好，无难产史，不使用两次人工授精未孕的牛；受体牛的饲养管理做到精心管理，合理饲养，环境清洁，饲草、饲料、饮水要新鲜，补充食盐和必要的添加剂，组成一定数量的牛群；圈舍内防止过挤，以便于发情观察；农户长期舍饲的母牛要注意加强运动，防止在移植前后因饲料及环境改变造成的应激反应。

(2) 受体牛的同期发情

使用前列腺素一次肌注，诱导发情。给处于发情期 8～15 天且直肠检查黄体的受体牛一次注射。在不考虑发情周期的情况下，可间隔 11 天，前后两次肌注前列腺素。原则上根据母牛接受爬跨确认发情与否，早、晚各观察 30min 发情情况。对发情牛需做直肠检查，以确认卵泡，次日上午或晚上做直肠检查确定是否排卵，在发情后 36h 以后排卵的牛不能用作受体牛。

(3) 胚胎采集

胚胎采集的方法包括外科手术回收法和非手术回收法。

1) 外科手术回收法。母畜全身麻醉后仰卧固定于手术床上，前低后高成 45°角，破腹，借助内窥镜检查排卵情况，用子宫专用钳引出子宫角和输卵管。一般采用输卵管-子宫双冲洗法：从输卵管伞部插入玻璃导管，将注射器针头插入子宫角，然后将冲卵液[如杜氏磷酸缓冲液(PBS)加5%～10%的牛血清蛋白]向输卵管的反方向进行冲洗，含有胚胎的冲卵液通过玻璃导管流进采卵容器中。这种方法冲卵液用量少、容易检卵、回收率高。但是不足之处是手术前需空腹1天、全身麻醉、术后易形成组织黏结和瘢痕。目前，绵羊、山羊等小型动物一般采用这种方法。

2）非手术回收法。借助采卵器采集胚胎。采卵器是一种专用的二通或三通硅胶管制品，前端有一气囊。一些大的家畜如牛、马等多采用这种方法。优点是母畜受伤害小、可重复多次采卵、方便简单。缺点是采卵率不太稳定，只能采集子宫内的胚胎。

(4) 胚胎冷冻及解冻

1）胚胎冷冻。若有剩余的质量较好的胚胎，可以冷冻保存，待以后自然周期或人工周期解冻后植入子宫腔内，将增加受孕的机会。将采集的胚胎和冷冻液装入冷冻管中，经过慢速(第2～3天的胚胎)和快速(第5～6天的囊胚)两种降温方式能使胚胎静止下来并可在196°的液氮中保存。

2）胚胎解冻。解冻液的配备：将10%、6%和3%甘油的PBS(培养液)保存液，用0.22μm滤器灭菌，分装在小培养皿内，第1杯为含10%甘油的PBS保存液，第2杯为含6%甘油的PBS保存液，第3杯为含3%甘油的PBS保存液，第4杯为不含甘油的PBS保存液。胚胎的解冻：胚胎从液氮中取出在3s内投入38℃水浴浸10s。脱甘油：用70%酒精棉球消毒解冻后的塑料吸管和剪刀刀刃，剪去棉塞端，与带有空气的1ml注射器连接上；再剪去吸管的另一端，在室温下将胚胎推入10%甘油和0.3mol/L蔗糖PBS保存液中，放置5min，以后陆续移入6%和3%甘油蔗糖的PBS保存液中，各放置5min，最后移至不含甘油的PBS保存液中镜检待用。

胚胎的解冻还可以从液氮中取出装有胚胎的塑料吸管，投入37～38℃温水中，水浴10s；手提塑料吸管、棉塞向下甩2～3次，将气泡甩向棉塞端，使蔗糖液和保存液混合，或者用手指轻弹气泡，使两种液体混合，将棉塞向下直立10min。观察胚胎：用特制塑料吸管观察镜或显微镜的目镜，通过塑料管壁从上到下转动观察胚胎的形态和位置，确定后用70%酒精棉球消毒并切除吸管上层1cm，切口要平整，可直接用于移植。

(5) 胚胎的鉴定

在100～200倍实体解剖显微镜下观察受精卵的形态、色调、分裂球的大小、均匀度、细胞的密度，与透明带的间隙及变性情况等。凡卵子的卵黄未形成分裂球及细胞团的，均列为未受精卵。胚胎的发育阶段，通常受精后6～8天非手术回收的正常受精卵发育情况如下：桑椹胚——发情后第5～6天回收的受精卵，只能观察到球状的细胞团，分不清分裂球，占据透明带内腔的大部分；致密桑椹胚——发情后第6～7天回收的受精卵，细胞团变小，占透明带内腔60%～70%；早期囊胚——发情后第7～8天回收的受精卵，细胞的一部分出现发亮的胚泡腔，细胞团占透明带内腔70%～80%，难以分清内细胞团和滋养层；囊胚——发情后第7～8天回收的受精卵，内细胞团和滋养层界线清晰，胚泡腔明显，细胞充满透明带内腔；扩大囊胚——发情后第8～9天回收的受精卵，胚泡腔明显扩大，体积增大到原来的1.2～1.5倍，与透明带之间无空隙，透明带变薄，相当于正常厚度的1/3；孵育胚——发情后第9～11天回收的受精卵，由于胚泡腔继续扩张，透明带破裂，卵细胞脱出；凡在发情后第6～8天回收的16细胞以下的受精卵均应列为非正常发育卵，不能用于移植。

(6) 胚胎分级

A级:胚胎形态完整,轮廓清晰,呈球形,分裂球大小均匀,结构紧凑,色调和透明带适中,无附着的细胞和液泡。

B级:轮廓清晰,色调和细胞密度良好,可见到一些附着的细胞和液泡,变性细胞约占10%~30%。

C级:轮廓不清晰,色调发暗,结构较松散,游离的细胞或液泡较多,变性细胞为30%~50%。

胚胎的等级划分还应考虑到受精卵的发育程度。发情后第7~8天回收的受精卵在正常发育时应处于致密桑椹胚至囊胚阶段。凡在16细胞以下的受精卵及变性细胞超过1/2的胚胎均属等级外。

(7) 胚胎移植

要求受体牛发情时直肠检查的卵泡直径为10~20mm,发情后36h出现排卵。移植前直肠检查黄体,其直径为11~15mm及以上,黄体的手感性好,质地软而充实。受体牛的准备:将受体牛固定,清除粪便,肌注2%静松灵1ml或用2%的普鲁卡因3ml在1~2尾椎间硬膜外麻醉;清洗外阴,用高锰酸钾水冲洗消毒,用灭菌纸擦干,最后经酒精棉球消毒。器械准备:仿西德式金属移植器,先将移植枪、枪头及金属保护外套分别用纸包扎好,高压消毒。塑料卡苏式移植枪需经气体灭菌。

移植时先用70%酒精棉球消毒装有胚胎的塑料吸管,然后剪掉封口一端,装入移植枪内,套上保护外套。移植前胚胎装管:胚胎移植时可用0.25ml吸管分三段吸入PBS保存液,中间由两个气泡隔开,中段含有胚胎;也可用小气泡分成多段装管,胚胎在中段。一步吸管法解冻脱甘油后,用酒精棉球多次消毒吸管,剪去封口即可用于移植。术者用左手扒开外阴,右手持移植器插入阴道,然后左手伸进直肠,移植器到达子宫颈口时,右手用力将移植枪捅破外套填片,插入子宫颈。左手在直肠内诱导使枪头轻轻稳妥地插入黄体侧子宫角至大弯处,持移植器的右手推出胚胎,缓慢旋转地抽出移植枪。妊娠诊断,通常采取直肠检查法,在移植后3个月开始检查。妊娠90天时,子宫继续增大,落入腹腔,可感觉到胎儿的浮动,孕角出现孕脉,子宫壁可触到子叶。应用超声波诊断(B超):对妊娠25天以上的受体牛可用B超检查。

应选择与供体发情周期同步的、生殖道正常、无疾病、繁育史良好的受体接受胚胎移植。胚胎移植的方法与胚胎采集相似,也有手术法和非手术法两种。

4. 胚胎体外生产技术

应用胚胎移植技术进行商业化活动,把胚胎作为商品售出已经十分普及。在美、英、法、德、加拿大、澳大利亚等国家成立的胚胎公司都有很好的效益。例如,1983年年底美国国际胚胎股份有限公司向埃及出口了500个Holstein种牛胚胎。如果直接出口小牛,500头小母牛的体重是175t,而这些冷冻于液氮容器中的胚胎总重不超过45kg。从英格兰把牛运送到新西兰,运活牛每头需用3900美元,运送一个牛的胚胎只需750美元,节约5倍资金。

张立(2005)对牛、羊胚胎工程技术产业化的关键环节进行了研究分析。针对影响牛、羊同期发情、超数排卵、胚胎冷冻、胚胎移植及性别鉴定与控制等主要因素进行试验研究,以期加快我国牛羊良种化进程和胚胎工程技术产业化发展。应用CIDR加氯前列烯醇法比两次氯前列烯醇法对受体牛同期发情效果好,但差异不显著。在牛的同期发情处理中,准备的受体牛至少应有3个月以上的适应期;哺乳期牛同期发情率低,产犊超过3个月以上才能得到较理想的同期发情效果。

胚胎移植的供受体牛、羊需加强饲养管理，提高供受体牛、羊自身的营养水平，饲养管理和营养水平是胚胎移植成功的关键。西门塔尔、利木赞、海福特、安格斯肉牛的超排效果好于夏洛来牛；在发情周期第9～10天效果最好，可用胚比例高。

常采用两次重复超排，间隔时间39天，既大大缩短重复超排间隔时间，又达到理想重复超排效果。在内蒙古典型放牧条件下，海福特肉牛最佳超数排卵时间为5～6月份；安格斯肉牛最佳超数排卵时间为8～9月份。用加拿大进口荷斯坦母牛进行超排，进口药超排平均可用胚数为4.60±3.52枚，国产药平均为5.34±2.68枚，两者之间差异不显著。

在牛胚胎移植中，鲜胚移植显著高于冻胚移植妊娠率，分别为61.74%和45.32%；6天的囊胚移植于6天的受体，妊娠率高达90.91%，显著高于6天的桑椹胚和7天的囊胚妊娠率；我国不同地区最佳胚胎移植季节不同，北方地区以夏、秋季节为好，夏季最佳；华中地区以春、秋季节为好，秋季最佳；南方地区以春、冬季节为好，冬季最佳。研究结果还表明，东北地区绵羊超排处理以10～12月月初效果较好。

方俊顺(2006)在研究牛胚胎体外生产技术时，建立了相对比较实用而且有效的体外胚胎生产程序：采集的卵巢保存于20～25℃生理盐水中，12h左右运回；卵母细胞成熟于M199，添加10%FBS、10%牛卵泡液或20ng/ml EGF，培养24h；冻精用Sp-TALP液（添加有3mg/ml BSA）进行上浮处理；精卵在IVF-TALP液（添加有10μg/ml肝素）共孵育18～20h；受精卵培养于SOFaa（添加3mg/ml BSA）直到发育到桑椹胚或囊胚。

5. 胚胎移植前性别鉴定技术与动物性别控制技术

检测物质取4～8个细胞期胚胎的1个细胞或受精前后的卵第一、第二极体。取样不影响胚胎发育。检测用单细胞DNA分析法，一是聚合酶链式反应（PCR），检测男女性别和单基因遗传病；另一种是荧光原位杂交（FISH），检测性别和染色体病。

孙晓琳(2006)开展了影响性别鉴定胚胎移植妊娠率的因素分析，完善了适用于产业化的性别鉴定技术体系。对黑龙江省牡丹江龙大股份有限公司和新疆金牛集团的800头高产奶牛进行超数排卵处理，用于生产胚胎和胚胎性别鉴定，所生产的雌性胚胎进行鲜胚和冻胚移植，受体牛以东北和河北地区的黄牛为主。通过胚胎性状、受体和两者之间的相互关系分析了性别鉴定胚胎的移植妊娠率，结果表明，胚胎本身状况对移植妊娠率的影响显著，移植妊娠率都是随着胚胎发育阶段的增大而降低。对性别鉴定胚胎的A级胚胎和B级胚胎移植妊娠率进行比较，A级要高于B级，但差异不显著。

李汶(1999)开展了植入前遗传学诊断的临床应用，运用显微操作建立人类胚胎(3～10细胞阶段)显微活检技术和制备单个细胞间期核标本技术，并运用双色荧光原位杂交技术对人类早期胚胎单卵裂球进行性别鉴定。该技术具有快速诊断(6h)、仅需微量标本（1个细胞）及不需细胞培养等特点，性别鉴定准确度高(100%)。

动物性别鉴定是一项能显著提高经济效益的细胞工程技术。所谓性别控制，就是通过人为干预或操作手段使母畜繁殖所需的后代。家畜性别控制主要有两条途径，一是X与Y精子的分离，二是胚胎性别鉴定。胚胎性别鉴定是通过细胞生物学和分子生物学的方法识别胚胎性状，有效控制动物后代性别比例，达到提高家畜生产力的一种技术。一般有细胞遗传分析、X染色体关联酶测定、胚胎发育速率的差异性分析、雄性特异性抗原检测、Y染色体特异性DNA探针杂交等。

(1) 细胞生物学方法

对于细胞生物学方法，主要是通过核型分析对胚胎进行性别鉴定。这是最为准确地鉴定胚胎性别的方法。但是，这种方法胚胎的浪费现象严重，而且耗时，因此不实用于实际生产。由于其准确性高，常被用来验证其他方法的准确性。

(2) 分子生物学方法

随着PCR技术的发展和应用，使性别鉴定的准确率显著提高，一般都可达90%以上。分子生物学方法主要是通过PCR扩增Y染色体性别决定区的Y基因(SRY)来进行胚胎性别鉴定。但是这种方法容易受外来污染的影响，而且一些技术环节尚需完善，因此还难以推广应用。

PCR反应鉴定胚胎性别一般的条件为在每个加有样品的离心管中依次加入8.5μl YCD(Y染色体检测，即引物)，然后将其摆放在PCR反应槽。变性温度95℃，延伸温度72℃，退火温度64℃，经过30个循环，65min进行DNA扩增。电泳PCR扩增结束后，吸取5μl溴酚蓝对样品染色并点样，启动电泳仪。样品在130～140V电压的琼脂糖凝胶板上运行15～20min。结果分析，如样品只出现两条带，即雌雄共有的常染色体基因片段和"引物带"，即为雌性胚胎。

从理论上讲，可以通过激活卵母细胞实现孤雌生殖及克隆技术实现家畜的性别控制，但是还需进行很多的基础研究。可见，真正地对家畜进行性别控制还需在技术上和理论研究上开展大量的前期研究工作。尽管距离商业化应用还有很长的路要走，但最终会实现动物繁殖的性别控制。

6. 胚胎的冷冻保存技术

胚胎冷冻保存技术首次成功是在1971年，牛、兔、绵羊、山羊及大鼠等的胚胎均已实现超低温冷冻长期保存，其中尤其以牛的胚胎冷冻研究最为成功。

精子、卵母细胞和早期胚胎的冷冻保存方法是在动物细胞冷冻保存的基础上发展起来的，这解决了一个家畜繁育产业化的重要问题，保证了人工授精、胚胎移植等技术不受环境、地点和时间等因素的限制，精液的保存通常是在0～5℃，但是有一定时间限制，卵母细胞的冷冻保存要比精子和胚胎困难，胚胎的保存根据实际情况分为短期临时保存和长期冷冻保存等。现在世界各国已经建立了许多动物或人类的精液库或胚胎库。胚胎的冷冻保存技术对胚胎工程具有重要的研究意义。

1) 胚胎冷冻保存技术为建立优良品种的胚胎库或基因库提供了条件。

2) 同时也便于胚胎的运输和移植。与保存精子相比，胚胎冷冻保存更具优越性，因为胚胎冷冻后运送到世界各国均可以移植给任何品种获得纯种后代。因此，引进胚胎就等于引进了活畜，而且还可以避免或降低因活体运输而传播疾病的机会。

3) 利用胚胎低温保存技术可以长期保存珍贵品种或濒临灭绝的物种遗传资源。鲜胚移植必须供体和受体同地饲养、同期发情、同日回收和胚胎移植，因此不太方便。而冷冻胚胎移植不受时间和空间等因素的限制，只要找到合适的受体，观察到发情特征后，在受体处于和胚龄相应的时期，就可随时解冻胚胎进行移植。

尽管冷冻胚胎移植比鲜胚移植方便，但仍有产羔率比较低、流产率较高等不足。这主要是因为关于冷冻对细胞核影响和胚胎冷冻基础研究等还比较欠缺，尤其是冷冻过程中细胞形态和代谢上的影响是制订冷冻保存操作的最大难题。加大基础理论研究，解决胚胎冷冻过程中关键技术，将为胚胎工程的产业化发展打下良好的基础。

对活组织和细胞进行冷冻保存时，冷冻过程将可能对细胞造成损伤，主要的损伤机制包括以下几个方面。①溶液效应造成化学损伤。在冷却速度较慢的情况下，胞外溶液中水分大量结冰。与海水中的冰山主要是淡水形成而盐分很低的情况相类似，细胞外溶液结成的冰中溶质很少，这样就造成胞外溶液浓度提高，从而使胞内水分大量渗出，细胞强烈收缩，并使细胞长时间处于高浓度溶液中。②细胞内结冰造成物理损伤。冷却速度过快时，胞内水分来不及通过细胞膜向外渗出，胞内溶液过冷而结冰，从而造成物理损伤。另外，在复温（解冻）过程中，如果复温速率不当也可能引起细胞内结冰（重结冰）而损伤。③细胞渗透压异常损伤。抗冻保护剂的加入或去除不当，则会引起细胞渗透压明显变化，细胞内外电解质浓度改变等，从而造成细胞或胚胎损伤。为解决上述问题，发展出了各种冷冻方法，应用比较广泛的是程序冷冻法和玻璃化冷冻法。

（1）程序冷冻法

程序冷冻法主要采用低浓度冻结保存剂梯度脱水，经程序冷冻仪缓慢降温。主要操作步骤包括：将细胞顺序放入一系列逐渐增加保存剂浓度的溶液中梯度脱水，置入程序冷冻仪快速降温至－6℃植冰（人工诱导冰晶形成），然后程序冷冻仪缓慢降温至－80～－30℃后液氮储存。在这一过程中胚胎逐步脱水，希望能够解决胚胎冷冻造成细胞损伤机制中存在的 3 个问题。但程序冷冻也存在一些问题：首先，冷冻和复苏时 2 次冰晶形成，增加了损伤的机会，溶液效应（冷冻时，细胞外渗透压高）和渗透性休克（复苏时，细胞外渗透压低）依然没有彻底解决；其次，程序冷冻耗时（3h）且需要昂贵的程序冷冻仪。

（2）玻璃化冷冻法

慢速冷冻法即玻璃化冷冻，来自于自然的启示，科学家发现某些种类的青蛙可在冬季经历零下数十度冷冻，而在春季解冻且机体没有任何损伤。这种青蛙冷冻时体内存在丙三醇，代替水作为细胞内溶剂，而在春天苏醒后体内丙三醇消失。“玻璃化”的概念是指水或溶液快速降温，形成一种高黏度的介于液态和固态之间、非晶体的、透明的玻璃态。玻璃化冷冻技术的基本原理就是用高浓度的冷冻保护剂将细胞内水分置换出来，经急速降温由液态转化为外形似玻璃状的非晶体化固体状态。1985 年玻璃化冷冻鼠胚胎首次获得成功。玻璃化冷冻保存细胞已成功应用于动物卵母细胞、血细胞及胚胎、眼角膜、皮肤、血管等组织中，而人类胚胎中的应用始于 1990 年，目前已经获得广泛成功。

玻璃化冷冻技术是快速冷冻与高浓度冷冻保护剂相结合的结果。快速冷却，低温时形成透明的玻璃状固体，冷却过程中黏度很高，但无冰晶形成，避免冰晶形成对细胞脂质膜及细胞骨架结构的损伤，保留细胞内外液体正常的分子和离子分布。玻璃化冷冻的主要操作步骤简单，包括：高浓度的冷冻保护剂置换细胞内外的溶液、快速降温、使溶液黏稠度极度提高并固化、放置液氮保存等。

影响玻璃化冷冻效果的因素主要包括以下几个方面。①冷冻保护剂。同一种组织细胞，冷冻保护剂的浓度和种类是最重要的一个影响因素。细胞外冷冻保护剂一般采用大分子物质，如多糖类（蔗糖、海藻糖）、聚乙二醇、胎牛血清白蛋白和 Percoll 等；细胞内冷冻保护剂为具有良好穿透性的小分子物质，如二甲基亚砜、乙二醇和丙二醇。②温度下降速度。降温速度越快越好。③胚胎载体。对胚胎载体的要求是胚胎周围的冷冻保存剂体积应尽量小，与液氮间隔尽量少，操作简便且不易丢失胚胎，玻璃化胚胎冷冻技术可明显提高胚胎的复苏率和移植后患者的临床妊娠率，是一种很有前途的方法。

二、胚胎分割技术体系

1. 胚胎分割技术

胚胎分割是根据胚胎细胞发育的不同阶段，将一枚胚胎用显微手术的方法分割成 2 细胞、

4 细胞甚至 8 细胞胚胎(图 10.1),经体内或体外培养,然后移植入受体中,以得到同卵双生或同卵多生后代的技术,也是胚胎克隆的一种方法。

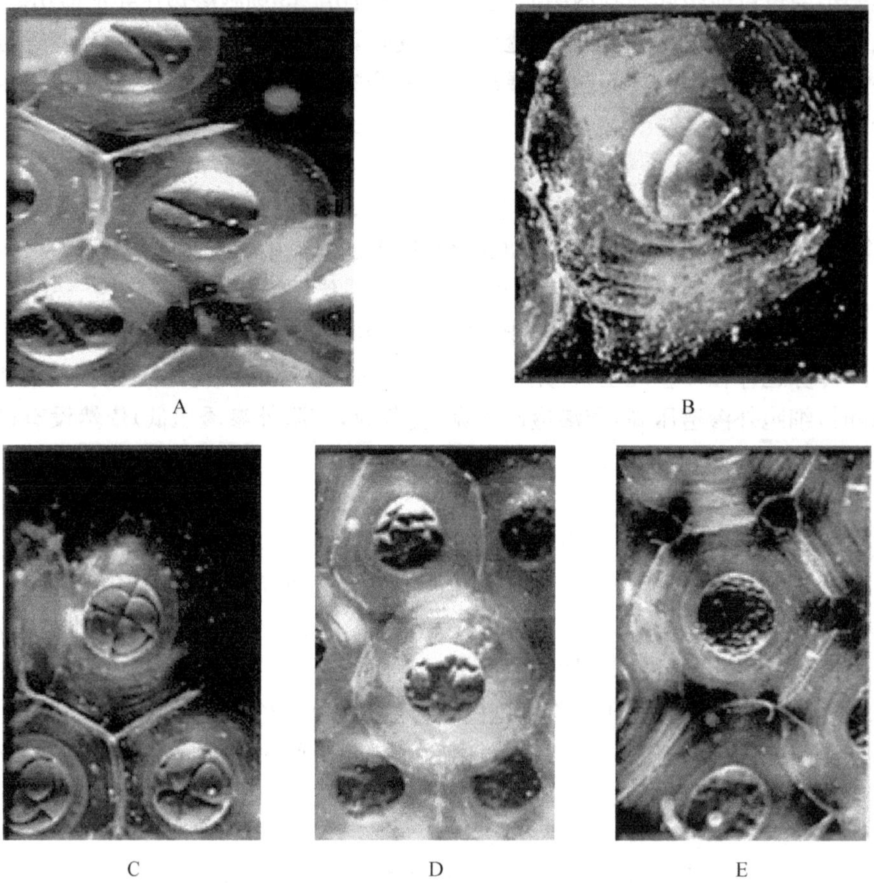

图 10.1 受精卵胚胎分裂为 2 细胞到多细胞的不同阶段

A. 2 细胞阶段;B. 4 细胞阶段;C. 8 细胞阶段;D. 32 细胞阶段;E. 桑椹阶段

胚胎分割是运用显微操作系统将哺乳动物附植前胚胎分成若干个具有继续发育潜力的部分,从而获得同卵孪生后代的生物技术。在胚胎数一定的情况下,通过胚胎分割可获得较多的后代,有助于提高动物的繁殖力,增加牛、羊等单胎动物的双胎率;同时也是细胞核移植、胚胎嵌合、胚胎性别鉴定、基因导入等研究工作的基本操作技术,在畜牧生产、实验生物学或医学上均具有重要意义。

胚胎分割研究的逐步深入,胚胎冷冻保存技术的逐步完善,促进了胚胎分割技术的发展和应用。胚胎分割与性别鉴定、体外授精等繁殖新技术相结合是胚胎生物技术发展的必然结果,对胚胎分割的推广起到了促进的作用。

我国家畜胚胎分割及相关的研究工作,自 20 世纪 80 年代晚期以后进展也很快。兔半胚分割、山羊鲜胚分割、冻胚分割、徒手分割、半胚移植等与胚胎性别鉴定有机结合,推动了胚胎分割的深入研究和推广。胚胎分割的方法常分为 5 种。

(1) *酶消化去透明带后分割法*

用 0.25%~0.5%的链霉蛋白酶去掉胚胎透明带,然后用显微玻璃针或微手术刀将裸胚一分为二。

(2) 酶软化透明带后显微分割法

用0.5%的链霉蛋白酶软化胚胎透明带，若是紧密化胚胎（如桑椹胚），则需在无钙、镁的平衡盐溶液中处理20min，使胚胎去紧密化，将胚胎固定，把针置于欲分割的胚胎上面，使其与胚胎形成30°角，对准胚胎的正中平分线徐徐下压，即可将一个胚胎分割成两半。

(3) 显微针分割法

该法适用于卵裂球阶段的胚胎。操作时在显微操作仪下将胚胎固定，用玻璃针在透明带上作一切口，将卵裂球从透明带中移出，并吹吸卵裂球使之离散，将其装入2个预先准备好的空透明带内，进行移植。该方法具有较高的同卵双生率，但操作程序复杂。

(4) 显微刀分割法

该法适用于对桑椹胚和早期囊胚进行分割。在显微操作仪下固定胚胎，用特制显微刀片将胚胎均匀一分为二，分别装入空透明带中，进行移植。

(5) 徒手分割法

徒手分割法主要适用于分割体积较大的胚胎，其优势在于可以不用显微操作仪。在立体显微镜下，用止血钳夹住切割刀片，将透明带切开一部分，再用直径略小于胚胎的毛细管吹吸几次，胚胎从透明带中脱出。手持玻璃针自上而下对称切割裸胚。这种方法多用于分割桑椹胚和囊胚。该方法操作简便、快速，便于生产应用，但要求有较为灵巧的操作技能。

2. 细胞核移植技术

细胞核移植技术，是指将一个动物细胞的细胞核移植至去核的卵母细胞中，产生与供体细胞核动物遗传成分一样的动物的技术。科学家已经先后在绵羊、小鼠、牛、猪、山羊等动物获得胚胎细胞核移植后代，体细胞克隆也在牛、山羊、小鼠等物种上获得了成功，目前人类在细胞核移植研究中取得了重要的研究成果。

2008年，英国批准利用细胞核移植技术培育人兽混合胚胎用于研究帕金森病和阿尔茨海默病等神经系统变性疾病，在此项研究中，纽卡斯尔大学把从人类皮肤细胞中提取的DNA注入来自母牛卵巢的卵子，母牛卵子的所有遗传物质已基本被去除。经过在实验室的3天发育，最终得到了所谓的人兽混合胚胎。这个已经存活了几天的人兽混合胚胎，含有32个细胞，研究人员希望在它生长6天后，从中取出干细胞以供研究。

人兽混合胚胎引发人们激烈的口水战。最先挑起这场争论的，除了纽卡斯尔大学研究小组带头人莱尔·阿姆斯特朗外，还有伦敦国王学院干细胞实验室主任、沃夫森老年疾病研究中心的资深讲师斯蒂芬·明格。最终他们二人带领的研究小组，共同获准进行人兽混合胚胎研究。做法是从患者身上获取带有帕金森病等病症的基因模式的细胞，将其植入去除了细胞核的牛的卵子中，获得带有某些基因缺陷的胚胎干细胞，以进行医学研究。

下面以蛙的细胞核移植为例，说明细胞核移植的一般步骤。

(1) 受体卵的准备

1) 去膜。经人工催产使蛙卵成熟。挤出成熟的蛙卵，逐个去掉卵胶膜，把卵整齐地排列在高温灭菌过的培养皿内，使其黏于皿底。并使卵子动物极朝上，以便进行激活和挑核。然后加入适量的手术液，每次可在一个培养皿内排列25～40个卵。

2) 激活。蛙卵在未受精前仍处于第二次成熟分裂的中期。为了使卵子完成第二次成熟分裂，排出第二极体，在解剖镜下，用一枚消过毒的玻璃针在动物极靠近赤道的地区浅刺一下，目的是代替自然授精时精子进入卵的过程。由于针刺动作比精子进入卵的速度快得多，所以针刺手术要轻缓。激活后的卵子，10～15min后产生第二极体。在解剖镜下可见动物极附近有一折光的圆形小球，即第二极体。

3）挑核。当第二极体出现时，用一枚消过毒的玻璃针在极体处斜插入卵子表层，然后迅速提起针尖，由于卵黄膜的破裂，极体下的卵核随着一小部分细胞质流出卵外，形成一个卵外球，一般极体排出 15min 以后会逐渐消失。这样挑核应在极体出现后 10min 内完成，否则核将沉入卵子中心，去核手术不易成功。

4）再去膜。挑核后经过 10min 左右，待伤口基本愈合时，用两把磨得很尖的钟表镊子，依次剥去卵外胶膜，直至余下一层受精膜为止。操作步骤如下：在解剖镜下，先用一把尖头镊子的尖端从卵子附着皿底的胶膜处小心而快速地插入到最内层胶膜，然后夹紧胶膜，把卵固定住，再用另一把镊子从卵子另一侧夹紧胶膜，向上向后把胶膜掀去，若用两把镊子左右对拉，则易损伤卵子，且使卵质变位，影响胚胎发育。剥膜后的卵子移到盛有手术液的培养皿中，置于玻璃板上，供注核用。

（2）供体细胞的分离

取囊胚或早期原肠胚的外胚层作为供体细胞。先在滤纸上除去胶膜，然后移入皿底涂有一层琼脂并盛有分离液的培养皿中，用两把镊子剥去胚胎外余下的各层胶膜，切下外胚层，吸去不用的胚胎部分。将一个很小的组织块放在分离液内数分钟，并轻轻摇动，细胞便可自行分散。如不分散，可用毛细吸管轻轻吹打。分散后的胚胎细胞用毛细吸管移到盛有手术液的培养皿中，置于涂有琼脂的小载玻片上，作为移植时的供体细胞。

（3）核移植

1）显微注射器的准备。每次手术前应向显微注射器的整个管道系统灌入手术液或双蒸水，检查管道的各衔接处是否漏气。管内只要有一极小的气泡，注射器的调节就会失灵。同时应注意选择弹簧上弹性较灵敏的部位以便准确操作。

2）微型吸管的制备。吸管最好用软质玻璃管。制作前，先将玻璃管用洗液洗净，再用蒸馏水彻底将酸洗去。这样可使拉出的微型吸管内部洁净，不影响细胞核的吸入和射出。将玻璃管拉成口径 1mm 的细管，然后在微火焰上，再拉成微型吸管，管径为 10～20μm。

3）吸细胞核。吸核的方法不是将微吸管头刺入供体细胞内吸取细胞核，而是利用显微操纵台通过轻轻地来回转动千分尺外径，将一个细胞慢慢地吸入微吸管。必须注意微吸管的内径要比细胞小，这样能使被吸入的细胞由于吸力的作用而破裂。可以依靠目测，将细胞核和包在它周围的一部分细胞质一起吸入管内，避免细胞核直接与液体接触，以免受损。还应调节使供体细胞尽量靠近管口，避免注核时带入较多的手术液。

4）注核。将吸有供体细胞核的微型吸管在离动物极 45°左右的地方刺入动物半球的中心，再稍微向上提一下管口，然后轻轻地推动微量注射器，把管内的细胞核连同周围的细胞质慢慢地注入卵内。如果注射速度太快，注入卵内的压力过大，则会使卵子破裂，导致实验失败。一般从首次去卵胶膜到注入完 15 个左右的核，需 2～2.5h，时间过长，将会影响移核卵的发育。

5）培养观察。移核后的卵子转入 1/10 Holtfreter 液中，置 25℃恒温箱中培养。及时观察卵子的发育并做好记录。

6）用同批卵按常规人工授精的方法获得受精卵。置培养皿中，在同等温度条件下培养，以便与移核卵作对比观察。

3. 胚胎嵌合技术

将两枚胚胎细胞（同种或异种动物胚胎）融合共同发育成为一个胚胎，即为嵌合胚胎。

将该胚胎移植给受体，妊娠产仔，如该仔畜具有以上两种动物胚胎的细胞称为嵌合体动物。嵌合体一词起源于希腊神话，它是指狮头、羊身、龙尾的一种怪物。例如，同种类黑鼠和白鼠胚胎细胞嵌合，生下黑白相间的花小鼠。不同种的绵羊和山羊胚胎细胞嵌合，生下绵山羊，既有绵羊的特征，又有山羊的特征。该技术多应用于发育生物学、免疫学和医学动物等学科的研究。

利用该项技术也可检测动物胚胎干细胞的全能性，即将胚胎干细胞和同种动物胚胎嵌合，如生下嵌合体，包括生殖系在内的组织细胞嵌合，即可确认该干细胞具有全能性。在畜牧业生产中具有重要意义，如对水貉、狐狸、绒鼠等毛皮动物，利用嵌合体可以得到按传统的交配或杂交法不能得到的皮毛花色的后代，提高毛皮的商品性能，可以克服动物间杂交繁殖障碍，创造出新的物种。设想利用该项技术可以进行异种动物妊娠产仔，加快珍稀动物的繁殖，例如，利用其他动物代替珍贵的大熊猫妊娠产仔，加快其繁殖。可通过该技术培育出含有人类细胞的猪，使猪器官能为人类器官移植所用。可将外源基因导入一种细胞和胚胎融合，生下含有该外源基因的嵌合体动物，具有重要的研究和生产应用价值。目前嵌合体动物有小鼠、大鼠、绵羊、山羊、猪和牛等；种间嵌合体动物有大鼠-小鼠嵌合体，绵羊-山羊嵌合体，马-斑马嵌合体，牛-水牛嵌合体。我国嵌合体动物有小鼠、家兔和山羊。

嵌合体是由两个或两个以上具有不同遗传性状的胚胎（细胞）结合在一起发育而成的个体。嵌合体的制作主要有囊胚注入法和聚合法两种。相比较而言，聚合法操作简单，但成功率较低，主要因为胚胎聚合是建立在发育相对同步化胚胎的基础上，而同时获得这种胚胎较为困难；另外，聚合过程中各个环节的技术性和操作性都很强，影响因素很多，如透明带去除，胚胎聚合条件、聚合胚的培养液和培养环境等。近年来随着干细胞技术的快速发展和应用潜力的不断显现，通过个体间的胚胎嵌合技术获得具有组织相容性的胚胎干细胞，已成为解决众多医学问题的有效途径。因此，同品种内不同个体间胚胎的相互嵌合已经成为汇聚该途径的焦点。然而，胚胎嵌合技术成功率低的问题严重地制约了这一技术领域的快速发展。华云芳（2005）通过对嵌合技术主要环节如透明带去除、聚合浓度选择、聚合胚胎发育时期选择、聚合体系建立以及培养方法创新等方面进行系统研究，探讨其对猪嵌合体制作的影响，建立了一套适宜猪嵌合体胚胎制作的程序，以提高聚合胚胎的发育率，延长聚合胚胎的发育阶段。

嵌合体小鼠技术具体培育过程如下。

1）首先用两对不同品系的近交系小鼠在同一时刻进行纯交。为了使其后代便于区分，常选择毛色不同品种的近交系小鼠，如选用白毛的 SJL 小鼠与黑毛的 BL/10 小鼠。

2）当受精卵分裂为 8 分裂球时，分别将它们从各自母体的子宫上分离下来。然后用蛋白酶消化分裂球外面的透明带，使分裂球“裸露”。

3）在 37℃的条件下，将来自两个品种的两个分裂球彼此接触，任其黏成一个具有二倍体积的早期胚胎。

4）将早期胚胎继续培养到具有 128～256 个细胞的胚囊。

5）通过手术把胚囊移植到寄养母鼠的子宫内，让它继续发育，直至出生。

6）新生小鼠长出毛后，其毛色表现为既不像父系 SJL 品系的全白色，也不像母系 BL/10 品系的全黑色，而是表现出黑白条或块状的毛色。这说明新生鼠的组织是由“黑色”细胞和“白色”细胞嵌合而成的，是一只嵌合体小鼠。

三、胚胎干细胞技术

胚胎干细胞(ES细胞)是一种高度未分化的细胞。它具有发育的全能性,能分化出成体动物的所有组织和器官,包括生殖细胞。研究和利用ES细胞是当前生物工程领域的核心问题之一。干细胞在医学界被称为"万能细胞",是未成熟但可再生为各种组织器官和具有自我复制能力的多潜能细胞。人类胚胎干细胞不但是研究人类发育、了解先天异常及单基因遗传病发病机制的唯一模型细胞,还可通过定向分化诱导,具有再生为各种组织器官和人体的潜在功能。

卵细胞有一种神奇的能力,即让细胞初始化。受精的过程就是一个最有利的证据,因为精子已经是高度分化的细胞,它们的DNA上面满是甲基化和组蛋白修饰的"黏合书页"。但是一旦与卵子结合,所有的黏合剂就消失了。实际上,能保持这种全能性的还不仅仅是受精卵。在受精卵分裂6~7次时,会先形成一个具有100个左右细胞的细胞块,这些细胞具有转变成人体任何一种细胞的能力(只是不能发育成胎盘),这就是胚胎干细胞。

干细胞的研究最早可以追溯到20世纪60年代,全球科学家通过对动物干细胞的研究一步步进展到人类干细胞研究,取得了一系列突破,并逐步应用到临床治疗领域。目前一些疾病如血液疾病、恶性肿瘤、心血管疾病、免疫性疾病、组织损伤等已经可以通过干细胞技术进行治疗,展望未来,干细胞研究发展将会给更多的疾病提供治疗方法。在干细胞研究领域最为领先的是美国和日本,中国国内很多研究院所和医院也取得了一些不错的研究成果。

1. 形态特征研究

ES细胞具有与早期胚胎细胞相似的形态结构,细胞核大,有一个或几个核仁,胞核中多为常染色质,细胞质少,结构简单。体外培养时,细胞排列紧密,呈集落状生长。用碱性磷酸酶染色,ES细胞呈棕红色,而周围的成纤维细胞呈淡黄色。细胞克隆周围存在明显界限,克隆细胞彼此界限不清,细胞表面有折光较强的脂状小滴。细胞克隆形态多样,多数呈岛状或巢状。小鼠ES细胞的直径为7~18μm,猪、牛、羊ES细胞的颜色较深,直径为12~18μm。

2. 干细胞功能研究

胚胎干细胞具有多能性,特点是具有通过细胞分化成多种组织(所有组织,包括生殖系细胞)的能力。它可以发育成为外胚层、中胚层及内胚层三种胚层的细胞组织,如造血干细胞。在无外界提供分化的刺激下(即可在实验环境下生长),胚胎干细胞经过多重细胞分裂之后,仍然具有万能分化性。成体干细胞能否保有万能分化性,直到现在仍然有争议(目前一般不采用体外传代来扩增成体干细胞)。不过,有研究已显示多能干细胞可以从成纤维细胞等很多细胞中产生出来,即诱导多能干细胞(induced pluripotent stem cell,iPS cell),越来越多的数据显示这种多能干细胞与胚胎干细胞还是存在很大差异的。

我国中南大学生殖与干细胞工程研究所建成了目前世界上最大的具有不同组织相容性抗原的人胚胎干细胞库,可为干细胞治疗提供重要种子资源,并为解决胚胎干细胞应用面临的安全性问题提出了极具创新性、可应用于临床的研究成果。

3. 热点领域研究

干细胞是一类非特异性的细胞类型,具有自我更新和分化潜能,在一定条件下可以分化成多种功能的细胞。它们实际上属于存在于人类和动物发育某个阶段的一类原始状态的未分化细胞,除了进行自我更新,还可以在一定条件下分化成为功能特异的组织类型。

由于干细胞的特殊性能，它们在组织修复和新陈代谢过程中起到非常重要的作用。按照分化潜能，干细胞分为全能干细胞、多能干细胞和特定性能干细胞，按发育进程分为胚胎干细胞和成体干细胞。

当然，干细胞研究并非一帆风顺，对胚胎干细胞的研究会毁坏胚胎，这引发了道德伦理的激烈争论，以美国为首的很多国家都颁布了禁令，限制对人体胚胎干细胞的研究。2007 年，美日两国的科学家在干细胞领域的研究取得突破性成果，通过普通的体细胞培育出诱导多能干细胞（iPS 细胞），该细胞具有类似胚胎细胞的分化能力。这有望避开生物伦理争论，将胚胎干细胞研究推向一个新的阶段。2008 年，iPS 细胞研究被《自然》和《科学》杂志分别评为第一和第二大科学进展。2009 年，奥巴马总统签署命令宣布解除联邦经费资助人类胚胎干细胞研究的限制，这将推动干细胞基础研究，扩大其在医学领域的应用。2012 年诺贝尔生理学或医学奖获得的重要成就是在干细胞研究领域作出的杰出贡献。目前研究热点正是这种诱导多能干细胞。

由细胞核转移技术诞生的多莉羊曾经在中国掀起一阵“克隆”热，iPS 技术则直接证明，用 4 个转录因子就可以让终末分化的体细胞回到原始的多能干细胞状态。iPS 不仅在生物学理论上有突破，在伦理学上绕过了胚胎干细胞，在实际应用上它也具有非常大的潜力。因为 iPS 具有非常广泛的而且在某些方面优于胚胎干细胞的应用前景，有关这个技术本身的基础研究也在如火如荼地展开。

1）iPS 细胞在很大程度上等同于 ES 细胞。除了它们都表达一样的多能性的 marker 外，有人做过它们全基因组表达谱的比对。iPS 细胞和 ES 细胞的差异约等于两个不同的 iPS 细胞克隆的差异，证明 iPS 细胞几乎与 ES 细胞相同。利用 iPS 细胞培育出小鼠个体，最终证明 iPS 细胞和 ES 细胞具有一样的多能性。那么 iPS 细胞是不是完全和 ES 细胞一样呢？也不是。有少量基因表达不同，一些在基因组上表观遗传（cpigcnctics）修饰有差别，分化成某个细胞系的能力也有强有弱。iPS 还带有原细胞的记忆，如来自血液细胞的 iPS，相比来自成纤维细胞的 iPS，更容易重新分化成血液细胞。这些记忆可以通过持续传代培养，或者一些表观遗传相关的药物处理逐渐消失。

2）iPS 细胞的来源。需要思考什么细胞最容易重编排成 iPS。要用 iPS 细胞修复受损的心脏细胞，是不是来源于心脏细胞的 iPS 更好。最近有报道称取点血样就可以做成 iPS，以后就不用动手术取皮肤组织。

3）iPS 重编排的机制。现在做各种细胞信号通路、small RNA、转录因子、表观遗传方面研究时，都从各个不同角度研究重编排的机制，还有 iPS 自我更新、增殖、分化的机制。

4）提高诱导 iPS 的效率。现有的诱导 iPS 的方法效率很低，而且这 4 个转录因子一直过表达可能致癌且可能会影响后续的分化能力。蛋白质因为在诱导 iPS 后会慢慢降解，所以大大降低了致癌可能性。最好的办法还是用小分子来诱导，小分子随时可以撤走，方便、简易、成本低。现在两个转录因子加小分子就可以诱导 iPS，预计不远的将来，4 个转录因子都会被小分子取代，诱导的效率会大大提高。

5）iPS 致癌的原因。iPS 技术的发明者山中伸弥在研究如何区分好的和不好的（致癌的）iPS 细胞。通过发现好与不好的 marker，用荧光激活细胞分选技术（fluorescence activated cell sorting，FACS）分选纯的 iPS，致癌性有可能大大降低。

6）转分化。分化的体细胞—iPS—分化的其他细胞的路线用时比较长，人们预计一种类型的细胞可以跳过多能干细胞这一环节直接转分化成另一类型的细胞，这个设想已经实现。

7) iPS细胞的分化。细胞治疗用到的可能是iPS细胞,iPS分化成的干细胞,也可能是功能性的终末分化细胞。iPS在体外高效地分化成组织特异性的细胞,这在某些细胞系已经得到实现,如会跳动的心脏细胞,会放电的神经细胞,但是还有很多细胞系没有实现。筛选能促进细胞分化的小分子是研究的重点。同样,这些小分子在体内可能直接帮助缓解某些疾病病症。

第三节 试管动物

一、概述

将供体的精子和卵子在体外授精、体外培养胚胎,然后将发育到一定程度的胚胎移植入受体,可以得到各种动物。由于体外授精一般都在试管内进行,因此称为试管动物,也有称为体外授精动物。

英国科学家在试管婴儿问世后成功地把美国的试管猪胚胎移植到英国猪的子宫内膜上,使英国猪一次产下了8头"美籍英国猪"。1984年,我国内蒙古大学的旭日干教授成功地获得世界首例试管山羊。

试管猪、试管羊的诞生,标志着试管动物研究的成功。在进行试管动物的研究中,由于人工配制的营养液的温度、湿度等条件达不到受精卵的要求,因此要将由试管得到的体外授精卵运输到别的地方怀孕,就需要一个合适的储运载体。于是人们将受精卵寄放在比较小的动物的输卵管里储运,并选中了体形小、寻找方便、饲养容易、性格温和的兔子作为子宫运输车。将大牲畜牛、羊等体外授精的受精卵,先移植到兔子的输卵管中,兔子带着牛、羊的受精卵登上飞机穿洋过海,到达目的地后,立即从其输卵管中取出牛、羊等的幼胚,移植到合适的代孕母体子宫中怀孕、发育、分娩,然后,由代孕母体将幼仔哺乳喂大。

试管家畜是当代生物工程技术的一项突破性成果。1988年,我国第一胎"试管绵羊"在内蒙古大学实验动物研究中心顺利降生。1998年我国又成功地培育出首胎"试管牛"。"试管绵羊"和"试管牛"的成功培育,在国内外引起强烈反响,这使我国从此成为继美国、日本、法国之后在世界上拥有此项技术的为数不多的国家之一,标志着中国在该领域的研究已进入世界先进行列。

一般试管动物的培育流程:

精子的采集与体外获能处理—卵子的回收与成熟培养—卵子与精子的体外授精—受精卵的体外发育—试管胚胎的移植

二、试管婴儿

试管婴儿是体外授精联合胚胎移植技术的俗称,是指采用人工方法让卵细胞和精子在体外授精,并进行早期胚胎发育,然后移植到母体子宫内发育而诞生的婴儿。

每当提到试管婴儿研究的历史,总是说到一个名字,就是华人科学家张明觉,在1959年他首次成功地把兔子的精子和卵子在体外结合,再放回到兔子的子宫里,体外授精的卵子发育正常,文章发表在1959年的《自然》杂志上。张明觉在1908年出生于中国山西,1933年从清华大学毕业,1938年到英国学习,1945年到美国麻省理工学院开始研究生殖与发育。据说他获得5次诺贝尔奖提名,但都与诺贝尔奖擦肩而过,很多人都认为他是体外授精领域的开创者,是试管婴儿的祖父。

1977年世界首例试管婴儿在英国成功。斯特普特(Steptoe)医生从一位英国妇女Lesley Brown的卵巢里取出一个卵子,爱德华(Edwards)把这个卵子和Lesley丈夫的精液混在一起,成功地在体外培育出一个受精卵。2天以后,Steptoe医生把具有8个细胞的受精卵植入Lesley的子宫里。受精卵成功地在子宫里安家,成功怀孕。这是一个女孩,叫Louise Joy Brown。从此,科学使人类能够或者说是能够帮助人类在试验室里制造生命。

1978年,印度创造了世界第一个冷藏试管婴儿(即世界上第二个试管婴儿)。

1984年,澳大利亚诞生了一胚4胎的试管婴儿,创造了世界多胚胎试管婴儿的记录。

北京医科大学于1988年完成了中国大陆首例试管婴儿。试管婴儿技术适用于女性输卵管堵塞、粘连、宫颈黏液问题,男性少精及不明原因的不孕不育。女方超过40岁一般不宜做试管婴儿,因为卵巢对药物反应差,得到的卵子数目和质量都不能满意,而且卵子受精率低、流产率高,但也有一些助孕中心为高龄妇女做试管婴儿获得成功。中国著名的妇产科医学专家张丽珠教授,1988年在北京大学第三医院开创了中国首例试管婴儿的先河,由此她享有"中国试管婴儿之母"的美誉,受到了国内外医学界和大众的好评。

1990年,世界首例种植前遗传学诊断(preimplantation genetic diagnosis,PGD)试管婴儿成功培育。

1996年,我国的第二代试管婴儿在中山医科大学获得成功,国内已经开展了囊胚期培养及辅助孵出、冻融胚胎移植、卵子冻存等方面的研究。

2000年3月,我国首例超快速冷冻胚胎移植的试管婴儿在湖南医科大学人类生殖工程研究室诞生,这为取代目前常用的慢速冷冻法的胚胎冷冻保存技术奠定了基础。这些研究成果标志着中国在该领域的研究已进入世界先进行列。

2010年的诺贝尔生理学或医学奖授予英国人罗伯特·爱德华兹,主要表彰他对体外授精所作出的开创性贡献。而梵蒂冈几乎立即宣布罗马教廷反对这个决定,认为体外授精违背了人类的自然状态,割裂了性与生育之间的联系。体外生殖技术,从诞生的时刻开始,就成了科学、人性、宗教与政治的交汇点。

根据李志勇(2003)在《细胞工程》中的研究,目前试管婴儿可分为四个阶段。

1) 第一代试管婴儿。第一代试管婴儿是指将患者的卵子和精子在培养皿内混合让卵子受精,然后将受精卵在体外培养所产生的胚胎移植到患者子宫内的一种辅助生殖技术。第一代试管婴儿又称为常规试管婴儿。第一代试管婴儿技术主要是针对女性不孕研究出来的技术,该项技术是1977年由Steptoe和Edwards创造的。

2) 第二代试管婴儿。1992年帕列若莫(Palermo)的单精子卵胞浆内注射(intracytoplasmic sperm injection,ICSI)是第二代试管婴儿。

第二代试管婴儿是在第一代试管婴儿基础上发展而来的。在做第一代试管婴儿时发现,当精子数量少、活力低下或畸形时,很难与卵子结合形成受精卵。为了使精子更容易与卵子结合,就利用特殊方法将精子直接注射到卵子中,直接做成受精卵,由此而产生的胚胎直至婴儿被称为第二代试管婴儿。在常规试管婴儿治疗过程中,将获取到的卵子和精子经过一定的处理后放在特定的环境中,在经过一定时间后精子和卵子会自然地结合在一起成为受精卵,这个过程称为第一代试管婴儿。但如果精子质量或数量异常,在经过一定时间后精子和卵子则不会结合在一起成为受精卵，这时需要使用一种特殊的方法让卵子受精，这就是单精子卵胞浆内注射，也就是所谓的第二代试管婴儿技术。

与第一代试管婴儿相比主要是技术难度和适用范围不同。在技术环节上，除了包括与第一代一样的基本环节外，主要是体外授精的方法不同。一般通过先进的显微注射仪将单个精子注射进卵母细胞内使其受精，因此这种方法又称为显微授精。优点是：不受精子浓度、形态的影响，而且正常受精率高，多精受精率低。第二代试管婴儿的技术关键在于显微操作系统与注射技术的建立。适用于男性原因的不孕，如少精、弱精、畸形精和无精等；还可用于常规采用试管婴儿技术但不授精或受精率低等情况。

3）第三代试管婴儿。目前该领域的一个发展方向是种植前遗传学诊断，采用这种技术培育出的试管婴儿称为第三代试管婴儿。该技术是指从体外授精的胚胎取出部分细胞进行基因诊断，诊断是否有异常、筛选健康胚胎移植、防止遗传病传递的方法，排除带致病基因的胚胎后再进行移植，从而实现胚胎着床前即诊断出遗传病症的愿望。

4）第四代试管婴儿。是把健康的卵浆打入卵子中，或把即将受精的卵细胞核植入健康的卵细胞中，第四代试管婴儿又称为卵浆置换技术，试管婴儿流程是把年轻的、身体健康的女性卵子中的卵浆与想生孩子的妇女中的卵子的细胞核重新组合形成一个新的卵细胞，随后与精子体外授精形成受精卵，在进行早期胚胎发育后，植入母体子宫继续发育而诞生的婴儿。

2004 年，我国第一个第四代试管婴儿平安诞生，但这也是我国最后一个第四代试管婴儿。2003 年 10 月 1 日，卫生部开始实施的《人类辅助生殖技术规范》中明确规定："禁止实施以治疗不育为目的的人卵胞浆移植及核移植技术"。首例第四代试管婴儿是在规定出台前做的，所以并没有违规。

三、试管婴儿主要技术环节

常规试管婴儿通常指第一代试管婴儿，其主要技术环节包括：女方超排卵治疗、阴道超声引导取卵、男方精液体外优化处理、体外授精、受精卵体外培养、胚胎移植、子宫内发育等。主要适用于各种女性原因的不孕、免疫性不孕、轻度少精症等。从卵子和精子的获得到胚胎发育的常规试管婴儿培育的具体操作如下。

1. 控制性超排卵

预测排卵时间是控制超排卵的重要环节。要取排卵前成熟的卵子，首先要确定排卵期。临床上可通过基础体温测定、子宫颈黏液检查、阴道涂片等方法，主要是 B 超监测卵泡的发育程度，以确定给予激素诱发排卵的最佳时间。

一般正常妇女每一自然周期仅有一个卵泡成熟，但对于试管婴儿来说，这是不够的。为了获得多个卵子，往往采用控制性超排卵的方法，如克罗米酚/人绒毛膜促性腺激素（CC/HCG）、促性腺激素/人绒毛膜促性腺激素（HMG/HCG）、克罗米酚/促性腺激素/人绒毛膜促性腺激素（CC/HMG/HCG）、长效促性腺激素释放激素类似物/促卵泡素/人绒毛膜促性腺激素（GnRH-a/FSH/HCG）等以获取较多的卵子供使用。

由于自然月经周期的长短因人而异，而且自然周期中只有一个优势卵泡发育，受精后只能形成一个胚胎，而移植一个胚胎的妊娠率是很低的，需要采用控制性超排卵来增强与改善卵巢功能，以达到不受自然周期的限制、获得多个健康卵子的目的。一般先用降调节药物抑制体内促黄体激素的分泌，因为促黄体激素对卵子质量及流产率有影响。然后每天注射促排卵药物

[高纯促排卵激素(metrodin-HP)或果纳芬(gonal-F)]来得到多个卵泡,这样做的目的是为了培养多个胚胎,提高成功率。依据患者对药物的反应调整药物使用剂量,患者的年龄及药物的使用剂量不同,所获得的卵子数也不同。

2. 监测卵泡

为评价卵巢刺激效果与决定取卵时间,须利用阴道B超来监测卵泡大小,并配合抽血检查E2(雌激素)值,调整用药量。当两三个以上的卵泡直径大于1.8cm时,便可注射人绒毛膜促性腺激素,促使卵泡成熟。在注射人绒毛膜促性腺激素后34~36h取卵。

3. 取卵

当卵泡发育成熟尚未破裂时,在腹腔镜下或在B超监测下,经阴道以针穿刺成熟卵泡,抽取卵泡内容物,找出卵母细胞。最常用的取卵方式是在局部麻醉下,经阴道B超引导,将取卵针穿过阴道穹窿,直达卵巢吸取卵子,并立即在显微镜下将卵子移到含有胚胎培养液的培养皿中,置37℃的培养箱中培养,以使卵子进一步成熟,达到与排卵时相近的状态。

4. 取精

精子取出的时间与取卵的日子为同一天。取精前洗净双手,用手淫法获取精液。所给的小杯是无菌的,留取时不要触摸杯缘及杯内。取出的精液采用上游法或Percoll密度梯度离心法处理。

5. 体外授精

将在无菌条件下取得的精液,经过处理,使精子具备穿入卵子的能力,成为授精小滴,然后加入含有卵子的培养基内。通过二性原核融合形成一个新细胞即受精卵,然后继续培养。

6. 受精卵的培养

采卵后将卵子置于特殊培养液内,同时采精洗涤和初步培养后,精卵细胞一起培养约40h。若受精卵形成且发育正常,则1~3天后进行胚胎移植。推迟胚胎移植的时间对体外培养的条件要求就越高,但推迟移植时间更符合妊娠生理,同时也可通过自然筛选淘汰劣质胚胎,提高妊娠率,降低多胚胎率。

7. 胚胎移植

受精卵在体外培养48~72h可发育到8~16细胞周期胚胎,将胚泡用导管注入宫底部,最好一次能够移植3~4个受精卵,可提高移植后妊娠的成功率。胚泡移植成功与否取决于受精卵本身的生命力,子宫内膜是否健康,以及移植过程有无损伤。多余的胚胎可冷冻保存。胚胎移植操作简单、不需麻醉。用很细的导管经宫颈进入子宫,然后将胚胎通过导管注入宫腔。移植后垫高臀部静卧2~4h,24~48h内避免剧烈活动。

8. 胚胎移植后处理与观察

胚胎移植后补充黄体酮。目前多采用注射法给予黄体酮支持黄体。如果确定妊娠,则改用HCG继续补充到怀孕10周。胚胎移植后14天,可由验尿或抽血确定是否妊娠。妊娠后14天,B超检查胎儿数及胚胎着床部位。

四、胚胎工程技术的现状分析

虽然胚胎工程取得了巨大进步,特别是人工生殖技术得到了世界科学界的认同和赞誉,但一直不断的质疑声依然无法平息。

1. 从诺贝尔生理学或医学奖看胚胎工程成效

在人类的自然生殖过程中，约有10%的夫妇不能正常孕育后代，而单纯的药物治疗对众多不育症夫妇的疗效又非常有限，于是他们及其家庭渴望孩子的需求推动了人工生殖技术的发生和发展，爱德华兹就是这一技术的先驱。爱德华兹最先开启的人工生殖技术称为体外授精技术，通俗的说法即试管婴儿。

爱德华兹在1925年出生于英国曼彻斯特。第二次世界大战后，他先后在威尔士大学和爱丁堡大学学习生物学，并于1955年获得博士学位。1958年，他开始在英国国家医学研究中心工作，并开始了他对人体受孕过程的研究。其实，爱德华兹的研究和成就是与妇科专家帕特里克·斯特普托共享的，但由于后者已过世，按照诺贝尔遗嘱的规定，斯特普托遗憾地未能与爱德华兹共享诺贝尔生理学或医学奖。

20世纪60年代，爱德华兹与斯特普托共同建立了世界上第一个体外授精研究中心。他们共同研究出杰出而惊人的成果，1978年7月25日，世界上第一个试管婴儿、重2700g的健康女婴路易丝·布朗降临人世。这一成就在当时可谓惊天动地，但从医学和技术的角度看，又是一种必然。

早在1968年，爱德华兹就首次成功地实现了人类卵子的体外授精。但是，由于并不符合人类自然生殖中的精子与卵子结合的过程和胚胎发育的环境，在体外发育成熟的卵子结合后，只分裂一次就停止了发育。于是，爱德华兹的思路转到利用成熟的卵子上，因为成熟的卵子更容易受精和发育。但是，如何安全有效地提取成熟的卵子是一个大难题。这时，爱德华兹发现妇科专家斯特普托擅长用腹腔镜技术观察排卵，也许这一技术能适时找到成熟的卵子并提取出来。

之后用激素来刺激不育女性的卵巢，提取出相对成熟的卵子并进行体外授精。这一尝试果然让受精卵突破了一次分裂的局限，发育成8个细胞的早期胚胎。但是，他们的研究受到了资金的限制。在研究快要中断之时，幸运的是，一笔私人资金资助了他们的研究，使其可以尝试把胚胎移植到女性子宫内继续孕育。在逾百次失败后，胚胎终于能够正常发育。

爱德华兹和斯特普托首次对人类进行实验性治疗是在一位叫做莱斯莉·布朗的身上进行的，因其输卵管异常而不能自然受孕。爱德华兹和斯特普托提取了她的卵子，将卵子放入有培养液的试管中与其丈夫约翰·布朗的精子结合，结果发育成8个细胞的胚胎。这个胚胎又移植到莱斯莉子宫内孕育。

2. 试管婴儿引领胚胎工程前沿研究

体外授精联合胚胎移植技术俗称试管婴儿，它融合了生殖医学、胚胎学、内分泌学、遗传学以及显微镜操作等技术，能够帮助不孕的夫妇或是有遗传性疾病的患者生育健康的下一代。体外授精联合胚胎移植技术诞生到今天已有了很大的发展，从常规试管婴儿技术到卵胞浆内单精子注射技术、胚胎遗传病诊断技术乃至今天的卵浆置换技术（赵苹，2012）。

1）体外授精和胚胎移植。以爱德华兹和斯特普托的研究为代表。从妇女体内取出卵子培养后，加入获能的精子，受精卵分裂成4～8个胚胎球时，再移植到子宫内着床，最终发育成胎儿分娩。在临床上该技术使用最多，主要适用于因女性输卵管堵塞、子宫内膜异位、排卵障碍等引起的不孕症。目前世界各国已诞生了几十万个此类试管婴儿。由于各个操作环节的不断改善和提高，常规体外授精联合胚胎移植技术的成功率已由早期的15%左右提高到50%。

2）卵胞浆内单精子注射技术。研究人员发现精子数量少、活力低下或畸形时，很难与卵子结合形成受精卵。卵胞浆内单精子注射是生殖医学领域的重大技术突破，对治疗男性不育症具有其他方法不可替代的疗效，能使1/2以上患有严重不育症的男性如愿以偿。该技术发明后，世界各地诞生的试管婴儿迅速增长，仅美国每年就有5万多名。

3）胚胎移植前的遗传学诊断技术。它是从体外培养的桑椹胚中取出1～2个结构完整的细胞进行基因或染色体的遗传学分析，筛除有遗传缺陷的胚胎，将真正的优质胚胎移植回患者体内。某些具有遗传病的患者如血友病、地中海贫血等，可以通过选择胚胎，有效地防止患有遗传性疾病的胎儿出生。PGD技术是现代分子生物学技术与显微操作技术相结合的产物，是一种前瞻性的产前诊断技术，难度很大，需要设计并制造出具有特殊基因的探针来鉴别胚胎细胞中是否携带异常的基因。它能从生物遗传学的角度，设计试管婴儿，使不孕夫妇不仅喜得贵子，而且优生优育。

4）卵浆置换技术。卵子质量不高、活力差的大龄女性想要怀孕，借助以往试管婴儿技术怀孕成功的可能性很低。但如通过显微镜技术将她的卵细胞的细胞核取出，移植到另一健康女性的卵子中，产生活力较强的优质卵细胞，再同男方的精子在体外结合，形成受精卵后移入女性体内也会发育成婴儿，这就是卵浆置换技术。两位女性的卵浆置换，胚胎中存在第三者的卵浆，出生的婴儿遗传物质是否全为夫妇双方的，人们对它的遗传特征提出质疑。出于对社会伦理的尊重，我国卫生部出台了《人类辅助生殖技术规范》，禁止使用卵浆置换技术。

5）试管婴儿技术的安全性。诺贝尔奖评委会认为试管授精技术安全有效。长期的随访和研究显示试管婴儿同样健康。但获得诺贝尔奖并不能让关于试管婴儿的争论烟消云散。人工生殖技术本身就存在隐忧，它增加了多胞胎的风险，男女比例失调、近亲结婚也会影响人口安全。大洋洲最新研究发现试管婴儿患有受遗传影响的生长异常比例大约是正常受孕婴儿的5倍。由于某些不孕基因来自男性，如果用试管婴儿技术帮助他们，不孕基因就可能传递给后代，导致人类素质的退化。

3. 试管婴儿技术的进化意义

任何事物都有两面性，试管婴儿技术也是如此。一方面试管婴儿技术经过30多年的发展，为世界上许多不孕不育的夫妇提供了生育的可能，为许多家庭带来了欢乐，有利于社会的稳定与进步。另一方面随着试管婴儿一些相关问题的出现，我们既要看到其积极的一面，也要看到这些技术可能给社会人群健康和子孙后代带来的危害和负面影响（王玺等，2012）。

试管婴儿是现代人工辅助生殖技术的发展：①它使精子失去了优胜劣汰的竞争机会，可能将带微缺失的Y染色体遗传下去，容易造成流产死胎，先天畸形等；②如果女性身体不具备孕育条件，如内分泌紊乱、黄体功能不全、有过流产史，即使施行试管婴儿手术成功，也可能造成流产；③可能出现伦理道德问题，地下精子库的不规范增加了人工授精的许多伦理问题；④增加了多胎妊娠风险，多胎妊娠的孕妇并发症多，早产发生率及围生期死亡率高，属高危妊娠范围；⑤成本效益高，即获得每一个后代的成本高，做一次人工受孕需要花费万元以上，受孕率20%；⑥通过人工授精制造的试管婴儿比自然授精得来的婴儿出生时罹患脑瘫的概率高3倍。

4. 诱导多能干细胞研究充满期待

胚胎干细胞，来自仅存活了几天的胚胎，胚胎干细胞能逐步生长出不同的细胞、组织和器官。然而，作为胚胎干细胞原材料之一的卵子，其来源始终是困扰科学研究者的一大问题，一般用于研究的人类卵子，主要为进行体外授精的女性剩下的，要想使用必须经捐献者的同意，这造成卵子数量严重不足。更为重要的是，使用卵子的细胞核移植在伦理上存在争议。科学界一直希望找到一种方法，能够不损坏胚胎提取干细胞或者找到胚胎干细胞的替代品。

1998年，威斯康星大学的科学家詹姆士·汤姆森从人类胚胎中分离出一类奇妙的细胞，它们能够在不同条件下长成皮肤、神经细胞、肝脏细胞、胰腺细胞等。这意味着，如果能将胚胎干细胞加以合适诱导和培养，将它们植入病人体内，将能替代或辅助遭受损伤的病人组织。但是，每个人的免疫系统都具有排异性。2008年，国外科学家第一次利用成人皮肤细胞克隆出数枚人类囊胚，并严格验证了这些囊胚含有的遗传信息与提供细胞核的人相吻合。

今天，胚胎干细胞研究更加引起科学家的重视，这就是曾被《科学》杂志评为年度十大科学进展之首的"细胞重编程"或"诱导多能干细胞"。这个研究进展，归功于约翰·格登和山中伸弥两位科学家作出的杰出成就。

将普通细胞制作成iPS细胞(诱导多能干细胞)，就好像把皮肤细胞"时针倒拨"，使之变成干细胞。通过这一技术，可在同一个体上将较容易获得的成体细胞(如皮肤细胞)类型，转变成另一种较难获得的细胞类型(如多能干细胞、脑细胞)。

从传统理念来看，人的细胞不可逆转，而科学家发现，细胞生长发育可以逆转，还原为原始细胞。重新编码后，可以制造出一个为人类所用的新细胞。这一发现可以说是打破了人类惯有思维。今后干细胞无须克隆，人类皮肤就能变身"万能细胞"。

研究表明如果有人心肌梗死，传统的方法是吃药或放支架，但这无法让坏死的心肌细胞重新绽放活力，目前的发现有望改变这一切，可以从人类皮肤上取一点细胞，然后还原到原始细胞，科研人员在原始细胞上进行重新编码，就可以让这个皮肤细胞变为心脏细胞，重新植入到心脏内。这样既可以替代心脏坏死细胞，又没有排斥反应，可以应用到帕金森病、脊髓损伤等。这个发现还解决了一直困扰人类的另外一个医学问题，即人类胚胎的应用始终存在争议，一度有人担忧会有"克隆人"的出现。诱导多能干细胞出现后，科学家迅速发现了其优势，它并不需要人类胚胎或者卵母细胞来获得，因此能够克服数十年来一直困扰这一领域的伦理学问题。

该技术研究目前还有缺憾，首先，有的诱导多能干细胞是通过慢病毒或者反转录病毒导入外源性基因来实现的，容易导致插入突变的发生。其次，新生儿或者青少年的细胞，相比年龄大的个体，在还原以及制造新的细胞方面效率更高，但年龄大的个体对于干细胞和再生医学的需求，远远大于新生儿或青少年。因此，寻找一种在各个年龄段均可以有效重编程的细胞来源显得尤为重要。最后，尽管小动物实验被广泛地应用于各种验证研究，但是它们在解剖学和生理学方面与人类存在较大的差异，也使得这些研究对于评估临床前作用与风险的价值有限。

思考题

1. 什么是胚胎工程？其基本技术有哪些？
2. 简述胚胎移植的原理及关键技术。
3. 胚胎分割和胚胎嵌合是怎样的技术？有什么意义？
4. 什么是试管动物？是怎样培育的？
5. 以试管婴儿为例，分析胚胎工程的技术方法以及对人类的意义。
6. 查找资料，分析胚胎干细胞领域取得的伟大成就。

第十一章　微生物细胞工程原理

第一节　微生物细胞工程概述

细胞工程(cell engineering)是指在细胞水平上对生物进行改造的一项综合性技术。微生物种类繁多,包括细菌、放线菌、真菌、病毒等。在生物圈中,微生物的分布最为广泛。微生物在生物圈的物质循环中起着关键作用,对人类生活和社会发展也起着其他生物不可替代的作用。对微生物而言,由于其结构简单,为单细胞、简单多细胞,甚至无细胞结构,因此从细胞层面上对其的改造已经历了很长时间。如诱变育种,从某种意义上说就是在细胞水平上对物种进行改造的过程。

微生物细胞工程发展大致经历了以下三个主要历史时期。

1) 微生物工艺时期。在 17 世纪以前,人们虽然还无法直接看见微生物个体的存在,但人类通过长期的生产和生活实践,逐步学会对有益微生物的利用,对有害微生物的驱避。如民间早已广泛应用的酿酒、制醋、发面、腌制酸菜和泡菜、盐渍、蜜饯等。古埃及人也早已掌握制作面包和配制果酒技术。这些都是人类在食品工艺中控制和应用微生物活动规律的典型例子。积肥、沤粪、翻土压青、豆类作物与其他作物的间作轮作,是人类在农业生产实践中控制和应用微生物生命活动规律的生产技术。种痘预防天花是人类在预防疾病和保护健康方面控制和应用微生物生命活动规律的宝贵实践。尽管这些还没有上升为微生物学理论,但都是控制和应用微生物生命活动规律的实践活动。

2) 天然条件下的微生物发酵时期。19 世纪 60 年代初,法国的巴斯德(Louis Pasteur,图 11.1)和德国的柯赫(Robert Koch)等一批杰出的科学家建立了一套独特的微生物研究方法,开始了对微生物的形态与发酵生理的研究。人们在预防微生物危害的同时、更热衷于有益微生物的探索。如开始利用微生物发酵生产乙醇、乙酸、丙酮、丁酮等。随着科学技术的发展,特别是生物化学及相关研究水平的提高,人类对微生物细胞本质的认识不断深化。

图 11.1　路易斯・巴斯德(公元 1822～1895 年)

3) 微生物细胞工程的发展时期。20 世纪 40 年代出现的生物工程技术,在微生物大量纯培养过程中引入了先进的工程技术,标志着微生物细胞工程的诞生。1956 年 DNA 双螺旋结构模型的发现,标志着生命科学跨入了分子生物学时代,微生物细胞工程进入了生机勃勃的成熟时期,这一时期微生物细胞在其中具有举足轻重的作用，使得人们可以比以往任何时期都更加主动、更加有效地按着人的意愿控制和利用微生物细胞，使之工程化。

一、微生物细胞工程定义

微生物细胞工程(microbial cell engineering)是应用微生物进行细胞水平的研究和生产，包括微生物的培养、微生物遗传性状的改变、微生物细胞的直接利用、获得细胞代谢产物等。

(1) 微生物的培养

主要是指微生物营养结构的研究以及培养方法的研究，其目的是提供用于研究或生产的微生物菌种。

(2) 微生物遗传性状的改变

改变微生物细胞的遗传性状，目的是进行基础性遗传学研究或获得某种对人类有用的目的性状。微生物遗传性状的改变有很多种方法，如诱变育种、原生质体融合、基因工程等，均是获得新的微生物遗传性状的重要方法。

(3) 微生物细胞的应用

应用微生物细胞本身如作为单细胞蛋白(SCP)，或者利用微生物细胞进行有用产物的生产。

传统的发酵技术与现代生物工程中的基因工程、细胞工程、蛋白质工程和酶工程等相结合，构成了微生物细胞工程。微生物细胞工程是一门实践性、技术性、工艺性很强的应用科学。微生物细胞工程与动物细胞工程、植物细胞工程彼此渗透、相互促进、并驾齐驱，共同构成了细胞工程的完整体系。

二、微生物细胞工程意义

以微生物为材料进行细胞遗传与育种的研究有很多优点，主要是微生物繁殖快、世代时间短、单倍体期较长。在一定条件下，很短时间即能生长出大量相对同源的种群，便于筛选大量基因型。高等动植物就没有这些有利条件，在细胞遗传与育种上受到很大限制。

微生物细胞工程将进一步扩大到与工业、农业、环境、资源等密切相关的重要微生物，将使进一步利用和改造微生物菌种产生质的飞跃，为不断提高目标产物的生产水平或生产新的产物提供可能性。

微生物细胞工程将更为广泛地与能源、信息、材料、计算机等多种学科交叉、渗透和结合，并将呈现全新的局面。除了更广泛地利用和挖掘不同生境(包括极端环境)的自然资源微生物外，基因工程菌将形成一批强大的工业生产菌，生产外源基因表达的产物，特别是药物的生产将出现前所未有的局面。结合药物基因组学在药物设计上的新策略，将出现以核酸为靶标的新药物的大量生产。

三、微生物细胞工程应用

微生物细胞工程的应用领域十分广泛，几乎可以涉及人类生产和生活的各个方面。

(一) 选育优质高产菌株

抗生素工业的出现与发展,可以说是象征着细胞工程的诞生与发展。因为抗生素工业从开始就是建立在诱变育种、不断提高抗生素产量和质量基础上的,如利用理化因素诱发突变,使青霉素的效价提高了几千倍。某些真菌经原生质体制备并再生后,其遗传信息或代谢途径可能发生改变,从而使其合成的抗生素产量增加。如生二素链霉菌经上述途径后合成螺旋霉素的能力明显提高,白霉素、金霉素都用此法获得了高产菌株。采用原生质体融合技术可以获得新的微生物品种,如将酿酒酵母和糖化酵母的原生质体融合后所得到的新型菌株可直接利用淀粉和糊精产生乙醇,同时具备两亲本菌株的功能。日本味之素公司用细胞融合法,使产生氨基酸的短杆菌杂交,获得比原菌产量高 3 倍的赖氨酸产生菌和苏氨酸高产菌株。此外,通过原生质体融合技术还可以改变菌种产生不同代谢产物的比例。

(二) 获取新的代谢产物

有效的种间原生质体融合有可能发生不同菌种调节基因和结构基因的重组,诱发沉默基因的表达,从而合成新的产物。应用此技术可在抗生素产生菌中获取新的抗生素,如将庆丰链霉菌(合成庆丰霉素)和井冈霉素产生菌的原生质体进行种间融合后,有些重组子可产生两亲本菌株所不能合成的环状多肽类抗生素。

(三) 能源、环保方面的应用

随着社会的发展,石油、煤、天然气等能源的需求越来越大,由此产生的环境污染问题也耗费了大量的人力、物力。细胞工程在新能源开发方面具有一定的应用价值,如采用细胞工程的某些技术使蓝藻、绿藻及光合细菌等单细胞微生物在特定情况下产生氢气,此项技术在洁净新能源的开发及减少环境污染方面有着广阔的应用前景。

微生物细胞工程在环保中的作用就是要培育出新型的微生物,消除环境中的有害废物或者变废为宝,以达到生态的良性循环,保证人类的身体健康。例如,美国有位科学家获得了一种专门分解煤和石油中所含硫化物的细菌,该细菌具有分解硫化物的能力,就能分解煤和石油中绝大部分的硫化物。再如,有人从垃圾中分离出一种细菌,专门消化农药 2,4,5-T(三氯苯氧基乙酸,是一种类似 2,4-D 的剧毒农药),从中获得细菌本身生长所需的碳源和能源。

除上述三大应用领域外,细胞工程在研究各种生物的发育机制及其进化方面具有重要的意义。

第二节　微生物细胞工程菌种

微生物细胞工程菌必须具备以下特性:①必须是纯培养物,不含其他的微生物和噬菌体;②菌株遗传稳定性好,可长期保存;③易于产生大量营养细胞、孢子或其他繁殖体,在种子罐和其他用于制备大量种子的容器中培养时能够茁壮、快速繁殖;④快速产生目的产物,不产生或很少产生毒性物质或副产物;⑤菌株具有抵制其他杂菌感染和耐受不良环境的能力,如 pH 的降低、较高或较低的温度、剪切力或对高浓度代谢产物的耐受力等;⑥对诱变剂敏感,可通过诱变达到提高菌种性能的目的。

一、微生物细胞工程菌种来源

具有上述特性的微生物可以来自自然界也可以从微生物保藏或研究单位获取。

自然界中微生物资源十分丰富,土壤、水、空气、动植物及其腐败残骸都是微生物的主要栖居和生长繁殖场所,了解微生物的主要分布状况,对人们开发利用微生物资源有着重要的意义。

土壤是微生物生活的大本营,具有微生物生长繁殖所需要的一切营养物质和进行生命活动的一切条件,有“微生物天然培养基”的称号。土壤中所含微生物无论数量还是种类都是极其丰富的,是人类利用微生物资源的主要来源。微生物在土壤中的分布,受土壤类型、有机质含量、土壤的深度和季节等因素的影响。一般来讲,土壤中的微生物,以细菌为最多,约占土壤微生物总数量的70.90%,其次是放线菌和真菌,土壤中放线菌的代谢产物常常使其带有特殊的泥腥味。

在水体和空气中也有着相当数量的微生物分布,但不论是种类还是数量都比土壤中的少,在一些极端的环境(如高温、高压、高盐)中,也分布着相当数量的微生物,它们往往具有特殊的基因和特殊的机能。

微生物的间接来源是菌种保藏单位或有关的科研单位等。

二、微生物细胞工程菌种分离

(1) 采集适宜的筛选样品

要筛选出高效工程菌,首先要找到所需工程菌的生存环境。

自然界中土壤分布情况复杂,土壤之间也有差异,因此土壤样品的采集必须选择有代表性的地点和代表性的土壤类型。土壤中微生物的数量会随着季节性的变化而不同,也会随着雨季、旱季的变化而不同,与土壤水分、肥力状况、植被以及地块形状等因素也有关。一般有机物含量高的土壤,微生物数量多。

采得的土壤样品,应尽快分离,如果不能立即分离应保存在4℃冰箱中,且保存期限不能过长,否则可能造成一些菌种的消失,也可以从难降解物质存在的环境中筛选工程菌,被称为本源菌。由于生存的环境,本源菌在长期的进化过程中产生了许多灵活的代谢调控机制,并有很多种类的诱导酶(有些可占细胞蛋白质含量的10%)。

在采集的样品中,一般待分离的菌种在数量上并不占优势,为提高分离的效率,可以对采集到的样品进行一次甚至多次富集培养,使天然样品中的劣势菌转变为人工环境中的优势菌,便于将它们从样品中分离。

(2) 工程菌的分离纯化

富集培养的结果并不能获得微生物的纯种。将某一特定的微生物从自然存在的混合菌群中分离出来成为纯种的过程称为菌种分离。微生物学中,把通过一个细胞分裂得到后代的过程称为纯化培养。常用的菌种分离纯化的方法很多,大体可将它们分为两个层次。一个层次较粗放，一般只能达到"菌落纯"的水平，从"种"的水平来说是纯的，其方法有平板稀释分离法（包括涂布法和混匀法）以及平板划线分离法。

平板稀释分离法具体操作过程为：首先，将所采集的样品（水样、土壤或生物膜）10ml（或10g）接入事先已灭菌、内装玻璃珠和 90ml 无菌水的三角烧瓶中，必要时加吐温 80，使细胞呈单细胞状态分散于水中；其次，进行梯度稀释将样品稀释成不同的稀释度，具体的稀释倍数要根据样品的情况而定，目的是为了得到更多的单一菌落；最后采用涂布法或混匀法进行培养得到单一的菌落。

涂布法的具体操作为：用 1ml 的无菌吸管，滴加 0.05ml（1 滴）稀释液于平板的中央，随即用无菌玻璃涂棒，将接种物均匀地涂布开。一般，同一个样品取连续的 3 个稀释度，每个稀释度做 3 个重复。操作完毕之后，将培养皿倒置放入恒温箱中培养。

混匀法的具体操作为：吸取稀释液 1ml，加入灭过菌的空培养皿中（一般，同一个样品取连续的 3 个稀释度，每个稀释度做 3 个重复）；待样品都加入培养皿后，分别注入已经融化且冷却至 45～50℃的培养基，立即轻轻摇转培养皿，使样品与培养基充分混合；待培养基凝固后，将培养皿倒置放入恒温箱中培养。

培养温度和时间因微生物种类不同而异，一般细菌在 30～32℃培养 2～3 天，真菌、放线菌在 28℃培养 5～7 天，便可见到明显的菌落。记录下菌落的特征及数量，确定优势菌群。

平板划线法的具体操作为：从斜面培养基上挑取少量生长的菌，然后在事先制好的平板上划线（注意不要划破琼脂表面）；划线时，从边缘开始，向着中心，由密到疏快速划线（第一组线条约占平板的 1/5，接着第一组线条划出第二组线条，第三组又接着第二组线条划出，两组线条约成 120°角）；经过培养，在线条稀疏的地方就会出现单菌落。将单菌落转接到斜面上，如此反复多次。

从固体平板上分离出来的菌株，尽管是从单个菌落挑取的，但平板上的单个菌落不一定是由单个细胞的后代所形成。因此，仍不能认为它们是纯培养，必须进一步进行分离纯化。

另一层次是较为精细的单细胞或单孢子分离法，它可以达到"细胞纯"即"菌株纯"的水平。具体操作方法很多，最简便的方法是利用培养皿或凹玻片等分离小室进行细胞分离，也可以利用复杂的显微操作装置进行单细胞挑取。如果遇到不长孢子的丝状菌，则可用无菌小室切取菌落边缘稀疏的菌丝尖端进行分离移植，也可用无菌毛细管插入菌丝尖端，以获取单细胞。

在具体工作中，究竟采取哪种方法，应视微生物的实际情况和实验条件而定。为了提高分离筛选工作的效率，除富集培养时控制条件外，在纯种分离时，也应控制适宜的培养条件，并选用特异的检出方法和筛选方案。

三、微生物细胞工程菌种选育

菌种选育是一门应用科学技术，它是建立在遗传和变异的基础上，其研究的目的是获得高产优质的菌株和发展新品种。为了促使微生物细胞遗传物质结构改变，获得优良性状的菌种，主要采用基因突变、基因重组及染色体变异等育种途径。

1. 自然选育

自然选育是不经过人工处理,利用菌种的自然突变而进行菌种筛选的过程。自然选育是一种简单易行的选育方法,它可以达到纯化菌种、防止菌种衰退、稳定生产、提高产量的目的。但是自然选育的最大缺点是效率低、进展慢。

自然选育(自然分离)的一般程序,是把菌种制备成单孢子悬浮液,经过适当的稀释以后,在固体平板上进行分离,挑取部分单菌落进行性能测定,经反复筛选,以确定优良菌株代替原来的菌株。

2. 诱变育种

诱变育种是基于基因突变的菌种改良,其理论基础是DNA结构的改变,包括染色体基因突变和染色体外基因的突变。前者指染色体结构改变和染色体数目的改变;后者指质粒等染色体外遗传因子的变化。诱变育种主要通过物理或化学诱变剂处理均匀分散的微生物群体细胞,促进其突变频率大幅度提高,然后设法采用合理的筛选程序和方法,从中选出遗传物质分子结构发生改变的少数细胞。常利用形态突变型、生理生化突变型、抗性突变型和条件致死突变型等进行初筛而获得优良性状的突变株。

1) 形态突变型。形态突变型是指由突变引起的个体形态或菌落形态的变异。这是一类非选择性突变,因为形态突变型和非突变型均生长在平板上,只能靠看得见的形态变化进行筛选。如细菌的鞭毛、芽孢或荚膜的有无,霉菌或放线菌的孢子有无或颜色变化,菌落的大小、颜色,菌落表面的光滑或粗糙,以及噬菌斑的大小或清晰度等。

2) 生理生化突变型。生理生化突变型指突变的菌体原有特定的生化功能发生改变或丧失,但在形态上不一定有可见的变化,通过生化方法可以检测到。狭义地讲,是那些因为蛋白质或酶的合成而使营养物质吸收、代谢和发育途径等生理过程发生变化的突变体,如营养缺陷型等。

营养缺陷型是指野生型菌株因发生基因突变而丧失合成一种或几种生长因子、碱基或氨基酸的能力,因而无法在基本培养基上正常生长、繁殖,只能在补充了相应生长因子的补充培养基上或在含有天然营养物质的完全培养基上生长的变异类型。营养缺陷型突变株在遗传学、分子生物学、遗传工程和微生物育种等工作中有着重要的应用。

营养缺陷型突变株的筛选一般要经过诱变、淘汰野生型、检出和鉴定营养缺陷型四个环节。现分述如下。

第一步,诱变剂处理(与一般诱变处理相同)。

第二步,淘汰野生型,在诱变后的存活个体中,营养缺陷型的比例一般较低。通过以下的抗生素法或菌丝过滤法就可淘汰为数众多的野生型菌株即浓缩了营养缺陷型突变株(图11.2)。

① 抗生素法　有青霉素法和制霉菌素法等几种。青霉素法适用于细菌,青霉素能抑制细菌细胞壁的生物合成,杀死正在繁殖的野生型细菌,但无法杀死正处于休止状态的营养缺陷型细菌。制霉菌素法则适合于真菌,制霉菌素可与真菌细胞膜上的甾醇作用,从而引起膜的损伤,只能杀死生长繁殖着的酵母菌或霉菌。在基本培养基中加入抗生素,野生型生长被杀死,营养缺陷型不能在基本培养基中生长而被保留下来。

② 菌丝过滤法　适用于进行丝状生长的真菌和放线菌。其原理是在基本培养基中,野生型菌株的孢子能发芽成菌丝,而营养缺陷型的孢子则不能。通过过滤就可除去大部分野生型,保留下营养缺陷型。

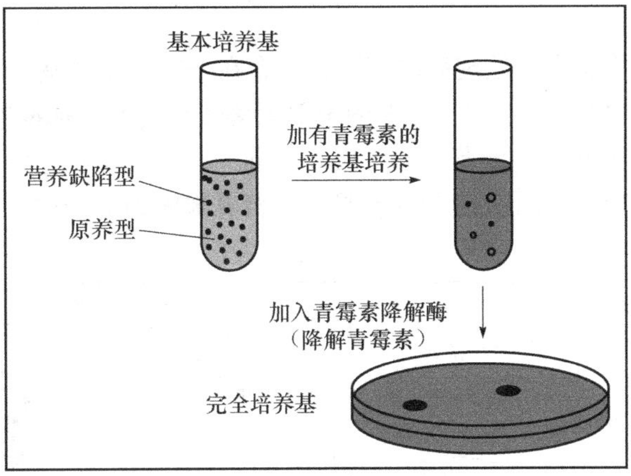

A

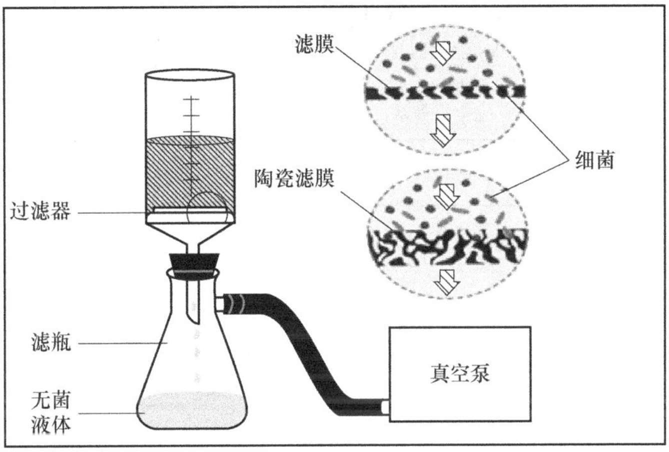

B

图 11.2　营养缺陷型的筛选(马迪根 M T 等　2009)

A. 抗生素法;B. 菌丝过滤法

第三步,检出缺陷型,具体方法很多。用一个培养皿即可检出的,有夹层培养法和限量补充培养法;在不同培养皿上分别进行对照和检出的,有逐个检出法和影印平板法。可根据实验要求和实验室具体条件加以选用。现分别介绍如下(图 11.3)。

① 夹层培养法　先在培养皿底部倒一薄层不含菌的基本培养基,待凝固,添加一层混有经诱变剂处理菌液的基本培养基,其上再倒一薄层不含菌的基本培养基,经培养后,对首次出现的菌落用记号笔一一标在皿底。然后再加一层完全培养基,培养后新出现的小菌落多数都是营养缺陷型突变株。

② 限量补充培养法　把诱变处理后的细胞接种在含有微量(<0.01%)蛋白胨的基本培养基平板上,野生型细胞就迅速长成较大的菌落,而营养缺陷型则缓慢生长成小菌落。若需获得某一特定营养缺陷型,可再在基本培养基中加入微量的相应物质。

③ 逐个检出法　把经诱变处理的细胞群涂布在完全培养基的琼脂平板上,待长成单个菌落后,用接种针或灭过菌的牙签把这些单个菌落逐个整齐地分别接种到基本培养基平板和另一完全培养基平板上,使两个平板上的菌落位置严格对应。经培养后,如果在完全培养基平板的某一部位上长出菌落,而在基本培养基的相应位置上不长,说明这是营养缺陷

型突变株。

④ 影印平板法　将诱变剂处理后的细胞群涂布在一完全培养基平板上，经培养长出许多菌落。用特殊工具——“印章”把此平板上的全部菌落转印到另一基本培养基平板上。经培养后，比较前后两个平板上长出的菌落。如果发现在前一培养基平板上的某一部位长有菌落，而在后一平板上的相应部位呈空白，说明这就是一个营养缺陷型突变株。

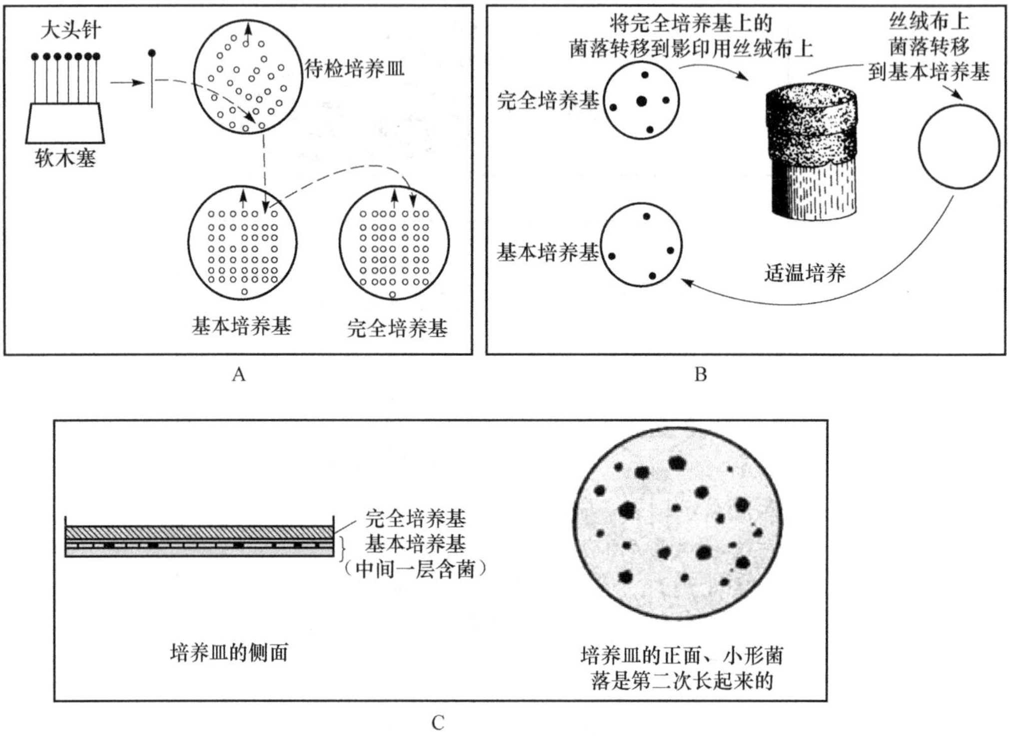

图 11.3　营养缺陷型的检出方法（黄秀梨　2004；马迪根 M T 等　2009；周德庆　2009）

A. 逐个检出法；B. 影印平板法；C. 夹层培养法

第四步，鉴定缺陷型，可借生长谱法进行。生长谱法是指在混有供试菌的平板表面点加微量营养物，视某营养物的周围有否长菌来确定该供试菌营养要求的一种快速、直观的方法（图 11.4）。用此法鉴定营养缺陷型的操作是：把生长在完全培养液里的营养缺陷型细胞经离心和无菌水清洗后，配成适当浓度的悬液（如 $10^7 \sim 10^8$ 个/ml），取 0.1ml 与基本培养基均匀混合后，倾注在培养皿内，待凝固、表面干燥后，在皿背划几个区，然后在平板上按区加上微量待鉴定缺陷型所需的营养物粉末（用滤纸片法也可），如氨基酸、维生素、嘌呤或嘧啶碱基等。经培养后，如发现某一营养物的周围有生长圈，就说明此菌就是该营养物的缺陷型突变株。用类似方法还可测定双重或多重营养缺陷型。

3）抗性突变型。指野生型菌株因发生基因突变而产生的对物理、化学或生物因素具有抗性的变异类型。如紫外线、氨苄西林和噬菌体等抗性突变体。抗性原因可能是细胞壁、酶结构、酶水平或核糖体等发生了改变。它们可在加有相应药物或噬菌体的培养基平板上选出或在用相应物理因子处理的培养基上培养后获得。抗性突变型在遗传学研究、基因工程和生产菌株的选育上十分有用，它常作为选择性标记菌株。

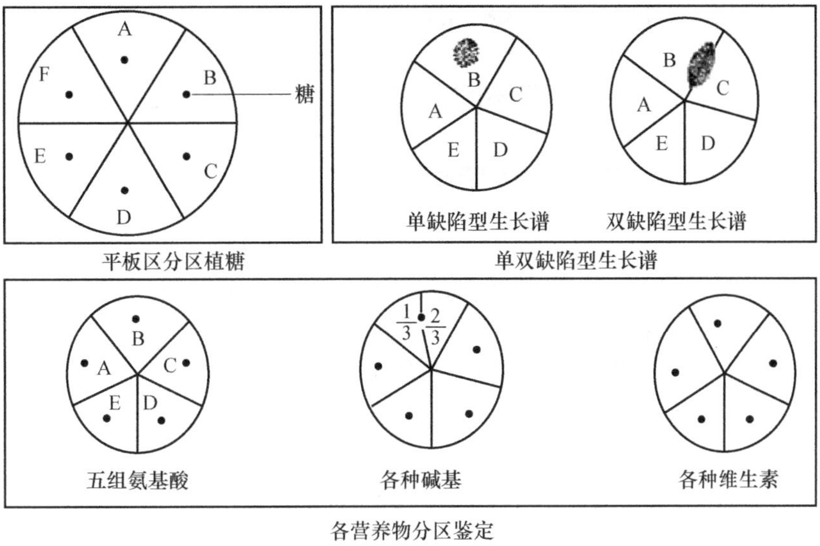

图 11.4 生长谱法鉴定缺陷型(周德庆 2009)

抗性突变型的筛选采用梯度平板法，该法是定向筛选抗药性突变株的一种有效方法，通过制备表面存在药物浓度梯度的琼脂平板、在其上涂布诱变处理后的细胞悬液、经培养后再从其上选取抗药性菌落等步骤，就可定向筛选到相应抗药性突变株。在筛选抗代谢药物的抗性菌株以取得相应代谢物的高产菌株方面，此法能达到定向培育的效果。

4）条件致死突变型。某菌株经基因突变后，在某种条件下可正常地生长、繁殖并实现其表型，而在另一种条件下却无法生长、繁殖的突变类型，称为条件致死突变型。温度敏感突变株是一类典型的条件致死突变株。它们在亲代能生长的温度范围内特别是较高温度(42℃)时不能生长，但在较低温度(25℃)时则能生长，这种菌株称为 ts 株，其发生的原因是某些酶的肽链结构发生改变后，降低了酶的抗热性，因此在较高温度下不能生存。这种用温度筛选突变株的方法比较简便，应用较多。

诱变育种方法简单、容易掌握，诱发突变的变异幅度大大高于自然突变，仍是目前行之有效的重要育种手段，但自觉性、方向性差。

诱变育种的一般步骤如图 11.5 所示，整个流程主要包括诱变和筛选两个部分。

诱变育种的具体操作环节很多，且常因工作目的、育种对象等有所差异，但其中最基本的环节却是相同的。以选育在生产实践中最重要的高产突变株为例加以说明，概括表示见图 11.6。

诱变育种中应注意的问题：首先，选择好出发菌株，这对诱变效果有着极其重要的作用，挑选出发菌株的标准是产量高、对诱变剂的敏感性大、变异幅度大；其次，利用复合诱变因素来扩大诱变幅度，提高诱变效果；最后，变异菌株的筛选，应了解不同菌株变异的规律，提高筛选的工作效率，从经过诱变的大量个体中筛选出优良菌种。

3. 杂交育种

杂交育种一般是指人为利用真核微生物的有性生殖，准性生殖或原核微生物的接合、转导和转化等过程，促使两个具有不同遗传性状的菌株发生基因重组，从中分离和筛选具有优良性状的新菌株。

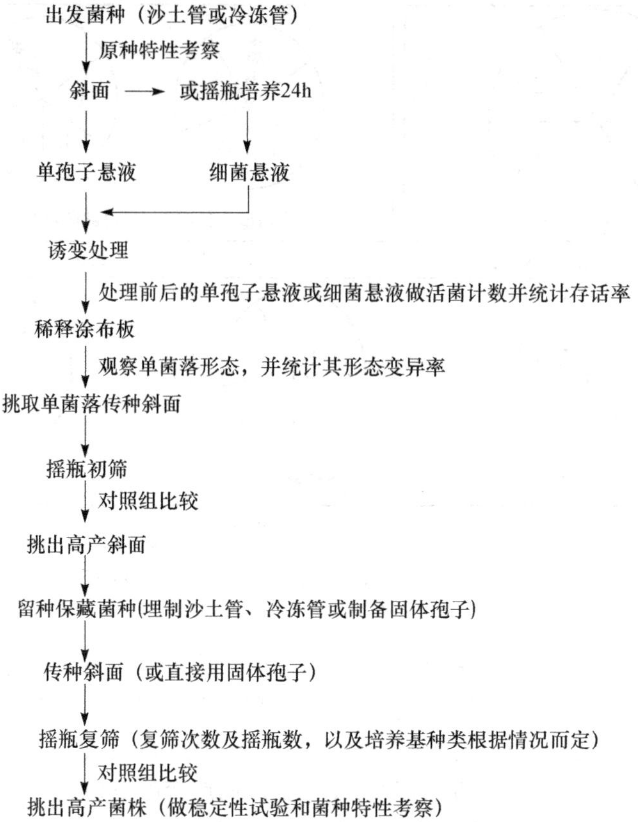

图 11.5　诱变育种的典型流程

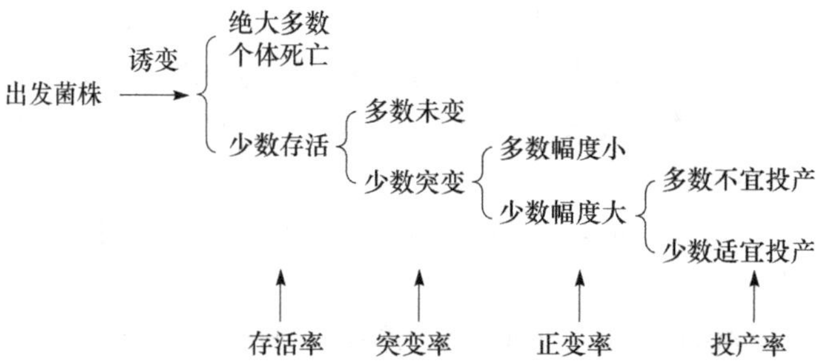

图 11.6　诱变育种过程

一个菌种长期使用诱变剂处理之后，其生活能力一般要下降，如生长周期延长、孢子量减少、代谢减慢、产量增加缓慢、诱变因素对产量基因影响的有效性降低等。而杂交育种是选用已知性状的供体和受体菌种作为亲本，因此，不论在方向性还是自觉性方面，都比诱变育种前进了一大步，所以，它是微生物菌种选育中的一种重要的方法。

杂交育种的目的在于：①通过杂交使不同菌株的遗传物质进行交换和重新组合，从而改变原有菌株的遗传物质基础，获得杂种菌株(重组体)；②可以通过杂交把不同菌株的优良性能集中于重组体中，克服长期用诱变剂处理造成的菌株生活能力下降等缺陷；③通过杂交，可以扩大变异范围，改变产品的质量或获得新品种。

微生物杂交育种所使用的配对菌株称为直接亲本。一般，直接亲本菌株应带有适当的遗传标记。常用的遗传标记有颜色、营养要求和抗药性等。营养标记菌株(即营养缺陷型菌株)

是最常用的遗传标记之一。所谓营养缺陷型菌株是指微生物经诱变剂处理后产生的一种生化突变体。由于基因突变,它失去了合成某种物质(氨基酸、维生素或核苷酸碱基)的能力,在基本培养基上不能生长,大多数营养缺陷型菌株需要补加一定种类的有机物质后才能生长。

微生物杂交育种的一般程序:选择原始亲本→诱变筛选标记亲本→双亲本杂交→筛选重组体→重组体分析鉴定。

4. 原生质体融合技术

原生质体融合(protoplast fusion)也称细胞杂交或细胞融合,是指通过介导和培养,在离体条件下用人工方法将不同种的细胞通过无性方式融合成一个核或多核的杂合细胞的过程。原生质体融合技术首先应用于动植物细胞,之后才应用于真菌、细菌和放线菌。由于该技术能大大提高重组频率,并扩大重组幅度,所以,在微生物育种工作中原生质体融合技术已成为菌株改良的重要手段之一,原生质体融合操作示意图如图 11.7 所示。

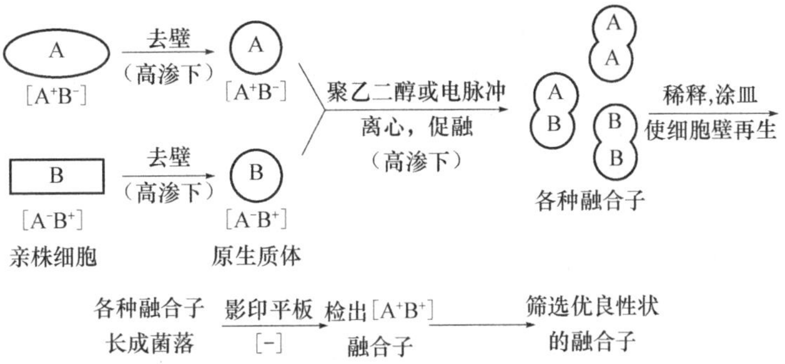

图 11.7　原生质体融合的操作示意图(周德庆　2009)

(1) 原核细胞的原生质体融合

细菌是最典型的原核生物,它们都是单细胞生物。细菌细胞外有一层成分不同、结构相异的坚韧细胞壁,形成抵抗不良环境因素的天然屏障。根据细胞壁成分的差异一般将细菌分成革兰氏阳性细菌和革兰氏阴性细菌两大类。前者肽聚糖约占细胞壁成分的 90%,而后者的细胞壁上除了部分肽聚糖外还有大量的脂多糖等有机大分子。由此决定了它们对溶菌酶的敏感性有很大差异。

溶菌酶广泛存在于动植物、微生物细胞及其分泌物中。它能特异地切开肽聚糖中 N-乙酰胞壁酸与 N-乙酰葡萄糖胺之间的 β-1,4-糖苷键,从而使革兰氏阳性菌的细胞壁溶解。但由于革兰氏阴性细菌细胞壁组成成分的差异,处理革兰氏阴性菌时,除了溶菌酶外,一般还要添加适量的 EDTA(乙二胺四乙酸),才能除去它们的细胞壁,制得原生质体或原生质球。

革兰氏阳性菌细胞融合的主要过程如下。

1) 分别培养带遗传标志的双亲本菌株至指数生长中期,此时细胞壁最易被降解。

2) 分别离心收集菌体,用高渗培养基制成菌悬液,以防止下阶段原生质体破裂。

3) 混合双亲本,加入适量溶菌酶,作用 20～30min。

4) 离心后得原生质体,用少量高渗培养基制成菌悬液。

5) 加入 10 倍体积的聚乙二醇(40%)促使原生质体凝集、融合。

6) 数分钟后,加入适量高渗培养基稀释。

7) 涂接于高渗选择培养基上进行筛选。长出的菌落很可能已结合双方的遗传因子,要经数代筛选及鉴定才能确认已获得能稳定遗传的杂合菌株。

对革兰氏阴性细菌而言，在加入溶菌酶数分钟后，应添加 0.1mol/L 的 $EDTANa_2$ 共同作用 15～20min，则可使 90%以上的革兰氏阴性细菌转变为可供细胞融合用的球状体。

尽管细菌间细胞融合的检出率仅为 10^{-5}～10^{-2}，但由于菌数总量十分巨大，检出数仍是相当可观的。

(2) 真菌的原生质体融合

真菌主要包括单细胞的酵母类和多细胞菌丝类。同样的，降解它们的细胞壁、制备原生质体是细胞融合的关键。

真菌的细胞壁成分比较复杂，主要由几丁质及各类葡聚糖构成的纤维网状结构组成，其中夹杂着少量的甘露糖、蛋白质和脂类。因此可在含有渗透压稳定剂的反应介质中加入消解酶进行酶解，也可用取自蜗牛消化道的蜗牛酶(复合酶)进行处理(终浓度 30mg/mL)，原生质体的得率都在 90%以上。此外还有纤维素酶、几丁质酶等。

真菌原生质体融合的要点与前述细胞融合类似，一般都以聚乙二醇为融合剂，在特异的选择培养基上筛选融合子。但由于真菌一般都是单倍体，融合后，只有那些形成真正单倍重组体的融合子才能稳定传代。具有杂合双倍体和异核体的融合子遗传特性不稳定，尚须经多代考证才能最后断定是否为真正的杂合细胞。

四、微生物细胞工程菌种保存

微生物受外界环境的影响会经常地发生小概率的变异，这种变异可能造成菌种性状的劣化或自身死亡。而菌种是微生物学工作者的重要研究对象和材料，是进行科学研究的宝贵资源。而具有优良性状的菌株更是来之不易的，想要让其优良性状持续稳定地存在，则有许多具体的工作要做，如采取措施防止菌种退化及对已退化的菌种进行复壮。菌种保藏的目的就是为了避免菌种的死亡及优良性状的丧失。优良菌株的获得是一项艰苦的工作，要使菌种长期保持优良性状就必须设法减少菌种的退化和死亡，即做好菌种保藏工作。

1. 菌种的退化

菌种在传代过程中，因遗传物质发生变异而引起的使原有的优良性状渐渐消失或变坏的现象，称为“菌种的退化”。“退化”是一个群体概念，菌种的退化是发生在细胞群体中一个由量变到质变的逐步演变过程。菌种退化的主要原因是遗传性发生变化。所谓遗传，是生物的下一代从上一代获得实现某种性状的潜力。遗传性发生变化的物质基础是脱氧核糖核酸(DNA)，DNA 几乎全部存在于细胞核中，并集中在染色体上。生物遗传性的改变，一方面来自脱氧核糖核酸分子结构的变化，另一方面来自染色体搭配的变化或是染色体的部分相互交换。回复突变是菌种退化的原因。具有各种优良性状的菌株大都通过诱变育种，也就是通过使菌种遗传性发生变化而得来的。这些菌株的细胞，当其中有一个细胞的优良性状发生回复突变时，在接种传代过程中回变的细胞逐渐在数量上占了优势，这样的过程就是菌种发生退化的过程。综上所述，菌种遗传性发生变化固然是菌种退化的最终原因，但是在接种传代过程中，回复突变细胞的数目逐渐取得优势是菌种退化的决定性因素。细胞遗传因子的变化使原来纯的菌株变为不纯，不纯的菌株在接种传代过程中发生了不同成分的比例变化，从而导致菌种退化。菌种退化除了遗传性发生变化的原因外，还有在遗传性不发生变化情况下的菌种退化。这里面所发生的生理上的变化目前还不大清楚。

2. 菌种的复壮

根据以上菌株退化的原因，可以制订出一些防止退化的措施，如控制菌株的传代次数，创造良好的培养条件以及定期对菌种进行复壮等。

3. 菌种的保藏

菌种是科研和生产的主要对象，每个菌种都有一定的特性，不论用于何种目的，首要条件是保持菌种的生理活性稳定不变。人们在长期的实践中，对微生物菌种的保藏建立了许多方法，各种方法所适用微生物的种类和效果都不一样，在具体应用中各有优缺点。所用方法有的简单，有的复杂，但其基本原理是相同的，即选用优良的纯种，最好是休眠体（分生孢子、芽孢等），创造一个使微生物代谢不活跃，生长繁殖受抑制，难以突变的环境条件。环境要素是干燥、低温、缺氧、缺营养以及添加保护剂和酸度中和剂等。

水分在一切生命活动及生化反应中都是至关重要的，因此干燥尤其是深度干燥在保藏中具有重要地位。常采用无水氯化钙、硅胶及五氧化二磷等干燥剂，而利用抽真空可同时达到去氧和深度干燥的目的。除水分外，低温也是保藏中的另一重要条件。但由于低温会使细胞内的水分形成冰晶，使细胞结构尤其是细胞膜受到损伤，所以若在低温下进行冷冻时，适当采用速冻的方法，可因产生的冰晶小而减少对细胞的损伤。当从低温下移出并开始升温时，冰晶又会长大，故采用快速升温可减少对细胞的损伤。冷冻时的介质对细胞损伤与否也有显著的影响，如0.5mol/L的甘油或二甲亚砜可透入细胞，并通过降低强烈的脱水作用而保护细胞。在实践中，发现用较低的温度进行保藏时效果更为理想，如液氮温度（－198℃）比干冰温度（－70℃）好，而－70℃比－20℃好。

好的菌种保藏方法，既能保持原菌的优良性状不变，也应具有通用性和操作的简便性。具体的保藏方法很多（图11.8），其原理和应用范围各有不同，优缺点也不尽相同。

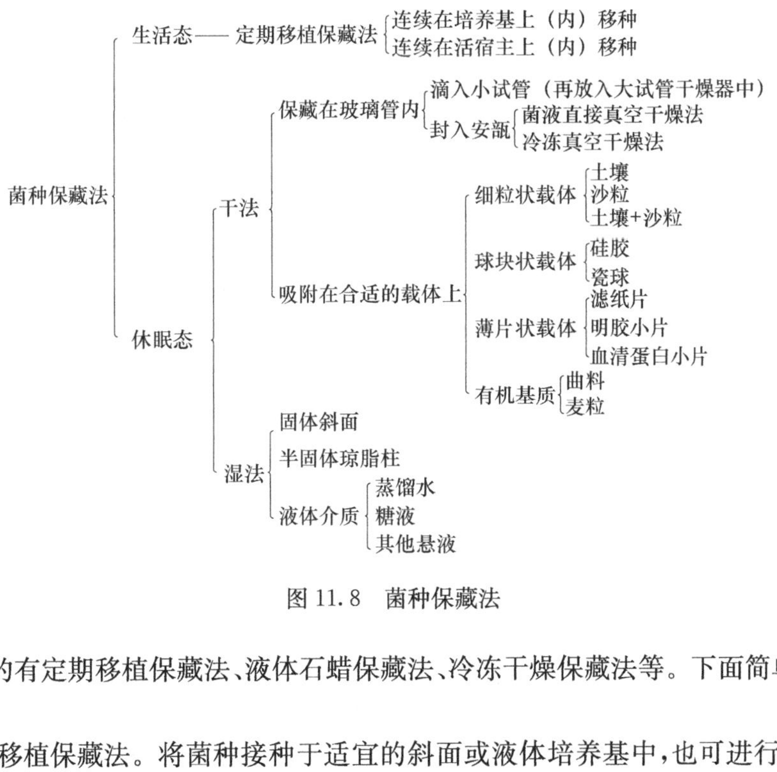

图11.8　菌种保藏法

最常用的有定期移植保藏法、液体石蜡保藏法、冷冻干燥保藏法等。下面简单介绍一下这几种方法。

1）定期移植保藏法。将菌种接种于适宜的斜面或液体培养基中，也可进行穿刺培养，待生长成健壮的菌体(对数期细胞、有性孢子或无性孢子)置于 4℃冰箱中保藏。在保藏期间要定期移植，每隔一定时间移入新的培养基中，培养后继续保藏。芽孢杆菌每 3～6 个月移种 1 次，其他细菌每月移种 1 次；放线菌 4～6℃保藏，每 3 个月移种 1 次；酵母菌 4～6℃保藏，每 4～6 个月移种 1 次。定期移植保藏法简单易行，费用小，能随时观察保藏菌株是否死亡、变异、退化或染菌，但是其保藏时间短、菌种很容易退化，所以此法多在实验室或工厂中使用。

2）液体石蜡保藏法。此方法是定期移植保藏法的补充，在生长良好的斜面表面覆盖一层无菌的液体石蜡，液面一般高过培养基 1cm，保藏时要保持竖直放置。液体石蜡可以防止水分蒸发、隔绝空气，所以能延长保藏时间。但因其须直立放置，占据空间比较大。此方法适用于某些细菌和酵母的保藏。

3）冷冻干燥保藏法。该法是将菌液在冻结状态下升华其中水分，得到干燥的菌体样品。它同时具备干燥、低温和缺氧的菌种保藏条件，所以可使微生物菌种得到较长时间的保存。但此法操作相对繁琐，技术要求高。

第三节　微生物细胞工程代谢调控

狭义的微生物代谢是微生物活细胞中各种生化反应的总称，也称为中间代谢，是微生物代谢的主体。广义的微生物代谢泛指生物体与外界不断进行的物质交换过程，除中间代谢外，还包括由微生物细胞分泌到细胞周围介质中的酶或细胞膜上的表面酶催化完成的生物大分子的降解作用。微生物细胞工程的最终目的是获得大量微生物细胞本身和各种代谢产物。

一、代谢类型

微生物同所有的生物一样都要不断地从外界环境中摄取其生长、繁殖、分化所必需的营养物质，一是利用这些物质构成自身，二是为自己生命活动提供能量，这就叫合成代谢。简单地说，合成代谢就是指简单化合物合成复杂的细胞物质的代谢(同化作用)。相反，在生命活动中常常还需要把各种复杂的营养物质或生物体自身组成物质分解成简单的化合物，并释放能量，这一过程称为分解代谢(异化作用)。可以说，分解代谢的功能在于保证合成代谢正常进行，而合成代谢反过来为分解代谢创造了更好的条件，合成代谢与分解代谢共同构成了新陈代谢活动。

微生物的新陈代谢又可分为初级代谢和次级代谢。初级代谢是指微生物的生长、分化和繁殖所必需的代谢活动，初级代谢过程所生成的产物就是初级代谢产物，初级代谢产物主要是指一些生命细胞不可缺少的小分子物质如氨基酸、核苷酸和维生素等。而绝大多数微生物都具有防止过量产生初级代谢产物的本领，过量生产是一种浪费，会降低生物在自然界生存的能力。生产上为了使更多的某种初级代谢产物积累，常常利用微生物代谢控制自然缺损的菌株，或通过人为的方法获得突破代谢调控的变异株，作为微生物发酵工业的生产菌株。

次级代谢是指非微生物生命活动所必需的代谢活动，也就是说这种代谢对微生物的生长、繁殖和分化关系不大，生理功能也不十分清楚，但可能对微生物的生存有一定价值。次级代谢产物通常以多组分的形式存在，多数次级代谢产物的化学结构都比较复杂而且特殊，如抗生素、生物碱、色素和毒素等物质。次级代谢产物通常在细胞生成的后期形成，这个现象早已在青霉素发酵中发现，现在已被证实是一种普遍现象。

二、代谢调控

微生物代谢自我调节的每一个环节都涉及酶促反应的调节，因此微生物代谢的自我调节实际上就是酶调节。在酶调节中有酶活性调节与酶合成(即酶量)调节两种方式。前者是通过代谢途径中关键酶(或称限速酶)活性的调节来控制酶促反应的速率；后者则是通过对关键酶酶量合成的控制来控制酶促反应的速率。代谢途径中的关键酶，通常是指催化不可逆反应或催化分支代谢途径中分支点后面第一步反应的酶，有时也指催化代谢途径中第一步反应的酶。这些酶的活性与数量变化能够控制整个代谢反应的进行。不论是活性调节，还是合成调节，它们通常需要一些低分子物质存在，然后这些物质通过影响酶构型来影响活性。而微生物通过反馈阻遏来实现对酶量的调节，通过反馈抑制来调节酶的活性，即反馈调节。反馈是一种将信号送回过程的发生源，并进而影响过程进行的作用。归纳起来反馈调节包括反馈抑制和反馈阻遏两个类型。

(一) 反馈抑制

当细胞内最终产物的浓度相当高时，会对合成过程中某一个酶起抑制作用，这种抑制作用就称为反馈抑制，即酶的活性的抑制。反馈抑制中最终产物大多作用于代谢过程中的第一个酶。反馈抑制效果比较直接而快速，当最终产物的浓度达到一定水平后，立即使酶活力暂时丧失，待最终产物的浓度降低后，酶活力又重新恢复。

反馈调节又分为以下几种类型。

1) 协同调节。

2) 同工酶调节。

3) 积累调节。

4) 顺序反馈抑制。

(二) 阻遏作用

诱导物诱导水解酶类生成的方法。诱导物的浓度过高能被迅速利用时，也会发生酶合成的阻遏，这在纤维二糖对纤维素酶的产生，木二糖对半纤维素酶的产生中都已观察到，这也是使用诱导物时应予注意的。

在发酵工业中，要选择到一种廉价、高效的诱导物是不容易的，分批限量加入诱导物在工艺上也多不便，更为有效的方法是改变菌株的遗传特性，除去对诱导物的需要，即选育组成型突变株。通过诱变处理，使调节基因发生突变，不产生有活性的阻遏蛋白，或者操纵基因发生突变不再能与阻遏物相结合，都可达到此目的。已设计出多种选育组成型突变株的方法，其主要原则是创造一种利于组成型菌株生长而不利于诱导型菌株生长的培养条件，造成对组成型的选择优势以及适当的识别两类菌落的方法，从而把产生的组成型菌株选择出来。如把大肠杆菌半乳糖苷酶的诱导型菌株经诱变处理后，先在含乳糖的培养基中培养，由于组成型菌株半乳糖苷酶的合成不需诱导即能产生，因此可比诱导型的出发菌株较早开始生长，在一定时期内菌数的增加较快，如持续进行培养时，由于诱导酶形成后，原菌株生长速率也逐渐增加，这种选择性造成的差别就会减少，可用交替在乳糖、葡萄糖培养基中进行培养的方法。两者利用葡萄糖时的生长速率是相同的，乳糖为碳源造成的组成型菌株的优势生长会持续下去，最后由平板分离就易于得到组成型菌株。以乳糖为限制性生长因子进行连续培养时，生长速率较低的诱导型菌株就会被冲洗掉，也是利用了上述原理。诱导型菌株不经诱变处理，利用其自发突变，用连续培养方法，也能得到组成型菌株。

在平板上识别组成型菌株的方法，主要是利用在无诱导物存在时进行培养，它能产生酶，加入适当的底物进行反应显示酶活加以识别。经常使用酶解后有颜色变化的底物，便于迅速检出组成型菌落。如甘油培养基平板中培养大肠杆菌时，诱导型菌株不产酶，组成型菌株可产生半乳糖苷酶。菌落长出后喷邻硝基苯半乳糖苷，组成型菌株的菌落由于能水解它而呈现硝基苯的黄色，诱导型则无颜色变化。

第四节　微生物细胞发酵工艺控制技术

一、微生物细胞发酵参数检测

发酵过程中，为了能对生产过程进行必要的控制，需要对有关工艺参数进行定期取样测定或进行连续测量。反映发酵过程变化的参数可以分为两类，一类是可以直接采用特定的传感器进行检测的参数，称为直接参数。它们包括反映物理环境和化学环境变化的参数，如温度、压力、搅拌功率、转速、泡沫水平、发酵液黏度、pH、离子浓度、溶解氧浓度、基质浓度等。另一类是至今尚难用传感器来检测的参数，需要根据一些直接检测出来的参数，借助计算机计算和特定的数学模型才能得到，这类参数称为间接参数，如细胞生长速率、产物合成速率和呼吸商等(表 11.1)。

表 11.1　生化过程参数检测的分类

物理参数	化学参数		间接参数
	成熟	尚不成熟	
温度	pH	成分浓度	摄氧率(OUR)
压力	氧化还原电位	糖	二氧化碳生成率(CER)
功率输入	溶解氧浓度	氮	呼吸商(RQ)
搅拌功率	溶解 CO_2 浓度	前体	总氧利用
通气流量	排气 O_2 分压	诱导物	体积氧传递系数(K_La)
泡沫水平	排气 CO_2 分压	产物	细胞浓度(X)
加料速率	其他排气成分	代谢物	细胞生长速率
基质		金属离子	比生长速率(μ)
前体		NAD^+，NADH	细胞得率($Y_{x/s}$)
诱导物		ATP，ADP，AMP	糖利用率
培养液质量		脱氢酶活力	氧利用率
培养液体积		其他各种酶活力	基质比消耗率(ν)
生物热		细胞内成分	前体利用率
培养液表观黏度		蛋白质	产物量(P)
积累消耗量		DNA	比生产率(ν)
转速		RNA	其他需要计算的值
酸			功率、功率准数
碱			雷诺数
消泡剂			细胞量
细胞量			生物热
气泡含量			碳平衡
气泡表面积			能量平衡
表面张力			

发酵过程的纯种要求、培养前的高温灭菌处理和培养过程中的严密性，增加了参数检测的

复杂性。主要反映在以下几点。

1）罐内插入的传感器必须能耐热，经受高温灭菌。

2）菌体以及其他固体物质附在表面，使一些传感器的使用性能受到影响。

3）罐内气泡影响，带来对测量的干扰。

4）传感器结构必须防止杂菌进入和避免产生灭菌死角，使传感器结构复杂或性能变化。

5）化学成分的分析是重要的检测内容，但电信号转换困难。

上述参数中，对发酵过程影响较大的有温度、pH、溶解氧浓度等。以下对此进行简述。

1. 温度

温度对发酵过程的影响是多方面的，它会影响各种酶反应的速率，改变菌体代谢产物的合成方向，影响微生物的代谢调控机制。除这些直接影响外，温度还对发酵液的理化性质产生影响，如影响发酵液的黏度、基质和氧在发酵液中的溶解度和传递速率、某些基质的分解和吸收速率等，进而影响发酵的动力学特性和产物的生物合成。

最适发酵温度是既适合菌体的生长，又适合代谢产物合成的温度，它随菌种、培养基成分、培养条件和菌体生长阶段不同而改变。理论上，整个发酵过程中不应只选一个培养温度，而应根据发酵的不同阶段，选择不同的培养温度。在生长阶段，应选择最适生长温度；在产物分泌阶段，应选择最适生产温度。但实际生产中，由于发酵液的体积很大，升降温度都比较困难，所以在整个发酵过程中，往往采用一个比较适合的培养温度，使得到的产物产量最高。发酵温度可通过温度计或自动记录仪表进行检测，通过向发酵罐的夹套或蛇形管中通入冷水、热水或蒸汽进行调节。工业生产上，所用的大发酵罐在发酵过程中一般不需要加热，因发酵中释放了大量的发酵热，在这种情况下通常还需要加以冷却，利用自动控制或手动调整的阀门，将冷却水通入夹套或蛇形管中，通过热交换来降温，保持恒温发酵。

2. pII

pH 对微生物的生长繁殖和产物合成的影响有以下几个方面。

1）影响酶的活性，当 pH 抑制菌体中某些酶的活性时，会阻碍菌体的新陈代谢。

2）影响微生物细胞膜所带电荷的状态，改变细胞膜的通透性，影响微生物对营养物质的吸收及代谢产物的排泄。

3）影响培养基中某些组分和中间代谢产物的离解，从而影响微生物对这些物质的利用。

4）pH 不同，往往引起菌体代谢过程的不同，使代谢产物的质量和比例发生改变。

另外，pH 还会影响某些霉菌的形态。

发酵过程中，pH 的变化取决于所用的菌种、培养基的成分和培养条件。培养基中的营养物质的代谢，是引起 pH 变化的重要原因，发酵液的 pH 变化乃是菌体产酸和产碱的代谢反应的综合结果。每一类微生物都有其最适的和能耐受的 pH 范围，大多数细菌生长的最适 pH 为 6.3～7.5，霉菌和酵母菌为 3～6，放线菌为 7～8。而且微生物生长阶段和产物合成阶段的最适 pH 往往不一样，需要根据实验结果来确定。

为了确保发酵的顺利进行，必须使其各个阶段经常处于最适 pH 范围之内，这就需要在发酵过程中不断地调节和控制 pH 的变化。首先需要考虑和试验发酵培养基的基础配方，使其有适当的配比，使发酵过程中的 pH 变化在合适的范围内。如果达不到要求，还可在发酵过程中补加酸或碱。过去是直接加入酸（如 H_2SO_4）或碱（如 NaOH）来控制，现在常用生理酸性物质$(NH_4)_2SO_4$ 和生理碱性物质氨水来控制，它们不仅可以调节 pH，还可以补充氮源。当发酵液的 pH 和氨氮含量都偏低时，补加氨水，就可达到调节 pH 和补充氨氮的目的；反之，pH 较高，氨氮含量又低时，就补加$(NH_4)_2SO_4$。此外，用补料的方式来调节 pH 也比较有效。这种方法，既可以达到稳定 pH 的目的，又可以不断补充营养物质。最成功的例子就是青霉素发酵的补料工艺，利用控制葡萄糖的补加速率来控制 pH 的变化，其青霉素产量比用恒定的加糖速率和加酸或碱来控制 pH 的产量高 25%。已试制成功适合于发酵过程监测 pH 的电极，能连续测定并记录 pH 的变化，将信号输入 pH 控制器指令加糖、加酸或加碱，使发酵液的 pH 控制在预定的数值。

3. 溶解氧浓度

对于好氧发酵，溶解氧浓度是最重要的参数之一。微生物深层培养时，需要适量的溶解氧以维持其呼吸代谢和某些产物的合成，氧的不足会造成代谢异常，产量降低。微生物发酵的最适氧浓度与临界氧浓度是不同的，前者是指溶解氧浓度对生长或合成有一最适的浓度范围，后者一般指不影响菌体呼吸所允许的最低氧浓度。为了避免生物合成处在氧限制的条件下，需要考察每一发酵过程的临界氧浓度和最适氧浓度，并使其保持在最适氧浓度范围。现在已可采用复膜氧电极来检测发酵液中的溶解氧浓度。要维持一定的溶氧水平，需从供氧和需氧两方面着手。在供氧方面，主要是设法提高氧传递的推动力和氧传递系数，可以通过调节搅拌转速或通气速率来控制。在需氧方面，要有适当的工艺条件来控制需氧量，使菌体生长和产物形成对氧的需求量不超过设备的供氧能力。已知发酵液的需氧量，菌体浓度、基质的种类和浓度以及培养条件等因素的影响，其中以菌体浓度的影响最为明显。发酵液的摄氧率随菌体浓度增大而增大，但氧的传递速率随菌体浓度的对数增大而减小。因此可以控制菌的比生长速率比临界值略高一点，达到最适菌体浓度。这样既能保证细胞的代谢产物的比生产速率维持在最大值，又不会使需氧大于供氧。这可以通过控制基质的浓度来实现，如控制补糖速率。除控制补料速率外，在工业上，还可采用调节温度(降低培养温度可提高溶氧浓度)、液化培养基、中间补水、添加表面活性剂等工艺措施，来改善溶氧水平。

发酵过程中各参数的控制很重要，目前发酵工艺控制的方向是转向自动化控制，因而希望能开发出更多更有效的传感器用于过程参数的检测。此外，对于发酵终点的判断也同样重要。生产不能单纯追求高生产力，而不顾及产品的成本，必须把两者结合起来。合理的放罐时间是由实验来确定的，就是根据不同的发酵时间所得的产物产量计算出发酵罐的生产力和产品成本，采用生产力高而成本又低的时间，作为放罐时间。确定放罐的指标有产物的产量、过滤速度、氨基氮的含量、菌丝形态、pH、发酵液的外观和黏度等。发酵终点的确定，需要综合考虑这些因素。

二、微生物细胞的发酵类型

1. 根据微生物对氧的需求分

按发酵过程中微生物对氧的不同需求一般可分为好氧性发酵和厌氧性发酵两大类型。

1) 好氧性发酵。发酵过程中需要提供氧气，如利用黑曲霉发酵生产柠檬酸、利用棒杆菌发酵生产谷氨酸、利用黄单胞菌生产黄原胶、抗生素发酵生产等。

2) 厌气性发酵。发酵过程中不需供氧，如乳酸杆菌的乳酸发酵、梭状芽孢杆菌的丙酮丁醇发酵等。

2. 按发酵培养基物理状态分

(1) 固体发酵

薄层发酵:木盘或苇帘,1~2cm,培养箱或曲室内。

厚层发酵:深槽或池,架设帘,30cm 以上,接种后通气。

也可采用固体发酵罐进行固体深层发酵。

固体发酵优点:可直接采用农副产品为原料,生产成本和能量消耗都较低;发酵培养基含水分低,有时产物浓度大大高于液体培养。

固体发酵缺点:同液体发酵相比,固体发酵中微生物、营养物和产物的分散,发酵热的移去和氧的供应以及杂菌污染的避免等都较困难。

(2) 液体发酵

发酵工业的主要方法。根据培养液的深浅分浅盘发酵法和深层发酵法。

浅盘发酵法:是指利用浅盘,只装一薄层培养液,接种后进行表面培养的细胞液体发酵技术。

深层发酵法:深层发酵(submerged fermentation)指在液体培养基内部(而不仅仅在表面)进行的培养过程,又称浸没培养或沉没培养。深层发酵是当前发酵工业中使用的主要形式,液体深层发酵的优点有以下几种。

1) 液体悬浮状态是多数微生物的最适生长环境。

2) 在液体中,菌体及其底物、产物(包括热)易于扩散,使发酵可在均质或拟均质条件下进行。

3) 液体输送方便,易于机械化操作。

4) 厂房面积小,生产效率高,易进行自动化控制,产品质量稳定。

5) 产品易于提取、精制。

三、微生物发酵动力学

发酵动力学是发酵工程的一个重要组成部分,它研究各种发酵过程变量在活细胞作用下的变化规律以及各种发酵条件对这些变量变化速度的影响。这一研究有助于人们更加深入地认识和掌握发酵过程,为工业发酵的模拟、优化和控制奠定良好的理论基础。

发酵过程的本质是活细胞利用基质中的化学能及在生长过程中产生的酶催化下进行的一系列生物化学反应。故发酵动力学是以化学热力学(研究反应的方向)和化学动力学(研究反应速度)为基础,对发酵过程各种物质的变化进行描述。一般来说,发酵动力学的研究内容主要包括:①细胞生长和死亡动力学;②基质消耗动力学;③氧消耗动力学;④CO_2 生成动力学;⑤产物合成和降解动力学;⑥代谢热生成动力学。

发酵动力学模型通常分为非结构模型和结构模型两类。非结构模型是基于细胞是单组分、均一的而忽略环境变化对细胞组成影响的假设所建立的模型。它是以细胞浓度的变化速率来表示的。结构模型是基于细胞组成在培养过程变化的基础上建立的模型。虽然非结构模型不能反映细胞内复杂的代谢反应并预测环境条件的改变所引起的细胞动态特性,但因其形式简单、数学处理方便,非结构模型成为常见的一种动力学模型。

(一) 发酵动力学中的常用术语

1. 得率系数(或产率,转化率,*Y*)

得率系数可用于定量评估对碳源等物质生成细胞或其他产物的潜力。最常见的几种得率系数包括:生长得率($Y_{X/S}$)和产物得率($Y_{P/S}$)、宏观得率、理论得率等。

(1) 生长得率系数($Y_{X/S}$)

是指每消耗 1g(或 mol)基质(一般指碳源)所产生的细胞质量(g),定义式为

$$Y_{X/S}=\frac{\text{生成细胞的质量}}{\text{消耗基质的量}}=\frac{\Delta[X]}{-\Delta[S]} \tag{11.1}$$

式中,$[X]$——细胞浓度;

$[S]$——基质浓度。

分批培养时,培养基的组成在不断变化,因此细胞得率系数一般不能视为常数。在分批培养过程中,总的细胞得率系数可用下式计算:

$$Y_{X/S}=\frac{[X_t]-[X_0]}{[S_0]-[S_t]}$$

式中,$[X_0]$,$[X_t]$——分别为培养起始和结束时细胞浓度;

$[S_0]$,$[S_t]$——分别为培养起始和结束时基质浓度。

(2) 产物得率系数($Y_{P/S}$)

与细胞得率系数相似,是指被消耗的物质和所合成产物之间的量的关系,定义式为

$$Y_{P/S}=\frac{\text{生成产物的质量}}{\text{消耗基质的量}}=\frac{\Delta[P]}{-\Delta[S]}$$

式中,$[P]$——产物浓度。

(3) 宏观得率与理论得率

当细胞生长的同时,还伴随着其他反应,则消耗的基质除用于细胞的生长,还用于生成产物。因此,若式(11.1)中 $\Delta[S]$代表总的基质消耗,此时计算的得率系数为宏观得率系数 $Y_{X/S}$。若用只与细胞生长有关的那部分基质消耗 $\Delta[S_G]$代替 $\Delta[S]$,可得到生长得率的另一种表达式:

$$Y_{X/S}^{*}=\frac{\Delta[X]}{-\Delta[S_G]}$$

此时求得的得率系数为理论得率系数,又称最大生长得率系数。由于细胞代谢过程复杂,一般 $\Delta[S_G]$难以测定,因此 $Y_{X/S}^{*}$ 难于直接确定,而且 $Y_{X/S}<Y_{X/S}^{*}$。

对于产物来说,同样有理论得率和宏观得率。

2. 反应速率

反应速率有绝对速率和比速率两种表示方式。绝对速率(简称速率)是指单位时间、单位反应体积某一组分的变化量。对于发酵过程中各种变量而言,可用下述表达式来表示其速率。

细胞生长速率 r_X:$r_X=\frac{d[X]}{dt}$

基质的消耗速率 r_S:$r_S=\frac{-d[S]}{dt}$

氧的消耗速率 r_O:$r_O=\frac{-d[O]}{dt}$

产物生成速率 r_P：$r_P=\frac{d[P]}{dt}$

CO_2 生成速率 r_{CO_2}：$r_{CO_2}=\frac{d[CO_2]}{dt}$

比速率是以单位浓度细胞为基准而表示的各变量的变化速率。发酵过程的比速率可分别用下式来表示。

细胞比生长速率 $\mu(h^{-1})$：$\mu=\frac{1}{[X]}\cdot\frac{d[X]}{dt}$

基质比消耗速率 $q_S(h^{-1})$：$q_S=\frac{1}{[X]}\cdot\frac{d[S]}{dt}$

氧比消耗速率 $q_O(h^{-1})$：$q_O=\frac{1}{[X]}\cdot\frac{d[O]}{dt}$

产物比生成速率 $q_P(h^{-1})$：$q_P=\frac{1}{[X]}\cdot\frac{d[P]}{dt}$

从上述各式可以看出，比速率与催化活性物质的量（细胞浓度）有关，因此，比速率的大小反映了细胞活力的大小。

（二）微生物细胞生长动力学

细胞生长一般包含以下两种含义：一是细胞体积的增大，细胞内各化学成分的含量也同步增加；二是细胞群体数量的增加。这两种生长形式交替进行，宏观上表现为细胞干重的增加。

1. 无抑制的细胞生长动力学

Monod 方程是应用最普遍的微生物生长动力学方程，它由现代细胞生长动力学的奠基人 Monod 于 1942 年提出。其方程为

$$\mu=\frac{\mu_{max}[S]}{K_S+[S]}$$

式中，μ——比生长速率，h^{-1}；

μ_{max}——最大比生长速率，h^{-1}；

$[S]$——限制性基质的浓度，g/L；

K_S——饱和常数，g/L，其值等于比生长速率为最大比生长速率的一半时的限制性基质的浓度。

根据 Monod 方程作出的 μ-$[S]$曲线为饱和双曲线，如图 11.9 所示。

Monod 方程只适用于单一基质及不存在抑制性物质的情况，也就是说，除了一种生长限制基质外，其他必需营养物都是过量的，但这种过量又不至于抑制生长，在生长过程中也没有抑制性产物生成。通常 Monod 方程仅适用于生长较慢和细胞密度较低的环境。基质消耗过快，则可能产生有害的副产物；在细胞浓度很高时，则有害副产物可能更多，这些都将影响 Monod 方程的适用性。为此，人们又提出了许多无抑制的细胞生长动力学方程。

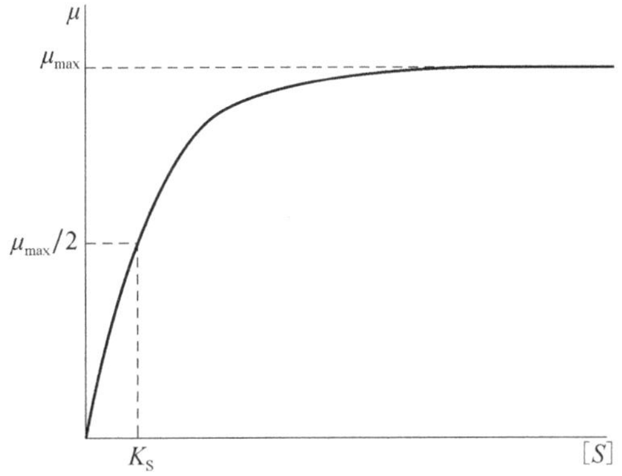

图 11.9　Monod 方程曲线

对于初始基质浓度过高而造成细胞生长过快的发酵，可采用下面方程：

$$\mu = \frac{\mu_{max}[S]}{K_S + K_{S_0}[S_0] + [S]}$$

式中，$[S_0]$——初始基质浓度；

K_{S_0}——初始饱和常数。

下述方程中，Moser 方程是最普遍的一种，当 $n=1$ 时，即为 Monod 方程。Contois 方程适合于在高密度下的细胞生长。

Teissier 方程：$\mu=\mu_{max}(1-e^{-S/K_S})$

Moser 方程：$\mu=\frac{\mu_{max}[S^n]}{K_S+[S^n]}$

Contois 方程：$\mu=\frac{\mu_{max}S}{K_SX+S}$

上述各模型中，讨论的都是单一基质下细胞生长速率与该基质浓度的关系。如果发酵过程中限制性基质不是一种，而是两种或多种，则上述模型就不适用。为此人们又提出了其他模型。以双基质为例，有以下两类模型可采用。

累加动力学：$\mu=\frac{\mu_{max}[S_1]}{K_{S_1}+[S_1]}+\frac{\mu_{max}[S_2]}{K_{S_2}+[S_2]}$

相互影响动力学：$\mu=\mu_{max}\left[\frac{[S_1]}{K_{S_1}+[S_1]}\cdot\frac{[S_2]}{K_{S_2}+[S_2]}\right]$

2. 有抑制的细胞生长动力学

对生物反应而言，某些物质的存在，会使细胞生长的比速率下降，对细胞生长有一定抑制作用。这些抑制剂的存在，或改变了细胞和细胞中酶的渗透性，或使细胞中酶的聚集体发生解离，或影响酶的合成，或影响细胞的活性功能等。这些抑制剂包括基质抑制剂和产物抑制剂。

(1) *基质抑制动力学*

当基质浓度很高时，细胞的生长反而会受到基质的抑制作用。与底物对酶催化反应的抑制一样，基质对细胞生长的抑制同样可分为竞争性、非竞争性和反竞争性抑制。可用下面不同的动力学模型来描述。

反竞争性基质抑制采用 Haldane 方程：

$$\mu = \frac{\mu_{max}[S]}{K_S + [S] + \frac{[S]^2}{K_{SI}}}$$

式中，K_{SI}——基质抑制常数。

竞争性基质抑制：$\mu=\frac{\mu_{max}[S]}{K_S\left(1+\frac{[S]}{K_{SI}}\right)+[S]}$

非竞争性基质抑制：$\mu=\frac{\mu_{max}[S]}{([S]+K_S)\left(1+\frac{[S]}{K_{SI}}\right)}$

(2) *产物抑制动力学*

细胞培养过程中，自身代谢产物浓度较高时，也会抑制细胞的生长及其代谢能力。产物的抑制可分为竞争性和非竞争性抑制，某些情况下，虽然其抑制机制不清楚，但仍可采用一些近似的经验表达式来表示其抑制动力学。其中较为常见的是与非竞争性抑制动力学相似的模型：

$$\mu = \frac{\mu_{max}[S]}{K_S + [S]} \cdot \frac{K_{PI}}{K_{PI} + [P]}$$

式中，K_{PI}——产物抑制常数。

其他形式的动力学模型有

$$\mu = \frac{\mu_{max}[S]}{K_S + [S]}(1 - K_{PI}[P])$$

$$\mu = \frac{\mu_{max}[S]}{K_S + [S]} e^{-K_{PI}P}$$

(3) 逻辑方程

Verhulst-Pearl 提出，在某一特定条件下，细胞生长应有一最大浓度$[X_m]$，它与基质浓度有关。据此，提出了逻辑方程(logistic equation)：

$$\mu = \mu_{max}\left(1 - \frac{[X]}{[X_m]}\right)$$

即

$$\frac{dX}{dt} = \mu_{max}[X]\left(1 - \frac{[X]}{[X_m]}\right)$$

积分后可得

$$[X] = \frac{[X_0][X_m]e^{\mu_{max}t}}{[X_m] - [X_0] + [X_0]e^{\mu_{max}t}}$$

式中，$[X_0]$——发酵起始时细胞浓度。

逻辑方程是应用较为普遍的生长动力学模型。

(三) 产物生成动力学

微生物代谢产物特别是次生代谢产物的生物合成，是一个极其复杂的过程，它涉及所用菌株的基因型和表型，菌体的生长速率、形态和生理状态，并取决于各种培养条件。而一些外部环境条件对菌株生长和生产能力的影响尚不十分清楚。因此，目前大多数研究只限于宏观过程变量描述的非结构模型。其中最常见的是 Luedeking-Piret 模型：

$$\frac{dP}{dt} = \alpha \frac{dX}{dt} + \beta X$$

式中，α——与菌体生长率偶联的产物合成常数，简称生长偶联常数；

β——与菌体生长量偶联的产物合成常数。

Gaden 根据产物生成速率与细胞生长速率之间的关系，又将其分为三种类型。

类型Ⅰ称为生长偶联型，即 $\alpha>0, \beta=0$。产物是细胞能量代谢的结果。此时产物通常是基质的分解代谢产物，代谢产物的生成与细胞的生长是同步的，如图 11.10A 所示，产物、细胞的速率-时间曲线的变化趋势是同步的，都有一最大值，最大值出现的时间相差不大。比如乙醇、葡糖酸、乳酸、黑曲霉葡糖氧化酶发酵就属于此类型。

类型Ⅱ称为部分生长偶联型或混合型，即 $\alpha>0, \beta>0$。产物的生成与细胞的生长速率部分相关。如图 11.10B 所示。

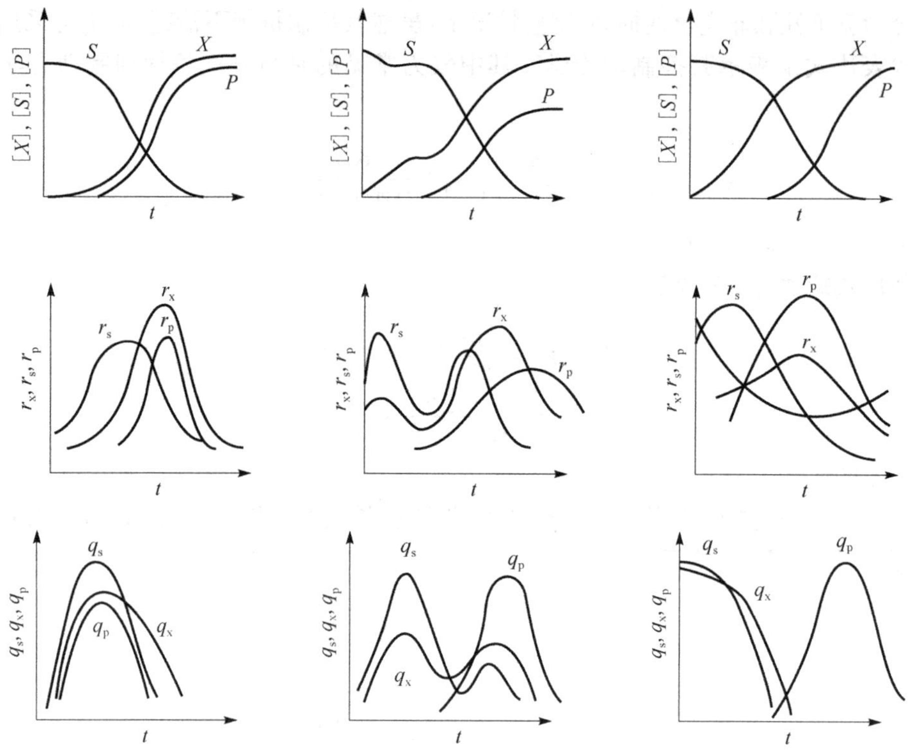

A　　　　　　　　B　　　　　　　　C

图 11.10　产物生成动力学曲线

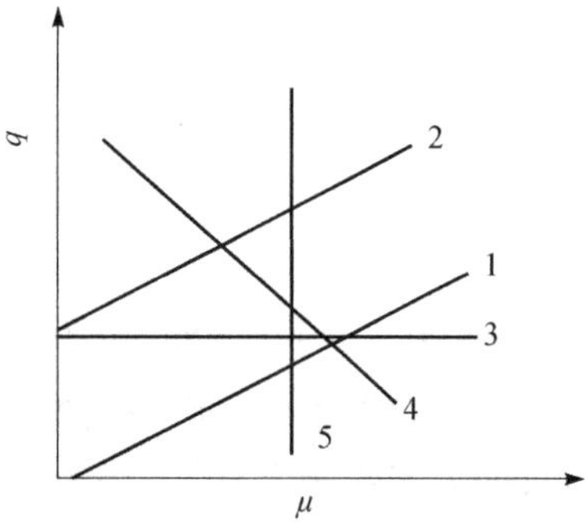

图 11.11　产物生成比速率与比生长速率关系

类型Ⅲ称为非生长偶联型，即 $\alpha=0,\beta>0$。产物的生成与细胞的生长无直接联系。其特点是细胞生长阶段，并无产物积累；而当细胞生长停止后，产物却大量生成。比如一些抗生素、微生物毒素等次级代谢产物的发酵便属于此类型。如图 11.10C 所示。

将 q_P 与 μ 之间关系作图，如图 11.11 所示，除了前述的三种类型动力学外还有两种模型。一是与生长呈负相关的模型，如图 11.11 中线 4，其数学表达式为

$$q_P = q_{P,max} - Y_{P/X}\mu$$

另一种是与生长无关的模型，如图 11.11 中线 5。

此外，还提出了一些其他产物动力学模型。如当产物存在分解时，可用下式来描述：

$$\mu = \alpha\frac{d[X]}{dt} + \beta[X] - k_d[P]$$

式中，k_d——产物分解常数。

(四) 基质消耗动力学

微生物发酵过程中，各种含碳基质一部分在生物氧化酶作用下进行催化分解，最后生成 CO_2 和 H_2O，释放出维持细胞生命活动所需的能量，该过程称为分解代谢；另一部分先转化成初级代谢产物，然后在生物合成酶作用下，合成细胞成分和最终代谢产物，该过程称为合成代

谢。这种含碳基质代谢过程如图 11.12 所示。

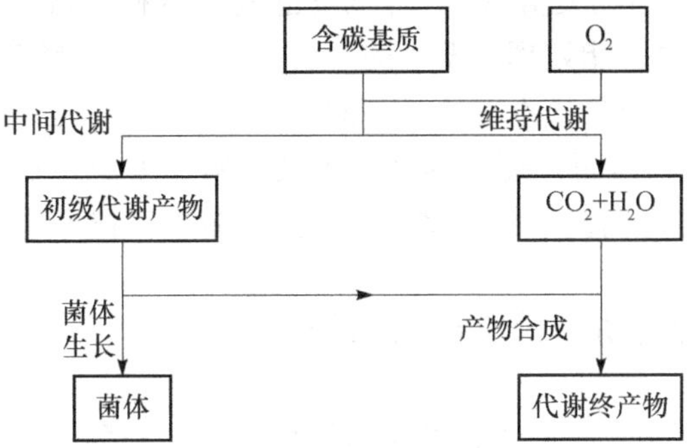

图 11.12 发酵过程含碳基质的代谢

假设发酵过程没有中间代谢产物积累，则含碳基质的质量平衡算式为

消耗的含碳基质 = 维持代谢消耗量 + 细胞生长消耗量 + 产物合成消耗量

即

$$-\Delta[S] = (-\Delta[S])_{M} + (-\Delta[S])_{G} + (-\Delta[S])_{P}$$

与比速率相类似，定义维持系数 m 为单位干菌体在单位时间内维持代谢消耗的基质量，其表达式为

$$m_{S} = \frac{1}{[X]}\left(\frac{-\Delta[S]}{\Delta t}\right)_{M}$$

根据理论得率系数定义，并取对发酵时间的微分形式，则上式变为

$$-\frac{dS}{dt} = m_{S}[X] + \frac{1}{Y_{X/S}^{*}} \cdot \frac{d[X]}{dt} + \frac{1}{Y_{P/S}^{*}} \cdot \frac{d[P]}{dt}$$

该模型为基质消耗的普遍动力学模型。

若基质仅用于细胞的生长，则上式变为

$$-\frac{dS}{dt} = \frac{1}{Y_{X/S}^{*}} \cdot \frac{d[X]}{dt} = \frac{1}{Y_{X/S}^{*}} \cdot \frac{d[X]}{dt}$$

两边除以$[X]$，则

$$q_{S} = \frac{1}{Y_{X/S}}\mu$$

若产物的合成不消耗基质，则其动力学模型为

$$-\frac{dS}{dt} = m_{S}[X] + \frac{1}{Y_{X/S}} \cdot \frac{d[X]}{dt}$$

同样两边除以$[X]$，得

$$q_{S} = m_{S} + \frac{1}{Y_{X/S}^{*}}\mu$$

第五节 微生物细胞发酵下游加工技术

从发酵液中分离、精制有关产品的过程称为发酵生产的下游加工过程。发酵液是含有细胞、代谢产物和剩余培养基等多组分的多相系统，黏度常很大，从中分离固体物质很困难；发酵产品在发酵液中浓度很低，且常常与代谢产物、营养物质等大量杂质共存于细胞内或细胞外，

形成复杂的混合物;欲提取的产品通常很不稳定,遇热、极端 pH、有机溶剂会分解或失活;另外,由于发酵是分批操作,生物变异性大,各批发酵液不尽相同,这就要求下游加工有一定弹性,特别是对染菌的批号也要能处理。发酵的最后产品纯度要求较高,上述原因使下游加工过程成为许多发酵生产中最重要、成本费用最高的环节,如抗生素、乙醇、柠檬酸等的分离和精制占整个工厂投资的 60%左右,而且还有继续增加的趋势。发酵生产中因缺乏合适、经济的下游处理方法而不能投入生产的例子是很多的。因此下游加工技术愈来愈引起人们的重视。

一、微生物细胞发酵下游加工的特点和重要性

生物工程产品的分离纯化不同于化学品的纯化生产,发酵液是复杂的多相系统。分散在其中的固体和胶状物质具有可压缩性,其密度又和液体相近,加上黏度很大,属非牛顿性液体,从如此复杂的体系中提取出高纯度的产品困难很大。可见,研究先进的下游加工技术的确是微生物发酵工业化的关键。

微生物细胞发酵下游加工技术有以下几个特点:第一,发酵液中所含欲提取的生物物质浓度很低(几种典型产品发酵液的浓度示于表 11.2 中),但杂质含量却很高,特别是利用基因工程方法生产的蛋白质,常常伴有大量性质相近的杂蛋白。从低浓度的混合物中分离纯组分,需要较大的能量。

表 11.2　几种典型产品发酵液的浓度

产　品	典型浓度/(g/L)	产　品	典型浓度/(g/L)
抗生素	25	有机酸	100
氨基酸	100	酶	20
乙醇	100	R-DNA 蛋白质	10

由于起始浓度较低而杂质又较多,最后成品要求达到的纯度又较高,常需多步纯化操作。一个包含 6 步操作的纯化过程,即使每步操作都较完善、收率达到 90%,总收率也只有 53%。因此目前基因工程产品的生产,收率达到 30%～40%就认为已经相当不错。可见,尽量减少提取步骤是相当重要的。

第二,欲提取的生物物质通常很不稳定、遇热、极端 pH、有机溶剂会引起失活或分解。蛋白质的生物活性与一些辅因子(cofactor)、金属离子的存在和分子的空间构型有关。一般认为剪切力(shear)会影响空间构型和使分子降解,对蛋白质的活性影响很大。最近的研究表明,当蛋白质分子处于气液交界面上或与膜结合均对剪切力较敏感,而溶解的蛋白质则受影响较小。

第三,发酵或培养都是分批操作,且微生物总有一定的变异性,故各批发酵液不尽相同,这就要求下游加工有一定的弹性;特别是对染菌的批号,也要求能处理。发酵液的放罐时间、发酵过程中消沫剂的加入都对提取有影响。

发酵液放罐后,一方面由于条件改变,发酵会继续但可能按其他途径代谢从而破坏产品;另一方面,还会感染杂菌,引起产品的破坏;对大分子产品来说,发酵液中存在的蛋白酶或糖苷酶会使目标蛋白破坏,故发酵液不宜存放过久,应尽快进行提取。整个下游加工过程应遵循下列四条原则:①时间短;②温度低;③pH 适中(选择在生物物质的稳定范围内);④严格清洗消毒(包括厂房、设备及管路,特别注意死角),这和传统产品抗生素的生产是一致的。

发酵废液量很大,生化需氧量(BOD)较高,经生物处理后才能排放。最理想的情况是将废液循环使用,但目前尚未获得成功。

对基因工程产品,还应注意生物安全(biosafety)问题,即要防止菌体扩散,特别对前面几步操作,一般要求在密封的环境下进行。例如,用密封操作的离心机进行菌体分离,整个机器处在密闭状态,在排气口装有一无菌过滤器,同时有一根空气回路以帮助平衡在排放固体时系统的压力,无菌过滤器用来排放过量的气体和空气,但保证微生物不排出到系统外。

下游加工技术的重要性使人们认识到,上游技术的发展应该注意到下游方面的困难,否则即使发酵液的产物浓度提高了,却仍然得不到产品。所以上游要为下游提取方便创造条件。例如,如何选育不产或少产与目标产物性质相近的杂质的菌种;将原来胞内产物变为胞外产物或可以分泌到围膜间隙;在细胞内形成包涵体,在细胞破碎后,在低离心力条件下即能沉降;利用基因工程技术给尿抑胃素接上若干个精氨酸残基,使其碱性增加,容易被阳离子交换剂吸附等。这些都是针对下游加工工艺困难,从选育菌种着手的成功例子。

二、微生物细胞发酵下游加工基本原理

生物物质的分离方法与一般化学方法虽然有许多不同特点,但在原理上许多又是相同的。用于生物化学分离的制备技术大都是根据混合物中不同组分分配率的差异,将其分配于可用机械方法分离的两个或几个物相中(如溶剂提取、盐析、结晶等),或将混合物置于某一物相中(主要是液相),外加一定的作用力,使各组分分配于不同区域,而达到分离纯化的目的(如电泳、超离心、超滤等)。除了小分子物质如氨基酸、脂肪酸、固醇类及某些维生素外,几乎所有有机体中的大分子物质只限于分配在固相和液相中。因此可以人为地创造一定的条件,让这些大分子物质在这两相中交替转移,而达到纯化的目的。

三、微生物细胞发酵下游加工的一般程序和操作单元

由于所需的微生物代谢产品不同,如有的需要菌体,有的需要初级代谢产物,有的需要次级代谢产物等,而且对产品的质量也有不同的要求,所以分离纯化步骤可以有各种组合。但大多数微生物产品的下游加工过程,常常按生产过程的顺序分为四个步骤,即发酵液的预处理和过滤、初步纯化(提取)、高度纯化(精制)、成品加工。其一般流程如图 11.13 所示。

(胞外产物)

发酵液→预处理→细胞分离→细胞破碎→细胞碎片分离→初步纯化→高度纯化→成品加工

加热	沉降	均化	离心分离	沉淀	层析	无菌过滤
调pH	离心分离	研磨	萃取	吸附	离子交换	浓缩
絮凝	过滤	溶胞	过滤	萃取	亲和	超滤
	错流过滤		错流过滤	超滤	憎水	冷冻干燥
					吸附	喷雾干燥
					电泳	结晶

图 11.13　微生物细胞发酵下游加工的工艺流程和技术

(一) 发酵液的预处理和过滤

从发酵液中分出固体通常是下游加工的第一步操作。发酵液预处理的目的,就在于改变发酵液的性质,加快悬浮液中固形物沉降的速度,尽可能使产物转入便于以后处理的相中,能够除去部分杂质,以利于固液分离。如在活性物质稳定性的范围内,通过酸化、加热、以降低发酵液的黏度。另一种有效的方法是加入絮凝剂,使细胞或溶解的大分子聚结成较大的颗粒。

在固液分离中,过滤是最常用的方法。传统的板框压滤机和鼓式真空过滤机在某些场合仍在使用,例如处理较粗大的真菌菌丝体时,但在很多场合会遇到困难。一种较好的解决办法是在鼓式真空过滤机转鼓的表面预先铺一层 2～10cm 厚的助滤剂层,过滤时形成的滤饼不断地用缓慢前进的刮刀,连同极薄的一层助滤剂(约百分之几毫米厚)一起刮去,但当滤饼用做饲料时,此法就不能采用。一种新的过滤方法是利用微滤膜或超滤膜进行错流过滤,此时无滤饼形成,对细菌悬浮液,滤速达 67～118L/(m^2 · h),此法的缺点是不能将液固相分离完全。

离心分离也是常用的固液分离方法,较新的装置是倾析式离心机,适用于含固量较多的发酵液。

如果欲提取的产物存在于细胞内,还需先对细胞进行破碎。细胞破碎的方法有机械、生物和化学等方法。大规模生产中常用高压匀浆器(highpressure homogenizer)和球磨机(ball mill)。前者主要利用液相剪切力和与固定表面撞击所产生的应力;后者主要依靠研磨。两者机制不同,可相互补充。

细胞碎片的分离通常用离心的方法,但非常困难。一种新的办法是利用两水相萃取法,选择适当的条件,使细胞碎片集中分配在下相。

(二) 初步纯化(提取)

经上述步骤处理后,活性物质存在于滤液中,滤液体积很大,浓度很低。下游加工过程就是浓缩和纯化的过程,常需多步操作。其中第一步操作最为重要,称为初步纯化或提取,主要目的在于浓缩,也有一些纯化作用,而以后几步操作所处理的体积小,合称为高度纯化或精制。

1) 吸附法。吸附法主要用于抗生素等小分子物质的提取,是利用吸附剂与抗生素之间的分子引力而将抗生素吸附在吸附剂上。吸附剂有活性炭、白土、氧化铝、各种离子交换树脂等。其中以活性炭应用最广,但有很多缺点:①吸附性能不稳定,即使由同一工厂生产的活性炭,也会随批号不同而改变;②选择性不高,即有些杂质被一起吸附,然后又一起洗下来;③可逆性差,即常常洗不下来;④不能连续操作,劳动强度较大;⑤炭粉影响环境卫生。其他吸附剂也在不同程度上存在这些缺点,因此吸附法曾几乎被淘汰,只有对新抗生素提取或其他方法都不适用时,才考虑用吸附法。如维生素 B_{12}用弱酸 122 树脂吸附,丝裂霉素用活性炭吸附等。但 1957 年后,随着一种性能优良的新型吸附剂——大网格聚合物吸附剂的合成和应用成功,吸附法又被广泛应用。

2) 离子交换法。离子交换法也主要用于小分子的提取。离子交换法是利用离子交换树脂和生物物质之间的化学亲和力,有选择性地将生物物质吸附上去,然后以较少量的洗脱剂将它洗下来。利用此法时,生物物质必须是极性化合物,即在溶液中能形成离子的化合物。如生物物质为碱性,则可用酸性离子交换树脂去提取;如生物物质为酸性,则可用碱性离子交换树脂来提取(如链霉素是强碱性物质,可用弱酸性树脂来提取)。

当树脂和操作条件选择合适时,虽然杂质的浓度远远超过生物物质的浓度,也能将生物物质有选择性地吸附在树脂上。在洗脱时也具有选择作用,因而经过吸附洗脱后,能达到浓缩和精制的目的。

一般的离子交换树脂的骨架具有疏水性,与蛋白质的疏水部分有吸附作用,而使蛋白质变性失活。以天然糖类为骨架的离子交换剂,由于其骨架具有亲水性,可用来提取蛋白质(如以纤维素为骨架的离子交换剂可用来提取乳清中的蛋白质)。

3) 沉淀法。沉淀法广泛用于蛋白质的提取中,主要起浓缩作用,而纯化的效果较差,一般纯化因子只有 3 左右。本法又可分为下列 5 种类型:①盐析。加入高浓度的盐使蛋白质沉淀,其机制为蛋白质分子的水化层被除去,而相互吸引。最常用的盐是硫酸铵,加入的量通常应达到 20%～60%的饱和度。②加入有机溶剂。其机制为加入有机溶剂会使溶液的介电常数降低,从而使水分子的溶解能力降低,在蛋白质分子周围,不易形成水化层。缺点是有机溶剂常引起蛋白质失活。③调 pH 至等电点。此法沉淀能力不强,常同时加入有机溶剂,使沉淀完全。④加入非离子型聚合物,如 PEG,其机制与加入有机溶剂相似。⑤加入聚电解质。如聚丙烯酸,其机制与盐析作用相似。

沉淀法也用于小分子物质的提取中,但具有不同的机制。通常是加入一些无机、有机离子或分子,能和生物物质形成不溶解的盐或复合物,而沉淀在适宜的条件下,又很易分解。例如四环类抗生素在碱性下能和钙、镁、钡等重金属离子或溴化十五烷基吡啶形成沉淀,青霉素可与 N,N'-二苄基乙二胺形成沉淀,新霉素可以和强酸性表面活性剂形成沉淀。另外,对于两性抗生素(如四环素)可调节 pH 至等电点而沉淀;弱酸性抗生素如新生霉素,可调节 pH 至酸性而沉淀。

一般发酵单位越高,利用沉淀法越有利,因残留在溶液中的抗生素浓度是一定的,故发酵单位越高、收率就越高。

4) 溶剂萃取法。由于蛋白质遇有机溶剂会引起变性,故溶剂萃取法一般仅用于抗生素等小分子生物物质的提取。溶剂萃取法的原理在于:当抗生素以不同的化学状态(游离状态或成盐状态)存在时,在水及与水互不相溶的溶剂中有不同的溶解度。例如青霉素在酸性下成游离酸状态,在乙酸丁酯中溶解度较大,因而能从水转移到乙酸丁酯中;而在中性下,成盐状态,在水中溶解度较大,因而能从乙酸丁酯转移到水中。当进行转移时,杂质不能或较少地随着转移,因而能达到浓缩和提纯的目的。有时,一次转移并不能将杂质充分除去,则采用二次萃取(例如红霉素提炼采用二次萃取)。

溶剂萃取法常遇到的困难是分配系数较低。一种解决的方法是利用反应萃取法(reactive extraction),即利用一种溶剂(通常是有机磷化合物或脂肪胺),能按一定化学计量关系与生物物质形成特异性的溶剂化学键或离子对复合物。如青霉素通常在 pH2 时,用乙酸丁酯进行萃取,但在此 pH 下青霉素易失活;利用仲胺或叔胺作为萃取剂,乙酸丁酯作为稀释剂,则可在 pH5 下进行萃取,青霉素的损失低于 1%。

5) 两水相萃取法。两水相萃取法仅适用于蛋白质的提取,近年来也开始研究用于小分子物质。由于聚合物分子的不相容性,两种聚合物的水溶液(含盐或不含盐)可以分成两相。如 PEG 与葡聚糖(dextran)的水溶液。一种聚合物如 PEG 和一种盐如磷酸盐也能形成两相。蛋白质分子可在两相间进行分配。影响分配系数的因素很多,如聚合物的种类和浓度、聚合物的分子量、离子的种类、离子强度、pH 和温度等。而且这些因素相互有影响。对这种复杂系统,尚无理论分析,最适条件常需由实验决定。目前已成功地应用在 30 种酶的提取中。

6) 超临界流体萃取。对一般物质,当液相和气相在常压下达平衡时,两相的物理性质如黏度、密度等相差很显著。在较高压力下，这种差别逐渐缩小，当达到某一温度与压力时，两相差别消失，合并成一相，这时称为临界点，其温度和压力分别称为临界温度和临界压力。当温度和压力略超过或靠近临界点时，其性质介于液体和气体之间，称为超临界流体。如二氧化碳的临界温度为 31.1℃，临界压力为 7.3MPa。

超临界流体的密度和液体相近，黏度和气体相近，溶质在其中的扩散速度可为液体的 100 倍，这是超临界流体的萃取能力和萃取速度优于一般溶剂的原因。而且流体的密度越大，萃取能力也越大，改变温度和压力可改变萃取能力，使对某物质具有选择性。已用于咖啡脱咖啡因、啤酒花脱气味等。常用二氧化碳作为萃取剂，因其临界压力较低，操作较安全、且无毒，适用于萃取非极性物质，对极性物质萃取能力差，但可加入极性的辅助溶剂——夹带剂（entrainer）来补救。减压后 CO_2 汽化除去，不会污染产品。本法还具有节约能量等优点，已开始应用在食品工业和生物工程中。

超临界流体还能应用于结晶。将超临界液体溶解到溶液中，使溶液稀释膨胀，降低原溶剂对溶质的溶解能力，在短时间内形成较大的过饱和度而使溶质结晶析出，可制备超细微粒，称为气体抗溶剂结晶（gas antisolvent crystallization）。

7）逆胶束萃取。将水溶液与有机溶剂和表面活性剂混合，并加以搅拌，如系统选择适当，则会形成逆胶束。表面活性剂处在胶束表面，极性端指向胶束内部，而非极性端指向胶束外面。形成含逆胶束的有机相与水相成平衡。蛋白质就在这种有机相与水相之间进行分配，改变操作条件可以有较高的分配系数。影响分配系数的因素很多，主要是 pH。如果选择的是带负电荷的表面活性剂，则调 pH 使蛋白质带正电荷，则依赖静电引力，就能使抗生素移向逆胶束中；如果调 pH 使蛋白质带负电荷，则蛋白质被排斥而移入水相，即达到反萃取的目的。

8）膜过滤法。膜过滤法包括微滤（MF）、超滤（UF）、纳滤（NF）和反渗透（RO）四种。超滤法是利用一定截留分子量的超滤膜进行溶质的分离或浓缩。小于截留值的分子能通过膜，而大于截留值的分子不能通过膜，因而达到分离目的。这是一个非常简单的过程，不发生相变化，也不需加入化学试剂，消耗的能量也较少。

适用于超滤的物质，相对分子质量在 500～1 000 000，或分子大小近似地在 1～10nm。

在小分子物质的提取中，超滤主要用于去除大分子杂质。在大分子物质的提取中，超滤主要用于脱盐、浓缩。利用透析过滤法（diafiltration），还可将一种缓冲液换成另一种缓冲液，以利于进行色层分离。

微滤主要用于发酵液中除去菌体，反渗透主要用于小分子的浓缩，纳滤也可用于小分子的浓缩，而且所能达到的浓缩程度高于反渗透。膜过滤的主要缺点是浓差极化和膜的污染，膜的寿命较短和通量低，很难用于处理量大的工业中。但这些缺点正在克服，有很好的发展前景。

（三）高度纯化（精制）

经提取过程初步纯化后，滤液体积大大缩小，但纯度提高不多，需要进一步精制。初步纯化中的某些操作，如沉淀、超滤等也可应用于精制中。大分子（蛋白质）精制依赖于层析分离，层析分离是利用物质在固定相和移动相间分配情况不同，进而在层析柱中的运动速度不同，而达到分离的目的。根据分配机制的不同，分为凝胶层析、离子交换层析、聚焦层析、疏水层析、亲和层析等几种类型。色层分离中的主要困难之一是层析介质的机械强度差，研究生产优质层析介质是下游加工的重要任务之一。小分子物质的精制常利用结晶操作。

1）色层分离。色层分离是一种高效的分离技术，过去仅用于实验室中，后来规模逐渐扩大而应用于工业上。操作是在柱中进行，包含两个相——固定相和移动相，物质在两相间分配情况不同，在柱中的运动速度也不同而获得分离。色层分离是一组相关技术的总称，根据分配机制的不同，可以分为以下几种类型，见表 11.3。

表 11.3　各种层析方法

方　法	机　制	分离能力	容　量
凝胶层析	分子的大小和形状	中等	小
离子交换层析	电荷和解离度	高	很大
聚焦层析	等电点	很高	大
疏水层析	表面自由能	高	大
亲和层析(免疫吸附色谱)	特殊的生物作用力	优异	很大

随着 DNA 重组技术的发展，新的蛋白质不断出现，纯化这种蛋白质对色层分离技术提出了更高的要求。用于分离无机离子和低分子量有机物质的色层分离介质，由于有非特异性吸附而不能使用。用于分离蛋白质的介质的母体必须有足够的亲水性，以保证有较高的收率；同时应有足够的多孔性，以使大分子能透过；有足够的强度，以便能在大规模柱中应用；此外还应有良好的化学稳定性和能引入各种功能团，如离子交换基团、疏水烃链、特殊的生物配位体或抗体等，以适应不同技术的要求。工业上应用的母体有天然、半合成或合成的高聚物，如纤维素、葡聚糖、琼脂糖、聚丙烯酰胺等。亲水凝胶的一个固有缺点是强度不够，当放入柱中使用时，会发生变形，使压力降增大或流速减小。这个困难可通过改进柱的设计来补救。要增大分离能力，可以增大柱径而不是柱高。分级柱可使压力降在流速高时限制在某一水平。采用均匀、球形的分离介质可使压力降减小，强度较好的分离介质和层析柱设计的化工问题的解决是色层分离法工业化的关键。

2) 结晶。结晶可以认为是沉淀的一种特殊情况，结晶的先决条件是溶液要达到过饱和。要达到过饱和，可用下列方法：①加入某些物质，使溶解平衡发生改变，如调 pH；②将溶液冷却或将溶剂蒸发。

正确控制温度、溶剂的加入量和加料速度可以控制晶体的生长，以获得粗大的晶体有利于晶体的过滤除去母液。

结晶主要用于低分子量物质的纯化，如抗生素。青霉素 G 是用乙酸丁酯从发酵液中萃取出来，然后加入乙酸钾的乙醇溶液以产生沉淀。柠檬酸在工业上用冷却的方法进行结晶。

(四) 成品加工

经提取和精制后，一般根据产品应用要求，最后还需要浓缩、无菌过滤和去热原、干燥、加稳定剂等加工步骤。随着膜质量的改进和膜装置性能的改善，下游加工过程各个阶段，将会越来越多地使用膜技术。浓缩可采用升膜式或降膜式的薄膜蒸发，对热敏性物质，可用离心薄膜蒸发；对大分子溶液的浓缩可用超滤膜，小分子溶液的浓缩可用反渗透膜。用截断分子量为10 000 的超滤膜可除去分子量在 1000 以内的产品中的热原，同时也达到了过滤除菌的目的。如果最后要求的是结晶性产品，则上述浓缩、无菌过滤等步骤应放于结晶之前，而干燥则通常是固体产品加工的最后一道工序。干燥方法根据物料性质、物料状况及当地具体条件而定，可选用真空干燥、红外线干燥、沸腾干燥、气流干燥、喷雾干燥和冷冻干燥等方法。

第六节　微生物细胞工程的应用

微生物细胞发酵具有原料来源丰富经济、产物专一、废弃物对环境的污染小或容易处理等优点，因此在医药工业、食品工业、农业、冶金工业、环境保护等方面得到了快速的发展。在一些发达国家，发酵工业的总产值占到国民生产总值的5%左右。我国也在20世纪80年代以后，大力发展了发酵工业。

一、微生物细胞工程在食品工业中的应用

食品工业是世界上最大的工业之一。在工业化国家，食品消费要占家庭消费的20%～30%。也是微生物技术最早开发应用的领域，至今其产量和产值仍占据微生物细胞工程的首位。概括起来，微生物细胞工程在食品工业中的应用可以分为以下几个方面。

1. 通过微生物发酵工程进行发酵食品的生产

1）含醇饮料的生产。以糖类物质（水果汁、蜂蜜等）和淀粉类物质（谷物或根类等）为主要原料酿造或加工的葡萄酒、果酒、黄酒、白酒、啤酒、白兰地、威士忌、伏特加、香槟酒、朗姆酒等。

2）发酵乳制品的生产。奶酒、乳酪、酸奶等。

3）调味品和传统发酵食品的生产。味精、肌苷酸、鸟苷酸和以豆类和谷物等生产的酱、酱油、醋、豆豉、豆腐乳、饴糖、泡菜等。

2. 通过发酵工程进行食品添加剂的生产，改善了食品的品质及色、香、味

面包酵母、赖氨酸、柠檬酸、色素、右旋糖酐葡聚糖和茁霉多糖（增稠剂）、葡萄糖氧化酶和维生素C（食品保鲜剂）、乳链菌肽（食品防腐剂）、匹马霉素（食品保护剂）等。

例如，用发酵方法制得的L-苹果酸是国际食品界公认的安全型酸味剂，广泛用于果酱、果汁、饮料、罐头、糖果、人造奶油等的生产中。

3. 食品检验

食品免疫检验方法可检测含量极低的微量残留物、真菌毒素、抗生素、激素、细菌毒素等。

4. 发酵工程有望为解决人类的粮食短缺问题开辟一条新的途径

微生物含有丰富的蛋白质，如细菌的蛋白质含量占细胞干重的60%～80%，酵母菌的占45%～65%，而且它们的生长繁殖速度很快。因此，许多国家利用淀粉或纤维素的水解液、制糖工业的废液、石化产品等为原料，通过发酵获得大量的微生物菌体，这种生物菌体就叫做单细胞蛋白。20世纪80年代中期，全世界生产的单细胞蛋白已达2×10^{6}t。用酵母菌等生产的单细胞蛋白可作为食品添加剂，甚至制成“人造肉”供人们直接食用。最近国外市场上出现的一种真菌蛋白食品，就以其高蛋白、低脂肪的特点受到了消费者的欢迎。单细胞蛋白用做饲料，能使家畜、家禽快速增重，产奶或产蛋量显著提高。

二、微生物细胞工程在农业中的应用

农业是世界上规模最大和最重要的产业，在许多发达国家中，农业总产值占国民生产总值的20%以上。发达的农业经济很大程度上依赖于科学技术的进步，微生物工程技术和产品为农业的发展提供了有力地支持。

1. 生物农药

微生物杀虫剂：包括病毒杀虫剂，如核型多角体病毒、质型多角体病毒、颗粒体病毒、重组杆状病毒；细菌杀虫剂，如苏云金杆菌、重组苏云金杆菌；真菌杀虫剂，如虫霉菌杀虫剂、造成"僵病"的白僵菌杀虫剂；动物杀虫剂，如原生动物微孢子虫杀虫剂，线虫如新线虫和索线虫动物杀虫剂等。

防治植物病害微生物：如细菌（假单胞菌属、土壤杆菌属等）、放线菌（细黄链霉菌）、真菌（木霉）、病毒（各种弱病毒），以及农用抗生素（如杀稻瘟菌素、灭瘟素 S、春日霉素、庆丰霉素等）等。

2. 生物除草剂

主要是利用杂草的病原微生物，包括真菌（如锈菌、镰刀菌、炭疽病菌等）、线虫、病毒等。

3. 生物增产剂

有共生固氮菌，如根瘤菌属（rhizobium）、慢生根瘤菌属（bradyrhizobium）、弗氏放线菌属（frankia）、蓝细菌；联合固氮菌，如圆褐固氮菌、拜氏固氮菌、产脂固氮螺菌、粪产碱杆菌等；钾细菌（如硅酸盐菌）、磷细菌等。

4. 食用菌和药用真菌

可以用多种农作物副产品来生产，也是一项经济效益很高的农产品。主要品种有蘑菇、草菇、香菇、猴头菌、银耳、木耳等。

三、微生物工程在轻工业中的应用

微生物可生产出许多种用于轻工业加工的酶。

糖酶：α-淀粉酶（淀粉液化生成糊精及少量麦芽糖和葡萄糖）、β-淀粉酶（淀粉水解为麦芽糖）、葡萄糖苷酶即糖化酶（水解淀粉、糊精、麦芽糖为葡萄糖）、支链（异）淀粉酶（水解支链淀粉）、转化酶（蔗糖酶，能将蔗糖和棉子糖水解为葡萄糖及果糖）、异构酶（葡萄糖异构为果糖）、半乳糖酶（水解乳糖为葡萄糖和半乳糖）、纤维素酶类（水解纤维素为葡萄糖）等。

蛋白酶：碱性蛋白酶（用于洗涤剂、皮革鞣化、胶片银的回收、啤酒去浊）、酸性蛋白酶（用于饮料、食品的冷藏，制作蛋白水解物）、中性蛋白酶（用于皮革脱毛、蚕丝脱胶、蛋白胨制备）。

果胶酶：水解果胶物质，用于果汁、果酒的澄清，苎麻脱胶等。

脂肪酶：分解脂肪为脂肪酸和甘油。

凝乳酶：凝固蛋白质制作干酪。

氨基酰化酶：用于拆分化学合成的 D、L-氨基酸，获得 L-氨基酸。

甘露聚糖酶：水解甘露聚糖为甘露糖，生产山梨糖醇。

过氧化氢酶：将 H_2O_2 水解为 H_2O 和 O_2。

四、微生物细胞工程在化工能源产品中的应用

醇及溶剂：乙醇、甘油、异丙醇、丙酮、二羟丙酮、丁醇、丁二醇、甘露糖醇、阿拉伯糖醇、木糖醇、赤藓糖醇等。

有机酸：乙酸、丙酸、乳酸、丁酸、琥珀酸、延胡索酸、苹果酸、酒石酸、衣康酸、环氧琥珀酸、柠檬酸、羟基羧基戊二酸、己二烯二酸、葡萄糖酸、酮葡萄糖酸、桔酸、曲酸、水杨酸、长链二元

酸等。

多糖：右旋糖酐、黄原胶、茁霉多糖、海藻酸等。

烷烃：甲烷。

清洁能源：氢气、微生物燃料电池。

此外还有藻类产油等。

五、微生物细胞工程在环境保护中的应用

微生物个体微小、繁殖迅速、数量巨大、代谢能力强速度快、易于突变，它们较其他生物更易适应环境。当环境条件发生变化，例如有新的化合物存在时，某些微生物能逐步发生改变以适应环境的变化。它们可能通过自然突变形成新的突变种，也可能通过在细胞内产生新的功能而适应新环境。这些特征使得微生物成为污染物降解中的主力军，在环境保护中发挥着越来越广泛的作用。

1）环境废弃物的生物处理。如城市垃圾的生物处理、污水的生物处理等。

2）污染环境的生物修复。是指利用处理系统中的生物，主要是微生物的代谢活动来减少污染现场污染物的浓度或使其无害化的过程。目前所处理的对象主要是石油污染及农田农药污染。

3）利用微生物生产有益环境的产品。如生物杀虫剂、可降解塑料(多聚羟基烷酸 PHA)等。

4）作为环境检测的重要指示生物。

六、微生物细胞工程在医药卫生中的应用

医药卫生领域是微生物工程应用最广泛、成绩最显著、发展最迅速、潜力也最大的领域。这是因为可以利用微生物工程从各方面改进医药的生产，开发新的药品，改善医疗手段，从而提高人类的医疗水平，并且也可以从中获得巨大的经济利益。

1. 抗生素

现在发现的抗生素有6000余种，其中绝大多数是由微生物产生的，已形成产品的医用和兽用的(包括半合成抗生素)有百余种。

抗细菌抗生素：杆菌肽(bacitracin)、头孢菌素(cephalosporin)、氯霉素(chloramphenicol，抗斑疹伤寒)、金霉素(chlortetracycline，抗 G^+ 和 G^-)、环丝氨酸(cycloserine，抗结核菌)、红霉素(erythromycin，抗 G^+)、庆大霉素(gentamycin，抗 G^+ 和 G^-)、卡那霉素(kanamycin，抗 G^+ 和 G^-)、利维霉素(lividomycin，抗 G^+ 和 G^-)、柱晶白霉素(leucomycin，抗 G^+)、林可霉素(lincomycin，抗 G^+)、麦迪霉素(mydecamycin，抗 G^+)、新霉素(neomycin，局部使用)、新生霉素(novomycin，抗 G^+)、竹桃霉素(oleandomycin，抗 G^+)、土霉素(oxytetracycline，抗 G^+ 和 G^-)、巴龙霉素(paromomycin，兼治阿米巴)、青霉素(penicillin，抗 G^+)、磷霉素(phosphonomycin，抗 G^+ 和 G^-)、多黏菌素(polymyxin，抗 G^+)、核糖霉素(ribostamycin，抗 G^+ 和 G^-)、利福霉素(rifomycin，抗结核菌)、相模湾霉素(sagamicin，抗 G^+ 和 G^-)、紫苏霉素(sisomicin，抗 G^+ 和 G^-)、螺旋霉素(spiramycin，抗 G^+)、链霉素(streptomycin，抗结核菌)、四环素(tetracycline，抗 G^+ 和 G^-)、妥布拉霉素(tobramycin，抗 G^+ 和 G^-)、短杆菌肽(tyrothricin，抗 G^+)、万古霉素(vancomycin，抗 G^+)、紫霉素(viomycin，抗结核菌)等。

抗真菌抗生素：两性霉素 B(amphotericin B)、杀假丝菌素(candicidin)、灰黄霉素(griseofulvin，抗皮肤真菌)、制霉菌素(nystatin)等。

抗原虫抗生素：烟曲霉素(fumagillin)等。

抗肿瘤抗生素：放线菌素(actinomycin)、阿德里亚(阿)霉素(adriamycin)、博来霉素(bleomycin)、光神霉素(mithramycin)、丝裂霉素(mitomycin)、肉瘤霉素(sarkomycin)等。

起免疫抑制作用的抗生素：如环孢菌素 A 等。

半合成抗生素：某些天然抗生素在长期的使用中，会诱使一些病原菌产生抗药性。为了解决抗药性，同时也为了扩大抗菌谱，采用半合成的方法，将天然抗生素的侧链去掉，再用化学法加上新的侧链，如此产生的抗生素被称为半合成抗生素。研究最多的为青霉素型和头孢菌素型半合成抗生素。

青霉素型半合成抗生素：如对青霉素酶稳定的甲氧苯青霉素、乙氧萘青霉素、苯唑青霉素、邻氯苯唑青霉素，广谱的氨苄青霉素、羟氨苄青霉素，抗绿脓杆菌的羧苄青霉素、磺苄青霉素等。

孢菌素型半合成抗生素：头孢Ⅰ号(噻唑霉素)、头孢Ⅱ号(头孢利定)、头孢Ⅲ号(头孢甘氨酸)、头孢Ⅳ号(头孢力新)、头孢Ⅴ号(唑啉头孢菌素)、头孢Ⅵ号(环己烯胺头孢菌素)、吡硫头孢菌素、氰甲基头孢菌素。

其他半合成抗生素：丁胺卡那霉素、甲烯土霉素、强力霉素(去氧土霉素)、二甲胺四环素、四氢吡咯甲基四环素、去甲基金霉素、利福平、氯林肯霉素、去甲基林肯霉素、乙酰螺旋霉素等。

2. 氨基酸

氨基酸在医药中除用作输液外，还广泛地用于临床治疗，如精氨酸、鸟氨酸、瓜氨酸、天门冬氨酸、谷氨酸等可以治疗高氨血症、肝机能障碍等疾病；天门冬氨酸钾盐和镁盐的混合物，可用于缓解疲劳，治疗心脏病、肝病、糖尿病；某些氨基酸的类似物如 S 氨甲酰基-半胱氨酸(天门冬酰胺的类似物)、N-乙酰-L-苯丙氨酸、N-乙酰-L-缬氨酸等可以作为癌细胞的抑制剂等。

现可经发酵获得的氨基酸有谷氨酸、赖氨酸、丙氨酸、精氨酸、组氨酸、异亮氨酸、亮氨酸、苯丙氨酸、脯氨酸、苏氨酸、色氨酸、酪氨酸、缬氨酸、瓜氨酸、鸟氨酸等。

3. 维生素

目前可用发酵获得的维生素或合成维生素的中间产物有维生素 B_2(核黄素)、维生素 B_{12}(氰钴胺素)、2-酮基-古龙酸(维生素 C 的前体)、β-胡萝卜素(维生素 A 的前体)、麦角甾醇(维生素 D_2 的前体)等。

4. 甾体激素

甾体激素是由化学法合成的，但在合成过程的转化步骤中，如用化学法进行甾体转化，工序复杂且得率极低，但成本很高。用微生物进行转化，则操作工序大为减少，得率高，而成本低，并且可在甾体核的许多位碳原子上进行转化(如 7 和 11 位碳原子)。如可的松(17-羟基-11-脱氧皮质酮)、氢化可的松、泼尼松(脱氢可的松或强的松)、氢化泼尼松(强的松龙)、地塞米松(9-氟-16-甲基脱氢皮质醇)、确炎舒松(氟羟脱氢皮质醇)等，均用微生物进行转化产生。

5. 生物制品

生物制品通常是指含抗原制品，包括由减毒或死的病毒和立克次氏体制造的疫苗，如牛痘和斑疹伤寒疫苗；减毒或死的病原菌制造的菌苗，如卡介苗和伤寒菌苗；类毒素如白喉类毒素，以及含抗体的制品。现在由基因工程技术制造的生物制品，包括亚单位疫苗(如单纯疱疹病毒疫苗、口蹄疫病毒疫苗、肽疫苗等)、活体重组疫苗(如流感病毒载体疫苗、乙肝病毒载体疫苗等)、避孕疫苗、肿瘤疫苗、DNA疫苗等。它们可用于预防、诊断或治疗相关疾病。

6. 治疗用酶

蛋白酶和核酸酶可用于加速坏死组织、脓汁、分泌物、血肿的去除;胃蛋白酶、脂肪酶、蛋白酶可帮助消化;尿激酶、链激酶可溶化血栓;胰蛋白酶可释放激肽;天门冬酰胺酶是抗肿瘤药物;超氧化物歧化酶可治疗因 O_2^- 的毒性引起的炎症等。

7. 酶抑制剂

棒酸可抑制细菌产生的8-内酰胺酶对青霉素的破坏;α-淀粉酶的抑制剂可治疗糖尿病;胆固醇抑制剂作为治疗高血压、高血脂的药物;抑肽酶素用于治疗胃溃疡;抑氨肽酶素作为免疫活性物质用在肿瘤放疗中;多巴丁有降血压作用等。

8. 其他

核苷酸类药物:如肌苷、辅酶A可治疗心脏病、白血病、血小板下降、肝病等;5′-腺苷酸(AMP)用于治疗循环系统紊乱、风湿病;三磷酸腺苷(ATP)可治疗代谢紊乱、肌肉萎缩、心脏病、肝病;黄素腺嘌呤二核苷酸(FAD)可治疗维生素B缺乏症、肝病、肾病;辅酶I(NAD)可治疗糙皮症、肝病、肾病;胞苷二磷酸(CDP)胆碱可治疗头部外伤或大脑外伤引起的意识模糊。

其他发酵药物:如麦角新碱可促进产后子宫复原,麦角胺可治疗偏头痛等。

总之,微生物工程技术的应用十分广泛,它的发展推动了其他生物技术的快速发展,同时随着基因工程、蛋白质工程、细胞工程技术的研究,将会进一步扩大微生物工程技术的应用范围,为工农业生产和人类的健康做出更为巨大的贡献。

附:微生物细胞工程应用实例分析

一、抗生素发酵生产

抗生素是生物体在生命活动中产生的一种次级代谢产物。这类有机物质能在低浓度下抑制或杀灭活细胞,这种作用又有很强的选择性,例如医用的抗生素仅对造成人类疾病的细菌或肿瘤细胞有很强的抑制或杀灭作用,而对人体正常细胞损害很小,这是抗生素为什么能用于医药的道理。目前人们在生物体内发现的6000多种抗生素中,约60%来自放线菌。抗生素主要用微生物发酵法生产,少数抗生素也可用化学方法合成,人们还对天然得到的抗生素进行生化或化学改造,使其具有更优越的性能,这样得到的抗生素称为半合成抗生素,其数目已达到两万多种。抗生素不仅广泛用于临床医疗,而且已经用于农业、畜牧及环保等领域中。青霉素是最早发现并用于临床的一种抗生素,1928年为英国人亚力山大·弗莱明(A. Fleming)发现,40年代投入工业生产。在二战期间立刻大显身手,它能有效控制伤口的细菌感染,挽救了数百万战争中受伤者的性命。我们就以青霉素为例简单介绍抗生素的发酵生产过程。

(1) 青霉素发酵生产菌株

最初由弗莱明分离的点青霉,只能产生2U/ml的青霉素。目前全世界用于生产青霉素的高产菌株,大都由菌株Wis Q176(一种产黄青霉)经不同改良途径得到;70年代前育种采用诱变和随机筛选方法,后来由于原生质体融合技术、基因克隆技术等现代育种技术的应用,青霉素工业发酵生产水平已达 85 000U/ml 以上。青霉素生产菌株一般在真空冷冻干燥状态下保存其分生孢子，也可以用甘油或乳糖溶剂作悬浮剂，在−70℃冰箱或液氮中保存孢子悬浮液和营养菌丝体。

(2) 青霉素发酵生产培养基

1) 碳源。目前普遍采用淀粉经酶水解的葡萄糖糖化液进行流加。

2) 氮源。可选用玉米浆、花生饼粉、精制棉籽饼粉或豆饼粉，并补加无机氮源。

3) 前体。苯乙酸或苯乙酰胺，由于它们对青霉菌有一定毒性，故一次加入量不能大于0.1%，并采用多次加入方式。

4) 无机盐。包括硫、磷、钙、镁、钾等盐类，铁离子对青霉菌有毒害作用，应严格控制发酵液中铁含量在 30μg/ml 以下。

(3) 青霉素发酵工艺

1) 种子制备。种子制备阶段以生产丰富的孢子(斜面和大米孢子培养)或菌体(种子罐)为目的。为达到这一目的，在培养基中加入比较丰富的容易代谢的碳源(如葡萄糖或蔗糖)、氮源(如玉米浆)、缓冲 pH 的碳酸钙以及生长所必需的无机盐，并保持最适生长温度(25～26℃)和充分通气、搅拌。在最适生长条件下，到达对数生长期时菌体量的倍增时间约为 6～7h。在工业生产中，种子制备的培养条件及原材料质量均应严格控制以保持种子质量的稳定性。

2) 发酵培养。影响青霉素发酵产率的因素有环境因素，如 pH、温度、溶氧饱和度、碳氮组分含量等；有生理变量因素，包括菌丝浓度、菌丝生长速度、菌丝形态等，对它们都要进行严格控制。发酵中 pH 一般控制在 6.4～6.6，发酵温度前期 25～26℃，后期 23℃，以减少后期发酵液中青霉素的降解破坏。此外，还要求发酵液中溶氧量不低于饱和溶解氧的 30%，通气比一般为 1∶0.8vvm(单位培养液体积在单位时间内通入的空气量)。

3) 发酵后处理。过程如下：①过滤：采用鼓式真空过滤器，过滤前加去乳化剂并降温。②提炼：用溶媒提取法。将发酵滤液酸化至 pH2，加 1/3 体积的乙酸丁酯(简称 BA)，混合后以碟片式离心机分离，得一次 BA 提取液。然后以 1.3%～1.9%的 $NaHCO_3$ 在 pH6.8～7.1 条件下将青霉素从 BA 中提取到缓冲液中。再调 pH 至 2.0，将青霉素从缓冲液再次转入到 BA 中，方法同上，得二次 BA 提取液。③脱色：在二次 BA 提取液中加活性炭 150～300g/10 亿单位，脱色、过滤。④结晶：用丁醇共沸结晶法。将二次 BA 提取液以 0.5mol/L NaOH 液萃取，调 pH 至 6.4～6.8，得青霉素钠盐水浓缩液。加 3～4 倍体积的丁醇，在 16～26℃，5～10mmHg 下真空蒸馏，将水与丁醇共沸物蒸出，并随时补加丁醇。当浓缩到原来水浓缩液体积，蒸出馏分中含水达 2%～4%时，即停止蒸馏。青霉素钠盐结晶析出，过滤，将晶体洗涤后进行干燥得成品。可在 60℃，20mmHg 真空中烘 16h，然后磨粉、装桶。

二、氨基酸发酵生产

氨基酸是构成蛋白质的基本单位，是人体及动物的重要营养物质，氨基酸产品广泛应用于食品、饲料、医药、化学、农业等领域。以前氨基酸主要是用酸水解蛋白质来制得，现在氨基酸生产方法有发酵法、提取法、合成法、酶法等，其中最主要的是发酵法生产，用发酵法生产的氨基酸已有 20 多种。

谷氨酸是一种重要的氨基酸。我们吃的味精是以谷氨酸为原料生成的谷氨酸单钠的俗称，谷氨酸还可以制成对皮肤无刺激性的洗涤剂——十二烷酚基谷氨酸钠肥皂、能保持皮肤湿润的润肤剂——焦谷氨酸钠、质量接近天然皮革的聚谷氨酸人造革，以及人造纤维和涂料等。谷氨酸是目前氨基酸生产中产量最大的一种，同时，谷氨酸发酵生产工艺也是氨基酸发酵生产中最典型、最成熟的。我们就以谷氨酸的发酵生产为例简单介绍一下氨基酸的发酵生产。

(1) 谷氨酸发酵生产的菌种

谷氨酸发酵生产菌种主要有棒状杆菌属、短杆菌属、小杆菌属及节杆菌属的细菌。除节杆菌外，其他三属中有许多菌种适用于糖质原料的谷氨酸发酵。这些细菌都是需氧微生物，都需要以生物素为生长因子。我国谷氨酸发酵生产所用菌种有北京棒状杆菌 AS1299、钝齿棒状杆菌 AS1542、HU7251 及 7338、B9 等。这些菌株的斜面培养一般采用由蛋白胨、牛肉膏、氯化钠等组成，pH 为 7.0～7.2 的琼脂培养基，32℃培养 24h，冰箱保存备用。

(2) 谷氨酸发酵生产的原料制备

谷氨酸发酵生产以淀粉水解糖为原料。淀粉水解糖的制备一般有酸水解法和酶水解法两种。国内常用的是淀粉酸水解工艺：干淀粉用水调成 10～11 波美度的淀粉乳，用盐酸调至 pH1.5 左右；然后直接用蒸汽加热，水解压力 3×10^4Pa，时间 25min 左右；冷却糖化液至 80℃，用 NaOH 调节 pH 至 4.0～5.0，使糖化液中的蛋白质和其他胶体物质沉淀析出；然后用粉末状活性炭脱色，活性炭用量约为淀粉量的 0.6%～0.8%，70℃、酸性环境下搅拌；最后在 45～60℃下过滤得到淀粉水解液。

(3) 菌种扩大培养

1) 一级种子培养。采用液体培养基，由葡萄糖、玉米浆、尿素、磷酸氢二钾、硫酸镁、硫酸铁及硫酸锰等组成，pH 为 6.5～6.8；三角瓶内 32℃振荡培养 12h，储于 4℃冰箱备用。

2) 二级种子培养。培养基除用水解糖代替葡萄糖外，其他与一级种子培养基相仿。种于罐内 32℃通气搅拌培养 7～10h，即可移种或冷却至 10℃备用。

(4) 谷氨酸发酵生产

发酵初期，菌体生长迟滞，约 2～4h 后即进入对数生长期，代谢旺盛，糖耗快，这时必须流加尿素以供给氮源并调节培养液的 pH 至 7.5～8.0，同时保持温度为 30～32℃。本阶段主要是菌体生长，几乎不产酸，菌体内生物素含量由丰富转为贫乏，时间约 12h。随后转入谷氨酸合成阶段，此时菌体浓度基本不变，糖与尿素分解后产生的 α-酮戊二酸和氨主要用来合成谷氨酸。这一阶段应及时流加尿素以提供氨及维持谷氨酸合成最适 pH7.2～7.4，需大量通气，并将温度提高到谷氨酸合成最适温度 34～37℃。发酵后期，菌体衰老、糖耗慢、残糖低，需减少流加尿素量。当营养物质耗尽、谷氨酸浓度不再增加时，及时放罐，发酵周期约为 30h。

(5) 谷氨酸提取

谷氨酸提取有等电点法、离子交换法、金属盐沉淀法、盐酸盐法和电渗析法，以及将上述方法结合使用的方法。国内多采用的是等电点-离子交换法。谷氨酸的等电点为 3.22，这时它的溶解度最小，所以将发酵液用盐酸调节到 pH3.22，谷氨酸就可结晶析出。晶核形成的温度一般为 25～30℃，为促进结晶，需加入 a 型晶种育晶 2h。等电点搅拌之后静置沉降，再用离心法分离得到谷氨酸结晶。等电点法提取了发酵液中的大部分谷氨酸，剩余的谷氨酸可用离子交换法，进一步进行分离提纯和浓缩回收。谷氨酸是两性电解质，故与阳性或阴性树脂均能交换。当溶液 pH 低于 3.2 时，谷氨酸带正电，能与阳离子树脂交换。目前国内多用国产 732 型强酸性阳离子交换树脂来提取谷氨酸，然后在 65℃左右，用 6%NaOH 溶液洗脱，pH3～7 的洗脱液作为高流液，返回等电点法提取。

思 考 题

1. 微生物细胞工程在现代生产和生活中的应用范围怎样?
2. 微生物细胞工程中的基本培养方法有哪些？各有何特点？适用性如何?
3. 微生物发酵影响较大因素有哪些？请举例说明。
4. 微生物工程发酵类型有哪些？请举例说明。
5. 连续发酵有哪些优点?
6. 微生物工程发酵动力学研究的主要内容包括哪些?
7. 微生物细胞下游加工技术主要包括哪些,请举例说明。
8. 氨基酸的生产工艺优化有哪些措施,请举例说明。

主要参考文献

安利国.2005.细胞工程[M].北京:科学出版社.

巴尔茨 W,赖因哈德 E,岑克 M H.1983.植物组织培养及其在生物技术上的应用[M].夏镇奥,译.北京:科学出版社.

巴岩磊,郭建忠,蓝宝玉.1986.白榆自花不育系吉木萨尔Ⅰ、Ⅱ号的选育[J].新疆农业科学,4:30-33.

包建玲,黄红云.2008.神经干细胞概念辨析[J].中华神经外科杂志,24(10):793-796.

蔡朝晖,高山林,朱丹妮.1995.东北红豆杉愈伤组织的诱导、生长及紫杉醇含量测定[J].药物生物技术,3:11-14.

曹孜义,刘国民.1999.实用植物组织培养技术教程[M].兰州:甘肃科学技术出版社.

陈红星,杨晓,黄培堂.2002.乳腺生物反应器制备中表达载体的发展[J].生物工程学报,18(2):136-139.

陈季琴.2004.多年生黑麦草组培再生体系的研究[D].北京林业大学硕士学位论文.

陈军营,文付喜,何盛莲,等.2006.ABA 和 AgNO_3 对小麦幼胚愈伤组织诱导和分化的影响[J].麦类作物学报,26(2):46-48.

陈瑞铭.1998.动物组织培养技术及其应用[M].北京:科学出版社.

陈正华.1986.木本植物组织培养及其应用[M].北京:高等教育出版社.

程宝鸾.2000.动物细胞培养技术[M].广州:华南理工大学出版社.

成浩,王玉书,杨素娟,等.1994.大量元素对茶愈伤组织生长及儿茶素累积的影响[J].茶叶科学,1:31-36.

迟吉娜,马峙英,韩改英,等.2005.陆地棉组织培养体细胞胚胎发生技术改进[J].棉花学报,4:195-200.

崔凯荣,戴若兰.2000.植物体细胞胚发生的分子生物学[M].北京:科学出版社.

邓华丽,曾品鸿,叶虹,等.2009.自然周期未成熟卵体外培养、受精和胚胎移植研究[J].重庆医科大学学报,34(6):766-769.

方俊顺.2006.牛胚胎体外生产技术研究[D].安徽农业大学硕士学位论文.

冯斌,谢先芝.2000.基因工程技术[M].北京:化学工业出版社.

冯伯森,王秋雨,胡玉兴.2000.动物细胞工程原理与实践[M].北京:科学出版社.

巩振辉,申书兴.2007.植物组织培养[M].北京:化学工业出版社.

谷宇,杜志游,郎秋蕾,等.2006.基于 RNA 杂交的马铃薯纺锤块茎类病毒检测芯片[J].高等学校化学学报,27(11):2106-2109.

郭巧萍,唐香山,陈集双.2010.三叶半夏组培苗的病毒检测[J].科技通报,26(1):104-108.

郭英华.2005.生姜原生质体培养与体细胞变异[D].中国农业大学博士学位论文.

何泼,申延,秦俊哲,等.2006.杜仲愈伤组织诱导与增殖的研究[J].陕西科技大学学报:自然科学版,24(2):21-25.

华云芳.2005.聚合法制作猪嵌合胚胎初步研究[D].西南农业大学硕士学位论文.

黄秀梨.2004.微生物学[M].北京:高等教育出版社.

霍乃蕊,韩克光.2006.细胞融合技术的发展及应用[J].激光生物学报,15(2):209-213.

瞿礼嘉,顾红雅,胡苹,等.1998.现代生物技术导论[M].北京:高等教育出版社,施普林格出版社.

李宝健,曾庆平.1990.植物生物技术原理与方法[M].长沙:湖南科学技术出版社.

李付广,刘传亮.2005.亚洲棉再生体系研究进展[J].棉花学报,3:178-181.

李浚明.1992.植物组织培养教程[M].北京:北京农业大学出版社.

李青旺.2005.动物细胞工程与实践[M].北京:化学工业出版社.

李森,任根深. 2008. 冬小麦染色体工程育种研究回顾[J]. 甘肃农业科技,(9):8-10.
李汶,卢光琇. 1999. 人类植入前胚胎单卵裂球性别鉴定的双色荧光原位杂交技术[J]. 中华医学遗传学杂志,(4):255-258.
李玉静,陈彦龙,王玲玲,等. 2005. 2,4-D和6-BA对水稻愈伤组织培养力的影响[J]. 河北师范大学学报:自然科学版,29(4):395-398.
李占旗,徐子勤. 2006. 苦荞胚性愈伤组织诱导与植株再生研究[J]. 西北植物学报,26(6):150-1158.
李志勇. 2003. 细胞工程[M]. 北京:科学出版社.
刘谦,朱鑫全. 2001. 生物安全[M]. 北京:科学出版社.
刘庆昌,吴国良. 2007. 植物细胞组织培养[M]. 北京:中国农业大学出版社.
路玲玲,王敏,朱会霞,等. 2007. 原生质体融合构建耐高温高产酒精酵母[J]. 食品科学,28(4):231-236.
吕东平,赵德修,黄艳,等. 2001. 前体对水母雪莲悬浮培养细胞黄酮合成的影响[J]. 云南植物研究,23(4):1-3.
吕复兵,张献龙,刘金兰. 1999. 陆地棉原生质体培养与植株再生[J]. 华北农学报,14(1):73-78.
罗立新,潘力,郑穗平. 2003. 细胞工程[M]. 广州:华南理工大学出版社.
罗鹏. 1996. 遗传学应用[M]. 北京:高等教育出版社.
罗士伟,许智宏. 1987. 经济植物组织培养[M]. 北京:科学出版社.
马迪根 M T,马丁克 J M,帕克 J. 2009. 微生物生物学[M]. 8版. 李明春,杨文博,译. 北京:科学出版社.
马晖玲,李玉珠. 2007. 植物原生质体培养的影响因素分析[J]. 甘肃农业大学学报,42(4):38-43.
马利加 P. 2002. 植物分子生物学实验指南[M]. 刘进元,吴庆余,译. 北京:科学出版社.
马生健,曾富华. 2003. 高羊茅草的组织培养(组织简报)[J]. 植物生理学通讯,2:53-56.
梅乐和,姚善泾,林东强. 1999. 生化生产工艺学[M]. 北京:科学出版社.
梅兴国,周爱文. 2001. 红豆杉细胞同步化的研究[J]. 生物技术,11(3):9-11.
孟国良,尚克刚,丁明孝. 2002. 人胚胎干细胞建系的研究现状与存在的问题[J]. 生物工程学报,18(2):131-135.
庞俊兰. 2007. 细胞工程[M]. 北京:高等教育出版社.
齐义鹏. 1988. 基因工程原理和方法[M]. 成都:四川大学出版社.
裘文达. 1986. 园艺植物组织培养[M]. 上海:上海科学技术出版社.
施中东,未作君,元英进. 2000. 南方红豆杉细胞培养合成紫杉醇诱导子浓度的优化[J]. 天然产物研究与开发,12(4):36-40.
司徒镇强,吴军正. 1996. 细胞培养[M]. 西安:世界图书出版社.
宋经元,张荫麟. 1999. 丹参的生物技术[J]. 天然产物研究与开发,4:86-89.
孙敬三,桂耀林. 1995. 植物细胞工程实验技术[M]. 北京:科学出版社.
孙敬三,朱至清. 2006. 植物细胞工程实验技术[M]. 北京:化学工业出版社.
孙晓琳. 2006. 提高奶牛性别鉴定胚胎移植妊娠率的研究[D]. 河北农业大学硕士学位论文.
孙严,孟庆玉,李仁敬. 1996. 新疆长绒棉胚性悬浮细胞原生质体游离与纯化[J]. 新疆农业科学,3:25-29.
谈家桢. 1990. 植物生物技术原理与方法[M]. 长沙:湖南科学技术出版社.
谭文澄,戴策刚. 1991. 观赏植物组织培养技术[M]. 北京:中国林业出版社.
汪静儿. 2007. 棉花原生质体培养与体细胞杂交[D]. 浙江大学博士学位论文.
王昌涛,杨爱国,高树仁,等. 2005. 玉米不同外植体愈伤组织的诱导及植株再生的研究[J]. 沈阳农业大学学报,36(5):515-518.
王蒂. 2003. 细胞工程学[M]. 北京:中国农业出版社.
王蒂. 2007. 细胞工程实验教程[M]. 北京:中国农业出版社.
王蒂,李友勇. 1997. 应用生物技术[M]. 北京:中国农业科技出版社.
王关林,方宏筠. 1998. 植物基因工程原理与技术[M]. 北京:科学出版社.

王光清,王蕴珠.1997.外源基因在转基因马铃薯植株中的异常表达[J].复旦大学学报:自然科学版,36(5):537-542.
王槐,陈正华,夏光敏,等.1999.植物体细胞杂交的进展[J].生命科学,6:101-103.
王继英,杜立新.2002.转基因动物制作及提高外源基因表达的策略[J].中国畜牧兽医,2:30-34.
王俊丽.2006.细胞工程原理与技术[M].北京:中央民族大学出版社.
王联结.2002.生物工程概论[M].北京:中国轻工业出版社.
王统华,张宝文,张国仓,等.2002.牛胚胎移植技术操作规程[J].青海畜牧兽医杂志,(6):44-45.
王文重,张抒,于德才.2009.马铃薯病毒分子检测技术研究进展[J].中国马铃薯,1:40-45.
王玺,罗丽娟,叶艳琴,等.2012.关于试管婴儿的技术发展与探讨[J].价值工程,14:323-325.
王旭英,朱道玉.2006.彩色辣椒愈伤组织的诱导与植株再生[J].河南农业科学,8:15-18.
王友生,李阳春,梁慧敏,等.2006.紫花苜蓿愈伤组织诱导及植株再生的研究[J].草原与草坪,4:55-58.
吴殿星.2004.植物组织培养[M].上海:上海交通大学出版.
吴乃虎.2001.基因工程原理[M].北京:科学出版社.
吴奇君,梅兴国,周忠强.2001.果糖和前体物质对紫杉醇生物合成的影响[J].生命科学研究,5(2):146-148.
向凤宁.2000.小麦远缘体细胞杂交及体细胞杂种的遗传研究[D].山东大学博士学位论文.
肖科,王晓东,郭彦莲,等.2009.麻疯树花药愈伤组织诱导分化与生根培养[J].四川大学学报,4:1120-1124.
肖尊安.2005.植物生物技术[M].北京:化学工业出版社.
肖尊安,祝杨.2006.植物组织培养导论[M].北京:化学工业出版社.
熊兴耀.2000.苎麻体细胞杂交研究[D].湖南农业大学博士学位论文.
薛庆善.2001.体外培养的原理与技术[M].北京:科学出版社.
杨世杰.2001.植物生物学[M].北京:科学出版社.
杨婷婷,罗晓芳.2005.芦荟愈伤组织诱导的初步研究[J].西南林学院学报,25(1):16-19.
杨业华.2001.分子遗传学[M].北京:中国农业出版社.
叶露飞,刘成科,孟春梅,等.2010.烟草 BY-2 细胞和蚕豆叶肉细胞原生质体微丝骨架及 latrunculin B 处理对其分布的影响[J].浙江大学学报:农业与生命科学版,36(5):497-502.
殷红.2006.细胞工程[M].北京:化学工业出版社.
余叔文,汤章城.1998.植物生理与分子生物学[M].2 版.北京:科学出版社.
俞俊棠,唐孝宣.1992.生物工艺学(下册)[M].上海:华东化工学院出版社.
袁华玲.2008.二倍体马铃薯原生质体培养及体细胞杂交的研究[D].中国农业科学院博士学位论文.
詹忠根.2003.铁皮石斛叶片原生质体培养及离体根尖体细胞胚发生研究[D].浙江大学硕士学位论文.
张改娜,贾敬芬.2007.植物体细胞杂交及其杂种鉴定方法研究进展[J].西北植物学报,1:206-213.
张惠展.2005.基因工程[M].上海:华东理工大学出版社.
张立.2005.牛羊胚胎工程技术产业化研究与应用[D].西北农林科技大学博士学位论文.
张士璀,马英军,范晓,等.1997.海洋生物技术原理和应用[M].北京:海洋出版社.
张士联,马军英,范晓.1997.海洋生物技术原理和应用[M].北京:海洋出版社.
张苏锋,胡正海.1998.陆地棉胚性愈伤组织原生质体制备、培养及植株再生[J].植物学报,40(3):234-240.
张洋,陈志,王慧春.2006.2,4-D 和 6-BA 对唐古特大黄愈伤组织诱导的影响[J].河北省科学院学报,3:23-25.
张荫麟,朱敏.1992.蜜环菌诱导子对延胡索培养物生物碱积累的影响[J].植物学报,34(9):658-661.
张颖,孙庆泉,刘玉贞,等.2006.玉米胚性愈伤组织转基因受体系统建立的研究初报[J].玉米科学,14(4):28-31.
张自立,俞新大.1990.植物细胞和体细胞遗传学技术与原理[M].北京:高等教育出版社.
张卓然.1999.实用细胞培养技术[M].北京:人民卫生出版社.
赵苹.2012.由诺贝尔生理学奖谈试管婴儿技术[J].生物学通报,47(1):61-62.

周德庆. 2009. 微生物学教程[M]. 北京:高等教育出版社.
周立刚,郑光植,王世林,等. 1992. 寡糖素对西洋参和人参愈伤组织培养的影响[J]. 天然产物研究与开发,1:16-19.
周维燕. 2001. 植物细胞工程原理与技术[M]. 北京:中国农业大学出版社.
朱鹿鸣,金韵琴,周娟芳. 1985. 名贵月季试管繁殖和试管苗移栽[J]. 园艺学报,12(4):273-276.
朱四易,殷红. 1995. 植物生物技术[M]. 西安:西北大学出版社.
朱至清. 2003. 植物细胞工程[M]. 北京:化学工业出版社.
Endress R. 1994. Plant Cell Biotechnology[M]. Perlin:Springer-Verlag.
Fett-Neto A G,Zhang W Y,Dicosmo F. 1994. Kinetics of taxol production,growth,and nutrient uptake in cell suspensions of Taxscus pidata[J]. Biotech Bioeng,44:205-210.
Keller W A,Melchers G. 1973. The effect of high pH and calcium on tobacco leaf protoplast fusion[J]. Z Naturforsch C,28:737-741.
Ketchum R E B,Gibson D M. 1995. A novel method of isolating taxanes from cell suspension cultures of yew (Taxus spp.)[J]. Liquid Chromatography,18(6):1093-1111.
Ketchum R E B,Gibson D M. 1999. The kinetics of taxid accumulation in cell suspension cultures of Taxus following elicition with methyl jasmonace(T)[J]. Biotechnol Bioeng,62:97-105.
Misohenko N P,Fedoreyev S A,Glazunov V P,et al. 1999. Anthraquinone production by callus cultures of Rubia cordifolia[J]. Fitoterapia,70:552-557.
Razdan M K. 2006. 植物组织培养导论[M]. 肖尊安,祝扬,译. 北京:化学工业出版社.